Differenzierung und Verselbständigung

Max-Planck-Institut
für Gesellschaftsforschung
Köln

Renate Mayntz, Bernd Rosewitz,
Uwe Schimank, Rudolf Stichweh

Differenzierung und Verselbständigung

Zur Entwicklung gesellschaftlicher Teilsysteme

Campus Verlag
Frankfurt/New York

CIP-Titelaufnahme der Deutschen Bibliothek

Differenzierung und Verselbständigung : zur Entwicklung gesellschaftl. Teilsysteme / Max-Planck-Inst. für Gesellschaftsforschung, Köln. Renate Mayntz ... – Frankfurt/Main ; New York : Campus Verlag, 1988
ISBN 3-593-34030-5
NE: Mayntz, Renate [Mitverf.]; Max-Planck-Institut für Gesellschaftsforschung <Köln>

Umschlaggestaltung: Atelier Warminski, Büdingen
Druck und Bindung: KM-Druck, Groß-Umstadt
Printed in Germany

INHALT

VORWORT

In diesem Buch soll der Versuch gemacht werden, die Theorie sozialer Differenzierung auf die Analyse von Prozessen des Strukturwandels in hochentwickelten Gegenwartsgesellschaften anzuwenden. Diese Gesellschaften sind u.a. durch ein hohes Maß an funktioneller Differenzierung und Organisiertheit, an internen und externen Abhängigkeitsbeziehungen, an Verfügungsmöglichkeiten über Ressourcen und an technischer Durchdringung fast sämtlicher Lebensbereiche gekennzeichnet. Es ist vermutlich diese ihre Beschaffenheit, die ihnen eine besonders schwer durchschaubare innere Dynamik verleiht, die nicht nur unsere Fähigkeit beeinträchtigt, die Richtungen sozialen Wandels rechtzeitig zu erkennen, sondern auch Versuche, ihn zu steuern, immer wieder scheitern läßt. Diese grundsätzliche Problematik umreißt das Erkenntnisinteresse, das die Forschungsarbeit des neuen Max-Planck-Instituts für Gesellschaftsforschung motiviert.

Das problematische Zusammenspiel zwischen kollektiven Steuerungsversuchen und der eigenständigen Dynamik gesellschaftlicher Entwicklung läßt sich mit älteren steuerungstheoretischen Ansätzen, die vor allem auf die Handlungsfähigkeit der Steuerungsinstanz abstellen, nicht angemessen erfassen. Bei der Suche nach möglichen Ursachen für das, was in hochentwickelten westlichen Gesellschaften in den letzten 20 Jahren als Steuerungsversagen erlebt wurde, konzentriert man sich in jüngster Zeit immer stärker auf Steuerbarkeitsprobleme, die mit der Beschaffenheit jener gesellschaftlichen Lebensbereiche zusammenhängen, die zum Gegenstand verschiedener sektoraler Politiken geworden sind: Erziehungssystem und Gesundheitswesen, Wirtschaft und Wissenschaft, Transportwesen und Telekommunikation, aber auch Kultur und Sport. Die mit diesen Bezeichnungen umrissenen Politiksektoren sind nicht nur administrative Zuständigkeitsgebiete, sondern abgrenzbare gesellschaftliche Teilsysteme, deren Struktur und eigenständige Dynamik einerseits Probleme erzeugen, die politisch als lösungsbedürftig erscheinen, gleichzeitig jedoch andererseits ihre gezielte Beeinflussung erschweren.

Will man den Zusammenhang zwischen der Existenz spezialisierter Teilsysteme, gesellschaftlicher Problemerzeugung und Grenzen politischer Steuerung näher untersuchen, dann liegt ein Rückgriff auf die Theorie sozialer Differenzierung aus mehreren Gründen nahe. Zum einen handelt es sich um eine der ältesten, aber immer noch aktuellen sozialwissenschaftlichen Gesellschaftstheorien, die beansprucht, eine zentrale Strukturdimension von Gesellschaft und zugleich makrostrukturelle Veränderungen von entsprechend zentraler Bedeutung identifiziert zu haben. Außerdem bietet die Theorie sozialer Differenzierung mit dem Konzept des funktionellen Teilsystems eine analytische Kategorie für die Untersuchung der oben angesprochenen spezialisierten und institutionell verfestigten gesellschaftlichen Teilbereiche an. Dabei lenkt diese Theorie die Aufmerksamkeit auch auf wichtige Folgeprobleme zunehmender funktioneller Differenzierung. Schließlich ist sogar ein Brückenschlag zu steuerungstheoretischen Fragestellungen möglich, da die Differenzierungstheorie selbst dem politischen Teilsystem explizit oder implizit gesellschaftliche Koordinierungs- und Lenkungsfunktionen zuschreibt.

Während in dem neu gegründeten Max-Planck-Institut damit begonnen wurde, zunächst eher induktiv-beschreibend die Entwicklung, Struktur und gegenwärtigen Funktionsprobleme ausgewählter gesellschaftlicher Teilbereiche zu untersuchen, wurde aus den genannten Überlegungen heraus parallel dazu der Versuch gemacht, das analytische Potential der Theorie sozialer Differenzierung auszuloten. Zu diesem Zweck fanden nach einigen institutsinternen Vorarbeiten zweimal im Jahr Seminare im Rahmen eines 1985 gegründeten "Gesprächskreises zu Fragen einer Theorie sozialer Differenzierung" statt. Neben den interessierten Mitgliedern des Instituts nahmen an diesem Gesprächskreis Bernhard Giesen, Alois Hahn, Karl-Otto Hondrich, Niklas Luhmann, Richard Münch, Hartmann Tyrell und Helmut Willke teil. Die Diskussionen in diesem Kreis haben wohl allen Beteiligten bei der Weiterentwicklung, zumindest aber bei der kritischen Reflektion der eigenen theoretischen Ansätze geholfen. Auf jeden Fall gilt das für die Autoren dieses Buches, die deshalb an dieser Stelle allen Mitgliedern des Gesprächskreises ihren Dank abstatten möchten. Erste Entwürfe der Kapitel 6 und 7 wurden im Gesprächskreis diskutiert. Kapitel 2 profitierte besonders von einer Sitzung im Mai 1987, die dem Thema "Differenzierung des Hochschulsystems" gewidmet war. Vor allem aber haben die Diskussionen im Rahmen des Gesprächskreises bei der Entwicklung des in Kapitel 1 dargestellten analytischen Ansatzes eine entscheidende Rolle gespielt.

Möglich war diese anregende Wirkung bei der Entwicklung einer eigenen Position nur, weil infolge der schnell deutlich werdenden Unterschiedlichkeit der Erkenntnisinteressen der Mitglieder des Gesprächskreises in den Diskussionen niemals angestrebt wurde, die verschiedenen Ansätze in einer Supertheorie zu integrieren. So macht auch das vorliegende Buch nicht den Versuch, einen Beitrag zu einer der vorliegenden Varianten der Differenzierungstheorie zu leisten und etwa den Ansatz von Talcott Parsons oder Niklas Luhmann weiterzuentwickeln; ebenso wenig sind die im Institut laufenden empirischen Untersuchungen darauf angelegt, einzelne Thesen dieser Theorien systematisch zu prüfen. Unser Erkenntnisinteresse zielt stattdessen auf empirische Sachprobleme, auf die Erklärung bestimmter beobachtbarer Entwicklungen und Ereignisse. Deshalb geht es in diesem Buch, was die Theorie sozialer Differenzierung betrifft, lediglich um die Frage, wie weit sich diese Sachprobleme sinnvoll in ihren Kategorien analysieren lassen, bzw. welche Modifikationen oder Erweiterungen erforderlich sind, um bestimmte beobachtbare Realphänomene besser erfassen und verstehen zu können.

Im ersten Kapitel wird diese Frage zunächst ohne spezifischen Anwendungsbezug erörtert. Dabei geht es weniger um eine genaue Darstellung, in welcher Weise die Theorie sozialer Differenzierung bislang das Entstehen, die Binnenstruktur, die Funktionsweise und die damit verbundenen Folgeprobleme der Existenz funktioneller Teilsysteme behandelt hat, als um die darauf aufbauende Entwicklung von analytischen Kategorien, theoretischen Aussagen und Fragestellungen für die Analyse jener Art von spezialisierten gesellschaftlichen Teilbereichen, die Gegenstand der Forschungsarbeit des Kölner Max-Planck-Instituts sind. Die folgenden Kapitel beziehen sich dann mehr oder weniger intensiv auf Erfahrungen mit konkreten Forschungsgegenständen und repräsentieren in diesem Sinne erste Ergebnisse unseres Bemühens, Prozesse des Strukturwandels in hochentwickelten Gegenwartsgesellschaften aus der Perspektive einer zu diesem Zweck fortentwickelten Theorie sozialer Differenzierung zu analysieren.

Die nächsten vier Kapitel widmen sich jeweils einzelnen gesellschaftlichen Teilsystemen, deren Differenzierung empirisch und theoretisch nachvollzogen werden soll. Bei diesen Teilsystemen handelt es sich um die wissenschaftliche Forschung, das Gesundheitswesen, den Sport und technische Infrastruktursysteme. Abgesehen vom Sport sind dies die zentralen empirischen Untersuchungsgegenstände des Max-Planck-Instituts für Gesellschaftsforschung, so daß hier aus eigener Forschung empirische Aufarbeitungen vorlagen, die für die theoretische Betrachtung genutzt werden konnten. Für das Gesundheitssystem und die technischen Infrastruktursysteme ebenso wie für den Sport gilt ferner, daß es sich um vergleichsweise "junge", noch nicht sehr lange ausdifferenzierte gesellschaftliche Teilsysteme handelt. Die Differenzierungstheorie hat sich bislang vor allem auf die lange etablierten und besonders bedeutungsvollen Teilsysteme der modernen Gesellschaft wie Religion, Politik, Wirtschaft und Wissenschaft konzentriert. Insofern können wir mit der Wahl unserer Gegenstände helfen, eine Lücke zu schließen. Die Aufnahme des Wissenschaftssystems in die Betrachtung kann denn auch dazu dienen, Unterschiede zwischen "älteren" und "jüngeren" Teilsystemen deutlich zu machen. Letztlich haben die ausgewählten Teilsysteme jedoch vor allem exemplarischen Wert: An ihnen soll verdeutlicht werden - und läßt sich an manchen Punkten vielleicht besonders prägnant verdeutlichen -, wo die hier vorgestellte Theorieperspektive ihre analytischen Stärken besitzt.

Im Anschluß an die Untersuchungen der vier genannten Teilsysteme folgen zwei Kapitel, die teilsystemübergreifende Fragestellungen aufnehmen. Das zugrundeliegende Interesse ist allerdings auch hier, auf der Basis empirischer Befunde Spezifikationen von übergeneralisierten Konzepten der bisherigen Differenzierungstheorie vorzunehmen. Im Kapitel über Inklusion wird dargestellt, wie unterschiedlich der Modus des Einbezugs der gesellschaftlichen Umwelt als "Publikum" bei den verschiedenen Teilsystemen gestaltet ist. Ebenso benutzt das Kapitel über Verselbständigung und staatliche Steuerbarkeit vor allem die Fälle des Gesundheits- und des Forschungssystems, um eine empirische Varianz zu demonstrieren, die in entsprechenden Spezifikationen des differenzierungstheoretischen Instrumentariums ihren Niederschlag finden müßte.

Die Kapitel 1, 2, 3 und 5 wurden eigens für dieses Buch geschrieben; das gilt praktisch auch für Kapitel 7, dessen im Gesprächskreis diskutierte Vorform mit der jetzigen Fassung nur noch lose verbunden ist. Das Buch stellt deshalb, obwohl nicht als Einheit geschrieben, keinen der üblichen Sammelbände dar, sondern versucht, in aufeinander abgestimmten Beiträgen ein Thema gemeinsam zu entwickeln. Das gilt nicht nur für die Anlage des ganzen Bandes, sondern auch für die einzelnen Kapitel, die jeweils von allen vier Autoren kommentiert und aufgrund gemeinsamer Erörterung verbessert wurden; darüber hinaus haben wir auch anderen Kollegen am Institut für wertvolle Kommentare zu danken. Im übrigen wurde nicht angestrebt, die analytische Perspektive der beteiligten Autoren vollständig zu vereinheitlichen. Auch in diesem Sinne stellt dieser Band kein Ergebnis abgeschlossener Forschung, sondern einen Beitrag zu einer fortdauernden Diskussion dar.

Köln, Mai 1988

Renate Mayntz
Bernd Rosewitz
Uwe Schimank
Rudolf Stichweh

KAPITEL 1
FUNKTIONELLE TEILSYSTEME IN DER THEORIE SOZIALER DIFFERENZIERUNG

Renate Mayntz

1 Das analytische Potential der Theorie sozialer Differenzierung

Die Theorie sozialer Differenzierung stellt keine Einheit dar, sondern kennt eine größere Zahl von Varianten, wobei sich nicht nur moderne Autoren von den sozialwissenschaftlichen Klassikern unterscheiden, sondern auch innerhalb der ersten Gruppe wichtige Unterschiede existieren. Die Klassiker der Differenzierungstheorie, allen voran Adam Smith und Emile Durkheim, sprachen noch von gesellschaftlicher Arbeitsteilung und konzentrierten ihre Aufmerksamkeit auf die Vervielfältigung von Berufen oder produktiven Tätigkeiten. Sie konstatierten - das gilt auch für Herbert Spencer - einen gradlinigen Entwicklungstrend von der segmentären, d.h. aus vielen gleichartigen Elementen zusammengesetzten einfachen Gesellschaft zur hochgradig arbeitsteiligen modernen Gesellschaft. Inzwischen ist das Konzept der Arbeitsteilung zum Konzept der sämtliche Lebensbereiche umfassenden funktionellen Differenzierung generalisiert und damit auch der Begriff des funktionellen Teilsystems eingeführt worden. Neben - bzw. in historischer Abfolge zwischen - die beiden Differenzierungsformen segmentär und arbeitsteilig/funktionell sind weitere Formen getreten, vor allem die Stratifikation und die Differenzierung von Zentrum und Peripherie. Das dominante Paradigma sozialer Differenzierung wird heute von der Systemtheorie repräsentiert, wobei sich allerdings die Ansätze von Talcott Parsons, Neil Smelser, Richard Münch und Niklas Luhmann noch einmal in vielen wichtigen Punkten unterscheiden. Neben diesem dominanten Paradigma gibt es eine Reihe eher handlungstheoretisch orientierter Ansätze, wie sie etwa von Dietrich Rueschemeyer, S.N. Eisenstadt und dem an Max Weber anknüpfenden Wolfgang Schluchter repräsentiert werden. Die nachfolgenden Überlegungen nehmen zwar ihren - kritischen - Ausgangspunkt beim systemtheoretischen Paradigma, stützen sich dann jedoch, wie deutlich werden wird, eher auf handlungstheoretische Ansätze.

Die Theorie sozialer Differenzierung, und vor allem ihre besonders gut entwickelte systemtheoretische Variante, berührt lediglich einen Teil dessen, was unter einem umfassenden Begriff von Gesellschaftsstruktur und gesellschaftlichem Wandel zu behandeln wäre. Das liegt weniger daran, daβ die Differenzierungstheorie sich etwa nur auf Strukturaspekte bezöge, Entwicklungs- und Veränderungsprozesse dagegen einer anderen Theorie, z.B. der Evolutionstheorie, als Gegenstand überließe. Schon das Wort Differenzierung läßt sich auch prozessual verstehen, und so gehören denn auch von Anfang an Aussagen über den Wandel und die Abfolge verschiedener Differenzierungsformen und Aussagen über die Faktoren, die diese Entwicklung antreiben, mit zur Differenzierungstheorie. In der jüngeren Systemtheorie sind dabei zunehmend Evolutionskonzepte wie die Trias von Variation, Selektion und Retention eingesetzt worden, und zwar nicht nur zur Erklärung von Differenzierungsvorgängen, sondern auch als Dimension, entlang derer Differenzierung stattfindet (Luhmann 1976, 1978). Allerdings sind die Konzepte, die klassische Differenzierungstheoretiker und moderne Systemtheoretiker zur Erklärung des Differenzierungsprozesses bereitstellen, aus der Perspektive handlungstheoretisch orientierter Autoren, denen es um eine möglichst zureichende kausalgenetische Analyse geht, unzureichend. Eine empirisch adäquate Analyse realer Differenzierungsvorgänge setzt etwa für Rueschemeyer voraus, das interessegeleitete Handeln mächtiger Akteure als wesentlichen (wenn auch nicht einzigen) Faktor zu berücksichtigen, und erst wo dieses geschieht, will er von einer Prozeßanalyse der Arbeitsteilung sprechen (Rueschemeyer 1986: 52). Hierbei denkt Rueschemeyer freilich nicht daran, Differenzierung als zielgenaue Realisierung der Interessen *einzelner* Akteure mit einem überlegenen gesellschaftlichen Einflußpotential zu begreifen. Differenzierungsvorgänge gehen in seiner Perspektive vielmehr oft aus komplexen Akteurkonstellationen hervor, wobei das faktische Resultat der aufeinander einwirkenden Handlungsstrategien der Akteure so von keinem der Beteiligten gewollt war.

Ganz abgesehen davon, ob soziale Differenzierungsvorgänge im Rahmen systemtheoretischer Ansätze hinreichend erklärt werden können, thematisiert die Differenzierungstheorie auch nach ihrem eigenen Anspruch lediglich einen, wenn auch zentralen Aspekt gesellschaftlicher

Entwicklung. Bei Parsons etwa wird der Prozeβ wachsender funktioneller Differenzierung durch die Prozesse zunehmender Inklusion, Wertegeneralisierung und Normenspezifizierung flankiert (Parsons 1975: 39-43; 1971). Eisenstadt (1964: 378) hat gleichfalls darauf hingewiesen, daβ nicht aller Wandel auf der Dimension sozialer Differenzierung stattfindet.

Auch in struktureller Hinsicht bekommt eine Theorie, der es zunächst vor allem um die Gleich- oder Ungleichartigkeit der Teile eines sozialen Ganzen geht, relationale Strukturaspekte wie den der Herrschaftsordnung weniger leicht in den Blick. Obwohl gelegentlich der Versuch gemacht wird, Hierarchie und Schichtung gemeinsam unter den Begriff der vertikalen Differenzierung zu bringen (z.B. Hondrich 1986: 49), ist doch - mit Weber und Dahrendorf - zu betonen, daβ es sich bei Herrschaft, im Gegensatz zur rangmäβigen Schichtung, um eine soziale *Beziehung* handelt. In der Tat trennen andere Theoretiker (auch Luhmann) deutlich zwischen stratifikatorischer Differenzierung als Rangdifferenzierung einerseits und Machtbeziehungen, die als Bestandteil des politischen Systems erscheinen, andererseits. Damit aber ist "Hierarchie" keine auf gleicher analytischer Ebene liegende Alternative zu "Stratifikation", sondern lediglich *ein* Aspekt funktioneller Differenzierung, und es wird dann schwierig, Gesellschaften des Typs, wie sie Wittfogel in seinem Buch "Oriental Despotism" (1981) behandelt, in den Kategorien der üblichen Differenzierungsformen zu beschreiben. Sie sind weder, wie segmentäre Gesellschaften, durch das Nebeneinander von Groβhaushalten oder Familienverbänden noch, wie moderne Gesellschaften, durch eine Vielzahl funktioneller Teilsysteme gekennzeichnet, lassen sich aber auch nicht wie die mittelalterliche Ständegesellschaft als stratifiziert beschreiben; ihr dominantes Strukturprinzip ist vielmehr die alles umfassende bürokratische Herrschaftsordnung. Für eine *Struktur*analyse sind differenzierungstheoretische Kategorien dementsprechend ergänzungsbedürftig.

In der Entwicklung der Theorie sozialer Differenzierung hat es in jüngerer Zeit eine wichtige Akzentverschiebung gegeben, die mit einem Wandel des Konzepts des sozialen Systems zusammenhängt. Hat man sich zunächst in differenzierungstheoretischer Perspektive vor allem für die Veränderung der dominanten Differenzierungsformen interessiert, also gewissermaβen für die (wechselnde) Art, wie ein soziales Ganzes auf oberster gesellschaftlicher Ebene in Teile zerlegt wird, dann fragen sozialwissenschaftliche Systemtheoretiker in neuerer Zeit eher nach der Bildung von Teilsystemen innerhalb eines gröβeren Ganzen. Dem ersten Ansatz entspricht das Systemkonzept des aus Teilen zusammengesetzten Ganzen, dem zweiten dagegen die Vorstellung, daß Systeme durch die Fähigkeit zur Grenzerhaltung und Identitätsbewahrung gegenüber ihrer Umwelt gekennzeichnet sind.

Das zuerst genannte Systemkonzept war für die mit Begriffen wie segmentär, stratifiziert und arbeitsteilig operierende Differenzierungstheorie prägend und ist, wo diese Begriffe benutzt werden, wohl oft noch die dominante Perspektive. Hierher gehört auch die Vorstellung einer Stufenfolge von mehreren Differenzierungsebenen und damit der Hinweis, daß die auf oberster Gesellschaftsebene zunächst unterschiedenen Segmente, Schichten oder funktionellen Teilsysteme ihrerseits intern differenziert sind, Familien (als Segmente) z.B. funktionell, Schichten, indem sie aus Familien zusammengesetzt sind, segmentär. Die analytisch wichtige Unterscheidung mehrerer Differenzierungsebenen darf im übrigen weder mit der Unterscheidung verschiedener analytischer Systemebenen (bei Parsons: kulturell, sozial, personal, organismisch; bei Giesen: symbolisch, normativ, sozial - siehe Giesen & Schmid 1987) noch mit der Unterscheidung zwischen dominanten und sekundären Differenzierungsformen verwechselt werden; auch eine sekundäre, d.h. eine Gesellschaft erst in zweiter Linie prägende Differenzierungsform, wie es in funktionell differenzierten Gesellschaften die soziale Schichtung sein mag, ist eine Differenzierung auf oberster Gesellschaftsebene.[1]

Die klassische Vorstellung von Differenzierung als Untergliederung eines Ganzen in Teile läßt sich als Dekompositionsparadigma bezeichnen, was im übrigen nicht nur strukturell, sondern auch prozessual, d.h. im Sinne von Differenzierung als einem Prozeß der Zerlegung eines Ganzen, gilt. Eine solche Vorstellung des Differenzierungsprozesses findet man bereits bei Durkheim, der etwa in seinem Buch über die Arbeitsteilung sagte: "Die Arbeitsteilung kann also nur im Schoß einer schon existierenden Gesellschaft eintreten" (Durkheim 1977: 317). Parsons präzisiert dies, wenn er "Differenzierung" so erläutert: "Eine Einheit ..., die einen relativ gut definierten Platz in der Gesellschaft einnimmt,

1 Die fehlende Unterscheidung zwischen Differenzierungsebenen und dominanten bzw. sekundären Differenzierungsformen kann u.a. dazu führen, daß man den Primat funktioneller Differenzierung in entwickelten Gegenwartsgesellschaften mit dem Hinweis auf die Ubiquität anderer Differenzierungsformen bestreitet; so Hondrich (1987).

teilt sich in Einheiten oder Systeme (für gewöhnlich zwei) auf, die sich hinsichtlich ihrer Struktur *sowie* ihrer funktionalen Bedeutung für das größere System unterscheiden" (Parsons 1975: 39). Neil Smelser hängt derselben Vorstellung an, wenn er sagt: "When *one* social role or organization becomes archaic under changing historical conditions, it differentiates ... into *two or more* roles or organizations which function more effectively in the new historical circumstances" (Smelser 1960: 2). Das Dekompositionsparadigma liegt auch noch dem berühmten AGIL-Schema von Parsons zugrunde, wenn er es zur Beschreibung der vier großen gesellschaftlichen Teilsysteme benutzt, die sich durch funktionelle Differenzierung bilden.

In dem Augenblick, in dem der Systembegriff anstelle der inneren Ordnung eines Ganzen seine Abgrenzung von einer Umwelt thematisiert, geraten andere Fragestellungen ins Blickfeld. Mit dieser Verschiebung wird aus der Differenzierungstheorie klassischer Prägung, die sich für die Eigenart verschiedener Differenzierungsformen und ihre historische Abfolge interessiert, eine Theorie der (Sub-)Systembildung, die sich insbesondere für die Analyse der Herausbildung funktioneller Teilsysteme eignet. Dabei wird der Schlüsselbegriff Differenzierung zunehmend vom Begriff der Ausdifferenzierung verdrängt, der die Aufmerksamkeit von der Betrachtung ganzer Gesellschaften fort und auf die genauere Analyse einzelner Teilsysteme hin lenkt. Mit der Ausdifferenzierung taucht grundsätzlich die komplementäre Frage nach der Innendifferenzierung der Teilsysteme auf. Bei der Beschreibung der Innendifferenzierung ließen sich wieder die klassischen Strukturkategorien segmentär, stratifikatorisch und funktionell anwenden; Autoren, die in der Kategorie von Ausdifferenzierung denken, interessieren sich jedoch für diese strukturellen Aspekte oft weniger als z.B. für die Mechanismen der Grenzziehung und des Austausches zwischen System und Umwelt.

Das Erkenntnisinteresse der Theorie sozialer Differenzierung hat sich im Wechsel der Perspektiven von der Frage nach den grundlegenden Formen sozialer Ordnung auf die Frage nach der Erfüllung zentraler gesellschaftlicher Bestandsvoraussetzungen verschoben. Dabei erfährt die gesellschaftliche Arbeitsteilung bzw. die Ausbildung funktioneller Teilsysteme ungeachtet möglicher Folgeprobleme eine grundsätzlich positive Einschätzung als leistungssteigernde evolutionäre Errungenschaft. Für Durkheim (1977) macht erst Arbeitsteilung die Existenz einer wachsenden Bevölkerung auf gleichem Raum möglich, Parsons (1971: 115-

119) spricht im Zusammenhang mit sozialer Differenzierung von "adaptive upgrading", und für Smelser (1968) stellen Differenzierungsvorgänge ausdrücklich soziale Problemlösungen dar. Selbst wenn dabei der funktionalistische Fehlschluß vermieden wird, das Erfordernis von Leistungssteigerung bzw. Systemerhaltung für die Ursache sozialer Differenzierung zu halten, wird wenigstens unterstellt, daß die als zweckmäßig erfahrenen strukturellen Arrangements im Prozeß sozialer Evolution vorzugsweise selegiert und stabilisiert werden. Sowohl der simple Funktionalismus wie der schon von Robert K. Merton vertretene evolutionäre Funktionalismus sind oft und ausführlich kritisiert worden (zusammenfassend: Schimank 1985a). Schon Durkheim hat betont, daß eine funktionalistische Existenzbegründung beliebiger sozialer Tatsachen kausal-genetisch unzulänglich und historisch nicht haltbar ist (Durkheim 1895) - eine Auffassung, die heute vor allem von handlungstheoretisch denkenden Autoren unterstrichen wird. Für ein kausal-genetisches Erkenntnisinteresse muß die Funktionalität realer Differenzierungsvorgänge eine empirische Frage bleiben; das aber verlangt einen theoretischen Ansatz, der das Augenmerk ausdrücklich darauf lenkt, daß in der gesellschaftlichen Entwicklung falsche Wege gewählt und auch bis zum bitteren Ende gegangen werden können, daß Chancen endgültig vertan und selbst unabweisliche Bedürfnisse unter Umständen nicht erfüllt werden.

Die Kritik an einer Differenzierungstheorie, die funktionalistisch argumentiert, ist allerdings nur soweit gerechtfertigt, wie damit tatsächlich beansprucht wird, eine zureichende kausal-genetische Erklärung für einzelne beobachtbare Strukturveränderungen zu geben. Die funktionalistische Differenzierungstheorie etwa eines Talcott Parsons verfolgt jedoch nicht unbedingt ein derartiges Erkenntnisinteresse. Der Funktionalismus interessiert sich generell weniger für die Ursachen als für die problemlösenden Qualitäten struktureller Tatbestände, und anstatt nach konkreten Begründungszusammenhängen fragt er nach generellen Voraussetzungen bestimmter sozialer Entwicklungen. Darum bezeichnet etwa Boudon die Modelle sozialer Differenzierung von Parsons und Smelser ausdrücklich als eher metatheoretisch denn empirisch (Boudon 1984: 215). Auch Michael Schmid (1982: 174) kennzeichnet die Parsonssche Theorie - mit Mark Granovetter - als nicht-empirisch und unfähig, vermutlich aber auch nicht daran interessiert, den faktischen Gang gesellschaftlicher Wandlungen zu erklären. Sowohl die behauptete Abfolge verschiedener Differenzierungsformen wie das Schema der vier funktionellen Teilsysteme stellen demnach eher analytische Interpretationsraster dar, die durch Subsumtion ausgewählter empirischer Fakten plausibilisiert werden, zur kausal-genetischen Erklärung dieser Fakten jedoch wenig beitragen und dies wohl auch nicht beanspruchen. Strukturell-funktionale Theorien sozialer Differenzierung sind damit im strikten Sinne nicht empirisch überprüfbar, können aber gleichwohl auf *mögliche* Differenzierungsvorgänge, *mögliche* problematische Folgen und *mögliche* Reaktionen auf derartige Folgeprobleme hinweisen.

Diese Bemerkungen zum methodologischen Status insbesondere systemtheoretischer Ansätze, die aufs engste mit dem Konzept funktioneller Teilsysteme verbunden sind, müssen im Auge behalten werden, wenn im folgenden der Versuch gemacht wird, ein Konzept gesellschaftlicher Teilsysteme zu entwickeln, das empirische Untersuchungen mit einem kausal-genetischen Erkenntnisinteresse leiten können soll. Bei diesem Versuch interessieren eine Reihe von Fragen *nicht*, die die Theorie sozialer Differenzierung in ihrer bisherigen Form aufwirft, ohne daß heute Konsens über die Antwort bestünde - so die Frage nach der Art und Zahl überhaupt vorkommender Differenzierungsformen, die von Luhmann thematisierte Frage nach der zunehmenden Differenzierung zwischen Interaktionssystemen, Organisationssystemen und Gesellschaft wie schließlich auch die Frage nach der Abfolge dominanter Differenzierungsformen im Laufe gesellschaftlicher Entwicklung. So kann hier auch dahingestellt bleiben, ob der funktionellen Differenzierung in hochentwickelten Gegenwartsgesellschaften tatsächlich der Primat zukommt; unbestritten dürfte sein, daß die Existenz institutionalisierter, durch formale Organisationen geprägter, von den Gesellschaftsmitgliedern als umrissene gesellschaftliche Sektoren wahrgenommener gesellschaftlicher Teilsysteme für Gesellschaften vom Typ der modernen Industrienationen charakteristisch ist.

2 Zur Konstitution funktioneller Teilsysteme

Funktionelle Teilsysteme lassen sich als gesellschaftsweit institutionalisierte, funktionsspezifische Handlungszusammenhänge definieren. Ihr Konstitutionskriterium ist ein spezieller Sinn, der auf der normativ-kognitiven Ebene als besondere Handlungslogik oder Handlungsrationalität und auf der Handlungsebene als eine besondere Tätigkeit identifizierbar ist (wobei es der spezielle Sinn ist, der die Ausgrenzung der Tätigkeit erlaubt). Diese zunächst rein definitorische Bestimmung, der vermutlich Differenzierungstheoretiker verschiedener Orientierungen zustimmen, bleibt allerdings formal. Die Unterschiede der Ansätze werden deutlich, wenn der Versuch gemacht wird, das Sinnkriterium zu spezifizieren. Systemtheoretiker sowohl der Parsonsschen wie der Luhmannschen Richtung greifen dabei auf Begriffe wie gesellschaftliche Funktion, funktionelle Imperative, Probleme der gesellschaftlichen Bestandserhaltung oder nicht-negierbare Bezugsprobleme zurück. Ohne den Wert einer Analyse zu bestreiten, der es um die Identifikation funktioneller Imperative oder Bezugsprobleme sowie um die Identifikation jener empirischen Phänomene geht, die sich auf sie beziehen lassen, soll hier ein anderer Weg eingeschlagen und ohne Rekurs auf funktionalistische Kategorien nach dem Konstitutionskriterium gesellschaftlicher Teilsysteme gefragt werden, die sich als institutionalisierte Handlungszusammenhänge identifizieren lassen und auch von den Gesellschaftsmitgliedern als solche wahrgenommen werden. Ob und wieweit derartige Teilsysteme gesellschaftliche Bezugsprobleme oder funktionelle Imperative erfüllen, wird dabei bewußt offengelassen.

Lehnt man den definitorischen Bezug auf funktionelle Imperative bzw. nicht-negierbare Bezugsprobleme ab, dann scheint sich als Alternative die Bezugnahme auf spezialisierte Leistungen anzubieten, die angebbare Produzenten für angebbare Abnehmer erbringen; auch in der Systemtheorie werden den funktionellen Teilsystemen - allerdings nur *neben* ihrer auf das Gesellschaftsganze bezogenen Funktion - spezifische Leistungen zugeschrieben, die sie für andere Teilsysteme erbringen (Luhmann 1977a; 1977b: 36-39). Diesen Weg geht etwa Hondrich, der folgerichtig nicht mehr von funktioneller, sondern von Differenzierung nach dem Kriterium Leistung spricht (1982: 25 ff). Auch hierbei tauchen jedoch bald Probleme auf. Faßt man "Leistung" so weit, daß der Begriff sich auf alle identifizierbaren Teilsysteme anwenden läßt, dann verschwimmt der Unterschied zu "Funktion". Schränkt man den Leistungsbegriff dagegen auf gegenleistungsfähige Tätigkeitsangebote angebbarer Produzenten für angebbare Abnehmer ein, erweist er sich schnell als zu eng. Die per Schulpflicht oktroyierte Erziehung ließe sich dann ebenso wie die Behandlung von Patienten in psychiatrischen Krankenhäusern nur noch auf dem Umweg über den interessierten Dritten als Leistung verstehen, und auch Politik, Religion, Sport und Kultur ließen sich nur schlecht unter einen solchen Leistungsbegriff fassen. Den genannten Teilsystemen wird man zwar ohne weiteres einen angebbaren und auch von den Gesellschaftsmitgliedern als speziell erlebten Sinn beimessen können; er wäre aber adäquater z.B. als Realisierung eines gesellschaftlich anerkannten Zentralwerts (Religion) oder als Erfüllung eines verbreitet wahrgenommenen Bedürfnisses (Sport) denn als Leistung im engen, eben definierten Sinne zu beschreiben.

Das Spezifikum der sogenannten funktionellen Differenzierung ist die sinnhafte *Spezialisierung* (Verengung + Intensivierung + Abkoppelung von Zusatzgesichtspunkten). Reale soziale Phänomene - Tätigkeiten, Rollen, Organisationen, Institutionenkomplexe - unterscheiden sich nicht nur hinsichtlich ihres Spezialisierungs*grades*, sondern auch durch die *Art* des speziellen Sinns. Bei diesem kann es sich um einen Zweck oder eine Leistung, aber auch um einen anerkannten Selbstwert handeln: was jeweils Konstitutionskriterium eines Teilsystems ist, ist eine empirische Frage. Dabei kann z.B. die Existenz legitimer Gegenleistungserwartungen und klar umrissener Produzenten- und Abnehmerrollen als Kriterien eines auf *Leistungs*basis konstituierten Teilsystems gelten.

Mit dieser "empirischen Wende" bei der Bestimmung des Konstitutionskriteriums gesellschaftlicher Teilsysteme eröffnen sich Fragestellungen, die gar nicht erst in den Blick geraten, wenn man definitorisch von funktionellen Imperativen oder unabweislichen Bezugsproblemen ausgeht. So konzipierte Funktionen sind - oder erscheinen doch leicht - als unveränderliche Fixpunkte: Die Funktion von Politik etwa ist dann sozusagen ein für alle Mal die Ausrichtung von Handlungen auf gesellschaftliche Ziele (goal attainment) bzw. die Herstellung kollektivverbindlicher Entscheidungen. Ein grundsätzlich empirisch zu ermittelnder spezieller Handlungssinn - man könnte auch von Handlungslogik oder speziellen Orientierungsstandards sprechen - ist dagegen historisch veränderbar, und *wie* er sich wandelt, kann zur wichtigen Untersuchungsfrage werden. Handlungslogiken können im Laufe der Zeit trennschärfer werden, Bezugsprobleme von Institutionen können umdefiniert werden, und auch die Umstellung von "Selbstwert" auf "Leistung" ist möglich.

Allerdings wird es angesichts der grundsätzlichen Variabilität der Konstitutionskriterien ausdifferenzierter Teilsysteme schwierig, für sie eine einheitliche und nicht irreführende Bezeichnung zu finden. "Funktionelles Teilsystem" suggeriert den Bezug auf unveränderliche funktionelle Imperative, "Funktionssystem" - sofern dafür nicht dasselbe gilt - betont umgangssprachlich den Leistungsaspekt zu stark, während das in beiden Hinsichten neutralere "gesellschaftliche Teilsystem" rein sprachlich auch auf Kasten oder Stände anwendbar wäre. Da ein gängiger und alle diese unerwünschten Assoziationen vermeidender Begriff fehlt, werden die drei genannten Begriffe in diesem Kapitel synonym benutzt; andere Autoren in diesem Band haben sich durchweg für eine der Alternativen entschieden, ohne damit signalisieren zu wollen, daß sie über verschiedene empirische Gegenstände sprechen.

3 Stufen der Ausdifferenzierung

Der Begriff der Ausdifferenzierung verweist auf einen Prozeß der Systembildung, bei dem sich analytisch mehrere Stufen unterscheiden lassen, ohne daß damit gesagt ist, daß die heute existierenden funktionellen Teilsysteme in einem solchen Stufenprozeß entstanden sind (die Frage der Genese wird weiter unten separat behandelt). Die unterste Stufe ist die der einzelnen Handlung, Handlungssituation oder Interaktion. Der spezielle Handlungssinn darf natürlich kein idiosynkratischer sein, sondern muß als solcher sozial anerkannt sein - als religiöses, wirtschaftliches oder kriegerisches Handeln, als Intimbeziehung oder Herrschaftsbeziehung, als Situation des Heilens oder der Geisterbeschwörung. Auf der nächsten Stufe der Ausdifferenzierung existieren spezielle Funktionsrollen, die durch den kontinuierlichen Vollzug einer zunächst nur situativ ausgegrenzten Tätigkeit gekennzeichnet sind: Arzt, Forscher, Schauspieler, Priester usw. Auf der dritten Stufe schließlich treten entsprechend spezialisierte größere soziale Gebilde auf, bei denen es sich oft um formale Organisationen handelt (aber nicht handeln muß), und die gesellschaftsweit zu einem speziellen Handlungszusammenhang miteinander verknüpft sind.

Stellt man lediglich auf die Besonderheit eines bestimmten Handlungs- oder sogar noch enger Kommunikationstypus ab, kann schon bei bloß situativer Ausdifferenzierung, sicher aber beim Auftreten spezieller Rollen, von einem gesellschaftlichen Teilsystem gesprochen werden. Demgegenüber soll dieser Begriff (und seine Synonyme) hier nur auf Handlungszusammenhänge angewandt werden, die in *sozialstruktureller Hinsicht* über die Stufe der Ausdifferenzierung spezieller Funktionsrollen hinaus eine institutionelle Verfestigung erfahren haben. Zu den typischen strukturellen Elementen gesellschaftlicher Teilsysteme gehören organisatorische Zusammenfassungen oder zumindest informelle Netzwerke bestimmter Kategorien von Rolleninhabern, Einrichtungen für die Übermittlung von Wissen und Fertigkeiten an die künftigen Rolleninhaber und nicht zuletzt formale Organisationen, die auf den betreffenden Handlungszweck spezialisiert sind. Man mag dem Konzept einer in diesem Sinne sozialstrukturell definierten Systemhaftigkeit naiven Konkretismus und die Unfähigkeit zur Abstraktion vom Alltagsverständnis sozialer Wirklichkeit vorwerfen. Die herkömmliche Differenzierungstheorie jedenfalls hat dem Gruppen- oder Gebildecharakter der jeweils unterschiedenen Elemente keine besondere Aufmerksamkeit geschenkt,[2] obwohl klar war, daβ Segmente, von Durkheim mit Familienverbänden gleichgesetzt, multifunktionelle Lebensgemeinschaften darstellen und Schichten über gemeinsame Wertorientierungen und Lebensweise locker integrierte Kollektive sind. Nur der Gebildecharakter funktioneller Teilsysteme ist mehr oder weniger im Dunklen geblieben, ja es schien geradezu als ihr Charakteristikum, daβ sie sich nicht als besondere Gruppenform beschreiben lassen. Begreift man gar mit Niklas Luhmann gesellschaftliche Funktionssysteme als spezialisierte Kommunikationszusammenhänge, dann stellt sich die Frage nach ihrem Gebildecharakter bestenfalls in zweiter Linie. Will man jedoch den Blickwinkel der Differenzierungstheorie benutzen, um beobachtbaren Strukturwandel, seine Ursachen und Folgen zu untersuchen, dann ist es auf jeden Fall wichtig, den Gebildecharakter der voneinander differenzierten gesellschaftlichen Untereinheiten ausdrücklich zu berücksichtigen. Der Gruppen- oder Gebildecharakter sozialer Untereinheiten könnte in vieler Hinsicht sogar wichtiger sein als die Eigenart des Kriteriums, durch das sie sich voneinander unterscheiden.

Keineswegs alle Handlungszusammenhänge, die sich aufgrund des Sinnkriteriums ausgrenzen lassen, müssen die Stufe des institutionalisierten und organisatorisch verfestigten Teilsystems erreichen, und wo das in unserer Gesellschaft bisher geschehen ist, hat es unterschiedlich lange gedauert. Intimbeziehungen, die beispielsweise bei Niklas Luhmann ein funktionelles Teilsystem darstellen, weil sie eine als Code ausformulierbare, eigentümliche Handlungslogik besitzen (Luhmann 1982), sind

2 Es gibt allerdings Ausnahmen; so unterscheidet Hondrich (1982) zwischen totalen und partialen Subsystemen, wobei erstere für ihre Mitglieder wie für das gröβere soziale Ganze multifunktional, letztere eher funktionell spezifisch sind.

im wesentlichen auf der Handlungsebene ausdifferenziert und dürften ohne fundamentale Veränderung ihres speziellen Sinns kaum über eine situative Rollenbildung hinausgelangen können. Solange funktionelle Differenzierung jedoch lediglich auf der Handlungsebene stattfindet, kann sie nicht zum dominanten Prinzip auf oberster gesellschaftlicher Ebene werden. Nicht daß Arbeitsteilung *überhaupt* stattfindet, sondern daß sie auf immer höherer Ebene stattfindet - nicht mehr nur zwischen Familienmitgliedern oder zwischen Land und Stadt, sondern zwischen gesellschaftsweit etablierten Funktionssystemen und heute zunehmend sogar auf internationaler Ebene - ist das entscheidende Merkmal der historischen Entwicklung.

Auch nachdem die Stufe der Teilsystembildung im hier benutzten Sinne erreicht ist, kann die Ausdifferenzierung noch verschieden stark sein. Daß ein Teilsystem für eine bestimmte Art von Handeln in der Gesellschaft primäre Zuständigkeit besitzt, gehört zwar schon zur Minimaldefinition des Begriffs, aber es gibt deutliche Unterschiede im Grad der Monopolisierung des betreffenden Handelns (z.B. Erziehen, Heilen, Nachrichten übermitteln) durch einen abgrenzbaren Institutionenkomplex. Dabei ist es sowohl für die Wahrnehmung der abgegrenzten Existenz eines Teilsystems durch die Gesellschaftsmitglieder selbst wie auch für sein Operieren und seine politische Steuerbarkeit wichtig, *wie weit* es den Inhabern einer bestimmten Kategorie von Funktionsrollen bzw. den formalen Organisationen gelingt, die Exklusivität ihrer Zuständigkeit für eine bestimmte Leistung oder Art von Tätigkeit durchzusetzen (vgl. auch Tyrell 1978).

Für die gesellschaftsweite Etablierung von Funktionssystemen ist weiter ihre wachsende Inklusivität wichtig, was bei identifizierbaren Leistungen Angebotsgeneralisierung bzw. Universalität der Nachfrage bedeutet. Praktisch heißt das die Lösung aus dem Bezug auf eine bestimmte Schicht, in der Regel die Oberschicht. In diesem Sinne ist die Inklusivität der Teilsysteme Politik und Bildung ebenso gewachsen wie die des Gesundheitssystems und einer Vielzahl anderer Dienstleistungssysteme. Diese Entwicklung bedeutet zugleich, daß die Dominanz von Schichtung als gesamtgesellschaftlichem Ordnungsprinzip schwindet. Die Inklusivität wächst jedoch nicht bei allen Teilsystemen im Laufe der Entwicklung; beim religiösen Teilsystem war sie von Anfang an umfassend, und wenn sie sich in letzter Zeit überhaupt verändert hat, ist sie eher geschrumpft.

Für den Grad der Ausdifferenzierung eines Teilsystems ist es schließlich bedeutsam, ob und wieweit es Akteure gibt, die dafür Selbstregelungskompetenzen nach innen und Interessenvertretungsbefugnisse nach außen beanspruchen. Die Fähigkeit hierzu ist zwar nicht grundsätzlich, praktisch aber doch weitgehend an die Existenz korporativer Akteure gebunden. Korporativen Akteuren gelingt auch die Sicherung von Zutrittsbeschränkungen, Zuständigkeitsansprüchen und der "Schwelle der legitimen Indifferenz" (Tyrell 1978) besser als einer amorphen Menge von Funktionsrolleninhabern. Das setzt jedoch nicht voraus, daß das Teilsystem insgesamt als Monopolmacht bzw. als zentralisierte und hierarchisierte Makro-Organisation strukturiert ist, wie das etwa vor der Reformation für das Religionssystem galt.

Erst gesellschaftliche Teilsysteme, die die dritte der hier unterschiedenen Stufen der Ausdifferenzierung erreicht haben, werden in aller Regel von den Gesellschaftsmitgliedern selbst als eigenständige und recht problemlos abgrenzbare Systeme wahrgenommen, in ihrem Realitätsgehalt durchaus vergleichbar mit Klassen oder Ständen, ethnischen oder Kultgemeinschaften, und zwar umso deutlicher und übereinstimmender, je mehr die Kriterien entwickelter Systemhaftigkeit erfüllt sind. Die Ausgrenzung einzelner funktioneller Teilsysteme in der Wahrnehmung der Gesellschaftsmitglieder ist ihrerseits eine wichtige Voraussetzung für die Durchsetzung von Ansprüchen der exklusiven Zuständigkeit, besonderer Zugangsbedingungen oder auch spezieller Aufmerksamkeit seitens des politischen Systems. Insofern findet eine Wechselwirkung zwischen symbolisch-kognitiven Prozessen der Definition und sozialstrukturellen Ausdifferenzierungsvorgängen statt, die sich gegenseitig stützen.

4 Binnenstruktur: Die Innendifferenzierung gesellschaftlicher Teilsysteme

Die zunehmende Ausdifferenzierung und institutionelle Verfestigung eines spezialisierten Teilsystems bedeutet in aller Regel, daß auch seine Binnenstruktur komplexer wird: Ausdifferenzierung und Innendifferenzierung stehen in einem engen Zusammenhang. In dem Augenblick, in dem man den Gebildecharakter, die morphologische Beschaffenheit gesellschaftlicher Teilsysteme thematisiert, erweitert sich die Fragestellung von der Eigenart der Innen*differenzierung* (segmentär? stratifiziert?

arbeitsteilig?) zur Frage nach der Beschaffenheit der Binnen*struktur*, und das bedeutet, auch nach den in ihnen sozial Handelnden, nach den sie ausmachenden individuellen und kollektiven Akteuren und den zwischen ihnen sowie zu Akteuren in der Systemumwelt bestehenden Beziehungen zu fragen. In dieser Form tun Systemtheoretiker das nicht. Bei Luhmann gibt es natürlich detaillierte Analysen einzelner Funktionssysteme und ihrer Subsysteme - so des Rechts und der Politik; aber diese Analysen bleiben dem Einzelfall verhaftet und erstreben keine allgemeinen Aussagen über die Binnenstruktur von Funktionssystemen. Parsons hingegen sucht hier in gewisser Hinsicht theoretische Überkonsistenz: Er hält sich bei der Analyse von Binnenstrukturen immer strikt an das AGIL-Schema und fragt dann etwa, wie die vier Systemfunktionen in einem gegebenen Teilsystem erfüllt werden, was für Strukturen dafür vorhanden sind, z.B. wie im Wissenschaftssystem die G-Funktion erfüllt wird, vielleicht auch, wie die Rangordnung der vier Subsysteme beschaffen ist, und ob A, G, I oder L innerhalb des betrachteten Systems den Primat hat. Alle diese Fragen beziehen sich ausschließlich auf die funktionelle Innendifferenzierung. Für kausal-genetische Fragestellungen über Strukturwandel und politische Steuerung ist es dagegen ausgesprochen sinnvoll, Strukturen als Akteurskonfigurationen zu beschreiben, denn die Art der Innendifferenzierung eines Teilsystems *konditioniert* zwar strukturelle Dynamiken, doch im Rahmen des so abgesteckten Möglichkeitsraums folgt die *Selektion* von Handlungen (und damit von Handlungseffekten) erst aus den jeweiligen Akteurkonstellationen.

Beschreibt man gesellschaftliche Teilsysteme als komplexe Konfigurationen von sozial Handelnden (was u.a. verlangt, auf Handlungsorientierungen und Ressourcen einzugehen), dann heißt das keineswegs, sie nur als Organisationsnetzwerke zu sehen. Art und Ausmaß der Gruppenbildung ist vielmehr eine wichtige Variable zur Kennzeichnung der Binnenstruktur von Funktionssystemen. Zu einem Teilsystem gehörende Akteure können auch als unorganisierte Berufsgruppe, als amorphe Klientel oder als verzweigtes Netzwerk nur informell verknüpfter Zirkel und Grüppchen existieren. Bei den formalen Organisationen in einem gesellschaftlichen Teilsystem ist in funktioneller Hinsicht zwischen zwei großen Kategorien zu unterscheiden. Einmal gibt es formale Organisationen, die an der Hervorbringung der für das System spezifischen Leistung oder Tätigkeit mitwirken, wobei sie nicht nur intern arbeitsteilig verfahren, sondern sich auch selbst auf unterschiedliche

Teilaufgaben der Leistungserstellung beziehen können, also z.B. auf die Schaffung der kognitiven und technischen Voraussetzungen einer Leistung, der Ausbildung der im System tätigen Spezialisten, der unmittelbaren Leistungsproduktion und gegebenenfalls der Leistungsvermittlung an potentielle "Abnehmer". Zweitens gibt es Organisationen, die eine bestimmte Kategorie von individuellen (z.B. Ärzte) oder korporativen (z.B. Ortskrankenkassen) Akteuren zusammenfassen, sei es zum Zweck von Kommunikation und kollektiver Verhaltensregulierung, sei es zur gemeinsamen Interessenvertretung. Sehr viel seltener ist ein dritter Organisationstyp, der der internen oder umweltbezogenen Koordination *verschiedener* kollektiver Akteure dient; ein Beispiel hierfür ist der Wissenschaftsrat.

Unter dem Gesichtspunkt der systeminternen Vernetzung ist die Existenz von Organisationen besonders interessant, deren Einheiten ihrerseits Organisationen sind. Mehrstufige Makro-Organisationen unterscheiden sich von rein kategorialen Zusammenfassungen, wie es etwa ein in der Statistik ausgewiesener Wirtschaftszweig ist; sie selber können intern hierarchisch, aber auch genossenschaftlich strukturiert sein, wobei im ersten Fall die Ebenenverflechtung gewöhnlich über Weisungsbeziehungen, im zweiten Fall dagegen über Delegation bzw. Repräsentation und damit über Mitgliedschaftsbeziehungen läuft. Es ist ohne weiteres einsichtig - und das allein rechtfertigt diese Klassifikationsübung -, daβ die hier unterschiedenen Typen sozialer Gebilde höchst unterschiedliche dynamische Merkmale aufweisen und vor allem auch unterschiedlich handlungsfähig sind. Beides ist von entscheidender Bedeutung für die Erklärung strukturellen Wandels, die Möglichkeiten politischer Steuerung, die sektorale Selbstorganisation, das Entstehen von Reformblockaden, den Kampf um knappe gesellschaftliche Ressourcen usw.

Natürlich läβt sich die Binnenstruktur funktioneller Teilsysteme zusätzlich auch in den traditionellen Kategorien der Differenzierungstheorie beschreiben. Daβ gesellschaftliche Teilsysteme häufig selbst wieder arbeitsteilig strukturiert sind, versteht sich, muβ aber nicht immer so ausgeprägt sein wie im politisch-administrativen System oder im Gesundheitssystem. Auch Segmente und Schichten lassen sich in ausdifferenzierten Funktionssystemen erkennen; dazu ist es allerdings nötig, vor allem den Begriff des Segments von dem Merkmal der funktionellen Diffusheit zu lösen, das er durch Durkheims Gegenüberstellung von segmentär und arbeitsteilig erhalten hat, und darunter generell gleichartige und gleichrangige soziale Untereinheiten zu verstehen - also etwa auch die Parteien in einem politischen System, die Krankenhäuser im Gesundheitssystem oder die Unternehmen einer Branche im Wirtschaftssystem. Wissenschaftliche Disziplinen sind dagegen eher eine Mischform aus segmentärer und funktioneller Differenzierung.

Die Beschreibung der Binnenstruktur von gesellschaftlichen Teilsystemen entlang der hier angedeuteten Dimensionen ist natürlich kein Selbstzweck. Sie ist vielmehr die Voraussetzung für einen Vergleich der gleichzeitig in einer Gesellschaft bestehenden Teilsysteme wie auch für die Identifikation von Veränderungen einzelner Teilsysteme im Zeitablauf. Beide Fragen werden im Rahmen einer funktionalistisch argumentierenden Systemtheorie so kaum gestellt; zumal die Verwendung des AGIL-Schemas suggeriert ganz im Gegenteil die Gleichartigkeit und vielleicht sogar die Geschichtslosigkeit der großen gesellschaftlichen Teilsysteme. Demgegenüber wird hier behauptet, daß in der strukturellen Beschaffenheit der großen Teilsysteme einer Gesellschaft wichtige Gründe ihrer dynamischen Besonderheiten wie insbesondere auch der gesellschaftlichen Problemerzeugung liegen. Je stärker dabei ein Teilsystem durchorganisiert ist, d.h. je dominanter in ihm korporative Akteure sind, umso erklärungsträchtiger dürften sich spiel- und verhandlungstheoretische Ansätze erweisen, während Theorien kollektiven Verhaltens und der unbeabsichtigten Erzeugung unerwünschter Aggregateffekte durch die nicht koordinierten Handlungen zahlreicher Akteure sich dort als fruchtbarer erweisen mögen, wo ein Teilsystem aus einer unorganisierten Vielzahl gleichartiger Einheiten besteht, ob das nun selbständig praktizierende Ärzte, Haushalte oder die Klein- und Mittelbetriebe eines Wirtschaftszweigs sind. So bietet die Betonung diachroner und synchroner struktureller Unterschiede gesellschaftlicher Teilsysteme zugleich einen Ansatzpunkt für die sinnvolle Verknüpfung verschiedener Theorietraditionen im Dienste eines übergreifenden Erkenntnisinteresses.

5 Ausdifferenzierung als Prozeß - der genetische Aspekt

Die Frage, wie und von welchen Kräften angetrieben gesellschaftliche Teilsysteme entstehen und sich entwickeln, bezieht sich gleicherweise auf Ausdifferenzierung und Innendifferenzierung als die zwei aufs engste verbundenen Aspekte der Systembildung.

Die Frage nach den Triebkräften ist so alt wie die Differenzierungstheorie selbst, und sie wurde auch nicht immer nur mit funktionalistischen Argumenten beantwortet. Für Durkheim etwa ist funktionelle Differenzierung das Resultat der bei erhöhtem Bevölkerungsdruck wachsenden Konkurrenz, sozusagen der Suche nach Marktnischen (Durkheim 1977: 306-312). Differenzierung ist damit ein unbeabsichtigtes Produkt interessegeleiteten individuellen Handelns. Wie vor allem Rueschemeyer (1977; 1986) betont, kann funktionelle Differenzierung aber auch von mächtigen Akteuren absichtsvoll herbeigeführt werden, wobei dann allerdings Herrschaftsinteressen bzw. Kontrollzwecke oft ein wichtigeres Motiv sind als die Steigerung von Effizienz bei der Aufgabenerfüllung.

Eine überaus wichtige Rolle bei der Ausdifferenzierung spielen Definitionsprozesse. Das ist insofern selbstverständlich, als ein spezieller Sinn Konstitutionskriterium gesellschaftlicher Funktionssysteme ist. Dieser Sinn ist jedoch nicht, wie es in systemtheoretischen Ansätzen manchmal scheint, bereits vorgegeben, sondern muß - und kann - in sozialen Definitionsprozessen kognitiv-symbolisch festgelegt werden. Daraus folgt nicht, daß Veränderungen im Bereich gesellschaftlicher Semantik immer als Auslöser von Differenzierungsprozessen in einem kausal-genetischen Sinne fungieren, doch hat jeder sich sozialstrukturell niederschlagende Differenzierungsprozeß auch symbolische Aspekte, ist immer zugleich auch ein Vorgang der Durchsetzung neuer Definitionen. Wenn es etwa Forschern gelingt, die Vermehrung wissenschaftlichen Wissens als gesellschaftlichen Zentralwert zu behaupten, oder Ärzten, eine bestimmte Vorstellung von Krankheit durchzusetzen, dann hat das sehr handfeste Auswirkungen, etwa auf die Ressourcengewinnung oder auch auf die professionelle Autonomie.

Eine wichtige Rolle beim Entstehen neuer wie bei der Entwicklung bereits bestehender Teilsysteme spielt die Technik; hierauf wird in Kapitel 5 ausführlich eingegangen. Wenn diese Zusammenhänge bisher besonders wenig beachtet wurden, dann liegt das mit an der allgemeinen Vernachlässigung, die der Technik in den Sozialwissenschaften längere Zeit widerfuhr, und ist kein für die Theorie sozialer Differenzierung spezifischer Mangel. Obwohl technische Innovationen gelegentlich zum Auslöser für die Entwicklung eines neuen Funktionssystems wurden - man denke etwa an die Energieversorgung und das Eisenbahnsystem -, ist in zahlreichen Fällen die technische Entwicklung ihrerseits durch Spezialisierungsprozesse innerhalb gesellschaftlicher Teilsysteme angeregt worden; die Medizintechnik kann hierfür als Beispiel dienen. Vor allem verdankt das Wirtschaftssystem seine zunehmende Ausdifferenzierung, seine Leistungssteigerung und teilweise auch die Art seiner gegenwärtigen Innendifferenzierung dem Einsatz von Technik.

Aus- und Innendifferenzierung können sowohl endogen wie exogen vorangetrieben werden. Ein wichtiger endogener Faktor zunehmender Innendifferenzierung ist der grundsätzlich schon von Durkheim identifizierte Konkurrenzmechanismus. Er wird wirksam, wenn die Zahl der in einem Bereich tätigen Spezialisten bei zunächst anscheinend konstanter Nachfrage nach ihren Leistungen stark zunimmt. So kann die Zunahme von Ärzten das Auftreten von immer neuen Facharztkategorien, die Zunahme ausgebildeter Juristen Spezialisierungstendenzen innerhalb des Rechtsanwendungssystems stimulieren. Sogar innerhalb einer einzelnen wissenschaftlichen Disziplin wie der Soziologie hat der wachsende Konkurrenzdruck der jüngsten Zeit sicherlich zur thematischen Diversifizierung und damit zur Etablierung u.a. der Verwaltungs-, Implementations- oder Technikforschung beigetragen. Doch ist Konkurrenzdruck bei knapper Nachfrage, wie man ebenfalls am Beispiel der sich thematisch diversifizierenden Grundlagenforschung zeigen könnte, nicht der einzige endogene Antriebsfaktor für Differenzierung.

Exogene Differenzierungsprozesse werden von Vorgängen in der Systemumwelt angeregt. Eine wichtige Rolle spielt dabei die Reaktion auf (sich verändernde) Umweltanforderungen, die einen Anreiz für Wachstum und Ausbildung neuer Spezialisierungen darstellen können. Dabei ist nicht nur das Auftreten, sondern auch der Umfang einer spezialisierten Nachfrage von Bedeutung für die Entstehung von Subspezialisierungen (vgl. auch Hondrich 1982: 47); dieser Zusammenhang ist auch aus der Verwaltungsforschung vertraut (Wagener 1969). Umweltanforderungen, und zwar speziell das Verlangen des sich ausdifferenzierenden politischen Systems nach Ausbildungsleistungen, haben z.B. das Entstehen spezieller Bildungsinstitutionen bzw. einen entsprechenden Wandel der Universität im 16. bis 18. Jahrhundert vorangetrieben (vgl. Kap. 2). Aber nicht nur über das Entstehen, das Wachstum und die Veränderung von Nachfrage, sondern auch durch regelnde Eingriffe vor allem des politischen Systems, das im Zuge seiner eigenen Entwicklung in den modernen Industriegesellschaften zunehmend von Herrschaft auf Steuerung umgestellt wurde, ist die Entwicklung vieler gesellschaftlicher Teilsysteme beeinflußt worden. Dabei kann eine endogene wie eine extern angestoßene Aus- und Innendifferenzierung auch eigendynamisch werden. In der Systemtheorie wird etwa darauf hingewiesen, daß die evolutionären Errungenschaften früherer Etappen des gesellschaftlichen Differenzierungsprozesses diesen Prozeß weitertreiben (Parsons 1964). Ähnlich kann die Attraktivität der Produzentenrollen in Teilsystemen, die erfolgreich ihre exklusive Zuständigkeit für die Erbringung einer hochgeschätzten Leistung behauptet haben, jenen Zustrom ins System hinein auslösen, der dann auf dem Wege über wachsende interne Konkurrenz zu weiterer Differenzierung führt.

Von der Frage nach den Triebkräften der Entwicklung ist die Frage zu unterscheiden, wie weit das Dekompositionsparadigma den Prozeß der Ausdifferenzierung von Funktionssystemen adäquat beschreibt. Dekomposition hieße hierbei ein normalerweise mit Wachstum gekoppelter Prozeß, bei dem ein existentes Ganzes unterteilt oder doch zumindest eine konstante "Leistung" (oder "Arbeit") zunehmend arbeitsteilig erbracht wird. Nicht zufällig paßt diese Vorstellung besonders gut auf die Strukturentwicklung formaler Organisationen, die bei gleichbleibendem Organisationszweck wachsen und dabei Untereinheiten ausbilden. Für das Entstehen gesellschaftlicher Teilsysteme ist dieses "Industriebetriebsparadigma" jedoch nur *eine* denkbare empirische Variante, für die die Ausbildung zentraler Staatsverwaltungen im politischen System als Beispiel gelten könnte. Eine zweite Möglichkeit des Entstehens von spezialisierten Teilsystemen ist die funktionelle Reduktion vorher multifunktionaler sozialer Gebilde oder Einrichtungen, also praktisch ein Prozeß des teilweisen Funktionsverlustes. Ein solcher reduktiver Prozeß hat Familie und Religion in der modernen Gesellschaft zu relativ spezialisierten Teilsystemen werden lassen. Eine dritte Prozeßvariante ist schließlich die Entwicklung eines gesellschaftlichen Teilsystems durch Aggregation bzw. Synthese, d.h. durch Eingliederung und gleichzeitiges "Umfunktionieren" existenter Einheiten aus der Systemumwelt. Auf diese Weise etwa sind die mittelalterlichen Hospitäler als Krankenhäuser zu Einheiten des Gesundheitssystems geworden. Auch die Eingliederung bisher externer Hilfs- bzw. Zuliefererfunktionen ist möglich, etwa wenn die Ausbildung der später im System tätigen Spezialisten nicht mehr im allgemeinen Schul- und Ausbildungssystem, sondern systemintern geschieht.

In vorliegenden differenzierungstheoretischen Analysen der Teilsystementstehung sind zwar die hier erwähnten Triebkräfte durchaus erkannt worden; die verschiedenen Prozeßvarianten sind jedoch nicht herausgearbeitet worden. Das hängt zum guten Teil damit zusammen, daß in den vorherrschenden systemtheoretischen Ansätzen die kausal-genetische Rekonstruktion beobachtbarer historischer Prozesse weniger interessiert als Versuche, Belege für die Existenz einzelner, theoretisch postulierter Mechanismen (z.B. der Spezifizierung eines Codes, der internen Funktionsdifferenzierung, der Interpenetration von Standards) zu finden.

6 Zur Abgrenzung funktioneller Teilsysteme

Wenn die Grenzziehung für die Entwicklung eines Teilsystems von ausschlaggebender, ja konstitutiver Bedeutung ist, dann müßte es ohne weiteres möglich sein, anzugeben, wer oder was zum System gehört, und wer oder was zu seiner Umwelt. Für Systemtheoretiker wie Parsons, Münch oder Luhmann stellt die Abgrenzung kein Problem dar. Wer mit dem AGIL-Schema operiert, der findet die Abgrenzung in der Möglichkeit des gedanklichen Bezugs auf eine der vier Funktionen, was sich je nachdem auf Handlungen, Rollen oder komplexere soziale Einrichtungen, aber auch auf Medien, Werte und Normen anwenden läßt. Auch für Luhmann stellt die Abgrenzung kein Problem dar, da funktionelle Teilsysteme definitionsgemäß lediglich aus Kommunikationen eines bestimmten Typs bestehen. Damit gehören dann z.B. alle Geldzahlungen, ob sie nun im Rahmen von Tauschprozessen in der Wirtschaft, als Spende von Gläubigen in einer religiösen Kultgemeinschaft oder aber in der Wissenschaft von einer Stiftung an einen Forscher geleistet werden, zum ökonomischen System. Die so gewonnene analytische Eindeutigkeit vergewaltigt allerdings das Selbstverständnis des Gläubigen, der Stiftung und des Forschers, was den Sinn ihrer Handlungen angeht.[3]

Auch einer kausal-genetisch interessierten und sozialstrukturell erweiterten Perspektive kann das Sinnkriterium dazu dienen, die Teilsystemgrenze zu definieren - allerdings nicht der "Eigen-Sinn" einzelner Handlungen, sondern der unter Umständen über sie hinausgehende

3 Auch wenn sie unter Umständen einer realen Tendenz von Funktionssystemen zur Hegemonie, zur Betrachtung der ganzen Welt aus der eigenen selektiven Perspektive entsprechen mag; auch diese wäre jedoch empirisch nachzuweisen und nicht analytisch zu setzen.

sinnhafte *Bezug*. Wenn Leistungen arbeitsteilig erbracht werden, dann gehören alle daran unmittelbar beteiligten Handlungen oder Akteure zu dem Teilsystem, das auf der Basis der betreffenden Leistung konstituiert ist. Dasselbe gilt für die Verwirklichung von Zentralwerten wie dem Gewinn wissenschaftlicher Erkenntnis. Danach gehört der Krankenhausmanager, der ein Ökonom ist und selber keine Patienten behandelt, genauso zum Gesundheitssystem wie die Deutsche Forschungsgemeinschaft, die nicht forscht, sondern Forschung finanziert, zum Wissenschaftssystem. Umgekehrt rechnet eine Bank, die einem Krankenhaus Kredit einräumt, oder ein Unternehmen, das einem Forschungsinstitut einen Auftrag erteilt, zur Umwelt der Teilsysteme Gesundheit bzw. Wissenschaft, denn die Handlungen dieser Akteure sind primär an den eigenen ökonomischen Systemzielen orientiert. Berücksichtigt man, und das gilt auch für die Innendifferenzierung, auf diese Weise sowohl den sinnhaften Bezug von Handlungen wie ihre soziale Trägerschaft, dann läßt sich die Verteilung von Handlungen auf soziale Akteure selbst zum Thema machen. Der eindimensionalen, lediglich auf der Ebene des Handlungssinns stattfindenden Betrachtung muß dagegen z.B. entgehen, daß sich im politischen System die Teilaufgabe der Politikentwicklung von den dafür vorgesehenen Einrichtungen Parlament und Regierung tendenziell auf die Ministerialbürokratie verlagert, was für die Politikinhalte nicht folgenlos ist. Dasselbe gilt für die Probleme, die dadurch aufgeworfen werden, daß Forscher in Unternehmen arbeiten; die für die Industrieforschung kennzeichnenden Spannungen kommen nur in den Blick, wenn man die Divergenz zwischen dem Eigen-Sinn eines Handelns (Forschen) und seinem durch die sozialstrukturelle Einbettung gegebenen systemischen Sinnbezug thematisiert.

Ähnliche und höchst aufschlußreiche Spannungen können auch zwischen dem quasi objektiven Sinnbezug des Handelns eines Akteurs und seinen Handlungsmotiven bestehen - eine Unterscheidung, die man grundsätzlich schon bei Max Weber findet. Gute Beispiele sind die Privatklinik und das kommerzielle Forschungsinstitut: Selbst wenn hier das Gewinnmotiv dominiert, bleibt der Zweckbezug des Handelns die Erstellung von Gesundheitsleistungen bzw. die Wissensproduktion. Ein dominierendes Gewinnmotiv kann sich jedoch auf die Qualität der Leistung auswirken, d.h. es wird dann anders bzw. anderes geforscht oder therapiert als dort, wo Rentabilität als Bestandsvoraussetzung höchstens Nebenbedingung ist. Wenn die Orientierung an ökonomischem Gewinn insofern nicht über die Systemzurechnung entscheidet, eignet sie sich natürlich auch nicht zur Abgrenzung des Teilsystems Wirtschaft - jedenfalls nicht in der hier entwickelten, sozialstrukturell akzentuierten Perspektive. Die Wirtschaft erscheint aus diesem Blickwinkel eher als ein Netzwerk zahlreicher Funktionssysteme, die auf der Ebene konkreter Produktionsleistungstypen abgegrenzt sind. Damit wird zugleich das Phänomen der Kommerzialisierung von Leistungsbeziehungen innerhalb anderer gesellschaftlicher Funktionssysteme sichtbar, ohne daß man gezwungen wäre, plötzlich größere Teile des Gesundheits- und des Bildungswesens, von Kultur, Sport und Wissenschaft dem Wirtschaftssystem zuzurechnen.

Ein Abgrenzungsproblem bleibt jedoch trotzdem noch offen, nämlich die Frage, ob die Inhaber der Komplementärrollen des Abnehmers, Klienten usw. als Teil des jeweiligen Systems oder als Teil seiner Umwelt zu betrachten sind. Natürlich gehören die Patienten, Kunden, und Klienten zu dem jeweiligen funktionsspezifischen *Handlungszusammenhang*, doch gibt es offensichtlich große Unterschiede in dem Maß ihrer rollenmäßigen Ausdifferenzierung, prozeduralen Integration und vielleicht sogar formalen Organisierung. Dort, wo eine Leistung nur in unmittelbarer Interaktion mit dem Empfänger erbracht werden kann, wie in Schulen und Universitäten, wird man ohne weiteres dazu neigen, die "Abnehmer" als Teil des Systems anzusehen. Schon das Dazwischenschalten eines Marktes lockert dagegen den interaktiven Zusammenhang, obwohl die Austauschbeziehungen zwischen Produzenten und Abnehmern häufig verfahrensmäßig geregelt sind. Bei manchen Teilsystemen läßt sich außerdem gar nicht sinnvoll von Abnehmern sprechen, da das systemspezifische Handeln einen Selbstwert darstellt, nicht nur für die daran Beteiligten (z.B. Forscher oder Sportler), sondern auch in den Augen der Umwelt, die deshalb auch bereit sein mag, die betreffenden Aktivitäten finanziell zu fördern.

Es wäre ausgesprochen unfruchtbar, diese in der Wirklichkeit bestehenden und für die betreffenden Teilsysteme höchst bedeutsamen Unterschiede durch eine generelle Abgrenzungsentscheidung zu überdecken und damit praktisch zu negieren. Vielmehr kommt es darauf an, diese realen Unterschiede möglichst genau zu erfassen und zu beschreiben, weil mit ihnen wesentliche Merkmale der betreffenden gesellschaftlichen Teilsysteme erfaßt werden. Da sieht man dann etwa, daß Staatsbürger sowohl als Wähler wie als Adressaten von Verwaltungshandlungen nur punktuell, intermittierend und situativ in den Handlungszusammenhang des politischen Systems einbezogen werden, Schüler und Studenten dagegen ins Bildungssystem sehr viel intensiver integriert sind. Wichtige Veränderungen der Teilsysteme schlagen sich entsprechend in der Ausbildung und Veränderung von Abnehmerrollen nieder, wobei sich keineswegs nur ihre Inklusivität im historischen Prozeß verändern kann, sondern auch die konkrete Beschaffenheit der Rollen- und Organisationsstrukturen und der interaktiven Zusammenhänge an den Grenzen. Im übrigen scheint es geradezu kennzeichnend für funktionelle Teilsysteme im Gegensatz zur segmentären und stratifizierenden Differenzierung zu sein, daß sich sozial-strukturell definierte Grenzen der Systemmitgliedschaft nicht sauber ziehen lassen, sondern daß sie sich in einem ständigen Prozeß der Definition und Umdefinition befinden. Scheinbar begriffliche Abgrenzungsprobleme sind hier der Ausdruck von realen Unschärfen und empirischen Variationen, die man nicht definitorisch hinwegeskamotieren sollte.

7 Folgeprobleme funktioneller Differenzierung

Die möglichen Folgeprobleme sozialer Differenzierung sind in der Differenzierungstheorie immer schon stark thematisiert worden und sollen daher hier nur kurz angesprochen werden. Im Mittelpunkt der klassischen Theorie sozialer Differenzierung hat von Anfang an die Gefährdung der Systemintegration als mögliches Folgeproblem gestanden. Dabei ist es vor allem die funktionelle Differenzierung, die als problemträchtig angesehen wird. Das ist kaum mehr als die logische Konsequenz des alten Systemkonzepts des aus Teilen zusammengefügten Ganzen und des damit verbundenen Dekompositionsparadigmas. Unter den Klassikern hat Durkheim dem Integrationsproblem besondere Beachtung geschenkt und dabei auch die Möglichkeit erörtert, daß in der sozialen Wirklichkeit der der funktionalen Differenzierung zugeordnete Integrationsmodus organischer Solidarität verfehlt wird. In der späteren strukturell-funktionalen Theorie spielt das Integrationsproblem bekanntlich ebenfalls eine zentrale Rolle, wenngleich das Problem in echt funktionalistischer Denkmanier zugleich seine eigene Lösung zu induzieren scheint - bei Parsons vor allem über die generalisierten Medien, bei dem ihm folgenden Münch (z.B. 1984) durch Interpenetration. Vielfach wurde auch dem politischen Teilsystem eine besondere Rolle bei der gesellschaftlichen Integration zugemessen, bis man angesichts offenbarer politischer Steuerungsprobleme und Mängel der gleichmäßigen Wertberücksichtigung (z.B. Offe 1969) dazu überging, die Systemintegration eher von der gesellschaftlichen Selbstorganisation, der horizontalen Abstimmung zwischen den verschiedenen gesellschaftlichen Teilsystemen zu erhoffen (Willke 1983; Glagow & Willke 1985; 1987).

Kennzeichnend für diese Bemühungen um eine theoretische Lösung des von der sozialen Differenzierung aufgeworfenen Integrationsproblems ist es, daß einer systematischen Analyse der Probleme selbst oft sehr viel weniger Aufmerksamkeit geschenkt wurde als den jeweils in den Vordergrund gerückten Lösungen. Systemtheoretischem Denken weniger verhaftete Autoren wie Durkheim oder auch Eisenstadt haben durchaus konkrete Folgeprobleme mißlungener gesellschaftlicher Reintegration erörtert, so Durkheim (1977) die Anomie und Eisenstadt (1964) u.a. strukturelle Regression oder auch "unbalanced change" für den Fall, daß die als Reaktion auf Folgeprobleme sozialer Differenzierung erfolgende Entwicklung problemlösender Institutionen ausbleibt.

Systematisch könnte man zwischen Folgeproblemen funktioneller Differenzierung im Makro- und im Mikrobereich unterscheiden. Die Probleme im Mikrobereich, z.B. Entfremdung, Wertkonflikte, Identitätsverlust, Anomie usw. sollen hier nicht weiter erörtert werden (siehe auch Schimank 1985b), was ausdrücklich nicht heißt, daß ihre Bedeutung - auch als Ursache für problematische Erscheinungen im Makrobereich - ignoriert oder gar bestritten würde. Auf der Makroebene selbst lassen sich zunächst eine Reihe grundsätzlicher Probleme identifizieren, die mit der für funktionell differenzierte Systeme typischen Komplexität intrasystemischer Interdependenzen zusammenhängen. Hierzu gehört einmal die Vielfältigkeit und Reichweite der Folgen, die Ereignisse oder Veränderungen in einem der interdependenten Systemteile haben, also das Phänomen des Auftretens kaum vorhersehbarer Fernwirkungen infolge von Wirkungsbeziehungen, die gleichsam neben oder auch außerhalb des Netzwerks strukturierter sozialer Interaktionen herlaufen. Weiter ist das Auftreten nicht vorgesehener und vorhergesehener Wechselwirkungen separater Vorgänge, d.h. das Phänomen der Interaktivität, eine Folge komplexer Interdependenzen. Mit der funktionellen Spezialisierung selbst hängt dagegen das Problem der Störanfälligkeit zusammen: Bei mangelhafter Aufgabenerfüllung oder gar dem völligen Ausfall eines Teilsystems gibt es bei exklusiver Zuständigkeit keinen Ersatz, so daß mindestens die Regression auf frühere Stufen der Bedürfniserfüllung, wenn nicht gar gravierende Beeinträchtigungen der Lebensfähigkeit eines Systems erfolgen. Das Problem der Störanfälligkeit hat schon Spencer gesehen (vgl. Smelser 1968: 244). Besonders sichtbar wird diese problematische Konsequenz funktioneller Differenzierung bei der Störung oder Zerstörung hochtechnisierter Infrastruktursysteme.

Weniger mit Interdependenz und Arbeitsteilung als mit der *systemischen* Ausdifferenzierung und der Tendenz funktioneller Teilsysteme zur Abschließung bzw. Verselbständigung hängt eine andere Gruppe von Problemen zusammen. Smelser unterscheidet ähnlich zwei Grundprobleme struktureller Differenzierung, die er typischerweise jedoch nicht als Problemtypen, sondern als Integrationstypen, also als Problem*lösungen* thematisiert: einerseits die Regulierung der Interaktion strukturell ungleicher Teile, also das von Durkheim betonte Problem organischer Solidarität, und zweitens "the type of integration required when the different agents and units in a society have to be mobilized and coordinated for pursuing a common cause ...; this problem deals with the political autonomy of social units, and was stressed by Spencer in his discussion of coercion in the militant society" (Smelser 1968: 251). Die Orientierung gesellschaftlicher Teilsysteme an *einem* Leitwert, *einer* bestimmten Leistung erzeugt einen mächtigen Partikularismus. Die legitime Indifferenz gegenüber anderen Werten und Funktionsnotwendigkeiten führt dazu, daß ungehindert negative Externalitäten entstehen können: die sie Erzeugenden sind systematisch blind dafür. Das Nebeneinander tendenziell absolut gesetzter verschiedener Werte (auch spezielle Leistungen beziehen sich in diesem Sinne auf Werte) führt auch auf gesellschaftlicher Ebene zu Konflikten, nicht nur zu den schon von Max Weber beachteten Wertkonflikten, sondern ganz konkret zu sozialen Konflikten etwa bei der Konkurrenz um knappe Ressourcen oder bei der Durchsetzung des je eigenen Anspruchs auf exklusive Zuständigkeit (vgl. auch Münch 1978). In dem Maße, in dem funktionelle Teilsysteme mit exklusiver Zuständigkeit sich sozialstrukturell ausdifferenziert und institutionell verfestigt haben, wird die Gefahr asymmetrischer Abhängigkeitsbeziehungen zwischen "Produzenten" und "Abnehmern" zum Problem. Aber auch zwischen verschiedenen Teilsystemen, etwa zwischen Politik und Wirtschaft, Religion und Politik oder Wirtschaft und Wissenschaft kann es Machtkämpfe geben, die zu asymmetrischen Abhängigkeiten führen (vgl. auch Eisenstadt 1964). Sofern die Versorgung eines Teilsystems mit Ressourcen und damit auch seine Wachstumschancen von dem "Tauschwert" der von ihm erbrachten Leistung abhängt, entsteht außerdem die Tendenz zur Nachfragesteigerung durch die

Produzenten selbst. Der Mechanismus der aktiven Nachfrageerzeugung im Interesse und durch strategisches Handeln der Anbieter ist ein aus der Wirtschaft bekannter Mechanismus, doch läßt er sich grundsätzlich auch am Beispiel des Gesundheitssystems, des Bildungssystems und vor allem des innerhalb des politischen Bereichs noch einmal relativ ausdifferenzierten militärischen Systems beobachten. Daß diese aktive Nachfrageerzeugung für die Gesellschaft insgesamt höchst problematisch sein kann, wird bei der bloßen Nennung dieser Beispiele deutlich, auch wenn das Problem der künstlichen Nachfrageerzeugung bisher weniger thematisiert worden ist als andere Differenzierungsfolgen.

Mit dem Grad der Verselbständigung funktioneller Teilsysteme sollen auch die Probleme politischer Steuerbarkeit wachsen (Mayntz 1987). Dabei ist hier mit Verselbständigung vor allem die Fähigkeit zur Abwehr von externen Interventionen, zur Neutralisierung von Umwelteinflüssen gemeint, so daß es anderen Teilsystemen nicht mehr gelingt, ihre Interessen, sei es als Betroffene oder als Abnehmer von Systemleistungen, geltend zu machen. Diese Art der Verselbständigung, die einerseits auf strukturellen Voraussetzungen wie organisierter kollektiver Handlungsfähigkeit beruht, andererseits von Umweltbedingungen abhängt, darf nicht mit Autonomie im Sinne der Unabhängigkeit von externen Ressourcen und auch nicht mit Autopoiesis gleichgesetzt werden. Der autopoietische Operationsmodus eines Teilsystems zeigt sich vor allem daran, daß alle seine Operationen durch den systemspezifischen Code gesteuert werden. In dem Maße, in dem z.B. die Gültigkeit wissenschaftlicher Aussagen allein durch die methodischen Standards des Wahrheitscodes bestimmt wird, bestimmt das Wissenschaftssystem selbst und allein, was gesellschaftlich als wissenschaftlich gilt. Die Existenz eines solchen autopoietischen Operationsmodus kann durchaus mit hoher kausaler Abhängigkeit des Teilsystems von seiner Umwelt einhergehen.[4] Ein *verselbständigtes* Teilsystem kann jedoch externe Einflüsse besser abwehren oder verarbeiten als Teilsysteme, die in diesem Sinne weniger Autonomie besitzen. Das gilt ähnlich für die Ressourcenabhängigkeit: Jede Spezialisierung sozialer Einheiten erhöht ihre Ressourcenabhängig-

4 Trotzdem hat das Autopoiesiskonzept einige Autoren dazu angeregt, die Abschottung gesellschaftlicher Teilsysteme ihrer Umwelt gegenüber als politisches Steuerungsproblem zu diskutieren (Teubner & Willke 1984). Ausführlicher wird dieses Problem in Kapitel 7 erörtert.

keit, doch ist es durchaus möglich, die grundsätzliche Ressourcenabhängigkeit so zu handhaben, daß sie mit einem hohen Maß an Selbstregulationsfähigkeit vereinbar bleibt. Eine wichtige Strategie in diesem Zusammenhang ist das Erringen gesellschaftsweiter Anerkennung des eigenen Leitwerts, auf die sich z.B. das Gesundheitssystem und auch das Wissenschaftssystem immer noch sehr stützen können. Eine andere wichtige Strategie ist die Generalisierung der Nachfrage nach der eigenen Leistung, die Entkoppelung von der Nachfrage einer begrenzten Abnehmergruppe, die z.B. in der Entwicklung des Schulsystems und der Universität eine große Rolle gespielt hat (Archer 1984; Stichweh 1987). Auch die Durchsetzung eines Monopolanspruchs auf das Erbringen einer bestimmten Leistung erhöht die Selbständigkeit eines Teilsystems, indem sie ihm nicht nur ein Drohpotential an die Hand gibt (Ärztestreik), sondern auch das Einstreichen eines "Monopolgewinns" ermöglicht, da mangels einer sachverständigen externen Kontrolle der Leistungsqualität und des geforderten Preises die alternativenlosen Abnehmer weder die Chance von Voice noch von Exit haben.

8 Zum historischen Wandel gesellschaftlicher Teilsysteme

Als Ergebnis der vorangehenden Überlegungen läßt sich festhalten, daß es offensichtlich recht verschiedene Typen gesellschaftlicher Teilsysteme gibt, die zu unterscheiden dann wichtig ist, wenn man nicht lediglich grundsätzliche Mechanismen sozialer Differenzierung und Ausdifferenzierung identifizieren, sondern die Genese, Beschaffenheit und dann auch Folgeprobleme realer gesellschaftlicher Strukturen erklären will. Spezialisierte gesellschaftliche Teilsysteme lassen sich - mindestens - nach den folgenden Merkmalen voneinander unterscheiden: nach der Eigenart ihres Konstitutionskriteriums, dem Grad ihrer sozialstrukturellen Verfestigung, der Eigenart ihrer Binnenstruktur, dem Grad ihrer Technisierung, ihrem Entstehungsmodus und schließlich den Besonderheiten der Systemgrenze. Von der in diesen Dimensionen beschriebenen Beschaffenheit gesellschaftlicher Teilsysteme, das ist die zentrale These und zugleich die theoretische Rechtfertigung des hier unternommenen Versuchs der Weiterentwicklung eines analytischen Begriffsrahmens, hängt sowohl die Erzeugung gesellschaftlicher Folgeprobleme wie ihre politische Steuerbarkeit ab.

Konzediert man, daβ spezialisierte gesellschaftliche Teilsysteme sich in wichtigen Merkmalen voneinander unterscheiden, und daβ es geradezu eine Forschungsaufgabe ist, diese Unterschiede empirisch zu ermitteln, dann wird der Streit darüber entschärft, was alles als funktionelles Teilsystem gelten soll. Liebes- oder Intimbeziehungen etwa sind zwar auf der situativen Ebene funktionell ausdifferenziert, haben sich aber nicht zum Teilsystem im sozialstrukturellen Sinn fortentwickelt. Eine wesentlich wichtigere Konsequenz der hier vorgenommenen analytischen Differenzierung ist jedoch, daβ hinter der generellen Formel von der zunehmenden Ausdifferenzierung funktioneller Teilsysteme ein folgenschwerer historischer Wandel in der Art gesellschaftlicher Teilsysteme sichtbar wird.

Beginnen wir mit einem Blick auf die archaischen Institutionen Familie, Religion und Herrschaft. Die Familie, konkreter die Gesamtheit von Familien in einer Gesellschaft, läβt sich heute als ein auf dem Wege der Funktionalisierung befindliches Teilsystem mit einem niedrigen Grad organisierter Systemhaftigkeit beschreiben, das diesen seinen Status durch funktionelle Reduktion erlangt hat (vgl. Tyrell 1979). Tatsächlich wird die Familie zunehmend als eine Institution wahrgenommen, die z.B. für die Wirtschaft, ja für den Fortbestand des Staates wichtige "Leistungen" erbringt, was sie denn auch zum Gegenstand staatlichen Schutzes und politischer Förderung gemacht hat. Intern ist das Teilsystem Familie praktisch rein segmentär differenziert, was übrigens, wie Franz Rothenbacher (1987) ausführt, in dieser besonderen Ausprägung Ergebnis eines historischen Homogenisierungsprozesses ist.

Weiter als die Familie ist die Religion auf dem Weg zum ausdifferenzierten Teilsystem vorangeschritten. Auch hier hat zur Gegenwart hin eine funktionelle Reduktion und wenigstens ansatzweise eine Umdefinition in Richtung auf Leistungserbringung stattgefunden; gleichzeitig ist der religiöse Bereich im Gegensatz zum familiären stark durchorganisiert, d.h. durch die Existenz korporativer Akteure gekennzeichnet. Trotzdem hat die Religion ihren Charakter als Glaubensgemeinschaft nicht verloren: Als gesellschaftliches Teilsystem ist sie auch heute noch eher auf der Basis eines Zentralwerts als auf der Grundlage einer spezifischen Leistung konstituiert.

Von den drei hier zunächst betrachteten Institutionen hat sich politische Herrschaft am weitesten als Funktionssystem ausdifferenziert und ist dabei zunehmend auf Leistung umgestellt worden. Der spezielle

Sinn historischer Frühformen des politischen Teilsystems läßt sich sehr viel besser als (gesellschaftsweite) Herrschaftsausübung anstatt als Produktion einer besonderen Leistung beschreiben, obwohl politische Herrschaft immer schon als solche auch anerkannte Leistungen etwa in der Verteidigung nach außen und der Friedenssicherung nach innen erbracht hat. Erst im Laufe der historischen Entwicklung ist der Leistungsaspekt politischer Systeme immer weiter in den Vordergrund getreten. Dem Staat ist ausdrücklich die Erfüllung eines ständig wachsenden Katalogs von Aufgaben für die Gesellschaft zugewiesen worden, wofür dem zum Bürger gewordenen Herrschaftsunterworfenen als Steuerzahler die Gegenleistungsrechnung aufgemacht wird. Dessen ungeachtet bleibt Herrschaftssicherung und -ausübung Bezugspunkt politischen Handelns und die Basis der politischen Handlungslogik, wie auch die staatliche Zwangsgewalt erhalten bleibt. So kennzeichnet auch das staatliche Monopol auf legitime Gewaltanwendung und nicht die exklusive Zuständigkeit für bestimmte gegenleistungsfähige Aufgaben das politische System bis heute.

Unter den heute in modernen Gesellschaften vorfindlichen ausdifferenzierten und institutionell verfestigten Teilsystemen gibt es noch eine Reihe weiterer Beispiele für eine graduelle Transformation oder Überlagerung selbstwerthafter Sinnbezüge durch die Logik von Leistung und Gegenleistung. Hierzu gehören vor allem Bildung und Wissenschaft, aber auch Kultur und Sport. Der Sport etwa hat Selbstwert für den, der ihn betreibt, wird jedoch zugleich als Zuschauer-Sport (immer mehr) zu einer Dienstleistung, für die ein Publikum bezahlt. Systematischer Wissenserwerb ist ebenfalls lange Zeit überwiegend ein durchaus legitimer Selbstzweck gewesen. Die Instrumentalisierung wissenschaftlichen Wissens durch Fürsten hielt sich in Grenzen, solange ein primär ornamental-symbolisches Interesse sie der Themenwahl gegenüber eher indifferent sein ließ. Erst neuerdings und unter ganz bestimmten historischen Voraussetzungen wird wissenschaftliches Wissen von vielen Seiten im Interesse einer effektiveren eigenen Zielverfolgung nachgefragt und muß sich zunehmend durch Nützlichkeit rechtfertigen. Von einem bestimmten Punkt ab wird Wissenschaft dann auch absichtsvoll für einen vorgestellten Markt oder bestimmte Abnehmer produziert.

Am Beispiel wissenschaftlicher Forschung lassen sich die Konsequenzen der Umstellung von Selbstwert auf Leistung und des Eindringens der Tauschlogik, des Gegenleistungsprinzips gut veranschaulichen. Auch wenn für den einzelnen Forscher Wissenserwerb noch immer primär

Selbstzweck ist, finden mit einer zunehmenden Nachfrageorientierung wichtige Veränderungen in den Außenbeziehungen des Wissenschaftssystems statt. Unübersehbar erleichtert die Umstellung auf nützliche Leistung die Mobilisierung von finanziellen Ressourcen, wodurch das Wachstum des Systems und die Herausbildung von "Produzentenorganisationen", d.h. hier von Einrichtungen der organisierten Forschung begünstigt werden, was in einem weiteren Schritt interne Differenzierung z.B. zwischen verschiedenen Typen von Forschungseinrichtungen anregt. Die Umstellung auf Leistung wirkt insofern als Antriebskraft weiterer Aus- und Innendifferenzierung. Während der spezielle Sinn von Forschungshandeln in diesem Prozeß grundsätzlich unverändert bleibt - es geht nach wie vor um die Herstellung wahrer Aussagen -, gewinnt nicht nur die externe Nachfrage Einflußmöglichkeiten auf die Themenwahl, sondern es wird auch eine Umkehrung in der Beziehung zwischen finanziellen Ressourcen als Mittel und Wissenserzeugung als Zweck möglich. Wenn Forschungseinrichtungen wie Unternehmen operieren, die ihre Produkte möglichst gewinnbringend absetzen wollen, dann wird Leistung zur Ressource bei der Verfolgung extrinsischer Ziele, und die Abhängigkeit der Abnehmer läßt sich in eigene Macht ummünzen. Wenn der Abnehmer seinerseits dem Produzenten grundsätzlich ein (ökonomisches) Eigeninteresse unterstellt, kann am Ende eines solchen Prozesses der Kommerzialisierung die Glaubwürdigkeit des Spezialisten erodieren, was dann wieder Gegenmaßnahmen im Interesse eines "Verbraucherschutzes" bzw. der Abnehmerkontrolle über den Produzenten motiviert.

Eine Reihe gesellschaftlicher Funktionssysteme hat sich von Anfang an auf der Basis einer spezifischen Leistung rollenmäßig und organisatorisch ausdifferenziert. Hierzu gehören die Funktionssysteme für die Gebrauchswertproduktion und für die Produktion personaler und technischer Dienstleistungen, also Teilsysteme wie Wirtschaft, Gesundheit und nicht zuletzt die vor allem seit Beginn des 19. Jahrhunderts entstandenen technischen Infrastruktursysteme. Durch die Ausdifferenzierung als Funktionssystem werden Leistungserbringung und Bedürfnisbefriedigung handlungsmäßig entkoppelt, und es entsteht das Problem der fortdauernden Orientierung der Leistungsproduktion an den Abnehmerbedürfnissen.[5] Unter bestimmten Bedingungen kann diese Verknüpfung

5 Vgl. hierzu und zum folgenden Scharpf (1988).

durch marktförmige Tauschbeziehungen gewährleistet werden, doch wird sie prekär, sobald die Bedingungen des idealen Marktes auch nicht näherungsweise erfüllt sind und durch Konzentration, Kartellisierung und Monopolbildung Marktmacht entsteht. Je mehr dies der Fall ist, umso mehr können die Produzenten den Abnehmern gegenüber ihre Eigeninteressen durchsetzen, und zwar nicht nur im Hinblick auf Mengen und Preise, sondern gerade auch bei der Definition der angemessenen Leistungsinhalte. Dies ist die Form, in der eine problematische Verselbständigung bei Funktionssystemen auftritt, die auf Tauschbeziehungen basieren.

Vor allem in zentralstaatlich verfaßten Gesellschaften mit einer entwickelten Staatsmacht verdanken jedoch gesellschaftliche Funktionssysteme ihre relative Autonomie oft nicht reinen Marktprozessen, sondern der staatlichen Absicherung. Die Chancen der Verselbständigung können sogar dort besonders groß sein, wo an die Stelle unmittelbaren Tausches die Nutzung des staatlichen Herrschaftsmechanismus tritt, sei es in Form staatlich gewährter Monopolrechte, staatlich sanktionierter Zwangsmitgliedschaft und Zwangsbeiträge oder auch durch den gesicherten Anspruch auf unmittelbare Alimentierung aus dem Steueraufkommen. Für gesellschaftliche Teilsysteme, die sich auf der Basis eines Selbstwerts konstituiert haben, ein sogenanntes Kollektivgut erzeugen oder eine spontan wenig nachgefragte Leistung anbieten, ist dies sogar oft der einzige Weg zu gesellschaftsweiter Institutionalisierung und Wachstum. Was hier kurz angedeutet wird, ließe sich am Beispiel von Wissenschaft und Bildung, dem Gesundheitswesen oder auch technischen Transport- und Kommunikationssystemen im einzelnen veranschaulichen (wie das z.T. in den nachfolgenden Kapiteln auch geschieht). Will man, was hier allzu kurz skizziert wurde, am Ende thesenhaft zusammenfassen, dann läßt sich einmal feststellen, daß sich im Laufe der historischen Entwicklung zur heutigen industriellen (oder schon postindustriellen) Gesellschaft sowohl die Eigenart der bereits bestehenden wie auch die Art der jeweils neu auftretenden Teilsysteme verändert hat, und zwar generell in Richtung zunehmender *Leistungs*bezüge. Im Zusammenhang damit ist auch die Kommerzialisierung gewachsen: immer mehr Tätigkeiten beruhen auf dem Prinzip von "Leistung gegen Geld", die Abhängigkeit großer, hochgradig spezialisierter und technisierter Funktionssysteme von finanziellen Ressourcen wächst, und das Handeln muß sich zunehmend an ihrer Gewinnung orientieren. Gewachsen ist schließlich auch der Grad organisierter Systemhaftigkeit. Das politische

System, wiewohl selbst diesen Prozessen ausgesetzt, hat tendenziell zu ihrer Verstärkung in anderen Bereichen beigetragen und dabei auch an jener Verselbständigung von gesellschaftlichen Teilsystemen mitgewirkt, die sich heute für politische Steuerungsansprüche als Problem darstellt.

Literaturverzeichnis

Archer, M.S. (1984) Social Origins of Educational Systems. London

Boudon, R. (1984) La place du desordre. Paris

Durkheim, E. (1895) Regeln der soziologischen Methode. Dt. Ausg.: Neuwied, Berlin. 1970

Durkheim, E. (1977) Über die Teilung der sozialen Arbeit. Dt. Ausg.: Frankfurt

Eisenstadt, S.N. (1964) Social Change, Differentiation, and Evolution. American Sociological Review 29: 375-386

Geser, H. (1983) Strukturformen und Funktionsleistungen sozialer Systeme. Opladen

Giesen, B. & Schmid, M. (1987) Symbolic, Institutional, and Sociostructural Differentiation - a Selection-Theoretical Perspective. Ms., Tagung "Social Structure and Culture" in Bremen, 18.-20.6.1987

Glagow, M. (ed.) (1985) Gesellschaftssteuerung zwischen Korporatismus und Subsidiarität. Bielefeld

Glagow, M. & Willke, H. (ed.) (1987) Dezentrale Gesellschaftssteuerung - Probleme der Integration polyzentrischer Gesellschaft. Pfaffenweiler

Hondrich, K.O. (1982) Sozialer Wandel als Differenzierung. In: Hondrich, K.O. (ed.) (1982) Soziale Differenzierung. Langzeitanalysen zum Wandel von Politik, Arbeit und Familie; Frankfurt, New York: 11-71

Hondrich, K.O. (1986) Differenzierung, soziale. In: Schäfers, B. (ed.) (1986) Grundbegriffe der Soziologie; Opladen: 48

Hondrich, K.O. (1987) Die andere Seite sozialer Differenzierung. In: Haferkamp, H. & Schmid, M. (ed.) (1987) Sinn, Kommunikation und soziale Differenzierung - Beiträge zu Luhmanns Theorie sozialer Systeme; Frankfurt: 275-303

Luhmann, N. (1976) Evolution und Geschichte. Geschichte und Gesellschaft 2: 284-309

Luhmann, N. (1977a) Theoretische und praktische Probleme der anwendungsbezogenen Sozialwissenschaften. In: Luhmann, N. (1981) Soziologische Aufklärung Bd. 3; Opladen: 321-334

Luhmann, N. (1977b) Differentiation of Society. Canadian Journal of Sociology 2: 29-53

Luhmann, N. (1978) Geschichte als Prozeβ und die Theorie sozio-kultureller Evolution. In: Luhmann, N. (1981) Soziologische Aufklärung Bd. 3; Opladen: 178-197

Mayntz, R. (1987) Politische Steuerung und gesellschaftliche Steuerungsprobleme - Anmerkungen zu einem theoretischen Paradigma. Jahrbuch zur Staats- und Verwaltungswissenschaft 1: 89-110

Münch, R. (1978) Max Webers "Anatomie des okzidentalen Rationalismus": Eine systemtheoretische Lektüre. Soziale Welt 29: 217-246

Münch, R. (1984) Die Struktur der Moderne. Frankfurt

Offe, C. (1969) Politische Herrschaft und Klassenstrukturen. In: Kress, G. & Senghaas, D. (ed.) (1969) Politikwissenschaft; Frankfurt: 135-164

Parsons, T. (1966) Gesellschaften. Dt. Ausg.: Frankfurt, 1975

Parsons, T. (1964) Evolutionäre Universalien. Dt. in: Zapf, W. (1969) Theorien sozialen Wandels; Köln, Berlin: 55-74

Parsons, T. (1971) Comparative Studies and Evolutionary Change. In: Vallier, I. (ed.) (1971) Comparative Methods in Sociology; Berkeley: 97-139

Rothenbacher, F. (1987) Haushalt, funktionale Differenzierung und soziale Ungleichheit. Zeitschrift für Soziologie 16: 450-466

Rueschemeyer, D. (1974) Reflections on Structural Differentiation. Zeitschrift für Soziologie 3: 279-294

Rueschemeyer, D. (1977) Structural Differentiation, Efficiency, and Power. American Journal of Sociology 83: 1-25

Rueschemeyer, D. (1986) Power and the division of labour. Cambridge

Scharpf, F.W. (1988) Verhandlungssysteme, Verteilungskonflikte und Pathologien der politischen Steuerung. Politische Vierteljahresschrift, Sonderheft 19

Schimank, U. (1985a) Der mangelnde Akteurbezug systemtheoretischer Erklärungen gesellschaftlicher Differenzierung. Zeitschrift für Soziologie 14: 421-434

Schimank, U. (1985b) Funktionale Differenzierung und reflexiver Subjektivismus - Zum Entsprechungsverhältnis von Gesellschafts- und Identitätsform. Soziale Welt 36: 447-465

Schmid, M. (1982) Theorie sozialen Wandels. Opladen

Smelser, N.J. (1960) Social Change in the Industrial Revolution. An Application of Theory to the Lancashire Cotton Industry 1770-1840. London

Smelser, N.J. (1968) Toward a General Theory of Social Change. In: Smelser, N.J. (1968) Essays in Sociological Explanation; Englewood Cliffs: 192-280

Stichweh, R. (1987) Der frühmoderne Staat und die europäische Universität. Zur Interaktion von Politik und Erziehungssystem im Prozeß ihrer Ausdifferenzierung. Rechtshistorisches Journal 6: 135-157

Teubner, G. & Willke, H. (1984) Kontext und Autonomie: Gesellschaftliche Selbststeuerung durch reflexives Recht. Zeitschrift für Rechtssoziologie 6: 4-35

Tyrell, H. (1978) Anfragen an die Theorie der gesellschaftlichen Differenzierung. Zeitschrift für Soziologie 7: 175-193

Tyrell, H. (1979) Familie und soziale Differenzierung. In: Pross, H. (ed.) Familie - wohin?; Reinbek: 13-77

Wagener, F. (1969) Neubau der Verwaltung. Berlin

Willke, H. (1983) Entzauberung des Staates - Überlegungen zu einer sozietalen Steuerungstheorie. Königstein/Ts.

Wittfogel, K.A. (1981) Oriental Despotism: A Comparative Study of Total Power. New York

KAPITEL 2
DIFFERENZIERUNG DES WISSENSCHAFTSSYSTEMS

Rudolf Stichweh

1 Soziologische Differenzierungstheorie

Für eine differenzierungstheoretische Analyse der Entstehung und Entwicklung des modernen Wissenschaftssystems scheint es sinnvoll, die in ihr zugrundegelegte *Interpretation von Differenzierungstheorie* und das *Wie der Analyse* kurz zu explizieren. Differenzierungstheorie wird in unserem Argumentationszusammenhang verstanden als ein Kernbestandteil soziologischer Tradition, der als ein solcher Schuldifferenzen teilweise übergreift, gleichzeitig aber immer nur in gegenwärtigen Begriffen formulierbar ist, so daß er für die Zwecke dieses Arguments aus der Sicht einer systemtheoretischen Soziologie rekonstruiert wird. Im Unterschied zu anderen Kapiteln dieses Buches (siehe Kapitel 1) unterstellen wir nicht, daß Differenzierungstheorie der Ergänzung durch eine Akteurtheorie bedarf, ohne daß wir deshalb meinen, Differenzierungstheorie allein könne als ein vollständiges System der Soziologie formuliert werden[1]. Die Unvollständigkeit der Differenzierungstheorie als ein deskriptives und explanatives Instrumentarium wird hier aber nicht unser Thema sein. Vielmehr geht es um die Relation zwischen den Begriffen dieser Theorie und der möglichst sachgerechten und intensiven Analyse eines bestimmten Sozialsystems. Es wird die Aufgabe eines jeden Beobachters dieses Unterfangens sein, zu beurteilen, was sich auf diese Weise nicht beschreiben und nicht erklären läßt.

Einleitend und ohne daß wir an dieser Stelle die volle Beweislast für diese selbstexplikative Skizze übernehmen könnten, seien wesentliche Charakteristika soziologischer Differenzierungstheorie umrissen, die sowohl die Stabilität von Differenzierungstheorie als Teil der soziologischen Tradition erklären mögen, wie sie auch einen Analysehintergrund definieren, vor dem die dann folgenden auf ein konkretes Funktionssy-

---

1 Vgl. zur Komplementarität von Differenzierungstheorie und anderen soziologischen Theorien am Beispiel wissenschaftsgeschichtlicher Probleme Stichweh (1988).

stem bezogenen Untersuchungen gelesen werden können. Die wichtigste Gemeinsamkeit dieser Mehrzahl von Charakterisierungen ist, daß es um *das Vermeiden von Dichotomien* geht, die, wenn sie als Zwang zur Wahl der einen oder anderen Seite gelesen werden, die Erkenntnischancen der Soziologie übermäßig restringieren.

1. Differenzierungstheorie war immer sowohl *Theorie der Gesellschaft* wie *Theorie des Individuums*, d.h. sie eignet sich für die Bestimmung des Verhältnisses von *Person und Sozialsystem* wie für die Analyse rein *innergesellschaftlicher Entwicklungen* (interne Differenzierung der Gesellschaft). Der Vorteil ist, daß man für zwei der Grundprobleme einer jeden Soziologie dasselbe begriffliche Instrumentarium benutzen kann und insofern den Zusammenhang dieser Grundprobleme im Blick behält.

2. Differenzierungstheorie ist einerseits eine soziologische *Geschichtstheorie*, und als solche konkurriert sie - oder steht in Beziehungen der Komplementarität - mit Dialektik, Modernisierungstheorie und Evolutionstheorie. Gleichzeitig führt sie als durchgeführte historische Analyse auf eine Diagnose moderner Gesellschaften als *funktional differenzierte Sozialsysteme* und damit auf einen Befund, der die vielleicht allgemeinste und in der Forschung anschlußfähigste Aussage über *Gegenwartsgesellschaften* bietet.

3. Dort, wo andere soziologische Konzepte für *Sozialstruktur* oder *Semantik* optieren müssen, also entweder Strukturanalyse oder Wissenssoziologie sind, bezeichnen differenzierungstheoretische Begriffe wie Ausdifferenzierung oder Innendifferenzierung eine Ebene der Systembildung, die Differenzen von Semantik und Sozialstruktur übergreift und gerade deshalb deren Zusammenspiel im Prozeß der Systembildung zu analysieren erlaubt (vgl. Luhmann 1979: 449/450).

4. Differenzierungstheorie ist nicht darauf angewiesen, eine szientifische *Fremdbeschreibung* des Gesellschaftssystems zu sein[2]; sie kann vielmehr an Differenzen anschließen, die in Prozessen sozialer Kommunikation verwendet werden, und sie kann so die Tatsache berücksichtigen, daß Prozesse der Systembildung wesentlich durch *Selbstbeschreibungen* des Systems mittels Differenzen getragen werden. Das macht deutlich, daß jede Untersuchung über *soziale Klassifikationsschemata* und differen-

2 Auch im 'analytischen Realismus' von Parsons war sie dies nicht ausschließlich. Dieser war eben auch R e a l i s m u s.

zierungstheoretische Analysen füreinander unmittelbar relevant sind, ein Zusammenhang, der oft übersehen wird[3]. Ein Interesse für Klassifikationsschemata vermag im übrigen die Flexibilität differenzierungstheoretischer Analysen zu erhöhen, weil es für die *symbolische Reichweite* von Unterscheidungen sensibilisiert und damit darauf hinweist, daß Grenzziehungen schon nach relativ geringen Distanzen im sozialen Raum variieren mögen (DiMaggio 1987: 441).

5. Bemerkenswert ist auch, daß, wenn man *Struktur* und *Prozeß* als alternative Schwerpunkte sozialwissenschaftlicher Theorien beschreibt, Differenzierungstheorie keinen sichtbaren 'bias' für die eine oder andere Seite aufweist. Es gibt in ihr einerseits Begriffsangebote, wie die Unterscheidung einer Mehrzahl von *Differenzierungsformen*, die sich vor allem für die Klassifikation einer Vielzahl verschiedenartiger sozialstruktureller Arrangements zu eignen scheinen, andererseits sind Zentralbegriffe wie *Ausdifferenzierung* und *Innendifferenzierung* von der Art, daß sie sich vor allem für Analysen anbieten, die sich dafür interessieren, wie Ereignisse heterogenster Art zu einem sozialen Prozeß verknüpft werden. Es ist wichtig, zu betonen, daß letztere Begriffe *genuine Prozeßbegriffe* sind: d.h. es sich bei ihnen nicht etwa um Deskriptionen von Ereignisfolgen handelt, die über die Wahrscheinlichkeit einzelner Ereignisse in diesen Ereignisfolgen nichts auszusagen vermögen; vielmehr um Begriffe, die das Moment der *Selbstverstärkung in Prozessen* zu erklären verstehen, d.h. plausibilisieren können, inwiefern Ereignisse die Wahrscheinlichkeit von anderen Ereignissen erhöhen, mit denen sie sich zu einem Prozeß zusammenschließen[4].

6. Wie ist Kausalität auszulegen? Wenn wir zwei Möglichkeiten unterscheiden: kausale Erklärung als *asymmetrische Relation* zwischen Explanans und Explanandum und zweitens einen *Interaktionsbegriff* von Kausalität, der davon ausgeht, daß zwischen Ursache und Wirkung nicht in der Form einer zeitlichen Priorität oder einer sachlich größeren Wirkungsfähigkeit unterschieden werden kann, ist deutlich, daß Differenzierungstheorie für diese zweite Deutung kausaler Einwirkung optieren muß und darin mit neueren Selbstverständnissen der Naturwissenschaften konform geht. Intersystemische Kausalität ist nicht das Ressort der

---

3 Siehe etwa den sonst bemerkenswerten Text DiMaggio (1987).

4 Siehe zum Prozeßbegriff Luhmann (1984: 482-487); Luhmann nennt diesen Prozeßtyp morphogenetische Prozesse.

Differenzierungstheorie. Viel eher klärt sie die in Differenzierungsniveaus angebbaren Bedingungen dafür, daß Einflüsse zwischen Systemen möglich sind[5]. Asymmetrien im Sinne des früher/später oder vergleichsweise größerer Wirkungsfähigkeit können dann im Einzelfall vorkommen und in den Bedingungen ihrer Möglichkeit analysiert werden, sind aber kein notwendiges Implikat einer jeden Erklärungsstrategie.

7. Vielleicht sollte man abschließend die Kombinierbarkeit von Differenzierungstheorie mit anderen Theorien oder ihre Integrationskraft hinsichtlich dieser betonen. So hat sich die unabhängig von ihr entwickelte *Rollentheorie* als weitgehend in Differenzierungstheorie absorbierbar erwiesen[6]. *Schichtungs- und Klassentheorien* interessieren sich für Sachverhalte, die sich in Termini hierarchischer oder vertikaler Differenzierung als einer Differenzierungsform neben anderen Differenzierungsformen genereller und komparativ instruktiver behandeln lassen[7]. Für *Evolutionstheorien* neodarwinistischen Zuschnitts läßt sich vermuten, daß sich fruchtbare intertheoretische Relationen ergeben, weil jede Unterscheidung evolutionärer Mechanismen voraussetzen muß, daß diese realhistorisch gegeneinander differenzierbar sind und umgekehrt jeder wie auch immer beschriebene Differenzierungsprozeß sich aus der Selektion 'zufälliger' Ereignisse aufbaut. Neuere biologische oder physikalische Paradigmata wie *Autopoiesis* und *Selbstorganisation* schließlich teilen mit der Differenzierungstheorie die Eigenschaft, daß sie sich vor allem für das Problem der Autonomie von Systemen interessieren. Ihre Leistung besteht dann darin, *spezifischere* Kriterien für Autonomie anzugeben.

Eine Ablösung der Differenzierungstheorie ist nicht in Sicht. Kritiken und Gegenentwürfe, wie das gegenwärtige Nachdenken über 'Entdifferenzierung', limitieren sich selbst, weil sie etwas postulieren, was im einzelnen der Fall sein mag, aber keine alternative vollständige Beschreibung der Realität verspricht. Auf diese Weise sind Vorstellungen über Entdifferenzierung leicht einpaßbar und können nach dem Muster psychotherapeutisch gesteuerter personaler Regressionen (Tiryakian 1985: 122-127) oder charismatischer Revolutionen (Parsons 1951: 502) als das Wiedergewinnen der Potentiale für einen neuansetzenden Diffe-

5 Siehe Spencer (1973); DiMaggio (1987: 452); Stichweh (1988: 22ff).

6 Vgl. unten Abschnitt 2.4.

7 Vgl. L. Dumonts komparative Studien, zuletzt (1983; 1985).

renzierungsprozeß gedeutet werden. Eine Folgetheorie für Differenzierung wird wohl auch eher den Weg der Generalisierung wählen: so ist jederzeit denkbar, daß in der interdisziplinären Progression von Theorien eine allgemeinere Theorie über Differenzbildungen kristallisiert, die Systemdifferenzierung als einen Anwendungsfall einer Theorie der Entstehung und Handhabung von Unterscheidungen thematisieren würde (vgl. Willke 1987; Baecker 1988: 331-336).

2 Ebenen der Bildung eines Funktionssystems: Situation - Interaktion - Rolle - Organisation - Gesellschaftssystem

Am Ausgangspunkt gegenstandsbezogener Überlegungen sollte man sich noch einmal entschiedener fragen: Was eigentlich ist das Problem der Differenzierungstheorie? Darauf gibt es eine Reihe historischer Antworten, deren Klassische vermutlich die ist, die schon die Biologie des frühen 19. Jahrhunderts gibt: Differenzierungstheorie interessiere sich für den *Übergang von Homogenität zu Heterogenität*, wobei *Heterogenität* zunehmende *Spezialisierung* bis dahin gleichartiger Teile eines Ganzen und ihre intensivere *Koordination* meinte[8]. Strittig konnte dann sein, ob Homogenes, wie Spencer annahm, per se instabil ist, oder ob, wie Durkheim zu zeigen versuchte, bereits mechanische Aneinanderreihung einen eigenen *Solidaritätstyp* - also einen inneren Zusammenhalt - ergibt (Béjin 1974: 110). Von vornherein unterschied man Typen von Heterogenität. So stellt etwa K.E.v. Baer *antagonistische Differenzierung* (histologische Differenzierung) und die Entstehung *relativer Differenzen* (morphologische Differenzierung) einander gegenüber (Baer 1828: 156/157). Typenunterscheidungen in diesem Stil führen in der modernen Soziologie zur Beschreibung einer Mehrzahl von *Differenzierungsformen*. Bei diesen handelt es sich um eine Klassifikation mehrerer Arten von Heterogenität. Diese begriffliche Komplizierung zwingt dazu, das Bezugsproblem von Differenzierungstheorie abstrakter zu fassen. Die heute systematisch wohl überzeugendste Antwort ist die, Differenzierungstheorie (als soziologische Theorie) interessiere sich für die Entstehung von Differenzen im sozialen Kommunikationsge-

8 Meckel (1811: 64ff.); Baer (1828: 153-159, 206-208, 225, 263/264).

schehen, *Differenzen, denen* in einer Differenzierungsgeschichte *systembildende Bedeutung* zuwächst (Luhmann 1986).

Differenzierungstheorie ist dann eine Theorie über Prozesse der Systembildung, und wichtig ist es an dieser Stelle auch, den Begriff der Differenz ernst zu nehmen. Dieser meint in einem präzisen Sinn, daß nur mit Bezug auf beide Seiten einer Differenz - 'dies und anderes' - *Bestimmbarkeit* möglich ist. Es ist beispielsweise einem Korkenzieher an sich nicht anzusehen, ob es sich um Kunst oder einen Gebrauchsgegenstand handelt. Erst der Blick auf andere Korkenzieher und ein Kriterium der Unterscheidung (zur Not genügt: im Museum und deshalb dem Gebrauch entzogen/nicht im Museum und deshalb für Gebrauch verfügbar) erlaubt es, Kunst von anderem sozialen Geschehen abzugrenzen[9]. Für Differenzbildungen dieser Art spielt die *zeitliche Konstitution von Sozialsystemen* in der Form von Ereignissen eine wesentliche Rolle. Viele Gegenstände oder Handlungen, die, wenn man sie isoliert betrachtet, nicht zuzuordnen oder nicht zu unterscheiden sind, werden in ihrem sozialen Ort präzise bestimmbar, wenn man sie in Ereignissequenzen vor und nach dem für die Identifikation relevanten Moment einordnet. Differenzen entstehen an einem Gegenstand und in Relation zu anderen Gegenständen also durch die diskriminierende Leistung von Ereignissequenzen, aus welchen er hervorgeht und die an ihn anschließen[10]. Das kann für einen Gegenstand - oder für ein Ereignis - natürlich auch heißen, daß er zwei verschiedenen Ereignissequenzen zugehört, die zwei Aspekte an ihm trennen, die ihm als einzelnem Gegenstand nicht ohne weiteres anzusehen sind.

Zitat

Differenzierungstheorie ist eine Theorie der Entstehung von Differenzen und der Systembildung, und das Folgende ist ein Versuch, herauszuarbeiten, was sich mit Mitteln dieser Theorie zur Entstehung und Entwicklung des modernen Wissenschaftssystems sagen läßt. Es geht also nicht darum, alles über die Wissenschaft zu sagen, was mutmaßlich

---

9 Identifikationen des Typs 'dies ist Kunst', 'dies ist Technik', wären dann nur relational unter Einbeziehung von Vergleichsbegriffen möglich ('dies ist Kunst und nicht Wissenschaft'). Vgl. Kuhn (1983) zum Lernen von Begriffen, die prinzipiell nur in Relation zu anderen Begriffen gehandhabt werden können. 'Lokaler Holismus' ist Kuhns Name für diesen Sachverhalt.

10 Vgl. als analoges Argument für das Verhältnis Wissenschaft/Technologie Garvey (1979: 31).

Wichtiges über sie zu sagen wäre. Es geht auch nicht darum, in einem narrativen Sinn vollständig zu sein. Andererseits wäre es ein Defekt, wenn vieles Wichtige in diesen Termini nicht erfaßt werden könnte. Insofern sind alle folgenden Aussagen in zweifacher Weise durch Evaluationen betroffen: Sie können als Aussagen richtig oder falsch sein, und zugleich sind die Triftigkeit und die Relevanz der Ergebnisse auch Prüfinstanzen für die soziologische Differenzierungstheorie.

2.1 Ebenen der Systembildung

Wenn von Ebenen der Systembildung wie Situation, Rolle, Organisation und Gesellschaftssystem die Rede ist, so sind hinsichtlich der Ausdifferenzierung eines Funktionssystems zwei Behauptungen wichtig: Ausdifferenzierung setzt eine *vollständigere* - und funktionsspezifische - *Ausbildung* jeder einzelnen dieser Ebenen voraus[11], und sie meint zweitens eine *zunehmende Differenzierung zwischen diesen Ebenen*. Der Begriff der Differenzierung impliziert dabei - und das war seit dem Anfang der Differenzierungstheorie nie anders gedacht - eine zunehmende Unabhängigkeit in bestimmten Hinsichten und zugleich zunehmende Koordination und Abhängigkeit in bestimmten anderen Hinsichten. Man kann stattdessen auch *Autonomie* sagen und spricht dann ein ebenen- oder systeminternes Phänomen an: die nur im Selbstbezug mögliche Emergenz eines Satzes von Operationsregeln, die die Form angeben, in der das System zukünftig noch beeinflußbar ist.

---

11 Da wir es nicht mit analytischer Theorie zu tun haben, werden wir immer auf Fälle treffen, die sich in einzelnen Hinsichten abweichend verhalten. Der Sinn von Theorie ist gerade, diese Sonderfälle identifizierbar zu machen und die Suche nach den Ursachen von Sonderentwicklungen zu stimulieren. In unserem Fall sind offensichtlich Funktionssysteme denkbar, die ohne Organisationen auskommen, sofern sie dennoch gesellschaftsweit integrierbar sind. So gibt es im Bereich der Intimbeziehungen offensichtlich gesellschaftsweite Codes und Semantiken und deshalb gesellschaftsweite Kontaktchancen, ohne daß in diesem Bereich - außer Organisationen der Kontaktvermittlung und therapeutischen Veranstaltungen - Organisationen bisher eine größere Bedeutung hätten erlangen können.

2.2 Situationen wahrheitsbezogener Kommunikation

Jede Aussonderung einer Sinnprovinz, eines eigenen Typus von Kommunikation beginnt mit vereinzelten Situationen, die sich irgendwie gegen weiterlaufendes Alltagsgeschehen abheben. Für die Wissenschaft sind das Situationen, in denen an einem Sachverhalt die Seite thematisch wird, daß er *weder durch Handeln* - beispielsweise Gottes - *hervorgebracht wird noch durch Handeln beeinflußbar ist* - jedenfalls in dieser Situation nicht -, und sich dann die Frage stellt, wie und wieso der Sachverhalt existiert[12]. Situationen, in denen sich diese Frage aufdrängt und dann erste Erklärungen auftauchen und einen Fragebedarf temporär beruhigen, sind zunächst vereinzelt. Kehren sie wieder, entsteht ein Bedarf, genauer zu wissen, ob es sich um eine prinzipiell neue oder um eine ähnlich schon einmal vorgekommene Situation handelt. Darauf reagieren Typisierungen, die Zuordnungen von Situationen zu Erfahrungen mit früheren Situationen erlauben. Für alle Funktionssysteme ist zu vermuten, daß die *Typisierung von Situationen* die früheste Form ihrer Ausgrenzung ist.

Für ein analytisches Interesse, das sich vor allem auf die Entstehung von Funktionssystemen der modernen Gesellschaft richtet, wird schnell deutlich, daß sich die Richtung der Einwirkung längst umgekehrt hat. Sie führt nicht mehr von typisierten Situationen schrittweise zur stärkeren Ausgrenzung von Kommunikationszusammenhängen. Stattdessen wird es für fast jede Situation zur relevanten Frage, wo im Gesellschaftssystem man sich jeweils befindet. Die Identifikation des Systems, in dem man gerade kommuniziert, tritt an die Stelle elementarerer Typisierungen, die noch nicht unterstellen konnten, daß es die Wissenschaft als Sache für sich gibt. Das heißt auch - und das gilt besonders für die Wissenschaft -, daß man nicht mehr in das System hineinkommt, wenn man nicht bereits in ihm ist. Funktional unspezifische Situationen im Alltagsgeschehen, in denen Wahrheitsfragen auftauchen und als solche besprochen werden, können ihre Kommunikation nicht in das

12 Die Differenzierung gegen das Handeln Gottes war im christlichen Abendland unwahrscheinlich, so daß die Gott partiell externalisierende Frage hier lauten mußte, n a c h w e l c h e n G e s e t z e n ER etwas hervorgebracht hat.

Wissenschaftssystem hineinsteuern, so daß sie sich mit dem Wissen zufriedengeben müssen, das auch so verfügbar ist.

2.3 Thematisierung von Wahrheit in Interaktionssystemen

Eine Situation ist noch kein System. Sie ist der Kontext eines Ereignisses oder einer Mehrzahl von Ereignissen, und mit dem Fortschreiten von Ereignis zu Ereignis ändert sich immer auch die Situation. Gleichzeitig aber entsteht, sofern die Ereignisse sinnhaftes Handeln oder kommunikative Akte sind und da dies mindestens zwei Zentren der Selektion dieser Akte voraussetzt, ein einfaches Sozialsystem als Zusammenhang wechselseitiger Orientierung unter mindestens zwei Teilnehmern an einer Interaktion (Luhmann 1972). Ein Interaktionssystem kann situative Relevanzen - beispielsweise wahrheitsbezogene Frageinteressen - explizit zum *Thema* machen und damit gegen den Wechsel der Situation stabilisieren. Darin liegt bereits ein relativ weitgehender Schritt der Ausdifferenzierung. Momente der Situation wandern jetzt in die Umwelt des entstehenden Interaktionssystems ab, und dieses kann Themen festhalten und sogar kreieren, ohne sich diese Entscheidungen von Veränderungen in der Umwelt vorgeben zu lassen. Ein nächster Schritt ist das *Wiederaufnehmen eines Themas*, nachdem man schon einmal das Thema gewechselt hatte. Damit entsteht eine thematische Stabilität nicht nur gegen Veränderungen in der Umwelt des Interaktionssystems, sondern zugleich auch gegen die Zufälle der Themenevolution im Interaktionssystem, womit man im übrigen Freiheiten für Themenwechsel gewinnt. Erinnerbare oder rückrufbare Themen können dann noch einen zusätzlichen Effekt haben: Das Interesse an Wiederaufnahme des Themas kann der Auslöser für erneute Konstitution des Interaktionssystems werden, nachdem dieses - an Anwesenheit aller Beteiligten im wechselseitigen Wahrnehmungsfeld gebunden - bereits einmal aufgelöst worden war. Damit hat das Thema und die von ihm inaugurierte Sinnprovinz bereits eine Stabilität gewonnen, die die Stabilität des das Thema ursprünglich generierenden Interaktionssystems übersteigt, so daß Thema und Sinnprovinz zum eigentlichen systemischen Halt des Interaktionssystems werden. Das impliziert im übrigen auch, daß das Interaktionssystem flexibler auf das Auswechseln einzelner der an ihm beteiligten Personen reagieren kann. Es kann sich mit Hilfe von Thema und Sinnprovinz kontinuieren, ohne hypersensibel das Hinzukommen und Weggehen einzelner Personen zu registrieren.

In dieser analytischen Skizze läßt sich die gleiche Konstellationsverschiebung beobachten, die wir oben festgestellt haben. An die Stelle eines sozialen Geschehens, das sich von Situationsdefinition zu Situationsdefinition oder von Thema zu Thema bewegt, ohne dafür viel Halt an ausdifferenzierten 'faits sociaux' zu haben - und deshalb vermutlich mit Ritualisierung reagieren muß -, tritt eine situative und interaktive Orientierung, die sich zunächst immer fragt (oder es selbstverständlich schon weiß), in welchem der Funktionssysteme man sich bewegt. Darin liegt natürlich keine Restriktion, vielmehr eine Entlastung der basalen Ebenen sozialen Geschehens. Die Informalität interpersonalen Geschehens in modernen Forschungsorganisationen dokumentiert das zum Verhalten gewordene strukturelle Faktum, daß von der Interaktionsebene her Wissenschaft nicht mehr getragen werden muß.

2.4 Rollendifferenzierung - Rollenkombinationen - Rollenkontinuität

In jeder Interaktion, die wissensbezogene Fragen thematisiert, kann eine Person durch besondere Weisheit oder Klugheit auffallen. Dieses Verhalten mag toleriert werden, und es mag sogar die an die Person gerichtete Erwartung entstehen, sie solle dieses Verhalten wiederholen. Wir haben es hier zunächst mit besonderen *Eigenschaften* einer *Person* zu tun und mit der Tatsache, daß der Sozialzusammenhang diese Eigenschaften rezipiert[13]. Bereits temporäre Abwesenheit dieser einen Person kann dazu führen, daß sich der Erwartungszusammenhang verselbständigt, und er sich jetzt eine andere Person sucht, die ihn stellvertretend erfüllt[14]. Damit ist eine soziale Rolle entstanden.

Rollenhandeln bleibt natürlich immer das Handeln von Personen. Da ältere Gesellschaften selten exklusive Spezialisierungen auf nur eine Rolle kennen, fragt sich, wie man Rollen kombinieren kann. Dafür

---

13 Natürlich kann auch abweichendes Verhalten auf diese Weise ausdifferenziert werden. Nur ist der Erwartungsstil dann stärker kognitiv und hat die Form der Erwartung, die Person w e r d e ihr Verhalten wiederholen.

14 Vgl. Nadel (1957: 27/28, 38/39) zu 'Akkomodation' und 'Allokation' als Prinzipien der Rollenausweisung.

gibt es zwei Möglichkeiten. Einfache Gesellschaften führen möglichst *heterogene Rollen* bei einer Person zusammen, weil sie nur so verhindern können, daß jede Differenz zwischen den Rollen kollabiert (Nadel 1957: 69/70). Hochkulturen und moderne Gesellschaften tendieren dazu, *der Sache nach verwandte Rollen* zu kombinieren, da nur unter dieser Prämisse Rollenkombination und steigende Leistungsanforderungen miteinander kompatibel sind. Daß die Kombination verwandter Rollen jetzt möglich ist, hat seinen Grund darin, daß die Differenz zwischen den Rollen nicht mehr von der Rollenebene allein getragen werden muß, vielmehr von rudimentär ausgebildeten höheren Systemebenen rückwirkend stabilisiert wird.

Für die europäische Wissenschaftsgeschichte ist charakteristisch, daß sie *exklusive Rollen für ausschließlich wissenschaftliche Tätigkeit* bis ins 20. Jahrhundert hinein äußerst selten kennt[15]. Vielleicht noch überraschender ist, daß die Wissenschaft die Umstellung auf eine auch auf der Rollenebene nahezu exklusive disziplinäre Differenzierung vollzogen hat, ohne deshalb die Rollenverbindungen von Wissenschaft mit außerwissenschaftlichen Tätigkeitsbereichen aufzulösen. Dies wird im folgenden ein wesentliches Erklärungsproblem sein und kann nicht allein durch eine Analyse der Rollenebene verständlich werden - schon deshalb nicht, weil die Ausweisung und Differenzierung wissenschaftlicher Rollen sehr schnell vorwiegend in Organisationen erfolgt. Deshalb beschränken wir uns hier auf ein vorgelagertes Moment: einen Überblick einiger *Prinzipien gleichzeitiger oder sequentieller Rolleninhaberschaft*. Dabei wird der transitorische Status der Übernahme wissenschaftlicher Rollen in der Vormoderne deutlich und zugleich die *Bedeutung kontinuierlicher Rolleninhaberschaft für die Entstehung moderner Wissenschaft*.

Vielleicht kann man drei Prinzipien der Organisation von Rolleninhaberschaft unterscheiden, die wiederum auf verschiedene Weise miteinander kombinierbar sind: 1. Wissenschaftliche Rollen als *Übergangspositionen* in professionelle Rollen; 2. *Hierarchisierung* wissenschaftlicher Rollen; 3. *Kumulation* wissenschaftlicher und nichtwissenschaftlicher

---

15 Eine auf den Rollenbegriff zentrierte historische Soziologie der Wissenschaft, wie sie vor allem Ben-David entwickelt hat (Ben-David 1971), konnte diesem Sachverhalt nicht angemessen Rechnung tragen, wie sie überhaupt den Rollenbegriff dadurch überlastet, daß sie ihn praktisch auf allen hier unterschiedenen Systemebenen einsetzt.

Rollen. 1. Der klassische - zudem bis ans Ende des 19. Jahrhunderts existierende - Fall einer akademisch-gelehrten Rolle, die primär als Überleitungsposition in eine professionelle (klerikale/administrative/erzieherische/juristische) Tätigkeit fungierte, waren die 'fellowships' englischer Colleges (Engel 1983: 257-264). Diese waren in dieser Funktion mit Residenzpflicht im College schwer vereinbar, und es konnte ausgesprochen unklug sein, sich im College zu sehr mit akademischen Tätigkeiten ('tutorials') zu binden[16]. Analoga zu dieser Konstellation gibt es in allen europäischen Ländern und für alle gelehrten Wissenssysteme: kastilische Rechtsprofessuren, die zeitweise im 17. Jahrhundert ein- bis zweimal im Jahr neu besetzt werden mußten, weil ihre Inhaber in staatliche/kirchliche Stellen wechselten (Kagan 1974: 381); Hallesche Mediziner, die sich als Leibärzte in Berlin abwechselten (Schulze 1741); Ordensgeistliche als akademische Lehrer, die ihr Orden mehrfach in wenigen Jahren über große Distanzen versetzte und dann ganz in das Innere des Ordens absorbierte. 2. Das Phänomen des Rollenwechsels als Aufstieg in einer Hierarchie der Fächer in einer Fakultät oder gar als Wechsel der Fakultät ist gut bekannt und wird in deutschen Universitäten erst im 18. Jahrhundert schrittweise unzulässig[17]. Dasselbe Phänomen des Aufrückens in eine als gehoben wahrgenommene Zuständigkeit gibt es in den europäischen Akademien des 18. Jahrhunderts. Ähnlich praktizierten es die geistlichen Orden mit ihren jungen Lehrern, die die Fächer lehrten, die sie gerade studiert hatten, parallel dazu weiter studierten und anschließend die jetzt angeeigneten Fächer lehrten. 3. Schließlich existiert die Möglichkeit der Kumulation - d.h. des Nichtabtretens bisheriger Rollen bei Annahme einer neuen Rolle, und man kann Kumulation in der Form von 1 oder 2 oder als eine Kombination der beiden praktizieren. Solange jede einzelne Rolle bescheiden dotiert ist, kann man Karriere nur als Rollenkumulation leben, und das spielt in Deutschland noch im 19. Jahrhundert eine große Rolle; nur daß man jetzt ausschließlich Rollen in akademischen Einrichtungen kombiniert und dies verschiedene Einrichtungen sein müssen, so daß

16 Die Reformpolemik des 19. Jahrhunderts wußte dann schon nicht mehr, daß es der S i n n einer 'fellowship' war, zeitweise eine Sinekure zu gewähren.

17 Vgl. Hufbauer (1970: 55e) mit zeitgenössischen Begründungen: Verbesserung der Qualität der Ausbildung (Würzburg 1734); der gelehrte Arzt könne nicht in allen Teilen der Medizin gleiche Geschicklichkeit besitzen (Königsberg 1737).

in derselben Einrichtung niemand mehr als eine Rolle (i.e. Lehrposition) besetzt (vgl. Stichweh 1984: 33/34).

2.5 Organisationen

Wissenschaft nimmt die Form einer Organisation an, wenn sie in einer Schule gelehrt wird. Daβ Lehre sich in dieser Form vollzieht, ist keine wahrheitsinhärente Sachnotwendigkeit. Die Lehrer können natürlich auch auf den Brücken von Paris stehen, ohne sich zu einer Organisation zusammenzuschlieβen. Es wäre in historischer Forschung zu klären, ob der Grund für die Bildung einer Organisation vielleicht immer ein dem szientifischen Wissen externer ist: das Organisations- und Lehrinteresse eines religiösen Ordens oder das Interesse der Lehrer an der Abwehr eines solchen Durchgriffs[18]. Vermutlich sind aber auch *Bücher* als Grund der Organisationsbildung wichtig. Diese sind die einzige für gelehrte Wahrheitssuche erforderliche Technologie, und sie können unbegrenzt teuer und unerhältlich sein. Bis in die Gegenwart kann man das wissenschaftliche Niveau einer Universität erstaunlich gut prognostizieren, wenn man die Bücher in ihrer Bibliothek zählt und errechnet, wie viele es für jedes Universitätsmitglied sind (Cartter 1966: 114/115; Gross & Grambsch 1968: 56/57).

Von wem auch immer Schulen und Universitäten als Organisationen eingerichtet werden, sie sind jedenfalls in ihrem inneren Sinn noch durch etwas anderes als durch Wissenschaft bestimmt. Lehre ist nicht einfach Kontinuierung der Wissenschaft durch Weitergabe an die nächste Generation; sie hat zunächst einmal mit der *Erziehung von Personen* zu tun, und für letzteres interessieren sich Religion und Politik nicht weniger als die Wissenschaft und der Adel und schlieβlich die Analytiker einer im Haus oder später in der Gesamtgesellschaft stattfindenden Ökonomie.

Daβ eine primär in Erziehungsorganisationen angesiedelte Gelehrsamkeit oder Wissenschaft diese *Pluralität externer Einflüsse* in der Frühmoderne nicht ausgrenzen konnte, ist manchmal als ihre Schwäche gesehen worden. Man kann aber auch die Fähigkeit gelehrter Erziehung betonen,

---

18 Es wird daran die differenzierungsgeschichtliche Zentralität eines Begriffs wie 'Akademische Freiheit' deutlich. Siehe vorläufig Stichweh (1987).

sich auf der Organisationsebene mit vielem anderen zu verbinden und auf diese Weise in der Rollenausstattung zu wachsen. Das Prestige der Universität des Mittelalters hatte ja damit zu tun, daß diese ein heroischer Versuch der Kreation weniger intellektueller Zentren war, was dann beeindruckende Raten internationaler Migration erzeugte. In der Frühmoderne tritt an die Stelle dieses internationalen Netzwerks intellektueller Zentren erstmals im Bereich gelehrter sekundärer und tertiärer Erziehung eine sowohl flächendeckende wie die wichtigen Standes- und Berufskategorien einbeziehende Organisation, die, weil sie viel inklusiver war, auch institutionell viel wahlloser sein mußte. Wie in jedem verdichteten Netzwerk treten Verluste an Kosmopolitismus und personaler Migration auf. Nebeneinander stehen jetzt verschiedene Typen von Institutionen gelehrter Erziehung: Universitäten, Kollegien (meist in geistlicher Hand), Ritterakademien und andere Adelsschulen, Fürstenschulen oder 'public schools', akademische und andere Gymnasien, erste technische Schulen wie Chirurgenkollegien und Bergakademien. Diese institutionelle Pluralität entsteht, ohne daß deutlich differente Funktionszuweisungen erkennbar würden oder Status- und Alterskategorien von Schülern einigermaßen geschieden wären.

Bemerkenswert ist nun, daß das *Curriculum* dasselbe bleibt und vielleicht nicht wissenschaftlich modern ist, aber keine Spuren von Provinzialisierung oder enger Verwendungseinpassung zeigt. Gerade die zögernde Rezeption neuer Wissensbestände in die gelehrten Erziehungsinstitutionen des frühmodernen Europa hat andererseits die Implikation, daß man an einem Curriculum (Latein, Griechisch, Grammatik, Rhetorik, Dialektik, aristotelische Philosophie) festhalten muß, das schon allein deshalb nur als universalistisches möglich ist, weil es auf konkrete Handlungs- und Verwendungskontexte hin nicht ausgelegt werden kann. Die akademischen Erziehungsinstitutionen versammeln auf diese Weise eine enorme Masse an gelehrtem Personal, das sie auf eine universalistische Tradition verpflichten, das als Personal aber für die Wissenschaft gewissermaßen *latent* ist, weil nur selten jemand aus dieser Personalmasse wissenschaftliche Neuheit suchend in die Tradition eingreift und sie umformt.

Diese Latenz des gelehrten Personals oder die kausale Ineffektivität des feststellbaren Rollenwachstums für eine Beschleunigung des Fortschritts der Wissenschaft hat offensichtlich auch damit zu tun, daß wir hier zunächst *organisatorische Pluralisierung* beobachten. Die einzelnen Organisationen bleiben sehr klein (ca. 20 Professuren für eine deutsche Universität am Anfang des 18. Jahrhunderts, wobei die Zahl der Professoren als Folge von Kumulation kleiner sein kann), und damit entfällt jeder Impuls für neue oder spezialisierte Lehrstühle. Auch dort, wo eine neue Spezialisierung sich der Sache nach aufdrängt und allgemein gewünscht wird, fehlt in der Regel die Möglichkeit, eine neue Rolle zu schaffen, und die neue Lehrthematik wird dann allenfalls als Annex einem alten Gebiet angehängt.

Der Nachteil mangelnder organisatorischer Größe selegiert auch gegen die andere relevante wissenschaftliche Organisation des späten 17. und dann vor allem 18. Jahrhunderts, die *wissenschaftliche Akademie*, die - soweit sie tatsächlich Berufsrollen für Wissenschaftler hervorbrachte -, meist Zentralakademie eines Landes war (Turin, Paris, Berlin, München, St. Petersburg, Stockholm). Ähnlich wie die Universität eine Synthese aus gelehrtem Wissen, Erziehungsleistungen und der Berücksichtigung verschiedener nachfragender Umwelten institutionalisierte, war auch die Akademie eine Synthese aus relativ spezieller und forschungsähnlicher wissenschaftlicher Tätigkeit und zentralisierten Leistungen politischer Beratung und technischer Bewertung. Offensichtlich war dies eine Leistungsnachfrage, deren Expansionsmöglichkeiten deutlich begrenzt blieben. Selbst wenn die Akademie eine ziemlich spezialisierte Rolle für einen Wissenschaftler schuf, so war dies eben nur *eine Rolle in einem Land*, und der betreffende Wissenschaftler hatte Akademikerkollegen, deren Spezialisierungen wieder ganz andere waren.

Ein sich innerorganisatorischem Wachstum verdankender Strukturumbruch der Wissenschaft war unter diesen Umständen nur von der Universität her zu erwarten. Er vollzieht sich in Europa zuerst in Deutschland und eigentlich in relativ kleinen Schritten. Da ist zunächst Göttingen seit 1734, das eine großzügigere Dotation der Lehrstühle, ein schrittweises Aufhören von Hierarchisierung und Kumulation der Lehrstühle und eine größere absolute Zahl von Lehrstühlen umsetzt in eine namentlich im historisch-politischen Wissenschaftsbereich enorme Zunahme von spezialisierten und innovativen Lehrstuhldesignationen. Die Sogwirkung dieser Innovation im katholischen und protestantischen Deutschland und auch die Aufmerksamkeit des europäischen Auslandes ist beträchtlich. Es folgt dann die Periode des Umbruchs 1795 - 1815, die die Zahl der Universitäten von 39 auf 20 verringert und damit den größeren territorialen Einheiten entsprechende größere Organisationen schafft. Das schnellere Wachstum des 19. Jahrhunderts schließt sich an.

Bemerkenswert ist zunächst, in wie geringen *Größenordnungen* dies beginnt und sich vollzieht. Das fiel auch Zeitgenossen auf. So ermahnt 1782 ein Beobachter in einem fingierten Gespräch einen Universitätskurator, der an der Regierbarkeit seiner Universität verzweifelt, er habe es doch nur mit 30 bis 40 Professoren zu tun, während Preußen eine Armee aus 200 000 Mann auf einen Wink "wie eine in Nürnberg verfertigte Maschine" bewege (Boell 1782: 18/19). Göttingen ist vermutlich gemeint, und man kann sich die Größenordnung noch einmal an dessen Beispiel vergegenwärtigen. Es gibt dort 1765 *30* Ordinarien, 1788 sind es *34*, 1820 *36* und 1838 *39*, und Göttingen verzeichnet nur bei den Privatdozenten mit knapp einer Vervierfachung im selben Zeitraum (*11* auf *40)* ein deutlicheres Wachstum[19]. Das weist darauf hin, daß, so wichtig universitäres Wachstum ist, sich die durch Wachstum angestoßenen universitären Möglichkeiten doch in vielem rezeptiv zu Entwicklungen verhalten, die sich auf anderen Systemebenen abspielen, die andererseits aber wieder von der *organisatorischen Zentralität* der Universität abhängen.

Vielleicht ist es an dieser Stelle instruktiv, sich vergleichend die extensivste noch relevante Größe anzusehen: *das gelehrte Publikum* - für das in Deutschland lange galt, daß man sich ein Leben lang als ihm zugehörig empfand. Eine Universität wie Göttingen mit einer Frequenz von 800-1000 Studenten und einer geschätzten Verweildauer von zwei bis zweieinhalb Jahren bildete in zehn Jahren ca. 4000 Studenten aus. Für den deutsch-österreichischen Sprachraum kann man schon für 1750 bei einer männlichen Gesamtbevölkerung von 8 Millionen (über 18 J.) eine Zahl von 100 000 Personen schätzen (Hufbauer 1970: 26c), die eine gewisse Zeit auf einer Universität verbracht haben, und man hat damit die Population im Blick, die für die hier und im folgenden betrachteten Entwicklungen in manchen Hinsichten eine relevante Größe ist.

Das hier sichtbar werdende Erklärungsproblem: warum eine Institution wie die Universität - die einerseits Wachstumschancen bot, die in anderen Organisationstypen undenkbar waren, andererseits in absoluten Zahlen doch sehr klein war -, einen Umbruch in Richtung auf systemförmige Ausdifferenzierung der Wissenschaft induzieren konnte, wird besser auflösbar, wenn man noch einmal die anderen - neu hinzugekom-

19 Die Zahl der Extraordinarien stagniert (Stichweh 1984, 72).

menen - gelehrten Erziehungsinstitutionen der Frühmoderne anschaut. Diese standen zunächst in einer unkoordinierten Vielfalt neben der Universität. Deutliche Unterscheidungen und differente Funktionszuweisungen waren abwesend. Diese Organisationen verschwinden am Ende des 18. oder Anfang des 19. Jahrhunderts bekanntlich nicht, wenn auch die Auflösung von Institutionen vorkommt, wie die der Jesuitenkollegien[20]. Auch in dieser Hinsicht vollzieht sich der entscheidende Schritt in Deutschland. Während man in Frankreich nach Napoleon mit der 'Université de France' das gesamte Erziehungswesen sekundarisiert, zeichnet man in Deutschland (mit Abitur und Typenunterscheidungen) eine entschiedene Trennungslinie zwischen Sekundär- und Tertiärerziehung. Die *Zuordnung der ganzen heterogenen Organisationsvielfalt der Frühmoderne zu dem neuen ausdifferenzierten Bereich der Sekundärerziehung* entlastet die Universität vom Gesamt sekundärer Erziehungsaufgaben. Das jetzt ausdifferenzierte Sekundärschulwesen liefert der Universität nach einer Übergangszeit eine unvergleichlich besser vorgebildete Population zu und setzt auf diese Weise die Universität frei für eine entschiedene *Verwissenschaftlichung des gesamten Ausbildungsgeschehens*, die der eigentliche Grund wird für ihre überraschende wissenschaftsgeschichtliche Relevanz bei zwar wachsender, aber nur langsam wachsender Organisationsgröße. Die Ausdifferenzierung und Abgrenzung, Reform und Aufstufung der Sekundärerziehung ist also in mancher Hinsicht das eigentliche Geheimnis des durch die Universität inaugurierten wissenschaftsgeschichtlichen Umbruchs - und auch das ist ein Zusammenhang, den man schon in Göttingen kannte und den dort Heyne sah und als Schulreformer teilweise praktisch vorbereitete (vgl. Schindel 1980).

Die *wissenschaftliche Universität* steht, wie wir im folgenden sehen

---

20 Auch hier ist die Kontinuität in vielem bemerkenswert, da viele Kollegien unverändert - sogar mit demselben Personal, d.h. mit jetzt dem Weltklerus zugehörigen Ex-Jesuiten - weitergeführt wurden. Dennoch ist die Frage interessant, welche kausale Bedeutung der Auflösung des Jesuitenordens als einem mächtigen 'entrenched interest' für die Möglichkeit von Erziehungs- und Wissenschaftsreformen im späten 18. Jahrhundert zukommt. Alternativ kann man vermuten, daß die Tatsache, daß es überhaupt m ö g l i c h war, den Orden aufzulösen, dessen progressiven Bedeutungsverlust im 18. Jahrhundert indiziert und die Auflösung insofern nur Symptom und nicht Auslöseursache ist.

werden, erst am Anfang des organisatorischen Wachstums und der organisatorischen Pluralisierung der Wissenschaft, wenn sie andererseits auch bis in die Gegenwart die wichtigste rollenförmige und organisatorische Infrastruktur der Wissenschaft bleibt. Sie bietet historisch erstmals hinreichende Bedingungen für die *Emergenz, Stabilisierung und Ausdifferenzierung zusätzlicher Systemebenen im Wissenschaftssystem*, so daß es zunächst wichtig scheint, diese weiteren Systemebenen zu skizzieren.

2.6 'Scientific Communities'

'Scientific communities' sind wissenschaftliche Kommunikationszusammenhänge, die sich selbst weder über Anwesenheit (Interaktionssysteme) noch über Mitgliedschaft (Organisationen) hinreichend bestimmen können. Noch die Akademie des 18. Jahrhunderts war ein Versuch, mit diesen beiden Systemebenen im Wissenschaftssystem auszukommen, indem sie wissenschaftliche Kommunikation an die Form der Arbeitssitzung ihrer ordentlichen Mitglieder band und die externe wissenschaftliche Welt über Korrespondenten/außerordentliche Mitglieder - also im Mitgliedschaftsstatus - integrierte und den Kommunikationen dieser externen Mitglieder mittels Verlesung in der Arbeitssitzung eine virtuelle Anwesenheit sicherte.

'Scientific communities' führen ein neues Prinzip der Systembildung in wissenschaftliche Kommunikation ein: sie werden zusammengehalten über *Antizipierbarkeit der Reaktionen konkreter anderer Partizipanten am Kommunikationszusammenhang*. Das setzt - nur dann handelt es sich um eine 'community' - *Namen* und *Personenkonstrukte* (Konstruktionen ihrer individuellen kognitiven Identität) hinsichtlich der anderen Partizipanten voraus, Konstrukte, die durch eine Vergangenheit gemeinsamer Anwesenheit in Interaktionssystemen oder gemeinsamer Mitgliedschaft in Organisationen zweifellos erleichtert werden, aber auch ohne diese möglich sind. Während Briefzirkel des 17. Jahrhunderts um Figuren wie Henry Oldenbourg und Marin Mersenne noch davon abhängen, daß die in solchen Konstrukten enthaltene Information zentralisiert verfügbar ist und die Zentralfigur auf der Basis dieses Wissens die Verteilung von Informationen steuert[21], können 'scientific communities'

21 Zu Briefwechsel im 17. und 18. Jahrhundert Taton (1975).

auch als lockerere Netzwerke existieren, in denen jeder die Reaktionen nur einiger anderer antizipiert und diese das für wiederum andere Personen tun. Antizipierbarkeit meint natürlich nur, daß Kommunikationen auf Reaktionen, die sie antizipieren, ihrerseits vorgreifend reagieren und dann nur noch mitgeteilt werden, um sich an der Differenz zwischen erwarteter und eingetretener Reaktion orientieren zu können.

Wie aber kann man 'scientific communities' kommunikativ zusammenhalten? Welche Formen der Mitteilung kommen dafür in Frage, und reflektieren sie als Formen die Struktur einer 'scientific community'? Noch im 18. Jahrhundert geschieht Kommunikation vielfach mittels Briefen von Gelehrten an andere Gelehrte, wobei die Empfänger diese manchmal an Dritte weiterreichen oder von vornherein nur als technisch leichter erreichbare Zwischenträger fungieren[22]. Neben der Möglichkeit der Briefkommunikation gibt es wissenschaftliche Publikationsmöglichkeiten, unter denen die verschiedenen Akademiejournale die bei weitem angesehenste sind. Übergabe des Textes an eines dieser Journale aber ist eine Übergabe an ein anderes Sozialsystem - das der Akademie als Organisation. Die Publikationschance hängt jetzt von den Mitgliedschaftsregeln der Akademie ab: läßt diese nur Mitglieder zur Publikation zu; gibt es ein eigenes Zweitjournal für akademieexterne Gelehrte; erhalten Nichtmitglieder über ein als Patron fungierendes Mitglied eine Möglichkeit indirekten Zugangs? Als Patrone kommen idealiter natürlich Mitglieder der eigenen 'community' in Frage, so daß auf diese Weise die beiden differenten Bezugskontexte - 'scientific community' und die von der Akademie verwalteten Publikationsmöglichkeiten - miteinander verbindbar werden.

Unter diesen Prämissen sind 'scientific communities' Gelegenheitsvergesellschaftungen, Episoden intensivierter Kommunikation, aber nicht dauerhaft aus der Organisationsebene und der Dominanz lokaler Kontakte herauslösbar. Erst zwei institutionelle Innovationen des späten 18., frühen 19. Jahrhunderts verändern diese Situation. Die Umformung und wissenschaftliche Aufstufung der Universitäten haben wir oben

---

22 Beeindruckend an Briefwechseln des 18. Jahrhunderts ist, wie sehr diese wiederum vor allem über technische Probleme des Briefverkehrs gehen - siehe den Briefwechsel Nollet-Jallabert (Benguigui: 1984). Zu eigenen Postnetzen akademischer Institutionen und deren Verfall in der zweiten Hälfte des 18. Jahrhunderts vgl. Maillard (1979).

diskutiert. Sie hat gerade in Deutschland angesichts einer Pluralität relevanter Orte und Universitäten definitiv die Implikation, daß man das kommunikative Bezugssystem nicht mehr lokal festmachen kann. Die Genese der wissenschaftlichen Fachzeitschrift kommt als zweite Innovation hinzu. Sie ist relativ präzise auf die Jahre um 1780 datierbar und kennt französische, deutsche und etwas später englische Beispiele[23]. Wichtig ist an ihr in der Sicht unserer Analyse, daß sie den Zugang zu Publikationsmöglichkeiten als Kommunikationschancen definitiv von irgendwelchen Mitgliedschaftsbedingungen ablöst. Die Grenzen des aktiven Publikums einer Fachzeitschrift werden jetzt mit den Grenzen einer 'scientific community' koextensiv. Gerade die frühen Fälle der Fachzeitschrift dokumentieren mit den in ihnen nicht unüblichen Residua der Briefform, Reisenotizen und relativ personnah gehaltenen Bezugnahmen auf andere Teilnehmer, daß es hier wesentlich auch um die Organisation eines Sozialzusammenhanges oder einer 'Gefühlsgemeinschaft' geht. Gleichzeitig signalisiert die Periodizität der Erscheinungsweise, daß der Diskurs einer 'community' der Zeit nach unbegrenzt ist und man in ihn jederzeit eintreten kann.

2.7 Disziplinen

Die Fachzeitschrift als die neue Form gesellschaftsweit verbreitbarer wissenschaftlicher Kommunikation tauscht die in ihr der Möglichkeit nach gegebene Unbegrenztheit in sozialer und zeitlicher Hinsicht gegen strenge *sachliche Limitationen* ein. Jeder kann in ihr zu jedem Zeitpunkt publizieren (und die wichtigen Journale erscheinen heute wöchentlich oder vierzehntägig), aber er kann dort nicht zu jedem Thema schreiben. Während man sich eine 'scientific community' durchaus auch über heterogene Themeninteressen integriert vorstellen kann, entstehen mit der Fachzeitschrift als kommunikativem Instrument und als Folge des quantitativen Wachstums des für Kommunikationen verfügbaren Personals jetzt Kommunikationszusammenhänge, die sich ausschließlich thematisch binden. Die Fähigkeit zum problemgenauen - oder sachnahen - Anschließen an vorherige Kommunikationen anderer ist dann das Kriterium, das den sozialen Ort jeder wissenschaftlichen Kommunikation

23 Siehe Stichweh (1984: Kap. VI, insb. 419ff).

selegiert. Man kann sich unmittelbar vorstellen, welchen Zuwachs an *interpersonaler Abstraktheit* diese Kommunikationszusammenhänge mit sich bringen. Der angemessenste Name für sie ist der der wissenschaftlichen Disziplin[24]. Von der wissenschaftlichen Disziplin als Systemebene aus gesehen, werden Universitäten und andere Wissenschaftsorganisationen zu ihrer *dominanten rollenförmigen Infrastruktur* und die selbstverständlich fortexistierenden und an Bedeutung gewinnenden 'scientific communities' werden zur *affektiven Infrastruktur* der Wissenschaft. Dabei meint Affektivität jedes Moment der nichtrationalen Integration der Wissenschaft[25]. All das, was in der Wissenschaft nicht als propositionaler Gehalt aussagbar, nicht lehrbar, nicht legitimierbar, nur über Personen formulierbar oder als Motiv nicht öffentlich darstellbar ist, wird in die Form der 'community' gebracht. Während Disziplinen nur noch Kommunikationen miteinander verbinden, entfaltet sich in 'scientific communities' die interpersonale Kultur der Wissenschaft. Das heißt nicht, daß Disziplinen das kulturelle Moment - im Sinne einer Überschreitung des exakt Aussagbaren und exakt Begründbaren - fehlt. Aber dies hat bei ihnen überhaupt nicht die Form der Interpersonalität, existiert vielmehr in Formen wie disziplinärer Tradition oder in disziplinären Weltbildern, die die universalistischen Ansprüche disziplinärer Erklärungsschemata auf die Grenzen ihrer Belastbarkeit prüfen.

2.8 Wissenschaftsklassen

Disziplinen identifizieren sich mit Hilfe von Problemstellungen und erzeugen auf diese Weise zunehmende Heterogenität in der Wissenschaft. Gibt es unterhalb der Ebene des Wahrheitscodes noch abstraktere und die Form der *Systembildung* annehmende Prämissen für die Integration dieser Heterogenität? Organisatorisch fungierten die klassischen Fakultäten als Prinzipien der Einreihung von *Lehrfächern*, später dann auch *wissenschaftlicher Disziplinen*. Für die Mehrzahl der neuen wissenschaftlichen Disziplinen hieß dies, daß sie als Teil der Philosophie interpretierbar waren. Bemerkenswert ist, daß sich seit der zweiten

24 Siehe ausführlich Stichweh (1984; 1988a).

25 Vgl. zum Verhältnis von Affektivität und Nichtrationalität Parsons (1978: 329 et passim).

Hälfte des 19. Jahrhunderts eine zusätzliche Weise der Gruppierung wissenschaftlicher Disziplinen herausgebildet hat, die sich der Unterscheidung von *Natur-, Geistes- und Sozialwissenschaften* bedient[26]. Eine Vielzahl von Organisationen der Verwaltung und Förderung der Wissenschaft stützen sich mittlerweile auf diese Unterscheidungen; wichtiger aber ist, daβ wir es hier vermutlich mit realen Sozialsystemen zu tun haben: sehr lose organisierten kommunikativen Zusammenhängen, in denen man sich zur Bestimmung des Sinns, der Methode und der Legitimation des eigenen wissenschaftlichen Tuns des abgrenzenden Blicks auf die jeweils zwei anderen Disziplinklassen bedient und natürlich der selbstidentifizierenden Selbstapplikation des Titels der eigenen Disziplinklasse.

2.9 Wissenschaftssystem

Wir haben in einem ersten Überblick verschiedene Ebenen oder Stufen des Aufbaus des modernen Wissenschaftssystems präsentiert. Nicht alle dieser Ebenen kennen eine *selbständige Ausbildung*. So gibt es in der Gegenwart praktisch keine wissenschaftlichen Rollen auβerhalb von Organisationen, also kaum noch Amateure, Privatgelehrte und wissenschaftliche Publizisten, wenn auch die zunehmende Arbeitslosigkeit unter Wissenschaftlern gerade für die Bundesrepublik eine gewisse Veränderung bringen wird[27]. Nur wenige dieser Ebenen besitzen ein eigenes *Prinzip der Systembildung*. Letzteres gilt zweifellos für Interaktionen (Anwesenheit), Organisationen (Mitgliedschaft) und für die über kommunikative Erreichbarkeit zusammengehaltenen Systembildungen auf der Ebene des Funktionssystems (Disziplinen, Wissenschaftsklassen) (Luhmann 1975). 'Scientific communities' sind ein Sonderfall. Sie ähneln in manchem dem, was die Soziologie als *Gruppe* beschreibt, ruhen auf einem gewissen Grad interpersonaler Kenntnis auf, können unter Bedin-

26 Wissenschaftsgeschichte und -soziologie haben sich für die Ausdifferenzierung von Disziplinklassen bisher kaum interessiert. Siehe aber als Analyse der Ausdifferenzierung der 'humanities' in den USA (1920-1940) Veysey (1979: insb. 55-57).

27 Die deutsche Tradition integriert den Privatgelehrten als Privatdozenten (oder Honorarprofessor) in die Universität, und eine Wiederbelebung der ersten dieser beiden Rollen ist wahrzunehmen.

gungen weltgesellschaftlich organisierter Wissenschaft aber überhaupt nicht auf Anwesenheit anderer Beteiligter rechnen, obwohl es andererseits bestimmte Kongresse geben mag, bei denen Nichtanwesenheit auffällt und themafähig wird[28].

Historische und systematische Ordnung fallen in diesem Ebenenaufbau weitgehend zusammen. Ausbildung und Differenzierung der einzelnen Ebenen setzen als Prämisse immer eine oberste Systemreferenz - die des Wissenschaftssystems - voraus, das einerseits innere Umwelt allen wissenschaftlichen Geschehens ist, andererseits mit allen Prozessen der Struktur- und Systembildung im System sich seinerseits stärker aus seiner nichtwissenschaftlichen Umwelt herauslöst. Mit der Zunahme der Zahl seiner Ebenen und mit deren interner Differenzierung expandiert das Wissenschaftssystem, so daß es für jedes einzelne wissenschaftliche Geschehen wie ein Horizont fungiert, der sich beim Versuch der Annäherung entfernt. Letzteres gilt natürlich nur, solange das betreffende wissenschaftliche Geschehen fraglos der Wissenschaft zugehört und sich im Verhältnis zur Extension des Systems bestimmen will. Steht der wissenschaftliche Charakter von Handlungen/Kommunikationen selbst in Frage, so fungiert das Wissenschaftssystem als Grenze und kennt sowohl kontinuierliche Zonen des Übergangs wie scharfe Diskontinua. Man muß - nicht mehr eigentlich der Differenzierungstheorie zugehörige - Fragen nach *Codierung*, *Selbstreferentialität* und *Autopoiesis* des Systems stellen (vgl. Stichweh 1987a), um genauer sehen zu können, wie auch in zunächst unübersichtlichen Grenzzonen das System präzise Distinktionen trifft.

3 Ausdifferenzierung - Das Wissenschaftssystem und die Funktionsysteme in seiner Umwelt

Systemaufbau durch Differenzierung einer Mehrzahl von Systemebenen war das Thema der bisherigen Überlegungen. Dieser morphogenetische Prozeß vollzieht sich nicht allein im Wissenschaftssystem, er kreuzt sich vielmehr mit einer Mehrzahl analoger Prozesse in anderen entste-

---

28 Siehe einen über W a h r n e h m b a r k e i t v o n A b w e s e n h e i t formulierten soziologischen Begriff der Gruppe, Tyrell (1983).

henden Funktionssystemen *und verhält sich zu diesen als Prozeß der Ausdifferenzierung des Wissenschaftssystems*. Im Verhältnis des Wissenschaftssystems zu jedem der relevanten Systeme seiner Umwelt stellt sich eine Relation von Unabhängigkeiten und neuen Abhängigkeiten ein, die erstens in historischer Perspektive für bestimmte Entwicklungsphasen des Wissenschaftssystems von besonderer Instruktivität ist und zweitens - systematisch gesehen - strukturelle Ablagerungen in den beiden jeweils beteiligten Systemen hinterläßt[29].

3.1 Erziehung

Die enge Verbindung, die Erziehung und Wissenschaft auf der Organisationsebene - d.h. in Schule und vor allem Universität - in der europäischen Tradition eingehen, haben wir oben bereits diskutiert. Die definitive Differenzierung des Sekundärschulwesens von einer danach für weitreichende Verwissenschaftlichung verfügbaren Hochschulerziehung hat offensichtlich auch in der Wissenschaftsgeschichte einen Strukturumbruch induziert. Die radikalste oder avantgardistischste Formulierung, die dieser Zusammenhang von Erziehung und Wissenschaft gefunden hat, ist das *Postulat einer Einheit von Forschung und Lehre*. Dieses Postulat kombiniert zwei je für sich bereits unwahrscheinliche Vorstellungen. Während die Wissenschaft der Frühmoderne sich als ganz vom *Interesse an Strukturerhaltung* bestimmt sah, liegt im Forschungsbegriff, der ein semantisches Korrelat der Transformationen der deutschen Universität ist, eine radikale Umorientierung auf den *Prozeßaspekt der Wissenschaft* und auf die Vorstellung, daß jedes strukturelle Moment der Wissenschaft jederzeit prozessual wieder problematisiert und aufgelöst werden kann und sogar sollte[30]. Die zweite Unwahrscheinlichkeit war die, daß Lehre auf derart instabilisierten Wahrheiten aufruhen sollte, also gedacht wurde als *Teilnahme am Prozeß der Wissenschaft* und nicht etwa als Sozialisation in die strukturell gesicherten Resultate. Bemerkenswert ist, daß fast zweihundert Jahre nach dieser Erfindung

29 Vgl. als Analyse der Entwicklung der europäischen Universitäten mit einer solchen auf eine Sequenz von System/Umwelt-Beziehungen zentrierten Perspektive Stichweh (1988b).

30 Weitere Gesichtspunkte in Stichweh (1984: 67/68, 73/74).

die Universitäten Europas und Nordamerikas im Prinzip an dieser Idee festhalten: sie also nach wie vor darauf verzichten, die Lehre dadurch abzuwerten, daß sie in der Organisation eigene Forschungsprofessuren vorsehen (Platt & Parsons 1970: 137). Die verschiedenen Universitätssysteme unterscheiden sich allerdings darin, wie sehr es ihnen gelungen ist, für avanciertere und spezialisiertere Niveaus der Forschung wiederum entsprechende Niveaus der Lehre einzurichten[31].

Die Vorteile dieser differenzierungsgeschichtlich überraschenden Funktionenkombination von Erziehung und Wissenschaft liegen auf der Hand:

1. Sie sichert der Wissenschaft über den Anschluß an Hochschulerziehung als einen zunehmend größere Teile der Bevölkerung einbeziehenden Teil des Erziehungssystems eine *gesellschaftliche Wirkungsfähigkeit*, die die anderer System/Umwelt-Beziehungen des Wissenschaftssystems weit übersteigt. Diese Wirkungsfähigkeit kann natürlich nicht primär als *Personenveränderung im Medium von Wissenschaft* gedacht werden, also nicht in klassischen erziehungstheoretischen Kategorien. Das würde nur die - personale - Umwelt der Gesellschaft verändern und das Gesellschaftssystem in die eigentümliche Lage versetzen, daß es sich der Beobachtung durch den wahrheitsgeschulten Skeptizismus seiner in unzähligen Exemplaren vorkommenden personalen Umwelt aussetzen würde, ohne noch auf Engagements im Gesellschaftssystem rechnen zu können. Gesellschaftlich folgenreicher ist die auch gegenwärtig noch an Bedeutung gewinnende Kopplung von Hochschulerziehung mit der Vorbereitung für eine große Zahl der strategisch relevanten Berufsrollen, was der Wissenschaft die Chance der Verwissenschaftlichung der Handlungsgrundlagen vieler Berufe gibt. Das gilt natürlich am stärksten für die Berufe, die - bevor sie als Beruf antizipierbar sind -, zunächst als wissenschaftliche Disziplin vorkommen, sich danach als universitärer Studiengang etablieren und schließlich als - beim Wechsel der Systemreferenz den Namen nicht wechselnde - Berufsrolle in das Beschäftigungssystem eingefügt werden (klassisch der Fall des Chemikers und Physikers). In diesen Berufsrollen kann man vielfach *Forschung als die Arbeitsform der Wissenschaft* mit in die außerwissenschaftlichen Beschäftigungsorganisationen nehmen und löst dort je systemeigene Probleme mit den Mitteln wissenschaftlicher Forschung. Sofern es

---

31 Ben-David hat dies wiederholt betont (Ben-David: 1978).

eine Rückbindung dieses Handelns an die Wissenschaft gibt, d.h., sofern die Arbeitsergebnisse auf Probleme wissenschaftlicher Theorie beziehbar sind und diese Beziehungen kommunikativ auch realisiert werden, haben wir es in dieser Verwissenschaftlichung der Handlungsgrundlagen von Berufen (bzw. der *Entstehung* wissenschaftlicher Berufe) mit einem *selbsterzeugten Wachstum der Wissenschaft durch Penetration an sich nichtwissenschaftlicher Handlungsbereiche* zu tun.

2. Die enge Verbindung von Hochschulerziehung und Wissenschaft bietet der Wissenschaft die Chance, *Ausbildung für Berufe* (i.e. *Leistungserbringung* der Wissenschaft für andere Funktionssysteme) und *wissenschaftliche Nachwuchsrekrutierung* (als wesentliche Bedingung für *Funktionserfüllung* des Wissenschaftssystems) quasi uno actu vollziehen zu können. Insofern müßte es ein Interesse der Wissenschaft geben, die Separierung von Studiengängen im selben Fachgebiet (z.B. Staatsexamen und Diplom) möglichst zu vermeiden, während es ein Interesse von Leistungsnachfragern (in diesem Beispiel: Staat und Wirtschaft) geben kann, auf sie zugeschnittene Studiengänge durchzusetzen. Für die Wissenschaft sind die Vorteile bei temporärer Fusion der beiden Bezüge Berufsausbildung und Nachwuchsrekrutierung ersichtlich: Verlängerung der Zeitspanne, während derer man das Urteil über die endgültige Bestimmung von Kandidaten suspendieren kann; Vergrößerung der Population, mit der man in Kontakt kommt und aus der man wissenschaftliches Personal aussuchen kann; Risikominderung, weil Kandidaten immer noch anderswo hingehen können[32]; schließlich das Anregungspotential, das für die Wissenschaft darin liegt, daß man für einen Teil des Personals von vornherein nur temporäre Aufenthalte im Wissenschaftssystem vorsieht.

3. Ein drittes Moment schließlich ist der paradoxe Effekt, daß gerade die Kombination von Wissenschaft mit Hochschulerziehung *in der Wissenschaft* das Risiko des Forschungsimperativs - der Umstellung auf reine Prozessualität - tragbar macht. Eine ganz auf Forschung - und damit das Hinzufügen immer neuer Details - umorientierte Wissen-

---

32 Das mag angesichts gegenwärtiger Arbeitsmarktsituationen unplausibel scheinen, wird aber deutlich, wenn man sich die faktischen Arbeitslosigkeitsquoten von Künstlern und Theaterschauspielern ansieht, die Hochschulen besuchen, die im Unterschied zu Universitäten reine N a c h w u c h s r e k r u t i e r u n g s h o c h s c h u l e n des jeweiligen Kunstsektors sind.

schaft enthält in sich die Gefahr, daß sie sich nicht mehr der strukturellen Prämissen, im Verhältnis zu denen Forschungsergebnisse Modifikationen sind, mit hinreichend distanziert-souveränem Zugriff zu vergewissern versteht. Die Geschichte jeder wissenschaftlichen Disziplin kennt das Phänomen, daß diesem Dilemma entgehende *disziplinuniverselle Reflexionsleistungen* sich gerade der Forderung der Systematisierung des gesamten disziplinären Wissens für Zwecke der Hochschulerziehung verdanken[33]. Insofern wird die duale Rollenverpflichtung des Forschers und Hochschullehrers, die wir oben (1) schon als Kombination von Funktionserfüllung und Leistungsabgabe gedeutet hatten, gleichzeitig als strukturelles Arrangement sichtbar, das Funktionserfüllung (Produktion neuer Wahrheiten) und Reflexionserfordernisse (Vergewisserung der Einheit des Systems - und es handelt sich hier um ein *disziplinäres Wissenssystem*) in ein Gleichgewicht zu bringen versucht. Daß diese komplexe Verflechtung von jeder einzelnen Person als Rollenüberlastung erlebt zu werden droht, liegt auf der Hand. Faktisch führt das zu Spezialisierungen, die in jedem einzelnen Fall auch toleriert werden, aber nicht eigentlich institutionalisiert sind, also nicht expliziter Teil der Rollendefinition sind. Jede dieser Spezialisierungen kombiniert vermutlich zwei der drei relevanten Systemreferenzen (Funktion, Leistung, Reflexion)[34]. Für Hochschullehrer scheinen zwei der drei möglichen Kombinationen wahrscheinlich: *Funktion und Leistung* als Kombination aus (spezialisierter) Forschung und Mitbedenken von deren Ausbildungs- und Anwendungsrelevanz; *Reflexion und Leistung* als Kombination aus Erarbeitung disziplinärer Synthesen und Mitbedenken

33 Siehe - für die Physik des 19. Jahrhunderts - die Deutung des Werks von F.E. Neumann (1798-1895) als hochschulinduzierte disziplinuniverselle Reflexionsleistung bei Olesko (1980).

34 Zu diesen Unterscheidungen am Beispiel des Wissenschaftssystems Luhmann (1977). F u n k t i o n meint das Verhältnis des Wissenschaftssystems zum Gesellschaftssystem (P r o d u k t i o n v o n W a h r h e i t e n als etwas, was prinzipiell nur im Wissenschaftssystem möglich ist); L e i s t u n g ist die Beziehung des Wissenschaftssystems zu konkreten anderen Systemen seiner Umwelt (eine Erlebens- oder Handlungsrelevanz wissenschaftlicher Wahrheit für diese anderen Systeme); R e f l e x i o n meint den Selbstbezug des Wissenschaftssystems (Wissenschaftstheorie oder disziplinäre Synthesen des Wissens - das schließt jede anspruchsvollere Form von Theorie ein).

von deren Darstellungschancen und Ausbildungswirkungen. Die Kombination von *Funktion und Reflexion* drängt Hochschullehrer vermutlich auf Marginalpositionen hin, weil diese Kombination Studenten nur akzidentell und nicht systematisch mitberücksichtigen kann. Wenn es aus der Sicht des Wissenschaftssystems ein strukturelles Defizit der Universität gibt, dann liegt es in diesem Problem der Kombinierbarkeit von Funktion und Reflexion. *Grundlagenforschung* wäre jeder Versuch, mit dieser Kombination ernsthaft zu experimentieren, d.h. das Risiko einer Forschung einzugehen, die sich als Forschung dem avanciertesten Reflexionsniveau einer Disziplin anzuvertrauen sucht.

3.2 Wirtschaft

Die Erforschung der Wissenschaftsgeschichte hat lange darunter gelitten, daß man die wissenschaftsgeschichtliche Bedeutung von Transformationen des Hochschulwesens unterschätzte und stattdessen nach wirtschaftlichen Impulsen als letztlich relevant für die Entstehung moderner Wissenschaft suchte. Die Vorstellung, daß es einen kausalen Zusammenhang zwischen der Industrialisierung und der Entstehung spezifisch moderner Strukturen der Wissenschaft geben sollte, hat ein bißchen die Funktion eines Gemeinplatzes, der noch heute gelegentlich produktiveren Fragestellungen im Wege steht. Natürlich findet man, wenn man abstrakter fragt, Zusammenhänge. Die Bedeutung von Produktions- oder Produktivitätsvorstellungen in der Genese einer Reihe von Funktionssystemen - und vermutlich auch bei der Durchsetzung eines systematisch Neuheit der Erfindung präferierenden Forschungsbegriffs - ist nicht denkbar ohne Wachstums- und Produktionserfahrungen, die die Frühmoderne vor allem im 18. Jahrhundert mit der Ökonomie gemacht hat[35]. Im übrigen aber war, wie man an Deutschland sehen kann, fast eher ökonomische Rückständigkeit eine günstige Bedingung, weil damit ein potenter Wirkungsimpuls fehlte, der Leistungserwartungen mit kurzen Zeithorizonten hätte artikulieren können. Erziehung ist, weil sie zunächst einmal Personen und damit eine Umwelt des Gesellschaftssystems verändert,

---

35 Vgl. North & Thomas (1973: 118), die betonen, daß es im 17. Jahrhundert erstmals zwei europäischen Ländern - den Niederlanden und England - gelang, Bevölkerungswachstum und steigendes Pro-Kopf-Einkommen miteinander zu vereinbaren.

sehr viel schwerer hinsichtlich der Frage evaluierbar, ob das den Personen vermittelte Wissen der Gesellschaft nutzt. Im übrigen profitierte Universitätserziehung im 18. Jahrhundert manchmal noch von dem Vorteil, daß sie nicht als Zulieferer von Wirtschaft, vielmehr in einem merkantil-ökonomischen Kalkül als Teil der Wirtschaft galt, und sich also, solange sie Fremde und Geld ins Land zog, selbst rechtfertigen konnte[36]. Das ist einer der vielen Fälle in der Moderne, in denen sich die eigentümliche Indifferenz von Geld gegenüber Sachinteressen zeigt, weil Geld diesen zwar Steigerungsforderungen aufzwingt, aber in der Abstraktheit des Mediums nicht in die Sachzusammenhänge interveniert[37].

Erst ein gewisser - technisch in Telegrafie, Elektrotechnik und Farbchemie wahrnehmbarer - Erfolg der modernen Naturwissenschaften läßt die Interaktion von Wissenschaft und Wirtschaft seit der zweiten Hälfte des 19. Jahrhunderts wieder thematisch und relevant werden. Seither wechseln sich zwei primäre Formen des Kontakts miteinander ab, die in der Gegenwart nebeneinander treten: *Wissenstransfer* und die *wissenschaftliche Ausbildung von Personal*.

Überall dort, wo Naturwissenschaft in der zweiten Hälfte des 19. Jahrhunderts technisch relevant wird (Elektrizität, Chemie, optische Instrumente und Meßtechnik überhaupt, gelegentlich Maschinenbau und Eisenverhüttung) gibt es das Phänomen einer *Beratung* von Industriellen durch einzelne Wissenschaftler, die in seltenen Fällen sogar Kapitalbeteiligungen an Unternehmen erwerben (so William Thomson in der Telegrafenindustrie oder Ernst Abbé in Carl Zeiss' optischen Betrieben) und außer der Nutzung ihrer vorhandenen Kenntnisse gelegentlich in ihrem Laboratorium - d.h. in der Regel einem Universitätslaboratorium - auch experimentelle Arbeiten durchführen, die das für Beratung erforderliche Wissen zu erweitern suchen. Wir haben es hier also mit einer auf Wissenstransfer zielenden direkten Konsultation zwischen Industrieunternehmen und einzelnen Wissenschaftlern zu tun.

Diese Beziehungen unmittelbarer Konsultation werden an der Wende zum 20. Jahrhundert durch zwei aufeinander angewiesene Entwicklungen mediatisiert: die *Entstehung von Forschungslaboratorien in der Industrie* und die vermehrte *Ausbildung für wissenschaftliche Berufe* an der

---

36 Vgl. den bekanntesten Text Michaelis (1768-1776).

37 Das ist bekanntlich die These von Simmels 'Philosophie des Geldes', Simmel (1900).

Universität[38]. Sofern wissenschaftliche Berufe für Forschungstätigkeit im Industrielaboratorium qualifizieren, werden Universitätswissenschaftler künftig entlastet. Der Wissenstransfer läuft primär über den Transfer ausgebildeten Personals, und das Industrielaboratorium beantwortet seine Forschungsfragen selbst.

Wirtschaftliches Mäzenatentum als ein dritter Typus von Interaktion zwischen Wissenschaft und Wirtschaft hat seine Anfänge ebenfalls in der zweiten Hälfte des 19. Jahrhunderts. Der Sache nach reagiert es auf die Erfahrung, daβ gerade nach Entstehung des Industrielaboratoriums Forschungsprobleme sichtbar werden, die man dort nicht lösen könnte und deren Bearbeitung man auch nicht individuell zu finanzieren bereit wäre. Natürlich variiert das Maβ der *Gegenleistungserwartung*, die Mäzene an Geld- oder Sachleistungen knüpfen. In jedem Fall liegt aber eine *Generalisierung der Gegenleistungserwartung* vor, so daβ ein Freiraum für wissenschaftsinterne Regulative hinsichtlich der Mittelverwendung entsteht und wir es im Vergleich zu Beratungsleistungen mit einem genuin neuen Interaktionstyp zu tun haben, der in der deutschen Wissenschaftsgeschichte erstmals im Zeitraum von 1870 bis 1930 bedeutsam wird[39]. Neu ist auch, daβ Wissenschaftler - seit Felix Klein - bewuβt solche Finanzierungschancen suchen. Dabei spielt von vornherein das Vorbild amerikanischer Stiftungen, das man auf Amerikareisen anläβlich von Weltausstellungen beobachtet, eine Rolle.

Die *organisatorisch-institutionellen* Effekte dieser neuen Finanzierungsmöglichkeiten waren in Deutschland beträchtlich, weil die Mittel zusätzliche Mittel waren und als solche für die Finanzierung von Innovationen zur Verfügung standen, oder weil die Verteilungsmodi der Mittel wissenschaftsorganisatorische Innovationen auslösten. Man kann sich dies vergegenwärtigen, wenn man sich die prominentesten Beispiele ansieht: die politische Befürwortung und finanzielle Förderung der Physikalisch-Technischen Reichsanstalt durch W.v. Siemens zwischen 1872 und 1887 (Cahan 1982; Lundgreen 1982: 19-31); die Unterstützung der Jenaer Naturwissenschaften durch Ernst Abbé und die Carl-Zeiss-Stiftung seit 1889 (Richter 1979: 27/28); die technische Physik, Elektrotechnik und angewandte Mathematik betonende 'Göttinger Vereinigung

38 Vgl. die Beschreibung dieser Entwicklung am Beispiel englischer groβstädtischer Hochschulen (Leeds, Sheffield, Liverpool, Nottingham) bei Rothblatt (1983: 144).

39 Für Überblicke siehe Forman (1974) und Richter (1979).

für angewandte Mathematik und Physik' (1898) (Manegold 1970); die 'Jubiläumsstiftung der Deutschen Industrie zur Förderung der technischen Wissenschaften' (1899) (Richter 1979: 34); die aus Industrieplänen für eine 'Chemische Reichsanstalt' hervorgehende 'Kaiser-Wilhelm-Gesellschaft' (1911) (Burchardt 1975), schließlich die mit der 'Notgemeinschaft' teilweise konkurrierende industriefinanzierte 'Helmholtz-Gesellschaft zur Förderung der physikalisch-technischen Forschung' (1921) (Forman 1974) und vergleichbare Stiftungen der chemischen Industrie.

In jedem dieser Fälle handelt es sich um Stiftungen und Dotationen, die von Unternehmern als Vertreter von Wirtschaft und Industrie - nicht als mäzenatische Privatleute - gemacht werden. Dieser wirtschaftsbezogene und dort die größeren Unternehmen präferierende Charakter wird von Adolf Harnack in einem Rückblick auf das erste Jahr der Kaiser-Wilhelm-Gesellschaft betont. Diese sei "kein wissenschaftlicher 'Flottenverein', der den letzten Mann in der Nation zur Förderung seiner Zwecke aufruft ...[40], sondern sie ist ein Verein solcher Bürger, welche in der Lage und willens sind, größere Kapitalien im Interesse der Wissenschaft aufzubringen" (Harnack 1912: 549). Welche Konsequenzen ergeben sich für das Wissenschaftssystem?

Der wichtigste Effekt ist, daß hier eine *organisatorische Perspektive auftaucht, die Forschung als wissenschaftlichen Handlungsvollzug aus der alternativenlosen Verknüpfung mit Lehre herauslöst*. Forschung ist nicht mehr nur Privattätigkeit des Universitätsprofessors oder - wie auch immer enthusiastisch beschriebenes - Komplement seiner Lehrtätigkeit oder Aufgabe einzelner spezialisierter Einrichtungen (Akademien); sie ist vielmehr eine gegenüber all dem auch *eigenständige Handlungswirklichkeit*, die einer selbständigen organisatorischen Betreuung bedarf. Das erzeugt eine Reihe von Innovationen. Zunächst einmal entsteht die *Projektstruktur wissenschaftlicher Forschung*. Während sich bereits am Anfang des 19. Jahrhunderts für *Publikation* als den kommunikativen Kernprozeß der Wissenschaft auf der Ebene des Gesellschaftssystems eine Elementarisierung in basale kommunikative Akte durchzusetzen beginnt (Stichweh 1987a), so daß Forschung im Vergleich dazu als ein Handlungs*kontinuum* erschien, wird jetzt auch *Forschung als 'Projekt' eine zeitlich und sachlich abgrenzbare Einheit*, die planbar,

40 In Parenthese merkt Harnack an: "... dieses Mittel zur Pflege der Wissenschaft mag in Reserve gehalten werden".

durchführbar und danach evaluierbar ist und als eine solche abgrenzbare Einheit Gegenstand von Förderungsanstrengungen sein kann[41]. Der Vorläufer des Projekts war die wissenschaftliche *Preisfrage* (einer Akademie). Aber diese setzte voraus, daß die Zahl wissenschaftlicher Probleme begrenzt ist und es ein Zentrum im System gibt, das wichtige und bearbeitbare Probleme auswählen kann. Beide Bedingungen waren spätestens seit 1800 nicht mehr erfüllt[42].

Die ökonomische Bedingung der Projektstruktur ist *Knappheit der Mittel*. Diese war bei den älteren und um vieles größeren amerikanischen Stiftungen vergleichsweise kein Problem, so daß diese weiterhin die große und kontinuierliche Dotation einzelner Institutionen präferierten und vermutlich deshalb weder die Projektstruktur noch deren evaluatives Komplement - *das Gutachterverfahren* (peer review) - entwickelten[43]. *Fachausschüsse zur Begutachtung von Anträgen* sind aber seit der 'Jubiläumsstiftung der deutschen Industrie' (1899) (Richter 1979: 34) ein typischer Bestandteil der deutschen Gesellschaften und Stiftungen, so daß ausgerechnet Förderung durch die Wirtschaft und ökonomische Knappheit zur Bedingung der *Entstehung einer zweiten evaluativen Ebene im Wissenschaftssystem* werden, die neben die im normalen wissenschaftlichen Kommunikationsgeschehen erfolgende Bewertung der publizierten Resultate tritt. Dort, wo man als Folge von Industrieförderung Instrumentalisierung hätte vermuten können, entstehen stattdessen strukturelle Chancen für Autonomie, die die Wissenschaft dann auch gegenüber anderen externen Instanzen nutzen kann.

Neben der Elementarisierung von Forschung in der Form von Projekten gibt es natürlich das umgekehrte Phänomen der *Gründung ganzer auf Forschung spezialisierter Organisationen*, die zusätzlich auch noch disziplinär spezialisiert sind. Dafür steht die Kaiser-Wilhelm-Gesellschaft. Daß eine Herauslösung ganzer Organisationen aus der Verbindung mit Lehre möglich war, hat seinen historischen Grund in ökonomisch-technischen Anwendungshoffnungen, und die Kaiser-Wilhelm-Gesellschaft

---

41 Vgl. Forman (1974: 50ff.); Cassidy (1983/4: 188).

42 Zur Geschichte der akademischen Preisfrage Stichweh (1984: 396-400). Forman (1974: 51) registriert, daß noch 1904 die 'Académie des Sciences' für Preise den zehnfachen Betrag wie für direkte Forschungsförderung ausgibt.

43 Forman (1974: 51/52). Ähnliches gilt für die besser dotierten Stiftungen der deutschen chemischen Industrie (ebd: 53).

und ihre Nachfolgerin haben viele Jahrzehnte gebraucht, um eine den Schwerpunktbildungen der Wissenschaft entsprechende Verteilung der Institute für eine extern induzierte Struktur zu substituieren. Wichtiger aber ist vielleicht, daß auch in reinen Forschungsinstituten die Forschung in Projekten stattfindet, d.h. in einer Form, die überall anderswo auch möglich und realisiert ist. Die Elementarisierung von Forschung durch Entstehung der Projektstruktur (und darauf bezogene Finanzierungsmechanismen) scheint also gerade die Bedingung der Koexistenz von reinen Forschungsinstituten mit anderen wissenschaftlichen Organisationen, die - wie die Universität - wissenschaftliche Forschung mit heterogenen Funktionsgesichtspunkten kombinieren müssen[44]. Forschungsprojekte fungieren überall als Elementareinheit wissenschaftlicher Arbeit, und in gewisser Hinsicht kann sich die Universität für Forschung sogar die längeren Zeithorizonte leisten, weil in ihr das viele Jahre dauernde Projekt durch die Lehrtätigkeit laufend mitlegitimiert wird.

Aus dem Zusammenhang von Projektförmigkeit der Forschung und Finanzierungsmöglichkeiten in Hinsicht auf Forschungsprojekte hat sich in der Gegenwart eine eigene *Ökonomie der Wissenschaft* entwickelt, die wie jede Ökonomie über *Zahlungen* abgewickelt wird. Ähnlich wie im *Kommunikationsgeschehen* der Wissenschaft neben die Evaluation hinsichtlich Wahrheit/Unwahrheit der Reputationsmechanismus als eine informationell leichter handhabbare Zweitcodierung tritt (Luhmann 1968), gibt es in den *Organisationen der Wissenschaft* mittlerweile eine Zweitcodierung, die *Haben/Nichthaben* als ihren Code benutzt. Dabei fungiert die Fähigkeit des Zugriffs auf Finanzierungsmöglichkeiten wie *Kapital*, weil sie gleichzeitig erlaubt, die Verwendung anderer Ressourcen der Organisation zu kontrollieren, deren ökonomischer Wert die mobilisierbaren Finanzmittel weit übersteigt (Cohen/March 1974: 100). Differenzierungstheoretisch ist an dieser Entwicklung interessant, daß sie zeigt, wie sehr ein System auf der Organisationsebene durch ein anderes penetriert werden kann, ohne dadurch in seinem Funktionieren tangiert zu werden. Es gibt kein Anzeichen dafür, daß die Evaluation wissenschaftlicher Kommunikationen hinsichtlich Wahr-

44 Die Projektstruktur fungiert auch als Bedingung der Verknüpfung von außeruniversitärer und universitärer Forschung: in außeruniversitären Projekten findet ja vielfach Forschung statt, die auf die Erlangung akademischer Grade und damit auf den Zugang zu universitären Karrieren zielt. Vgl. Moravcsik (1986).

heit/Unwahrheit durch die mitlaufende Ökonomie der Wissenschaft gestört wird. Wie viel Geld man auch immer für seine Forschung zu mobilisieren versteht, und selbst wenn man einzelne Gutachter 'besticht', kann man die Ergebnisse eines - aus der sequentiellen Vernetzung vieler unabhängiger Mitteilungen bestehenden - wissenschaftlichen Kommunikationsprozesses nicht kaufen. In gewisser Hinsicht verdankt dieser Kommunikationsprozeß seine Autonomie gerade der Tatsache, daß weltweit heute so viel Geld für Forschung zur Verfügung steht.

3.3 Politik

Das klassische Gegenüber der Wissenschaft war die Politik, die an der Funktionenkombination von Hochschulerziehung und Wissenschaft insofern selbstverständlich beteiligt war, als Hochschulen in Europa - gerade nach der Rückdrängung geistlicher Orden am Ende des 18. Jahrhunderts - weit überwiegend staatliche Einrichtungen waren, und dieses Moment, wie man an der wiederholten Reform der als Stiftungen eigentlich privaten Colleges und Universitäten in Oxford und Cambridge durch staatliche Untersuchungskommissionen sehen kann[45], im 19. Jahrhundert noch einmal an Bedeutung gewinnt. In Deutschland tritt zu der staatlichen Verwaltung und Reform der Universitäten hinzu, daß diese bis in die Gegenwart in quantitativ weit überwiegendem Maße für Berufe im Staatsdienst ausbildeten (vgl. Westphalen 1979), und dies nicht nur Faktizität, sondern auch normatives Selbstverständnis war, das die Abweisung von Initiativen und Studiengängen motivieren konnte.

Diese Situation wirft die Frage auf, ob es ein Interesse der Politik an Wissenschaft gibt, das unabhängig von Hochschulerziehung und der in ihr erfolgenden Ausbildung für staatsrelevante Berufe formuliert und vielleicht auch institutionalisiert werden kann? Es gibt auf diese Frage eine historische Antwort. Dies war die Vorstellung einer *gelehrt-*

---

45 Siehe Engel (1983) und Rothblatt (1976), der betont (260), die in sich - wegen interner Opposition und statutarischer Bindungen - reformunfähigen Universitäten hätten des Staates als eines externen Dritten bedurft, um s i c h - die 'royal commissions' waren aus reformbereiten 'graduates' der beiden Universitäten zusammengesetzt - reformieren zu können.

wissenschaftlichen Beratung der Politik[46]. Diese Idee gehört in eine frühmoderne politische Situation, in der Opposition nicht zulässig und eine landständische Beteiligung an der Ausübung der Herrschaft durch den Monarchen oder Fürsten nicht mehr gesichert war. Unter diesen Umständen war gelehrte Beratung einer der wenigen denkbaren Kontrollmechanismen hinsichtlich des Handelns des Monarchen.

Die Entstehung moderner Politik durch *Institutionalisierung von Opposition* und *Demokratisierung* (Entstehung und inklusive Ausdehnung des Wahlrechts) substituiert zwei neue Kontrollmechanismen, so daß die gelehrte Beratung der Politik aus zwei Gründen an Bedeutung verlieren mußte: 1. Sie konnte als illegitime Umgehung der institutionalisierten Entscheidungsmechanismen oder als undemokratische Kurzschließung mit gegenwärtigen Machthabern erscheinen. 2. Chancen demokratischer Partizipation legen es engagierten und informierten Gelehrten zunächst einmal nahe, sich selbst in der Politik zu betätigen. Die frühen deutschen Professorenparlamente vermögen dies Phänomen gut zu illustrieren. Eine Wissenschaft aber, die in der Politik selbst Partei und im Amt ist (und sei sie auf allen Seiten vertreten), vermag die Politik nicht eigentlich mehr zu beraten[47].

Eine Wiederkehr der Kategorie der wissenschaftlichen Beratung der Politik, die erst in unserem Jahrhundert erfolgen sollte, war deshalb auf zwei Voraussetzungen angewiesen: 1. Wissenschaftliche Beratung der Politik muß allen Beteiligten im politischen Geschehen zur Verfügung stehen. Der Einfluß der Wissenschaft wird dann dadurch neutralisiert, daß jede einzelne unter konkurrierenden politischen Optionen sich auf wissenschaftliche Expertise stützen kann und deshalb zwischen diesen Optionen wieder *politisch* entschieden werden kann. 2. An die Stelle der Professorenpolitik tritt ein *wissenschaftliches Expertentum*, das nicht von sich aus Partei ist, sondern auf Anfrage seine Kompetenz zur Verfügung stellt. Die Entstehung der Sozialwissenschaften im 20. Jahrhundert ist in einer der wesentlichen Hinsichten die Substitution

---

46 Zum frühmodernen Begriff der Beratung Stichweh (1988b: Abschnitt II).

47 Auch in der Frühmoderne ist der Übergang von gelehrter Beratung zu Amtsinhaberschaft und schließlich zu einer gegenüber dem Willen des Fürsten verselbständigten politischen Machtausübung fließend. Vor allem in Reichsstädten und in kleinen Territorien sind die Machtchancen der Professorenschaft erheblich. So etwa in Straßburg und Köln; zu Herborn und Hessen-Nassau vgl. Menk (1981: 142/143).

eines so verstandenen Expertentums für von sich aus engagierte Perspektiven[48]. Für die Wiederkehr wissenschaftlicher Politikberatung sind die Sozialwissenschaften offensichtlich von strategischer Bedeutung, und die auch im 19. Jahrhundert immer existierende - und mit der Entstehung eines technischen Beamtentums zusammenhängende - im engeren Sinn technisch-naturwissenschaftliche Beratung wandert teilweise in die hier entstehenden Strukturen ein.

Gibt es andere und für *die Wissenschaft* strukturell folgenreichere Interessen der Politik an Wissenschaft, beispielsweise eine Förderung von Wissenschaft als *Eigenwert*, *kultureller Wert* oder *wirtschaftlich-technischer Wert* - und eine Ablösung dieser Wertungen von dem Bezug auf Universitäten? Wenn man diese Frage für Deutschland beantworten will, muß man sich zunächst einmal vergegenwärtigen, daß es bis zum Ende des ersten Weltkrieges eine nicht über die Hochschulen laufende Forschungsförderung kaum gab. Eine Ausnahme waren nur die Akademien, außerdem jene Forschungstätigkeiten, die aus sachinhärenten Gründen nicht an die jeweiligen Hochschulorte gebunden werden konnten (Expeditionen, Bibliotheksreisen, meteorologische und astronomische Observatorien), schließlich wissenschaftliche Auslandstätigkeit (archäologische, kunsthistorische Institute). An den Hochschulen wiederum erfolgte Forschungsförderung in der Regel indirekt. Die Etats physikalischer Hochschulinstitute zum Beispiel weisen noch in der Weimarer Republik keine spezifisch für Forschung bestimmten Mittel auf (Forman 1974: 41/42), so daß man Bewilligungen, die ausschließlich für Forschung gemeint waren, allenfalls indirekt erschließen kann, beispielsweise bei Mittelzuweisungen für Apparate, die ihrer Art nach nicht für Lehrtätigkeit gedacht sein konnten.

Es gibt aber drei Organisationsgründungen seit 1887, die in ihren Folgen eine strukturelle Veränderung mit sich bringen sollten, und es scheint interessant, diese Fälle etwas näher zu betrachten. Es geht dabei um die 'Physikalisch-Technische Reichsanstalt' (1887), die 'Kaiser-Wilhelm-Gesellschaft' (1911) und die 'Notgemeinschaft der deutschen

---

48 Vgl. zu Professorenparlamenten Brocke (1984: 393/394) und zur Entwicklung sozialwissenschaftlichen Expertentums Furner (1975). Zu einem Rollenmodell, das den beratenden Sozialwissenschaftler in einer ethisch motivierten Professionellen/Klienten-Beziehung zum politisch Handelnden sieht vgl. Klausner (1986: 18). Das frühmoderne Paradigma dafür ist der Beichtvater.

Wissenschaft' (1920). Es gibt einige Momente, die allen drei Gründungskonstellationen gemeinsam sind: 1. Von Wissenschaftlern wahrgenommene *Defizite* in *der Ressourcenausstattung* der Forschung, die von der Art sind, daß man entweder etwas Neues, aber dringend Erforderliches, nicht tun zu können glaubt oder Bisheriges in Ermangelung von Mitteln nicht fortsetzen zu können fürchtet[49]. 2. Sich abzeichnende Zusagen oder von den Initiatoren der jeweiligen Organisation formulierte Hoffnungen hinsichtlich einer *finanziellen Förderungsbereitschaft nichtstaatlicher Instanzen* (deutsche Industrie, Handel und Banken; Förderer/Stiftungen im Ausland)[50]. 3. *Ansprüche an staatliche Instanzen*, wobei in allen drei Fällen die Alternative Länderfinanzierung vs. Reichsfinanzierung eine Rolle spielt und das Engagement des Reiches motiviert, da das Reich auf diese Weise kulturpolitische Kompetenzen hinzugewinnt[51].

Das Zusammenspiel dieser Gründungsmomente erzeugt ein bemerkenswertes Resultat. Während sich in Deutschland nach dem für die Universitäten spätestens im 17. Jahrhundert erfolgenden Verlust einer Fundation auf eigenes Vermögen eine Art Gleichgewicht zwischen *exklusiver Finanzierung und Eingriffsverwaltung durch den Staat* und - individualistisch und nicht korporativ interpretierter - *akademischer Freiheit* als dem auf Wissenschafts- und Erziehungsthemen bezogenen Gegenbegriff der Universität herausgebildet hatte, entstehen jetzt - als Folge des Involviertseins jeweils mehrerer fördernder und verwaltender Instanzen - die Anfänge einer *Selbstverwaltung der Wissenschaft*, die für das Verhältnis der Politik zur Wissenschaft weitgehende Umdispositionen impliziert.

Das vollzieht sich noch nicht bei der Physikalisch-Technischen Reichsanstalt, deren wissenschaftliche Bedeutung nach 1914 schnell

---

49 Letzteres ist bekanntlich das Gründungsmotiv der Notgemeinschaft (Zierold 1968; Schroeder-Gudehus 1972).

50 Cahan (1982); Burchardt (1975); Zierold (1968: 11-13, 29-34 et passim); Feldman (1987).

51 Weitere interne Differenzierungen der Politik kommen hinzu. Wenn man Burchardts (1975) Rekonstruktion der Gründungsgeschichte der Kaiser-Wilhelm-Gesellschaft liest, drängt sich der Eindruck auf, daß es zu der Gründung möglicherweise nicht gekommen wäre, wenn es jenseits der politisch-interministeriellen Verhandlungen nicht noch den Kaiser als - fast schon unpolitische - Appellationsinstanz gegeben hätte.

abnimmt. Für die Kaiser-Wilhelm-Gesellschaft und die Notgemeinschaft gilt aber, daß es sich in beiden Fällen um Institutionen handelt, die anfangs entweder - wie die Kaiser-Wilhelm-Gesellschaft - vorwiegend privat finanziert wurden oder - wie die Notgemeinschaft - in der Erwartung nichtstaatlicher Finanzierungsmöglichkeiten gegründet wurden. Dem entspricht eine weitgehende Selbstverwaltung in der Verwendung der eingegangenen Mittel. Da aber die Kaiser-Wilhelm-Gesellschaft - nach 1918 und mehr noch nach den Vermögensverlusten der Inflation - wesentlich auf preußische und zunehmend auch Reichsmittel angewiesen war und da in der Notgemeinschaft die nichtstaatlichen Zuwendungen immer sehr begrenzt blieben und sie deshalb faktisch eine Einrichtung des Reiches wurde[52], setzen sich zwei Strukturumbrüche durch: eine *Verlagerung der Wissenschaftsförderung von den Ländern auf das Reich*[53] und eine *Verschiebung in der Verteilung staatlicher Mittel von kultusministeriellen Bürokratien auf Selbstverwaltungsmechanismen der Wissenschaft*. Der preußische Kultusminister C.H. Becker hat dies in einem Aufsatz von 1929 sehr scharf gesehen. Zur Kaiser-Wilhelm-Gesellschaft notiert er in kritischer Absicht: "Verwaltungsmäßig ist demnach die Hauptfunktion der Kaiser-Wilhelm-Gesellschaft, preußische Gelder und Reichsgelder in freier Verwaltung zu vereinigen bei gleichzeitiger Minderung des Einflusses der staatlichen Stellen auf die doch im wesentlichen von ihnen alimentierte Wissenschaftspflege." (Becker 1929: 457). Zur Notgemeinschaft merkt Becker an, "... das Reich die Verteilung der Mittel einer privaten Interessentenorganisation überließ und sich auf eine sehr distanzierte Staatskontrolle beschränkte. ... *An Stelle einer sachverständigen neutralen Verwaltung traten die Organisationen der Interessenten selber* unter Bildung von Fachgremien zur Unterverteilung der zur Verfügung gestellten Mittel. ... Bei der Herkunft der Mittel aus dem Reichsetat, durch den doch schließlich das Geld der Länder verteilt wird, denen nach der Verfassung in erster Linie die kulturpolitische Kompetenz zusteht, ist es auf die Dauer nicht erträglich,

---

52 Vgl. bei F. Haber (1927) den Text von 1921 (S. 167-173), der noch auf die Trias S t a a t, A u s l a n d, W i r t s c h a f t setzt, mit der Rede von 1927, die nur mehr das R e i c h im Blick hat (S. 158-166, hier 164). Zur Rolle ausländischer Stiftungen (Rockefeller Foundation) vgl. Macrakis 1986.

53 Das galt bereits für die Physikalisch-Technische Reichsanstalt, deren Gründung erst gelang, als das Reich die preußischen Pläne übernahm.

diese die Forschung in Deutschland entscheidend bestimmenden Fonds einer doch im Grunde privaten Stelle zur Verfügung zu stellen. Die Notgemeinschaft ist etwas ganz anderes geworden, als was sie gedacht war. Statt dem Staate neue Mittel zuzuführen, verteilt sie Reichsmittel. Ihrer Funktion nach stellt sie eine Abteilung des Reichsinnenministeriums dar. Da das Reich eine sachverständige Kulturverwaltung nicht besaß, ja zur Verwaltung auf diesem Gebiete auch verfassungsrechtlich nicht berufen war, da das Reich aber auf der anderen Seite über die Finanzen verfügte, die Geldverteilung aber nicht den Ländern überlassen wollte, hatte es wohl keinen anderen Ausweg"[54]. Das Bemerkenswerte an diesen Formulierungen ist, daß sie zu einem Zeitpunkt, wo ein neuer Modus der Interaktion von Wissenschaft und Politik wohl irreversibel durchgesetzt war, noch einmal das für Jahrhunderte davor maßgebliche Selbstbewußtsein preußisch-deutscher Kultusverwaltung dagegenstellen: diese hatte immer unterstellt, daß sie gegenüber partikularistisch-interessenorientiert optierenden lokalen akademischen Gemeinschaften gewissermaßen das höhere Interesse der Wissenschaft zu verkörpern imstande sei, wenn sie auch die Durchführung der Forschungen dann wieder den zuvor mißtrauisch observierten Wissenschaftlern überlassen mußte. Das sogenannte 'System Althoff' war unmittelbar vor dem Weltkrieg eine letzte Steigerung dieses wissenschaftspolitischen Anspruchs (Brocke 1980). Diesen Zwischenraum von Wissenschaft und Politik besetzen jetzt neue *Selbststeuerungsmechanismen der Wissenschaft*, die vor allem auf zwei Ebenen entstehen: *auf der Organisationsebene als Selbstverwaltungsgremien der großen Forschungsorganisationen und auf der disziplinären Ebene als Ausschüsse von Fachgutachtern*. Fragen der Rekrutierung und Organisation hinsichtlich dieser Zusammenhänge fachlicher Begutachtung (peer review) gehören zukünftig zu den wichtigen Fragen jeder wissenschaftspolitischen Diskussion, weil diese Mecha-

54 Ebd. (458/459). Die Größenordnung des Umbruchs belegt Becker mit dem Hinweis, daß Preußen, das vor dem Weltkrieg bei weitem die Bedeutendste unter den die Wissenschaft fördernden staatlichen Einheiten war, 1929 für die allgemeine Wissenschaftsförderung noch über 180 000 RM im Jahr frei disponieren könne, während allein die jährlichen Zuwendungen des Reichs an die Notgemeinschaft 8 Millionen RM betrügen.

nismen im Prinzip Einfallstore für jede Art von 'bias' sein können[55]. Daß wissenschaftspolitische Diskussion in der Gegenwart unter anderem diese Form annehmen kann, beweist zugleich, wie groß die Differenzen zwischen den Systemen Wissenschaft und Politik geworden sind, weil es in dieser Hinsicht dann nur noch darum geht, politische und andere externe Einflüsse, die als solche unvermeidbar sind, durch organisatorische Mechanismen so in Zufallsverteilungen zu verwandeln, daß in der Wissenschaft als System nur innerwissenschaftliche Einflüsse in strukturelle Sedimente künftigen wissenschaftlichen Fortschreitens umwandelbar sind.

3.4 Religion, Recht, Gesundheit

Religion, Recht und Gesundheit sind Handlungszusammenhänge und später Funktionssysteme, die schon früh einen engen Kontakt zur Wissenschaft unterhielten. Bekanntlich waren sie die Themen der drei höheren Fakultäten spätmittelalterlicher und frühmoderner Universitäten: der theologischen, juristischen und medizinischen Fakultät. Die wissenschaftsgeschichtliche Distanz, die uns von dieser Situation trennt, kann man gut ermessen, wenn man sich vergegenwärtigt, daß und wie die moderne Unterscheidung dreier Wissenschaftsklassen - Geistes-, Sozial- und Naturwissenschaften - von der alten Fakultätsaufteilung präfiguriert wird. Die Theologie war ein vollständiges System der Geisteswissenschaften, zu dem sich die philosophischen Disziplinen der Artistenfakultät und die Mathematik als Propädeutikum verhielten; das Recht fungierte wesentlich auch als System der Ordnung allen Wissens über gesellschaftliche und politische Zusammenhänge[56], und

55 Vgl. für faszinierende Studien am Beispiel der 'National Science Foundation' Cole & Rubin & Cole (1978) und Cole & Cole (1981).

56 Die dem Recht eigene Form systematischer Darstellung ist neben sachthematischer Verwandtschaft der Grund, daß sich Recht als Enzyklopädie 'sozialwissenschaftlichen' Wissens eignet, solange es auf diesem Gebiet noch kein eigenes Erkenntnissystem gibt. Vgl. zu Recht als funktionalem Äquivalent für Sozialwissenschaften in der Vormoderne Aubert (1976: insb. 15), der auf den Übergang von normativer Erwartungssicherung (Recht) zu kognitiver Kenntnis von Regelmäßigkeiten und Wahrscheinlichkeiten

die Medizin schließlich konstituierte eine Enzyklopädie der Naturwissenschaften, die die philosophische Naturlehre als eine Vorbereitungswissenschaft integrieren konnte. In allen drei Fällen hat das moderne Wissenschaftssystem eigene Ordnungsprinzipien und eigene Wissenssysteme an die Stelle der auf wissenschaftsexterne Funktionsprobleme bezogenen Wissenssysteme gesetzt, so daß Theologie, systematisiertes Rechtswissen und Medizin an den Rand der Wissenschaft gerückt sind, und es fraglich wird, ob die betreffenden Wissenssysteme im vollgültigen Sinne *Wissenschaften* sind. Das entscheiden die verschiedenen nationalen Traditionen jeweils anders. Eine hohe kulturelle Schätzung von Wissenschaft, wie sie in Deutschland vorliegt, führt vermutlich dazu, daß man Theologie und Rechtswissen auch unter den verschärften Bedingungen des 19. Jahrhunderts ernsthaft als Wissenschaft zu begründen versucht[57]. Stärker von der Handlungsnähe her bestimmte Kulturen wie die amerikanische mögen dahin wirken, daß man an Rechtswissen und Theologie gerade die Differenz zur Wissenschaft schätzt. Aus der Sicht der Wissenschaft selbst jedenfalls sind die betreffenden Funktionszusammenhänge heute Instanzen der Anwendung wissenschaftlichen Wissens und bieten damit Chancen der Entfaltung von Leistungsbeziehungen (vgl. Stichweh 1987b). Eine Sonderstellung nimmt dabei die Medizin ein, die neben dem Zusammenhang von Technik und Wirtschaft in der Gegenwart der andere große Bereich der Anwendungen der modernen Naturwissenschaften ist. Diese Differenz von Technik/Wirtschaft vs. Medizin korrelierte zunächst mit der internen Differenzierung der Naturwissenschaften in physikalische und biologische Wissenschaften; eine Korrelation, die in der Gegenwart mit der zunehmenden Apparateabhängigkeit der Medizin und der wachsenden wirtschaftlich-technischen Relevanz biologischer Erkenntnisse - man denke an Gentechnologie und 'Artificial Intelligence' - bei Erhaltung der internen Differenzierung der Naturwissenschaften an Bedeutung verliert.

(Wissenschaft) abstellt.

57 Vgl. zur Entstehung des Begriffs Rechtswissenschaft in der historischen Rechtsschule Wieacker (1967^2: 370).

4 Innendifferenzierung des Wissenschaftssystems - Differenzierungsformen als analytisches Instrument

Wie bildet das Wissenschaftssystem Subsysteme? Durch Wiederholung des Prozesses der Systembildung im System, und d.h. durch Entstehung von System/Umwelt-Differenzen im Wissenschaftssystem. Die folgenden Überlegungen zeichnen unter den in Abschnitt 2 identifizierten Systemebenen eine aus - die des *Funktionssystems im Gesellschaftssystem* - und fragen nach der auf dieser Systembildungsebene sich vollziehenden *Dekomposition in Subsysteme*. Der wichtigste Effekt dieser Innendifferenzierung des Wissenschaftssystems ist die Entstehung einer *inneren Umwelt* allen wissenschaftlichen Geschehens, die als innere Umwelt alle Beziehungen zu wissenschaftsexternen Umwelten mediatisiert, so daß jedem selektiven Druck externer Instanzen durch Nutzung und Stabilisierung systeminterner System/Umwelt-Beziehungen entgegengewirkt werden kann. Man mag sich dies an der Stabilisierung der Naturwissenschaften in Deutschland in einer philosophisch-philologisch geprägten Reformsituation (in den Jahren um 1800) durch die wissenschaftsinklusive Semantik der romantischen Naturphilosophie vergegenwärtigen, oder umgekehrt an dem protektiven Effekt, den in der Gegenwart die Umwelt der Naturwissenschaften auf manches extern schwieriger zu legitimierende geistes- oder sozialwissenschaftliche Unterfangen hat. D.h., daß die innere Umwelt der Wissenschaft die Konjunkturen, die in der externen Umwelt des Wissenschaftssystems zeitweise kulturelle und zu anderen Zeiten technische Legitimationen und Leistungen begünstigen, intern dadurch aufzufangen imstande ist, daß die jeweils ins Rampenlicht positiver Erwartungen tretenden Teile die anderen mitzutragen erlauben. Umgekehrt erzeugt die Existenz einer orientierungsrelevanten innerwissenschaftlichen Umwelt wesentlich auch Forderungen und nicht nur Entlastungen. Eine intern differenzierte Wissenschaft kennt mehr voneinander unabhängige Quellen der Innovation, und damit entsteht auch häufiger der Zwang zur Anpassung an andernorts vorfallendes wissenschaftliches Geschehen.

4.1 Funktionale Differenzierung

Welcher Art ist die interne Differenzierung der Wissenschaft? Es scheint sinnvoll, das soziologische Konzept der *Differenzierungsformen* für die Beantwortung dieser Frage zu verwenden[58]. Das hat den Vorteil, die Aufmerksamkeit von der Frage eines Mehr oder Minder an Differenzierung (Unterschieden des *Grades* der Differenzierung) auf die grundsätzlichere Frage der *Typik der Differenzierung* zu lenken: Nach welchem Formprinzip erzeugt ein Funktionssystem wie das Wissenschaftssystem seine Teilsysteme? Gibt es eine Logik des Anschließens an die Differenzierungsform der Gesellschaft, die Funktionssysteme darauf verpflichten würde, auch ihre Teilsysteme durch weiter vorangetriebene funktionale Differenzierung entstehen zu lassen?

Als Teilsysteme des Wissenschaftssystems kommen vor allem *Disziplinen* in Frage (Stichweh 1984; 1988a). Erfüllen Disziplinen *Teilfunktionen* im Wissenschaftssystem, so daß wir es mit einer funktionalen Dekomposition von Wahrheit zu tun haben und in diesem Sinn dann wohl auch mit einer irreduziblen Pluralität von Wahrheiten[59]? Wenn man den Funktionsbegriff generell so faßt, daß er *Problembezüge* meint, d.h. eine Funktion immer die Beschreibung eines gelösten oder zu lösenden Problems ist, und wenn man sich gleichzeitig vergegenwärtigt, daß Disziplinen sich über zunehmende Differenzierung *disziplinkonstituierender Problemstellungen* voneinander progressiv unterscheiden, liegt es nahe, Disziplinendifferenzierung als interne funktionale Differenzierung des Wissenschaftssystems zu deuten. Die Tatsache, daß Disziplinen über lange Zeiten eher voneinander absehen, als daß sie miteinander kooperieren, sollte hier nicht als Einwand gelten. Man kann den über *Kooperation* gedachten Begriff der Arbeitsteilung, der noch die Grundlage von Durkheims Begriff der organischen Solidarität bildete[60], nicht

---

58 Luhmann (1984: 261) unterscheidet fünf Differenzierungsformen: 1. Differenzierung in gleiche Einheiten: Segmentierung; 2. Zentrum/Peripherie; 3. konform/abweichend; 4. hierarchische Differenzierung; 5. funktionale Differenzierung.

59 Vgl. für einen früheren Versuch der Beantwortung dieser Frage Stichweh (1979).

60 Vgl. in expliziter Anwendung auf Wissenschaft Spencer (1854: 25): "The fact is ... that the division of labour in science, like the division of labour in society, and like the 'physiological division of labour' in individual organisms, has been n o t o n l y a s p e c i a l i z a t i o n o f f u n c t i o n s , but a c o n t i n u o u s h e l p i n g o f e a c h d i v i s i o n b y a l l t h e o t h e r s, and of all by each. Every particular class of inquirers has, as it were, secreted its own particular order of truths from the general mass of material which observation accumulates; and all other classes of inquirers

von der Ebene der Berufe auf die der Funktionssysteme projizieren. Es gibt ja auch keinen vernünftigen Sinn, in dem man sagen könnte, daß Religion und Wirtschaft kooperativ ein Gemeinsames erarbeiteten, außer daß es konkrete Leistungsbeziehungen zwischen den Systemen gibt - die aber als Transfer von Theorien und Methoden ebenso zwischen wissenschaftlichen Disziplinen existieren -, und daß zusätzlich in einem sehr generellen Sinn Religion und Wirtschaft füreinander wechselseitig als Voraussetzung fungieren.

Auch der spezifische Universalismus von Disziplinen, der sie über ihre Problemstellung hinausreichende wissenschaftliche Weltbilder - Thematisierungen von allem, was in der Welt vorkommt - entwerfen läßt, spricht eher für die Diagnose funktionaler Differenzierung, da er einem ähnlichen universalistischen Radikalismus von Funktionssystemperspektiven - wie beispielsweise der des Gesundheitssystems (der Deutung allen gesellschaftlichen Geschehens aus der Perspektive von Gesundheit/Krankheit) oder der Wirtschaft (einer Handlungsdeutung, die an allem Handeln nur die durch es in Bewegung gesetzten Zahlungsvorgänge sieht) - entspricht. Als einen weiteren Gesichtspunkt kann man die *Nichtsubstituierbarkeit* von Disziplinen anführen. Ähnlich wie man Religion nicht durch Intimbeziehungen ersetzen kann, ist für Disziplinen leicht zu sehen, daß allen wissenschaftstheoretischen Behauptungen zum Trotz noch nie eine Disziplin auf eine andere reduziert worden ist. Schließlich sollte man auf die fundamentale *Egalität* wissenschaftlicher Disziplinen verweisen. Während frühmoderne Hierarchien der Wissensformen (Geschichte, Philosophie, Mathematik) als Steigerungen von Wissenschaftlichkeit konstruiert werden konnten, gibt es in der Moderne kein denkbares Argument, das Biochemie als wissenschaftlicher oder wahrheitsnäher als beispielsweise Archäologie erweisen würde.

4.2 Segmentäre Differenzierung

Ähnlich wie man für das Gesellschaftssystem sinnvollerweise davon ausgehen muß, daß abgelöste Formen seiner Primärdifferenzierung als

---

have made use of these truths as fast as they were elaborated, with the effect of enabling them the better to elaborate each its own order of truth." (Hervorhebung von mir)

Formen fortexistieren, sollte man hinsichtlich der Innendifferenzierung des Wissenschaftssystems fragen, wie seine Primärdifferenzierung in funktionssystemanaloge Disziplinen durch die strukturelle Relevanz anderer Differenzierungsformen gestützt wird[61].

Wenn man die Disziplin als Subsystem des Wissenschaftssystems auf den Ebenen der *organisatorischen und rollenförmigen Infrastruktur* der Wissenschaft beobachtet, fällt unmittelbar auf, daß sie auch hier strukturbildend wirkt, aber man die funktionale Differenzierung der Disziplinen nicht wiederfindet. *Organisationen der Wissenschaft*, insbesondere Universitäten, sind, obwohl sie sich - gerade nach dem Wegfall der klassischen Fakultäten - in disziplinäre Einheiten gliedern, *intern segmentär differenziert*. Sie behandeln Disziplinen bis in Details der Rollenausstattung[62] als strukturell zu homogenisierende Segmente, so daß die Inkommensurabilität disziplinärer Weltentwürfe auf der Ebene der organisatorischen und rollenförmigen Verankerung der Disziplin kaum irgendwelche Folgen zeitigt[63]. Das könnte natürlich auch als institutioneller Ausdruck der fundamentalen Egalität von Disziplinen in der modernen Wissenschaft verstanden werden. Daß es nicht nur dies ist, beweist die Anwendung des einfachsten Indikators für das Vorliegen segmentärer Differenzierung: man kann zu einer Organisation der Wissenschaft relativ beliebig Disziplinen hinzufügen oder sie wegnehmen, ohne daß das größere Störungen auslösen müßte. Auch dies ist wiederum nicht die ganze Wahrheit. Wenn man die noch nicht zweihundert Jahre dauernde Geschichte disziplinär differenzierter wissenschaftlicher Organisationen betrachtet, drängt sich der Eindruck auf, daß, sofern man nur lange genug zu warten bereit ist, aus jeder anfangs mit nur wenigen Disziplinen ausgestatteten Hochschule im

61 Vgl. zu Differenzierung als "accumulation of historical deposits" Clark (1978: 251/252). Wie wir im folgenden sehen werden, sind die in der Innendifferenzierung der Wissenschaft mit funktionaler Differenzierung koexistierenden Formen nicht Residuen, sondern größtenteils Muster, die erst in der modernen Wissenschaft entstehen.

62 Beispielsweise hinsichtlich des relativen Gewichts von Lehr- und Forschungsbelastungen oder der Durchschnittsgehälter in 'departments' - siehe Biglan (1973); bzw. Storer (1973: 252/253).

63 Vgl. zu Standardisierung der institutionellen Formen bei Heterogenität der kulturellen Symbolsysteme Veysey (1979: 68/69).

Laufe der Zeit eine zumindest im Sinne der Repräsentation aller wichtiger Wissenschaftstypen vollständige Universität geworden ist. Die Geschichte deutscher und amerikanischer technischer Hochschulen bietet dafür die eindrucksvollsten Beispiele, und man mag die Entwicklung der deutschen Gesamthochschulen ähnlich lesen. Insofern manifestiert sich dann doch wieder ein deutlicher Primat einer auch systemintern funktionalen Differenzierung der Wissenschaft, und die segmentäre Differenzierung auf Organisations- und Rollenebene ist teils Ausdruck der fundamentalen Egalität aller Teilsysteme der Wissenschaft, teils vielleicht auch Indiz mangelnder organisatorischer Variationsfähigkeit.

4.3 Hierarchische Differenzierung

Man könnte die Geschichte moderner Wissenschaft so zu schreiben versuchen, daß man behauptete, die Wissenschaft baue alle externen, sozial scheidenden und Wissensformen klassifizierenden Hierarchien nur deshalb so effektiv ab, um danach ihre Begriffe in den einzelnen ausdifferenzierten Disziplinen um so entschiedener in einer logisch strengen Hierarchie zu verknüpfen[64]. Dieser Vorstellung gegenüber wäre wissenschaftstheoretisch zu zeigen, daß die Pluralisierung disziplinärer Weltentwürfe auch die einzelne Disziplin auf der Ebene ihrer begrifflichen Struktur zur Tolerierung eines gewissen 'loose coupling' zwingt, das im interdisziplinären Kontakt gleichsam als Bedingung der 'requisite variety' fungiert.

Andererseits verschwinden die Hierarchien aus der *kommunikativen Wirklichkeit der Wissenschaft* nicht rückstandslos. Am leichtesten heften sie sich an Phänomene der Reputation an, die es nicht nur als individuellen Relevanz- und Wahrheitsverdacht für einzelne Wissenschaftler gibt, sondern natürlich auch als *disziplinäres Prestige*, das bestimmten Kommunikationen eine höhere Effektivität oder eine gesteigerte Einflußchance vor jedem Wahrheitstest sichert. Im Unterschied zu institutionalisierten Hierarchien, die man wissenschaftslogisch zu fixieren sucht, sind Hierarchien dieses Typs letztlich nur reversible Vermutungen, die ähnlich wie überhöhte Börsenkurse besonderen Risiken schnellen Kursverlusts ausgesetzt sind. Die Geschichte des innerwissenschaftlichen

64 So für die Geschichte der Physik Jakubowski (1982: 86).

Ansehens der Soziologie in den letzten zwanzig Jahren bietet dafür gute Beispiele. Gleichzeitig gibt es in den Naturwissenschaften historisch relativ stabile hierarchische Positionen, die Chancen kommunikativen Einflusses mit Vermutungen über die begriffliche Struktur und Leistungsfähigkeit einer Disziplin verknüpfen (Stichweh 1979: 90-93; 1984: 483-499). Der Selbstreflexion der Wissenschaft zugehörige Werte wie *Fundamentalität*, *Generalität* und *Einfachheit* fungieren dabei als Selektoren, die Positionen in einer Hierarchie von Disziplinen zuweisen. Gerade die *Ausdifferenzierung einer solchen Ebene transdisziplinärer Werte* - in der Frühmoderne fallen Beschreibung einer Wissensform und Benennung des durch sie realisierten Werts zusammen, so daß Innendifferenzierung der Wissenschaft und Wertebene nicht gegeneinander differenziert sind - läßt im Prinzip auch in den Naturwissenschaften die Position jeder Disziplin reversibel werden. Im übrigen fehlen der modernen Wissenschaft metaphysische Haltepunkte und Letztkontrollen, die opportunistischen Umgang mit den eigenen Werten oder Evolution der Werte auszuschließen vermöchten.

4.4 Zentrum/Peripherie

Seit der Renaissance kennt die europäische, später dann die Weltwissenschaft, immer zusätzlich eine Differenzierung von Zentrum und Peripherie. Italien, England, die Niederlande, Frankreich, Deutschland und schließlich die USA haben zu verschiedenen Zeitpunkten (teils nacheinander, teils gleichzeitig) und in verschiedenem Grade als ein solches die kommunikativ füreinander existente wissenschaftliche Welt zusammenhaltendes Zentrum fungiert (Yuasa 1962; Ben-David 1971; Gizycki 1973). Ähnlich wie Phänomene individueller Reputation und disziplinären Prestiges erlaubt eine Differenzierung von Zentrum und Peripherie zunächst eine immense informationelle Vereinfachung. Solange es um 'normal science' geht, kann es jeder wissenschaftlichen Aktivität genügen, außer dem eigenen lokalen Geschehen genau das wahrzunehmen, was auch im Zentrum wahrgenommen wird. Diese Verbindung von Zentrum, legitimen Sichtverengungen und 'normal science' impliziert gleichzeitig, daß das Zentrum nicht garantieren kann, daß sich die weichenstellenden Innovationen in seinem Einflußbereich ereignen. Wichtig ist nur, daß es die radikalen Innovationen rechtzeitig absorbiert.

Zentralität ist nicht ausschließlich eine Frage größerer Quantität und Qualität von Wissenschaft. Sie ist dies immer auch, aber gerade für die moderne Wissenschaft gilt, daβ die beiden Zentren, die sie seit dem Anfang des 19. Jahrhunderts nacheinander hervorgebracht hat, zum Zentrum der Wissenschaft vor allem wurden, weil sie *der Differenzierung der Wissenschaft prinzipiell neue Möglichkeiten eröffneten*: die Umstellung auf disziplinäre Differenzierung als neue Form der Primärdifferenzierung des Wissenschaftssystems vollzogen (Deutschland) oder später für fortschreitende disziplinäre Differenzierung bessere Chancen struktureller Einpaβbarkeit boten (USA)[65].

Zwei Fragen drängen sich hinsichtlich der künftigen Entwicklung der Zentrum/Peripherie-Differenz in der Wissenschaft auf. 1. Wird der nächste Wechsel in der Position eines Zentrums der Wissenschaft, falls es ihn noch geben sollte, wieder mit einer Umstellung in der Differenzierungsgeschichte der Wissenschaft verbunden sein - und wie könnte diese aussehen? 2. Wäre es nicht plausibler, anzunehmen, daβ der nächste Umbruch in der Geschichte des Wissenschaftssystems der endgültige Verlust der Möglichkeit eines Zentrums sein wird - und wird erst darauf die Wissenschaft mit einem erneuten Differenzierungsschub reagieren? Das Wissenschaftssystem hat sich dadurch, daβ es den Weg zu einem weltgesellschaftlich organisierten Kommunikationszusammenhang über Zentrum/Peripherie-Differenzierungen gegangen ist, ein gewisses Maβ an Homogenisierung der Wissenschaft eingehandelt. Jedes Zentrum brachte auch eine Engführung des wissenschaftlich Möglichen und Zulässigen mit sich. Insofern mag man auf zunehmende Heterogenität und einen Spielraum für mehrere partiell unabhängige Evolutionen als Chancen in einem definitiv azentrischen Wissenschaftssystem hoffen.

4.5 Konform/Abweichend

Die moderne Wissenschaft lebt seit ihrer Genese im 18. und 19. Jahrhundert mit einer relativ scharf markierten Differenz von konformen und abweichenden Wissenschaften (Parapsychologie, extraterrestrische

65 Wichtig dafür sind das 'department' und der allgemein höhere Grad der Enthierarchisierung der Organisationen des Wissenschaftssystems in den USA - vgl. Harwood (1987).

Intelligenz, Velikovsky, Astrologie). Dieses Phänomen abweichender Wissenschaften verschwindet nicht etwa im Zuge fortschreitender Wissenschaftsentwicklung, und vermutlich verlieren die devianten Wissenschaften auch quantitativ nicht an Bedeutung. Warum gibt es sie?

Nur selten scheinen abweichende Wissenschaften als Reservoir künftig in die Wissenschaft zu integrierender Phänomene zu fungieren[66]. Sie sind auch nicht *Nichtwissenschaft*, also nicht eine zur Radikalität gesteigerte Skepsis hinsichtlich der Erkenntnismöglichkeiten der Wissenschaft. Eher verkörpert sich in ihnen eine *übersteigerte Wissenschaftserwartung:* sie kultivieren maßlose Wahrheitsansprüche, wie sie auch die Wissenschaft gelegentlich vertritt, und sind im übrigen eine Kombination aus absurden Behauptungen und rigoros szientifischen Methoden beim Versuch, den Wahrheitsbeweis für diese Behauptungen zu erbringen. Was abweichende Wissenschaften von den konformen Wissenschaften trennt, ist primär, daß ihnen der *Skeptizismus* fehlt, der Wissenschaftler an offensichtlich absurde Behauptungen nicht glauben läßt, obwohl es empirische Evidenz oder einen gegenwärtig nicht widerlegbaren Beweis zu geben scheint (Polanyi 1962: 275/276). Schließlich sollte man den interessanten Sachverhalt registrieren, daß in manchen Fällen Wissenschaftler von Rang ein Zweitengagement in einer dieser abweichenden Wissenschaften verfolgen.

Vielleicht kommt man dem Verständnis des Phänomens näher, wenn man sich die Funktion kommunistischer Parteien in westeuropäischen Demokratien vergegenwärtigt. Deren Existenz hat ja dazu geführt, daß der systemkonstitutive Dualismus Regierung/Opposition durch den zusätzlichen Schematismus konform/abweichend ergänzt wurde. Weil man sie als abweichend wahrnimmt, bleiben kommunistische Parteien in der Regel von der Möglichkeit der Machterlangung ausgeschlossen. Sie können also an den Leistungsrollen der Politik nicht partizipieren - zumindest insoweit nicht, als diese an Amtsinhaberschaft gebunden sind. Man könnte diese Überlegung so zuspitzen, daß man sagt, kommunistische Parteien seien primär für die Inklusion devianter Motive in die Politik zuständig, so daß deviante Motivlagen dank dieser unwillentlich erbrachten Leistung kommunistischer Parteien nicht in Apathie, Terrorismus oder unfokussierten Protest abgedrängt werden müssen

66 Meteoriten um 1800 sind ein Beispiel für den Transfer aus dem einen in den anderen Bereich.

(vgl. Pitts 1976). Mit einem ähnlichen Argument sind vermutlich abweichende Wissenschaften zu verstehen. Sie bieten Möglichkeiten der Identifikation mit einem quasi-wissenschaftlichen System, wo ernsthafte Chancen der Inklusion von der Wissenschaft nicht geboten werden. Das Zweitengagement von Wissenschaftlern in abweichenden Wissenschaften ist dann eine Form des Ausdrucks von Rollendistanz, ist sowohl intellektuelles Spiel wie auch ein Kokettieren mit einer Popularität (Inklusionsnähe), die anders für Wissenschaftler vielfach nicht zu haben ist. Wenn man annimmt, daß Wissenschaftler im sozialen Verkehr die strenge Rationalität ihrer beruflich-intellektuellen Bindungen oft zu verleugnen genötigt sind (Meier 1951), so ist ein Zweitengagement in einer abweichenden Wissenschaft eine Form, diese Selbstdistanzierung wiederum in einer in sich wissenschaftsanalogen Weise zu vollziehen. Das quasi-wissenschaftliche System, das dem Publikum eine Ersatzinklusion in Wissenschaft erlaubt, bietet dem Wissenschaftler Inklusion in den geselligen Verkehr.

5 Inklusion

Das 18. Jahrhundert hat vielfach eine Gleichverteilung der menschlichen Vernunftausstattung behauptet. Man findet dieses Argument beispielsweise 1706 bei J.C. Lange, der unter Berufung auf Descartes ausführt, Vernunft sei dem Menschen derart wesensgemäß, daß genauso, wie man nicht mehr oder weniger Mensch sein könne, man auch nicht mehr oder weniger Vernunft zu besitzen vermöge[67]. Damit ist eine Inklusion der Gesamtbevölkerung in die Möglichkeiten des Zugangs zu wissenschaftlicher Wahrheit dem Prinzip nach postuliert[68]. Parallel zu diesen Vorstellungen kultiviert das 18. Jahrhundert eine Komplementärrollensemantik, die

67 Lange (1706: 40). S. 50-80 diskutiert Lange ausführlich die Frage, ob und warum es durch *Geschlecht*, *Alter*, *Stand* und *Vermögen* bedingte Einschränkungen dieser an sich gleichen Vernunftfähigkeit geben könne.

68 Vgl. Luhmann (1981: 130), der zwei Momente betont: alle Personen besäßen der Idee nach den gleichen *Konsenswert für Wahrheitsbehauptungen*, und von allen werde *selbstvollzogene Einsicht* verlangt.

die Universalität des Zugangs zu Wahrheit pragmatisch spezifiziert. Dafür verwendet es unter anderem die Unterscheidung von *Geschichte* und *Philosophie*, die vielleicht die beiden wichtigsten wissenschaftstheoretischen Begriffe des 18. Jahrhunderts sind. Das Dual Geschichte/Philosophie erlaubt eine Reihe von Distinktionen aufeinander zu projizieren: Zunächst einmal meint es den *Unterschied von Erkenntnis einzelner Dinge* vs. *Ursachen- oder Gründeerkenntnis*, wobei letztere ihrem Erkenntnisprinzip nach immer die Kenntnis von vielem sein wird; hinzu kommt der Unterschied von *Erfahrung/Anschauung* vs. *Vernunfterkenntnis* und die Differenz *'gemeine' Erkenntnis* vs. *wissenschaftliche Erkenntnis* (Wolff 1735: 598-602). Zwei weitere Definientia von Geschichte oder Historie sind für unsere Überlegung von besonderem Interesse: Geschichte wird manchmal mit dem Gesichtspunkt der *Kunstfertigkeit* in der Anordnung des Materials in Verbindung gebracht, und sie gehört dann der Tendenz nach zu den schönen Künsten (Sulzer 1778: 28), und viel häufiger noch verbindet sich der Begriff der *historischen Kenntnis* einer Sache mit der Vorstellung, daß dies *eine Kenntnis ist, die wir der Erzählung und damit auch der Zeugenschaft eines anderen verdanken*[69]. Letztere Charakterisierung hat zwei strukturelle Implikationen: sie verweist auf Limitationen unserer Fähigkeit, uns selbst Einsicht zu verschaffen, als deren Folge wir auf die Mitteilung eines anderen angewiesen sind, und sie unterstellt unser Vertrauen in die Mitteilungen des anderen, so daß eine Asymmetrie der Erkenntnisfähigkeit durch personales Vertrauen ausbalanciert wird. Damit ist als eine denkbare konkrete Ausdeutung dieses Verhältnisses eine Professionellen/Klienten-Differenz präfiguriert, in welcher philosophischer Erkenntnis fähige und insofern professionelle Gelehrte anderen Personen über historische Kenntnis einen stellvertretenden Zugang zur Wahrheit eröffnen. Eine solche Asymmetrie ist für das 18. Jahrhundert wegen der gleichzeitigen Betonung systematischer Kritik eines jeden 'récit' und wegen der Akzentuierung selbstvollzogener Einsicht nicht ohne Ambivalenz akzeptierbar. Man mag sich dies an einer Bemerkung von Réaumur vergegen-

---

69 Siehe für eine typische Formulierung Schütz (1773: 78): "Wir gelangen zu Erkenntnissen entweder durch unsere eigene Erfahrung, oder dadurch, daß uns andere ihre Erfahrungen mittheilen, oder durch Nachdenken und Schlüsse. Die erste ist e m p i r i s c h e, die zweite h i s t o r i s c h e, die dritte w i s s e n s c h a f t l i c h e Kenntniß." (Hervorhebung bei Schütz)

wärtigen, wo dieser mit Stolz die breite gesellschaftliche Resonanz einer eigenen Entdeckung registriert und gleichzeitig die Abwesenheit von *Leichtgläubigkeit* im Publikum hervorhebt: "... généralement parlant on est parvenu à savoir douter, c'est que quoique la découverte des insectes qu'on multiplie par morceaux ait fait une nouvelle dont on s'est beaucoup entretenue à la cour et à la ville, cependant *je n'ai vu aucune personne qui l'ait crue, sur le premier récit* qu'elle en avait eu."[70]

Eine erneute Radikalisierung der Emphase, die von jedem verlangt, daß er wissenschaftliche Erkenntnis nicht nachvollzieht, sondern sie in sich selbst erzeugt, ist in den Jahren um 1800 einer der wichtigen Faktoren in der endgültigen Verabschiedung des Unterschieds von Geschichte und Philosophie. Geschichte ist dann nicht mehr eine universelle Form, in die jede Erkenntnis transformiert werden kann (oder aus der als elementarer Kenntnis von einzelnen Dingen alle eigentlich wissenschaftliche Erkenntnis hervorgeht), sie ist zunächst eine Disziplin unter vielen anderen und kommt nur daneben als historische Methode auch in anderen Disziplinen vor. Philosophie dagegen wird zum Definiens von Wissenschaft überhaupt. Das aber hat zur Folge, daß die Wissenschaftstheorie als Selbstreflexion des Wissenschaftssystems über keinen systematischen Begriff mehr verfügt, der eine Komplementärrollenstruktur zu postulieren erlaubte. Natürlich gibt es Restmomente der frühmodernen Situation, die in unsere Gegenwart hinüberreichen. So findet man bei Historikern auch heute die Vorstellung, daß eine gewisse 'Schönheit' narrativer Darstellung ein Phänomen von inklusiver Relevanz sei[71]. Bei der Entstehung der 'History of Science' als einer institutionalisierten Wissenschaft nach dem zweiten Weltkrieg hat die Idee eine Rolle gespielt, daß eine historische Lehrdarstellung des an sich esoterischen Wissens der modernen Naturwissenschaften Publika zu erreichen imstande sei, die sonst ausgeschlossen blieben

---

70 Réaumur (1742) zit. nach Mornet (1911: 139) (Hervorhebung von mir).

71 Erlaubt ist dann eventuell auch die Einführung von F i k t i o n e n, i.e. die narrative Konstruktion wahrscheinlicher Verläufe, wo es Erkenntnislücken auszufüllen gilt. Vgl. Leach (1966: 100), der hervorgehoben hat, daß sich die populäre Version von Geschichte durch die Konstruktion von b e l i e f s ('what is believed to have happened') von der Konstruktion wissenschaftlicher W a h r h e i t unterscheide.

(Holton 1963; Kuhn 1984). De facto ist der Beitrag der 'History of Science' - gerade weil diese sich als Disziplin aus eigenem Recht konstituiert hat - für die Lösung des Problems der 'Two Cultures' minimal geblieben, und Entsprechendes gilt für andere Versuche inklusiv gemeinter Historisierung systematischer Erkenntniszusammenhänge.

Wir haben bisher nur die eine Seite inklusiver Relevanz der Historie betont: ihre Bedeutung für die *Vermittlung* eines philosophisch bereits systematisierten Wissens. Die Historie war natürlich seit Bacon zunächst einmal die *Basis der Philosophie*, so daβ die Philosophie sich mit der kausal-vernünftigen Ordnung der ihr von der Geschichte zugelieferten Einzelerkenntnisse befaβte. Diese Kenntnisse über einzelne Dinge muβten für sich noch nicht wissenschaftlich sein, und ebendies bot dem 'Ungelehrten' eine Chance der Partizipation an Gelehrsamkeit und der Kooperation mit dem Gelehrten[72]. Dieses Muster kennt in Geschichte und Naturgeschichte Fortsetzungen bis in unsere Gegenwart[73]. Auch in dieser Hinsicht hat die um 1800 erfolgende Elimination der Geschichte als einer eigenständigen *wissenschaftstheoretischen* Kategorie weitreichende kontrainklusive Effekte. Die Wissenschaft erarbeitet jetzt ihre Tatsachenbasis selbst, mittels wissenschaftseigener Theorien und Methoden - und sie ist insofern in Begriffen des 18. Jahrhunderts nur noch Philosophie. Diese Umstellung ist eine wesentliche Bedingung der operationalen Schlieβung des Wissenschaftssystems als autopoietisches System (Stichweh 1987a). Autopoiesis und eine über Komplementärrollen laufende Inklusion erweisen sich im Fall der Wissenschaft als nicht problemlos miteinander kompatibel. Die jetzt nur noch mit eigenproduzierten Tatsachenbehauptungen und Wahrheiten arbeitende Wissenschaft kennt natürlich hochabstrakte Formen der Inklusion der Vernunftausstat-

72 Vgl. zu dieser Komplementärrollenstruktur für die Naturgeschichte Schäffer (1763: 17): Zur Verbesserung der Naturgeschichte müsse "ein ganzer Haufe Menschen von verschiedenen Fähigkeiten" beitragen. "Der G e l e h r t e muβ sammeln, beobachten, nachsehen, prüfen, beschreiben, bestimmen, auseinander setzen, in Ordnung bringen. Der U n g e l e h r t e muβ aufsuchen, dem Gelehrten zutragen, und in die Hände liefern."

73 Im Publikum der Pariser 'Archives Nationales' hat sich in den letzten fünf bis zehn Jahren bei erheblichem Wachstum der absoluten Zahlen eine deutliche quantitative Umschichtung von professionellen zu nichtprofessionellen Benutzern vollzogen.

tung von jedermann: insofern sie alles wissenschaftliche Geschehen unter den kommunikativen Formzwang standardisierter Formen der Publikation setzt, bietet sie zugleich eine abstrakte Erreichbarkeit und Anschlußfähigkeit sämtlicher in der Wissenschaft kommunizierter Gehalte. Sie erkennt als Teil von Wissenschaft prinzipiell nicht an, was nur privat zwischen zwei Wissenschaftlern verhandelt worden ist, und in dieser Strukturentscheidung schließt sie jedes Gesellschaftsmitglied in ihren Kommunikationsprozeß ein.

Wenn man von der Ebene wissenschaftstheoretischer Begriffe mit inklusiver Relevanz auf die Ebene *interaktiver Kontakte zwischen akademischen Institutionen und einzelnen nichtgelehrten Personen* wechselt, entdeckt man ein weiteres Moment der Deinstitutionalisierung bestimmter Formen von Inklusion im 18. und 19. Jahrhundert: dies ist die *Abweisung von Prüfaufträgen und Beweisvorschlägen*. Man kann dies am Beispiel einiger klassischer mathematischer und mechanischer Probleme studieren, die seit der Antike ungelöst geblieben waren: der Quadratur des Kreises, dem Problem des 'Perpetuum mobile', der Dreiteilung des Winkels und der Verdopplung eines Würfels (Hahn 1971, 139-147; Schubring 1985). Lösungen dieser Probleme wurden vom 17. bis zum 19. Jahrhundert immer wieder von Amateuren den Akademien, Wissenschaftsverwaltungen und einzelnen Wissenschaftlern vorgelegt, und dies dauert offensichtlich in der Gegenwart fort. Während beispielsweise die Pariser Akademie solche Lösungsansätze lange Zeit mit einiger Sorgfalt begutachtete[74], erfolgt 1775 auf Drängen D'Alemberts die berühmte Erklärung, sie werde künftig Lösungsvorschläge dieser vier Probleme nicht mehr prüfen. Es ist oft registriert worden, daß diese Erklärung lange vor dem definitiven Erweis der Unlösbarkeit der ersten beiden dieser Probleme durch den Energieerhaltungssatz (1842) bzw. den Beweis der Transzendenz von π (1882) erfolgte. Man kann hier offensichtlich die Wissenschaft dabei beobachten, wie sie in aller Entschiedenheit die Grenzziehung von konformer und abweichender Wissenschaft markiert - und dies tut, obwohl sie dafür keine vollständig

74 Allein für die Dekade 1763-1773 verzeichnen die Protokolle der Akademie mehr als 35 Gutachten von Kommittees über Versuche der Quadratur des Kreises (Hahn 1971: 145).

rationalen Grundlagen reklamieren kann[75]. Gleichzeitig revoziert die Wissenschaft das inklusive Moment, das in der Prüfung von Publikumsvorschlägen lag[76], so daβ die Inklusion dieses Typs von Amateuren jetzt in deren Identifikation mit abweichender Wissenschaft verdrängt wird.

Es ist offensichtlich, daβ es nach der Verabschiedung der Komplementärrollensemantik des 18. Jahrhunderts *eine* neue Begrifflichkeit gibt, die geeignet ist, die natürlich festgehaltene Inklusivität moderner Wahrheitsbegriffe in eine Komplementärrollenstruktur zu übertragen. Das ist die oben bereits diskutierte *Idee der Einheit von Forschung und Lehre*, die die Lehrbarkeit auch des avanciertesten Standes der Wissenschaft unterstellt und den Vollzug von Inklusion in das Wissenschaftssystem für die Moderne primär an das Erziehungssystem bindet. Die Diskussion dieses Zusammenhangs brauchen wir hier nicht zu wiederholen; aber es scheint instruktiv, sich zwei andere Struktur- und Rollenmuster der Moderne zu vergegenwärtigen, in denen sich neben diesem dominanten Modus zusätzlich Inklusion vollzieht.

Für die Zeit von 1750 bis 1850 fällt vor allem die Bedeutung wissenschaftlicher Gesellschaften und Vereine auf. Diese gehen aus der Akademiebewegung des 17. und 18. Jahrhunderts hervor, und gleichzeitig liegt zwischen diesen beiden Organisationstypen eine strukturelle Differenz, die sich nach wie vor am besten mit Otto v. Gierkes Unterscheidung von *Privilegskorporation* vs. *moderner freier Assoziation* beschreiben läβt[77]. Die neuen wissenschaftlichen Gesellschaften und Vereine genieβen keine staatliche Patronage mehr und verzichten teilweise bewuβt darauf. Sie sind in diesem Sinne Privatgesellschaften. Die Mitgliedschaft in ihnen ist weder im zünftischen Sinne obligatorisch

---

75 Polanyis Wissenschaftstheorie ist wesentlich durch diese Erfahrung motiviert und war der Versuch, die n i c h t r a t i o n a l e n G r u n d l a g e n w i s s e n s c h a f t l i c h e r R a t i o n a l i t ä t zu rechtfertigen (Polanyi 1962; 1985).

76 Schubring (1985) registriert bis ca. 1860 in der preuβischen Kultusbürokratie ein Wissen um die inklusive Relevanz einer vorsichtigen Prüfung solcher Beweisvorschläge. Erst nach dem Erweis der Transzendenz von π findet er Fälle, in denen das zuständige Ministerium, statt Wissenschaftler um Gutachten zu bitten, eine Anfrage hinsichtlich des Einsenders an die lokalen Polizeibehörden richtet.

77 Vgl. die Analyse von 'voluntary associations' bei Parsons (1971; 1977: 179-181).

noch durch Standesrücksichten oder professionelle Qualifikationen limitiert, und die natürlich existierenden sozialen Differenzen unter den Mitgliedern werden intern durch eine egalitäre Organisation neutralisiert[78]. Der Focus dieser Gesellschaften auf Problemen der Inklusion wird gut sichtbar in einer 1804 vor der 'Schlesischen Gesellschaft für vaterländische Cultur' in Breslau gehaltenen Rede: "Aber die Akademien bildeten einen geschlossenen Kreis von Gelehrten ex professo, ausgeschieden aus dem großen Publico; unsere Gesellschaft bleibt in Verbindung mit dem Publico, in dem sie existirt, und steht jedem Biedermanne offen. Der Patriot und Geschäfts- oder Gewerbsmann ist uns ebenso willkommen als der Gelehrte und tief erfahrene Künstler."[79] Das spezifische Pathos, das in Deutschland in den Jahren um 1800 auch diese *Assoziationsidee* auf sich zieht, führt dazu, daß sich in ihr Inklusionsidee, Freundschaftsbegriff und Individualitätsvorstellung miteinander verbinden: Alle Mitglieder können in der Gesellschaft, weil man wechselseitig auch Freund füreinander ist, das sein, was sie für sich als Individuen sind, und zugleich ist die Gesellschaft selbst eine lebende Individualität[80].

Wissenschaftlich mußten sich die Gesellschaften unter diesen Umständen von vornherein beschränken. In einem Vortrag zum fünfundzwanzigsten Jubiläum der 'Patriotischen Gesellschaft' zu Hamburg hat J.A. Günther dies 1790 deutlich ausgesprochen: "Für die Wissenschaften direkt zu wirken, war von Anfang an nicht in dem Plane der Gesellschaft. Sie wollte bloß jedes gemeinnützige Resultat des menschlichen Wissens, Entdeckens und Erfindens auf praktisches und bürgerliches Leben möglichst anwenden, nicht selbst untersuchen, entdecken und

78 Um dies zu ermöglichen, mußten die frühen Vorläufer dieses Gesellschaftstyps G e h e i m g e s e l l s c h a f t e n sein, d.h. sie mußten sich vor der ständischen Ordnung verbergen und dafür ihren Mitgliedern neue, nur innerhalb der Gesellschaft geltende Namen geben.

79 Zit. n. Siefert (1969: 51).

80 Siehe den bemerkenswerten Text von H. Steffens (1821: insb. 149, 153/154, 161); zu 'Freundschaft' vgl. die Rede von Karsten 1798 in der 'Berlinischen Gesellschaft Naturforschender Freunde' zit. b. Siefert (1969: 148/149). Vgl. zur Relevanz der Individualitätssemantik für Prozesse der Spezialisierung im Wissenschaftssystem Stichweh (1986).

erfinden."[81] Zwar hält man sich in den Vereinen wechselseitig wissenschaftliche Vorträge, diskutiert diese und druckt sie eventuell auch[82], aber das ändert nichts an einer progressiven Provinzialisierung dieser wissenschaftlichen Vereine und Gesellschaften, die sie nach 1850 schnell an Bedeutung für die Inklusion in Wissenschaft verlieren läßt[83]. Letztlich ist es der Zerfall der fortdauernden Inklusion der ehemaligen Absolventen von Gymnasium und Universität in eine Sozialkultur der Bildung, der diese Form von Inklusion inadäquat werden läßt.

Danach reorganisiert sich Inklusion als die des umfassendsten kommunikativ erreichbaren gesellschaftlichen Publikums in einer gewissen Analogie zum Kommunikationsprozeß der Wissenschaft: sie wird ebenfalls in die Form der *Publikation* gebracht und heißt dann *Popularisierung*. Popularisierung organisiert sich als mehrstufige kommunikative Hierarchie. Sie existiert als innerwissenschaftliche Popularisierung für Fachgelehrte anderer Disziplinen und wird dann mehrfach aufbereitet für zunehmend extensivere Publika. In der Gegenwart findet sie in Presse, Rundfunk und Fernsehen schrittweise Verbreitungstechniken und damit auch Darstellungsformen, die die Wissenschaft selbst für ihre Kommunikationen nicht benutzt.

6 Funktion, Leistung, Reflexion

Wie ist das Verhältnis von Funktion (Wahrheitsproduktion im *Gesellschaftssystem*), Leistung (Leistungen für *andere Funktionssysteme*) und Reflexion (Selbstbezug des *Wissenschaftssystems*) im Prozeß der

---

81 Zit. n. Schimank (1966: 47). In den Universitätsstädten gab es ehrgeizigere Gesellschaften. In einigen Fällen führt das zu einer internen Differenzierung, die am Ort einen zweiten naturwissenschaftlichen Verein entstehen läßt. In den Universitätsstädten ist auch die andere Abzweigung - zur disziplinären und professionellen Assoziation - denkbar. Siehe den genetischen Zusammenhang der Berliner 'Physikalischen Gesellschaft' (1845) mit der 'Deutschen Physikalischen Gesellschaft' (1899).

82 Vgl. für zwei Statuten von 1811 (Halle) und 1846 (Stettin) Schmieder (1811: 25) bzw. Balsam (1868: 3-5, 11). Man kann beim Vergleich der beiden die Pragmatisierung der Ansprüche ablesen.

83 Vgl. Fox (1984: 128) für Frankreich nach 1830.

Ausdifferenzierung des modernen Wissenschaftssystems zu sehen?[84] Wenn man sich für die Ausdifferenzierung und Innendifferenzierung eines Systems interessiert und diesen Prozeß aus dem Spannungsverhältnis von Funktion, Leistung und Reflexion zu erklären versucht, gibt es mindestens drei alternative Erklärungsmodelle, die jeweils eine der drei Systemreferenzen als Motor des Prozesses der Ausdifferenzierung favorisieren würden. Erstens kann man sich eine Art *Angebotsmodell* vorstellen, das einen selbstgesteuerten oder zufällig zustandekommenden Prozeß der *Funktionsexpansion* postulieren würde, der als Prozeß der Funktionsexpansion systemische Autonomie und Innendifferenzierung stimuliert und sich dann zusätzlich Leistungsbeziehungen sucht oder die Genese einer Leistungsnachfrage auslöst, von der her in der Folge die systemische Autonomie stabilisiert oder auch gefährdet werden mag. Zweitens ist ein *Nachfragemodell* denkbar, das die Entstehung einer *spezifizierten und durchsetzungsfähigen Leistungsnachfrage* als Auslösebedingung annimmt, um dann zu fragen, wie das System - vielleicht im Umgang mit einer Pluralität von Leistungsbeziehungen - systemische Autonomie als Artikulation eines funktionalen Problembezugs zu gewinnen imstande ist. In beiden Modellen würde die Aktivierung der jeweils zweiten Systemreferenz gleichzeitig auch die dritte - den reflexiven Selbstbezug auf Einheit des Systems - mitanregen, der dann entweder als *Ausgleichsmechanismus* (bei steigender Leistungsnachfrage im Angebotsmodell) oder als *Startmechanismus* (für die Artikulation funktionaler Autonomie im Nachfragemodell) fungieren würde. Schließlich ist drittens ein *Traditionsmodell* vorstellbar, das zunehmende Ausdifferenzierung des Systems auf immer erneute *Vergewisserung vorhandener Bestände* zurückführen würde. Die Situation eines solchen Systems mag als relativ statisch erscheinen, und es sind Ausbrüche des Systems in die Richtung der beiden anderen Systemreferenzen denkbar.

Wenn man sich die Geschichte der Entstehung des modernen Wissenschaftssystems ansieht, wird schnell deutlich, daß es für eine Fragestellung, die tatsächlich auf das Wissenschaftssystem - und nicht etwa einzelne Episoden in seiner Genese - zielt, keinen Grund gibt, eine dieser drei Erklärungsperspektiven prinzipiell privilegieren zu wollen.

---

84 Siehe für die Unterscheidung von Funktion, Leistung und Reflexion Luhmann (1977); Luhmann & Schorr (1979: 34-42); vgl. oben Abschnitt 3.1. die Anwendung auf Rollenmodelle des Wissenschaftlers in Hochschulorganisationen.

Wir wollen das an zwei Erklärungsskizzen der Entstehung des modernen Wissenschaftssystems zeigen. Einmal läßt sich in der Frühmoderne ein kontinuierliches und sich beschleunigendes Wachstum wissenschaftlichen Wissens beobachten[85], das sich der Entdeckung und Aneignung immer wieder anderer wissenschaftlicher Traditionen und einem Erfahrungszuwachs verdankt, welcher für die Wissenschaft teilweise extern und insofern zufällig anfällt, teilweise durch neue Methoden des Erfahrungsgewinns von der Wissenschaft selbst organisiert wird. Nicht weniger wichtig als Wissenswachstum ist die immer erneute Systematisierung und Reorganisation des rezipierten wissenschaftlichen Materials, die aus etwas, was zunächst nur Traditionsbestand sein mochte, einen ganz der gegenwärtigen Wissenschaft zugehörigen Gegenstand zu formen imstande ist[86]. In dieser Perspektive von Wissenswachstum und unaufhörlicher Reorganisation der Tradition ist die Entstehung der modernen Wissenschaft primär ein Prozeß der *Selbstorganisation* (vgl. Stichweh 1988c). Die beschleunigte Ausdifferenzierung und Innendifferenzierung der Wissenschaft wäre in dieser Sicht vor allem ein Resultat der bereits erreichten *Größe der Wissenschaft* (Quantität des Wissens) und des *Grades ihrer internen Organisiertheit*. Dieser Eindruck wird gestützt, wenn man die zeitgenössische Semantik vom Ende des 18. Jahrhunderts studiert, die endlos Formeln über die Begrenzheit dessen, was einem Menschen zu wissen möglich ist, und die relative Unbegrenztheit des bereits erreichten Umfangs der Wissenschaft wiederholt und daraus Folgerungen hinsichtlich erforderlicher Beschränkungen und Spezialisierungen ableitet. Auch diese Formeln - gerade sofern sie anthropologisch argumentieren - sind natürlich Traditionszitate: neu aber ist, daß es in der zweiten Hälfte des 18. Jahrhunderts keinen enzyklopädischen Widerstand mehr gibt, während man beispielweise im 17. Jahrhundert in Deutschland gegen Autodidaxie und Ramismus als *Formen kühnen Umgangs mit Beschränkungen* noch bewußt *Polymathie* als normatives Ideal stellen konnte (Kühlmann 1982: 335/336). Es fehlt dann eigentlich

---

85 Zu Größenwachstum der Wissenschaft vgl. Stichweh (1984: 41-48).

86 Vgl. an einem faszinierenden Thema - der in einer langen Sequenz von Schritten erfolgenden Konstruktion für Interpretation verfügbarer Texte aus 'Texten' der Antike und der Patristik, die als Folge dieser Re-Konstruktion nicht länger als lediglich überkommene Texte gedeutet werden können - Morrison 1987.

nur noch, daß die Wissenschaft den Mut gewinnt, tatsächlich radikal auf *Neuheit der Erfindung* umzudenken, und auch diesen Mut kann sie in der Logik dieser Erklärungsperspektive nur den Erfahrungen mit den eigenen Erfolgen verdanken. Dieses Umdenken auf Neuheit der Erfindung würde zugleich eine Umorientierung in der relativen Relevanz der Systemreferenzen implizieren. An der Erklärungsskizze dürfte aufgefallen sein, daß sie alles andere als ein Modell reiner Funktionsexpansion vorstellt. Vielmehr wird die *Selbstorganisation des Wissenschaftssystems, weil sie eine ständige Vergewisserung und Reorganisierung der Tradition impliziert, eigentlich eher von der reflexiven Selbstvergewisserung des Gesamt der Wissenschaft geführt*[87], und Wahrheitsproduktion als die Hinzufügung von Neuem ist etwas, was in seiner Legitimität lange problematisch bleibt. Die Umstellung auf Forschung und damit Wahrheitsproduktion als Leitgesichtspunkt an der Wende zum 19. Jahrhundert verlagert die Führung in der weiteren Ausdifferenzierung des Systems erstmals auf den Funktionsgesichtspunkt, und tatsächliche 'Leistungsfähigkeit' der Wissenschaft ist erst ein späteres Resultat von Erfolgen dieses Operationsmodus des Systems. Gleichzeitig muß eine Reflexion neu einsetzen, die die Einheit eines Erkenntnissystems jetzt nicht mehr durch den Bezug auf Tradition begründen kann. Die erste Erklärungsskizze der Entstehung des modernen Wissenschaftssystems führt also zu der Annahme einer Sukzession von Reflexion, Funktion und Leistung als jeweils primär aktivierten Systemreferenzen. Gleichzeitig ist diese Differenz dreier Systemreferenzen in dieser Schärfe der Unterscheidung selbst erst ein Resultat des Prozesses der Ausdifferenzierung des Wissenschaftssystems. Wenn man die frühmoderne Wissenschaft von *Erhaltungsgesichtspunkten* bestimmt sieht, so hat dies ja nicht nur den reflexiven Sinn der Rückwendung allen wissenschaftlichen Geschehens auf eine Einheit verbürgende Tradition. Erhaltung ist gleichzeitig Funktionserfüllung, weil sie als immer erneut erforderlicher operativer Vollzug die ständige Reinstauration von Wahrheit ist; sie ist außerdem Leistung für alle anderen systemischen Zusammenhänge in der Gesellschaft, weil sie ihnen Stabilität verbürgt und damit sichert, daß ihre eigenen Erhaltungsimperative von der Wissenschaft nicht gestört werden.

Es läßt sich jetzt eine zweite Erklärungsskizze zeichnen, die einem

87 Vgl. die Überlegungen bei Luhmann & Schorr (1979: 41).

Nachfragemodell für viele Entwicklungen besonders des 18. Jahrhunderts einige Plausibilität verleiht. Man kann dies am Thema der *Nützlichkeit* als einer wissenschaftsuniversellen Perspektive der zweiten Hälfte des 18. Jahrhunderts erläutern[88]. Daß und wie Spezifikationen gerade von Leistungsbeziehungen ausgehen können, will ich hier aber nicht am Generalthema Nützlichkeit, sondern nur am Beispiel zweier erstmals sichtbar werdender disziplinärer Perspektiven des späten 18. Jahrhunderts vergegenwärtigen. Der *Pädagogik* als ein neuer Lehrbegriff, dann auch Lehrstuhl, schließlich auch Wissenschaft oder Reflexionsdisziplin des späten 18. und frühen 19. Jahrhunderts gelingt die *Herauslösung aus der traditionellen Zuordnung zur Moral oder auch zur Politik* und damit die Konstitution als "*ein besonderer Teil der Philosophie*" offensichtlich nur deshalb, weil sich gleichzeitig der Schwerpunkt des gesamten Erziehungsgeschehens von der häuslichen zur öffentlichen Erziehung verlagert und man dieses Erziehungsgeschäft jetzt nicht mehr pensionierten Soldaten und auf ein Pfarramt wartenden Theologen übertragen kann, stattdessen ein Bedarf für eine professionell-wissenschaftliche Stützung des Lehr- und Erziehungsgeschehens entsteht[89]. Einen ähnlichen Impuls in Richtung auf eine erste disziplinäre Spezifität verdankt die *Geologie* einer Expansion des Bergbaus als Folge des zunehmenden Rohstoffbedarfs wegen des Wachstums anderer Wirtschaftsbereiche. Das erfordert Wissen über Lagerstätten unter komplizierteren geologischen Bedingungen und regionalgeologische Katalogisierungen[90]. Die Liste der Beispiele ließe sich hier leicht verlängern. In allen Fällen geht es um relativ spezifische Bedarfe, die von *Berufen* oder aus *gesellschaftlichen Handlungsbereichen* an die Wissenschaft adressiert werden und die in der Wertungsperspektive nützlich/unnütz zwischen generellem und spezialisiertem wissenschaftlichen Wissen diskriminieren

---

88 Vgl. Stichweh (1984: 443/444, 451 et passim). Siehe schon Thomasius (1729: 79-82), der Nützlichkeit als den Imperativ aller universitären Lehre beschreibt. Der Kameralismus konnte im 18. Jahrhundert nur deshalb so erfolgreich neben das Recht treten, weil er in nützlich/unnütz einen ähnlich universellen Schematismus wie Recht/Unrecht entdeckt zu haben glaubte. Das wiederum begründete seine Eignung als praktische Enzyklopädie der Wissenschaft.

89 Siehe dazu bemerkenswert Terlinden (1787: 60-62).

90 Guntau (1984: 23-29), und vgl. zum Verhältnis von Bergbau und Chemie Porter (1981).

und also *als Leistungsnachfrage einen Spezialisierungsdruck* erzeugen[91]. Diese Emphase von Nützlichkeit und Brauchbarkeit provoziert in Deutschland nach 1790 eine relativ scharfe Reaktion und dann eine Trendumkehr, die in Romantik und Idealismus als das erneute Betonen von *Einheitsgesichtspunkten* und damit *Reflexionsperspektiven* artikuliert wird[92]. Die Einheit der Wissenschaft kann man aber jetzt nicht mehr in der Tradition finden - und wird von ihr durch den Graben der dazwischenliegenden Nützlichkeit getrennt -, so daß diese erneute Reflexionsanstrengung Autonomie gegenüber Leistungsgesichtspunkten nur im radikalen Setzen auf den Funktionsgesichtspunkt der *Produktion von Wahrheiten* finden kann. Das erzeugt den *Forschungsimperativ* (Turner 1973), der bald nicht mehr ausweisen kann, ob er mit Reflexion der Einheit des Systems kompatibel ist und seither von der Selbstreflexion des Wissenschaftssystems verdächtigt wird, desintegrativ zu sein[93].

Es dürfte bereits deutlich geworden sein, daß diese beiden Erklärungsskizzen und die ihnen zugeordneten Sequenzen von Systemreferenzen nicht als konkurrierend oder gar inkompatibel zu verstehen sind. Viel eher bietet sich an, sie ineinander zu verschränken. Wir haben es dann mit einer *Makrosequenz* (Reflexion - Funktion - Leistung) zu tun, die in einer langen Zeitperspektive die Ausdifferenzierung europäischer Wissenschaft zu erklären erlaubt, und in diese Makrosequenz schiebt sich in einer relativ kurzen Zeitspanne im 18. Jahrhundert eine *Mikrosequenz* (Leistung - Reflexion - Funktion) hinein, die Zusammenhänge aktiviert, die es sachlogisch immer gibt, die aber nur in diesem Zeitraum dominant werden. Die beiden Sequenzen können einander wechselseitig nicht erklären, und sie sind in ihrem Auftreten und in ihrer Verschränkung in der Umbruchperiode des 18. und 19. Jahrhunderts füreinander gewissermaßen Zufall. Daß es zu dieser Verschränkung kommt, kann uns aber verständlich machen, warum die Diskontinuität um 1800 so scharf ist und es nicht eine fast unwahrnehmbare Kontinuität des Fortschreitens von Systemreferenz zu Systemreferenz gibt.

---

91 Vgl. für ein verwandtes Argument Hahn (1971: 275/276).

92 Das heißt nicht, daß etablierte Leisungsbeziehungen nicht f a k t i s c h weiterlaufen können. Die Geschichte der Chemie ist dafür ein gutes Beispiel.

93 Dazu Clark (1983: 271) mit dem Argument, daß E r h a l t u n g v o n V a r i e t ä t das Problem des Wissenschaftssystems sei.

Literatur

Aubert, V. (1976) The Changing Role of Law and Lawyers in Nineteenth- and Twentieth-Century Norwegian Society. In: MacCormick, D.N. (ed.) (1976) Lawyers in their Social Setting; Edinburgh: 1-17

Baecker, D. (1988) Information und Risiko in der Marktwirtschaft. Frankfurt

Baer, K.E.v. (1828) Über Entwickelungsgeschichte der Thiere. Beobachtung und Reflexion. 1. Theil. Königsberg

Balsam, H. (1868) Mittheilungen über die Thätigkeit der physikalischen Gesellschaft zu Stettin in den Jahren 1835-1867. Stettin

Becker, C.H. (1929) Probleme der Wissenschaftspflege. In: Harms, B. (ed.) (1929) Recht und Staat im neuen Deutschland. Bd. 1; Berlin

Béjin, A. (1974) Différenciation, complexification, évolution des sociétés. Communications No. 22: 109-118

Ben-David, J. (1971) The Scientist's Role in Society. Englewood Cliffs

Ben-David, J. (1978) Academy, University and Research Institute in the 19th and 20th Centuries: A Study of Changing Functions and Structures. In: Scheuch, E.K. & Alemann, H.v. (ed.) (1978) Das Forschungsinstitut. Formen der Institutionalisierung von Wissenschaft; Erlangen: 27-46

Benguigui, I. (1984) Théories électriques du XVIIIe siècle: Correspondance entre l'Abbé Nollet (1700-1770) et le physicien genevois Jean Jallabert (1712-1768). Genf

Biglan, A. (1973) Relationships between Subject Matter Characteristics and Structure and Output of University Departments. Journal of Applied Psychology 57: 204-213

Boell, C. (1782) Das Universitätswesen in Briefen. Erlangen

Brocke, B.v. (1980) Hochschul- und Wissenschaftspolitik in Preußen und im Deutschen Kaiserreich 1882-1907: das 'System Althoff'. In: Baumgart, P. (ed.) (1980) Bildungspolitik in Preußen zur Zeit des Kaiserreichs; Stuttgart: 9-118

Brocke, B.v. (1984) 'Die Gelehrten'. Auf dem Weg zu einer vergleichenden Sozialgeschichte europäischer Bildungssysteme und Bildungseliten im Industriezeitalter. Annali dell'istituto storico italo-germanico in Trento 10: 389-401

Burchardt, L. (1975) Wissenschaftspolitik im Wilhelminischen Deutschland. Vorgeschichte, Gründung und Aufbau der Kaiser-Wilhelm-Gesellschaft zur Förderung der Wissenschaften. Göttingen

Cahan, D. (1982) Werner Siemens and the Origin of the Physikalisch-Technische Reichsanstalt, 1872-1887. Historical Studies in the Physical Sciences 12: 253-284

Cartter, A.M. (1966) An Assessment of Quality in Graduate Education. American Council on Education. Washington/D.C.

Cassidy, D.C. (1983/4) Recent German Perspectives on German Technical Education. Historical Studies in the Physical Sciences 14: 187-200

Clark, B.R. (1978) Academic Differentiation in National Systems of Higher Education. Comparative Education Review 22: 242-258

Clark, B.R. (1983) The Higher Education System. Academic Organization in Cross-National Perspective. Berkeley

Cohen, M. & March, J. (1974) The American College President. New York

Cole, J.R. & Cole, S. (1981) Peer Review in the National Science Foundation. Phase Two of a Study. National Academy of Sciences. Washington/D.C.

Cole, S. & Rubin, L. & Cole, J.R. (1978) Peer Review in the National Science Foundation. Phase One of a Study. National Academy of Sciences. Washington/D.C.

DiMaggio, P. (1987) Classification in Art. American Sociological Review 52: 440-455

Dumont, L. (1983) Essais sur l'individualisme. Paris

Dumont, L. (1985) Identités collectives et idéologie universaliste: leur interaction de fait. Critique No. 456: 506-518

Engel, A.J. (1983) From Clergyman to Don: The Rise of the Academic Profession in Nineteenth-Century Oxford. Oxford

Feldman, G.D. (1987) The Politics of 'Wissenschaftspolitik' in Weimar Germany: a Prelude to the Dilemmas of Twentieth-Century Science Policy. In: Maier, C.S. (ed.) (1987) Changing Boundaries of the Political. Essays on the Evolving Balance between the State and Society, Public and Private in Europe; Cambridge: 255-285

Forman, P. (1974) The Financial Support and Political Alignment of Physicists in Weimar Germany. Minerva 12: 39-66

Fox, R. (1984) Science, Industry, and the Social Order in Mulhouse, 1798-1871. British Journal for the History of Science 17: 127-168

Furner, M.O. (1975) Advocacy and Objectivity: A Crisis in the Professionalization of American Social Science, 1865-1905. Lexington/Ken.

Garvey, W.D. (1979) Communication: The Essence of Science. Oxford

Gizycki, R.v. (1973) Centre and Periphery in the International Scientific Community. Germany, France and Great Britain in the 19th Century. Minerva 11: 474-494

Gross, E. & Grambsch, P.V. (1968) University Goals and Academic Power. American Council on Education. Washington/D.C.

Guntau, M. (1984) Die Genesis der Geologie als Wissenschaft. Berlin-DDR

Haber, F. (1927) Aus Leben und Beruf. Aufsätze - Reden - Vorträge. Berlin

Hahn, R. (1971) The Anatomy of a Scientific Institution: The Paris Academy of Sciences, 1666-1803. Berkeley

Harnack, A. (1912) Die Kaiser-Wilhelm-Gesellschaft zur Förderung der Wissenschaften am Schluß ihres ersten Jahres. Internationale Monatsschrift für Wissenschaft, Kunst und Technik 6: Sp. 545-558

Harwood, J. (1987) National Styles in Science. Genetics in Germany and the United States between the World Wars. Isis 78: 390-414

Holton, G. (1963) Physics and Culture: Criteria for Curriculum Design. In: Holton, G. (1973) Thematic Origins of Scientific Thought - Kepler to Einstein; Cambridge/Mass.: 461-484

Hufbauer, K. (1970) The Formation of the German Chemical Community (1700-1795). Ph.D. Diss. Berkeley

Jakubowski, P. (1982) Theoretische und moderne Physik - Einige Anmerkungen. Rostocker Wissenschaftshistorische Manuskripte No. 8: 83-97

Kagan, R.L. (1974) Universities in Castile 1500-1800. In: Stone, L. (ed.) (1974) The University in Society. Bd. 2; Princeton: 355-406

Klausner, S.Z. (1986) The Bid to Nationalize American Social Science. In: Klausner, S.Z. & Lidz, V.M. (ed.) (1986) The Nationalization of the Social Sciences; Philadelphia: 3-39

Kühlmann, W. (1982) Gelehrtenrepublik und Fürstenstaat. Entwicklung und Kritik des deutschen Späthumanismus in der Literatur des Barockzeitalters. Tübingen

Kuhn, T.S. (1983) Rationality and Theory of Choice. Journal of Philosophy 80: 563-570

Kuhn, T.S. (1984) Professionalization Recollected in Tranquility. Isis 75: 29-32

Lange, J.C. (1706) Protheoria eruditionis humanae universae: Oder Fragen von der Gelehrsamkeit des Menschen ins gemein. Giessen

Leach, E. (1966) The Legitimacy of Solomon. Some Structural Aspects of Old Testament History. Archives Européennes de Sociologie 7: 58-101

Luhmann, N. (1968) Selbststeuerung der Wissenschaft. In: Luhmann, N. (1970) Soziologische Aufklärung 1; Opladen: 232-252

Luhmann, N. (1972) Einfache Sozialsysteme. In: Luhmann, N. (1975) Soziologische Aufklärung 2; Opladen: 21-38

Luhmann, N. (1975) Interaktion, Organisation, Gesellschaft. In: Luhmann, N. (1975) Soziologische Aufklärung 2; Opladen: 9-20

Luhmann, N. (1977) Theoretische und praktische Probleme der anwendungsbezogenen Sozialwissenschaften. In: Luhmann, N. (1981) Soziologische Aufklärung 3; Opladen: 321-334

Luhmann, N. (1979) Selbstreflexion des Rechtssystems: Rechtstheorie in gesellschaftstheoretischer Perspektive. In: Luhmann, N. (1981) Ausdifferenzierung des Rechts. Beiträge zur Rechtssoziologie und Rechtstheorie; Frankfurt: 419-450

Luhmann, N. (1981) Die Ausdifferenzierung von Erkenntnisgewinn: Zur Genese von Wissenschaft. In: Stehr, N. & Meja, V. (ed.) (1981) Wissenssoziologie. Sonderheft 22 der Kölner Zeitschrift für Soziologie und Sozialpsychologie; Opladen: 101-139

Luhmann, N. (1984) Soziale Systeme: Grundriß einer allgemeinen Theorie. Frankfurt

Luhmann, N. (1986) Differenzierung. In: Luhmann, N. (1986) Gesellschaftstheorie. Ms.; Bielefeld: Kap. 4

Luhmann, N. & Schorr, K.E. (1979) Reflexionsprobleme im Erziehungssystem. Stuttgart

Lundgreen, P. (1982) Normierung und Kontrolle. Der Bereich "Technik" in der staatlichen hochschulfreien Forschung. In: Lundgreen, P. (1986) Standardization - Testing - Regulation. Studies in the History of the Science-based Regulatory State (Germany and the USA, 19th and 20th centuries). Report Wissenschaftsforschung 29; Bielefeld: 1-138

Macrakis, K. (1986) Wissenschaftsförderung durch die Rockefeller-Stiftung im 'Dritten Reich'. Die Entscheidung, das Kaiser-Wilhelm-Institut für Physik finanziell zu unterstützen, 1934-1939. Geschichte und Gesellschaft 12: 348-379

Maillard, J. (1979) Les messagers de l'Université d'Angers dans la seconde moitié du XVIIIe siècle. Annales de Bretagne 86: 109-116

Manegold, K.H. (1970) Universität, Technische Hochschule und Industrie. Berlin

Meckel, J.F. (1811) Beyträge zur vergleichenden Anatomie. Bd. 2. Leipzig

Meier, R.L. (1951) The Origins of the Scientific Species. Bulletin of the Atomic Scientists 7: 169-173

Menk, G. (1981) Die Hohe Schule Herborn in ihrer Frühzeit (1584-1660). Ein Beitrag zum Hochschulwesen des deutschen Kalvinismus im Zeitalter der Gegenreformation. Wiesbaden

Michaelis, J.D. (1768-1776) Raisonnement über die protestantischen Universitäten in Deutschland. Bd. 1-4. Frankfurt

Moravcsik, M.J. (1986) The Classification of Science and the Science of Classification. Scientometrics 10: 179-197

Mornet, D. (1911) Les sciences de la nature en France au XVIIIe siècle. Paris

Morrison, K. (1987) Stabilizing the Text: the Institutionalization of Knowledge in Historical and Philosophic Forms of Argument. Canadian Journal of Sociology 12: 242-274

Nadel, S.F. (1957) The Theory of Social Structure. London

North, D.C. & Thomas, R.P. (1973) The Rise of the Western World: A New Economic History. Cambridge

Olesko, K.M. (1980) The Emergence of Theoretical Physics in Germany: Franz Neumann and the Königsberg School of Physics, 1830-1890. Ph.D. Diss. Cornell University

Parsons, T. (1951) The Social System. New York

Parsons, T. (1971) Kinship and the Associational Aspect of Social Structure. In: Hsu, F.L.K. (ed.) (1971) Kinship and Culture; Chicago: 409-438

Parsons, T. (1977) The Evolution of Societies (Toby, J. ed.). Englewood Cliffs

Parsons, T. (1978) Action Theory and the Human Condition. New York

Pitts, J.R. (1976) The Millenarian Movement Organization as a Socialization Agency. In: Loubser, J.J. et al. (ed.) (1976) Explorations in General Theory in Social Science. Essays in Honor of Talcott Parsons. Bd. 1; New York: 367-376

Platt, G.M. & Parsons, T. (1970) Decision Making in the Academic System. Influence and Power Exchange. In: Kruytbosch, C.E. & Messinger S.L. (ed.) (1970) The State of the University; Beverly Hills: 133-180

Polanyi, M. (1962) Personal Knowledge. Towards a Post-Critical Philosophy. London

Polanyi, M. (1985) Implizites Wissen. Frankfurt

Porter, T.M. (1981) The Promotion of Mining and the Advancement of Science: the Chemical Revolution of Mineralogy. Annals of Science 38: 543-570

Richter, S. (1979) Wirtschaft und Forschung. Ein historischer Überblick über die Förderung der Forschung durch die Wirtschaft in Deutschland. Technikgeschichte 46: 20-44

Rothblatt, S. (1976) The Past and Future Freedom of the British University. Minerva 14: 251-262

Rothblatt, S. (1983) The Diversification of Higher Education in England. In: Jarausch, K.H. (ed.) (1983) The Transformation of Higher Learning 1860-1930. Expansion, Diversification, Social Opening and Professionalization in England, Germany, Russia and the United States; Stuttgart: 131-148

Schäffer, J.C. (1763) Erläuterte Vorschläge zur Ausbesserung und Förderung der Naturwissenschaft. Regensburg

Schimank, H. (1966) Die Patriotische Gesellschaft als Förderin von Naturwissenschaft und Technik 1765-1815. In: Die Patriotische Gesellschaft zu Hamburg 1765-1965; Hamburg, 1966: 43-76

Schindel, U. (1980) Heyne als Schulreformer. In: (1980) Der Vormann der Georgia Augusta. Christian Gottlob Heyne zum 250. Geburtstag. Sechs akademische Reden; Göttingen: 47-54

Schmieder, C.C. (1811) Geschichte der Entstehung und neuern Einrichtung der Naturforschenden Gesellschaft in Halle. Neue Schriften der Naturforschenden Gesellschaft in Halle 1: Heft 1

Schroeder-Gudehus, B. (1972) The Argument for the Self-Government and Public Support of Science in Weimar Germany. Minerva 10: 537-570

Schubring, G. (1985) Gegensätze in den Mathematikauffassungen von Amateuren und Professionellen: Eine Fallstudie zu Kreisquadrierern im 19. Jahrhundert und deren Implikationen für die Didaktik. In: Steiner, H.G. & Winter, H. (ed.) (1985) Mathematikdidaktik - Bildungsgeschichte - Wissenschaftsgeschichte; Köln: 65-69

Schütz, C.G. (1773) Grundsätze der Logik oder Kunst zu denken zum Gebrauche in Vorlesungen. Lemgo

Schulze, J.H. (1741) Lebenslauf D. Friederich Hofmanns. In: Hoffmann, F. (1741) Vernünfftige und gründliche Abhandlung von den Fürnehmsten Kinderkrankheiten; Frankfurt, Leipzig: 223-292

Siefert, H. (1969) Das naturwissenschaftliche und medizinische Vereinswesen im deutschen Sprachgebiet (1750-1850). Hannover

Simmel, G. (1900) Philosophie des Geldes. Berlin

Spencer, B.A. (1973) Community Differentiation and the Fallacy of Intersectorial Causation. Human Organization 32: 59-71

Spencer, H. (1854) The Genesis of Science. In: Spencer, H. (1891) Essays: Scientific, Political and Speculative. Bd. 2. Reprint Osnabrück (1966): 1-73

Steffens, H. (1821) Ueber die Bedeutung eines freien Vereins für Wissenschaft und Kunst. In: Steffens, H. (1821) Alt und neu. Schriften, Bd. 1; Breslau: 148-166

Stichweh, R. (1979) Differenzierung der Wissenschaft. Zeitschrift für Soziologie 8: 82-101

Stichweh, R. (1984) Zur Entstehung des modernen Systems wissenschaftlicher Disziplinen - Physik in Deutschland 1740-1890. Frankfurt

Stichweh, R. (1986) Bildung, Individualität und die kulturelle Legitimation von Spezialisierung. Ms. Köln

Stichweh, R. (1987) Akademische Freiheit, Professionalisierung der Hochschullehre und Politik. In: Oelkers, J. & Tenorth, H.-E. (ed.) (1987) Pädagogik, Erziehungswissenschaft und Systemtheorie; Weinheim, Basel: 125-145

Stichweh, R. (1987a) Die Autopoiesis der Wissenschaft. In: Baecker, D. et al. (ed.) (1987) Theorie als Passion: Niklas Luhmann zum 60. Geburtstag; Frankfurt: 447-481

Stichweh, R. (1987b) Professionen und Disziplinen: Formen der Differenzierung zweier Systeme beruflichen Handelns in modernen Gesellschaften. In: Harney, K. & Jütting, D. & Koring, B. (ed.) (1987) Professionalisierung der Erwachsenenbildung. Fallstudien - Materialien - Forschungsstrategien; Frankfurt, Bern: 210-275

Stichweh, R. (1988) Kommunikation, Evolution und Differenzierung als theoretische Begriffe in der Wissenschaftsgeschichte. Ms. Köln

Stichweh, R. (1988a) Soziologie wissenschaftlicher Disziplinen: Zur Entstehung der disziplinären Struktur moderner Wissenschaft im 18. und 19. Jahrhundert. Ms. Köln

Stichweh, R. (1988b) System/Umwelt-Beziehungen europäischer Universitäten in historischer Perspektive. In: Oehler, C. & Webler, W.-D.

(ed.) (1988) Forschungspotentiale sozialwissenschaftlicher Hochschulforschung. Bundesrepublik - Österreich - Schweiz; Weinheim (i.E.)

Stichweh, R. (1988c) Selbstorganisation in der Entstehung des modernen Wissenschaftssystems. Ms. Köln

Storer, N.W. (1973) Relations among Scientific Disciplines. In: Nagi, S.Z. & Corwin, R.G. (ed.) (1973) The Social Contexts of Research; New York: 229-268

Sulzer, J.G. (1778[5]) Kurzer Begriff aller Wissenschaften und anderer Theile der Gelehrsamkeit. (Unveränderter Nachdruck der 2. Aufl. von 1759) Berlin

Taton, R. (1975) Le rôle des correspondances scientifiques dans la diffusion de la science aux XVIIe et XVIIIe siècles. In: Proceedings of the XIVth International Congress of the History of Science. Bd. 2; Tokyo: 214-230

Terlinden, R.F. (1787) Versuch einer Vorbereitung zu der heutigen positiven in Teutschland üblichen gemeinen Rechtsgelahrtheit. Münster, Osnabrück

Thomasius, C. (1729) Höchstnöthige Cautelen Welche ein Studiosus Juris, Der sich zu Erlernung der Rechts-Gelahrtheit ... vorbereiten will, zu beobachten hat. Halle

Tiryakian, E.A. (1985) On the Significance of De-differentiation. In: Eisenstadt, S.N. & Helle, H.J. (ed.) (1985) Macro-Sociological Theory. Perspectives on Sociological Theory - Bd. 1; London: 118-134

Turner, R.S. (1973) The Prussian Universities and the Research Imperative, 1806-1848. Ph.D. Diss. Princeton University

Tyrell, H. (1983) Zwischen Interaktion und Organisation I. Gruppe als Systemtyp. In: Neidhart, F. (ed.) (1983) Gruppensoziologie. Sonderheft 25 der Kölner Zeitschrift für Soziologie und Sozialpsychologie; Opladen: 75-83

Veysey, L. (1979) The Plural Organized World of the Humanities. In: Oleson, A. & Voss, J. (ed.) (1979) The Organization of Knowledge in Modern America; Baltimore, London: 51-106

Westphalen, R. Graf v. (1979) Akademisches Privileg und demokratischer Staat. Stuttgart

Wieacker, F. (1967[2]) Privatrechtsgeschichte der Neuzeit. Göttingen

Willke, H. (1987) Differenzierung und Integration in Luhmanns Theorie sozialer Systeme. In: Haferkamp, H. & Schmid, M. (ed.) (1987) Sinn, Kommunikation und soziale Differenzierung. Beiträge zu Luhmanns Theorie sozialer Systeme; Frankfurt: 247-274

Wolff, C. (1735) Nachricht von den Vorlesungen über die Mathematic, allgemeine Weltweisheit, und insonderheit Grotii Werck: vom Natur- und Völcker-Rechte. In: Wolff, C. (1755) Des weyland Reichs-Freyherrn von Wolff übrige theils noch gefundene Kleine Schriften und Einzele Betrachtungen zur Verbesserung der Wissenschaften; Halle: 493-700

Yuasa, M. (1962) Center of Scientific Activity: Its Shift from the 16th to the 20th Century. Japanese Studies in the History of Science 1: 57-75

Zierold, K. (1968) Forschungsförderung in drei Epochen. Wiesbaden

KAPITEL 3
AUSDIFFERENZIERUNG UND STRUKTURWANDEL DES DEUTSCHEN GESUNDHEITSSYSTEMS

Renate Mayntz und Bernd Rosewitz

1 Vorbemerkung

Das Gesundheitswesen ist ein von den Gesellschaftsmitgliedern selbst problemlos identifizierbarer eigener Politiksektor, ein abgrenzbarer Institutionenkomplex und vor allem ein wichtiger Dienstleistungsbereich. Auch Sozialwissenschaftler nennen das Gesundheitswesen oft als eines der Teilsysteme, die für die moderne Gesellschaft kennzeichnend sind, allerdings ohne sich in gesellschaftstheoretischer Perspektive besonders dafür zu interessieren. In Parsons' AGIL-Schema der vier Systemfunktionen kommt der Gesundheitssektor erst in seinem Spätwerk vor (Parsons 1978)[1], und Luhmann hat ihm bislang lediglich zwei Aufsätze gewidmet (1983a; 1983b). Diese tendenzielle Vernachlässigung mag damit zusammenhängen, daß weder für ein Denken in grundlegenden Systemimperativen noch für eine Auffassung von Gesellschaft als Kommunikationszusammenhang ein auf die Gesundheit von Individuen bezogenes Handeln zentral erscheint. So wird die Untersuchung des Gesundheitswesens den hieran speziell Interessierten überlassen, die dabei andere als gesellschaftstheoretische Fragestellungen verfolgen. Versuche wie der von Field (1973), analytische Kategorien für eine Beschreibung des als gesellschaftliches Teilsystem begriffenen "Health System" herauszuarbeiten, besitzen damit in der auf das Gesundheitswesen bezogenen sozialwissenschaftlichen Literatur eher Seltenheitswert.

Entgegen dieser vorherrschenden Tendenz soll in diesem Kapitel der Versuch unternommen werden, die Entwicklung des heutigen Gesund-

---

1 Allerdings hat Parsons (1939; 1964) immer wieder über Medizin und Gesundheit geschrieben.

heitswesens der Bundesrepublik Deutschland als realen historischen Prozeß in den Kategorien der Theorie sozialer Differenzierung, das heißt als Ausdifferenzierung eines gesellschaftlichen Teilsystems nachzuzeichnen. Dabei kann es selbstverständlich nicht darum gehen, neue historische Einsichten zu vermitteln. Die herangezogene Literatur zu geschichtlichen Entwicklungsverläufen dient uns als Material- und Datenbasis, wobei wir die Korrektheit historischer Darstellungen nicht selber kritisch beurteilen können, sondern unterstellen müssen. Andererseits geht es uns jedoch nicht lediglich darum, einen bekannten historischen Prozeß in der besonderen Sprache der Differenzierungstheorie nachzuerzählen. Wir hoffen vielmehr, mit dieser Analyse wichtige Aspekte der Entwicklung des deutschen Gesundheitssystems zu seiner heutigen Beschaffenheit erklären zu können und damit gleichzeitig einen Beitrag zu einer sozialstrukturell orientierten und in Akteurskategorien denkenden Theorie sozialer Dynamik zu leisten. Sowohl der Begriff der Ausdifferenzierung wie der des gesellschaftlichen Teilsystems wird dabei im folgenden nicht im engeren systemtheoretischen Verständnis benutzt, sondern mit der in Kapitel 1 beschriebenen sozialstrukturell erweiterten Bedeutung. Gerade am Beispiel des Gesundheitssystems läßt sich demonstrieren, daß ein Versuch, dieses System so zu beschreiben, daß die mit seiner Struktur und Funktionsweise verbundenen und in der Gesellschaft selbst diskutierten Probleme erklärbar werden, ohne Bezugnahme auf die Existenz konkreter korporativer Akteure wie z.B. der Kassenärztlichen Vereinigungen und der Gesetzlichen Krankenkassen kaum gelingen kann.

In den folgenden Abschnitten wird zunächst die Entstehung des deutschen Gesundheitssystems geschildert, wobei die in Kapitel 1 unterschiedenen Stufen der Ausdifferenzierung als analytisches Ordnungsschema dienen. So wird zuerst die Entstehung der verschiedenen Gesundheitsberufe als Prozeß der rollenmäßigen Ausdifferenzierung und nachfolgend die Entwicklung verschiedener Arten formaler Organisationen dargestellt, die für die heutige Struktur des Gesundheitssystems kennzeichnend sind. Anschließend wird die geschilderte Entwicklung auf dem Hintergrund allgemeiner differenzierungstheoretischer Modellannahmen interpretiert und dabei auf Fragen nach ihren wichtigsten Triebkräften und problematischen Folgen eingegangen.

2 Die Entstehung der Gesundheitsberufe

Die erste Ausdifferenzierung gesundheitsbezogener Handlungsweisen fand auf situativer Ebene statt: der Magier oder Priester, der zur Heilung eines Kranken gerufen wurde, vollzog dort Handlungen, die von anderen rituellen Handlungsweisen (etwa von Initiationsriten) verschieden waren. Allerdings war die Erklärung des Phänomens "Krankheit" noch eine magische und ihre Behandlung entsprechend eine der verschiedenen Aufgaben des Magiers[2]. Für die rollenmäßige Ausdifferenzierung eines "Heilers" mußte man erst eine *spezifische* Interpretation des Phänomens, eine spezifische Erklärung finden, d.h. Krankheit mußte zunächst als verschieden von einem Zustand der Ungnade, der Müdigkeit oder des Alters wahrgenommen werden. Der entscheidende Schritt bei der Definition des Bezugsproblems Krankheit, die für das Gesundheitssystem konstitutiv wurde, war das Entstehen eines auf natürliche (statt auf magische oder religiöse) Ursachen abstellenden Krankheitsverständnisses, durch das Krankheit unmittelbar "behandlungsfähig" wurde. Dieser Schritt war in der Antike bereits vollzogen (Baas 1896: 29-52); im ausgehenden Mittelalter konnte daran angeknüpft werden.

Seitdem ist das Bezugsproblem Krankheit immer wieder etwas anders interpretiert und abgegrenzt worden. Die Auffassung von Krankheit als einem natürlichen Phänomen ist dabei zu einer natur*wissenschaftlichen* geworden und wurde insofern präzisiert, ohne deshalb jedoch fortlaufend enger (d.h. weniger psycho-physische Zustände des Menschen einbeziehend) definiert worden zu sein. Die Auseinandersetzungen über das "richtige" Verständnis von Krankheit und Gesundheit dauern auch heute noch an.[3] Besonders augenfällig sind die Veränderungen, die im Laufe der Zeit auf der Ebene des instrumentellen Handelns - der diagnostischen und therapeutischen Verfahren - stattgefunden haben und die neben Veränderungen in der kausalen Interpretation von Krankheitsphänomenen Fortschritte in Pharmazie und Medizintechnik widerspiegeln. Die normativ verankerte Orientierung gesundheitsbezogenen Handelns hat sich dagegen seit der Antike nicht grundsätzlich

---

2 Zur Entwicklung der magischen Medizin bei verschiedenen Völkern vgl. Baas (1896: 18-28); ebenso Lichtenthaeler (1974: 61 ff.).

3 Vgl. u.a. Thoma (1979); Gerhardt (1981); Illich (1984); Schaefer (1981); v. Ferber (1975: 24/25); insbesondere auch die umstrittene Gesundheitsdefinition der WHO.

geändert; auf den hippokratischen Eid beziehen sich Ärzte noch heute. Obwohl bei der folgenden, sich auf Berufs- und Organisationsbildungsprozesse konzentrierenden Darstellung Veränderungen auf der kognitiv-symbolischen Ebene nicht im Zentrum der Aufmerksamkeit stehen, wird die wechselseitige Beeinflussung der beiden Entwicklungslinien doch an mehreren Stellen deutlich werden.

Mit unserer Rekonstruktion der Entstehung von Gesundheitsberufen setzen wir im europäischen Mittelalter ein, obwohl es in der Antike bereits rollenmäßig ausdifferenzierte Gesundheitsberufe und auch Einrichtungen zur Krankenbetreuung - speziell von Sklaven und Kriegern - gab. Dabei kannte das Altertum Mediziner sowohl als Naturphilosophen, als Priester und als Handwerker, und es kannte auch die funktionelle und zugleich rangmäßige Unterscheidung zwischen sogenannten Chirurgen und Medizinern.[4] Im frühen kontinentaleuropäischen Mittelalter hatte sich die Medizin weitgehend in die Klöster zurückgezogen und war dabei religiösen Kriterien unterstellt; auch Krankheitsursache und Heilung wurden vielfach religiös gedeutet.[5] Allerdings besaß und beanspruchte der Klerus keinerlei exklusive Zuständigkeit für die Krankenbehandlung, für die sich eine Vielzahl von Berufen zuständig erklärte - neben den Chirurgen oder Wundärzten, die es seit dem Altertum kontinuierlich gegeben hatte (Baas 1896: 131; 145/146), die Bader und Scharfrichter, Hebammen, Kräuterfrauen und Schäfer[6]. Im wesentlichen handelte es sich hier um bestenfalls handwerklich organisierte Gruppen ohne klare Rangordnung und mit sich überlappenden De-facto-Zuständigkeiten.

1130 wird den Mönchen vom Konzil von Clermont die Ausübung ärztlicher Tätigkeit verboten. Der Weltklerus fährt allerdings damit fort und findet in den neu gegründeten Universitäten eine Ausbildungs-

4 Vgl. Ackerknecht (1986: 46-73), zum letzten Aspekt besonders Seite 64 und 72; ebenso Lichtenthaeler (1974: 336 ff.).

5 Im Vergleich mit der Zeit des griechischen Arztes Galen stellte dieses eine Regression zu einer früheren Stufe geringerer Differenzierung zwischen Medizin und Religion dar.

6 Über die Auswirkungen der Trennung von Chirurgie und Medizin schreibt Ackerknecht (1986: 81): "Schon im 11. Jahrhundert wurde der Aderlaß zunehmend von Barbieren ausgeführt. Chirurgische Bücher verschwanden aus den Universitätsbibliotheken. Die Chirurgie wurde jetzt den Badern, Barbieren, Henkern, Kastrierten und Quacksalbern jeder Art überlassen".

stätte, die mit einer standardisierten Wissensübermittlung, Examen und Titel zum Entstehen der Rolle des gelehrten Arztes führte (Ackerknecht 1986: 76/77; Lichtenthaeler 1974: 338). Allerdings besaß dieser gelehrte Arzt keine im engeren Sinne auf praktische Dienstleistung, auf faktische Krankenbehandlung orientierte Funktionsrolle. Die Ärzte waren ein Gelehrtenstand und mithin eher eine Erscheinung rangmäßiger als funktioneller Differenzierung. Die Bildungs- und Statusansprüche derer, die damals Universitäten besuchten, und die stark klassikerorientierte und im heutigen Verständnis eher naturphilosophische Ausbildung unterstützten sich gegenseitig. Sofern gelehrte Ärzte praktizierten, was bei vielen weder ihre hauptsächliche Tätigkeit noch ihre einzige Einkommensquelle war, konzentrierten sie sich auf Diagnose und Beratung, während Wundärzte oder andere Heilpersonen oft die eventuell notwendigen Manipulationen am menschlichen Körper vornahmen. Die gelehrten Ärzte des Mittelalters stellten nur einen kleinen Teil des Heilpersonals dar; Ackerknecht (1986: 84) etwa berichtet, daß Paris 1296 nur sechs und 100 Jahre später erst 32 Doktores verzeichnete. Mit der Gründung von Universitäten im 12. Jahrhundert in Montpellier, Paris, Bologna und Oxford wurde eine medizinische Ausbildung angeboten, die es in dieser Weise bisher nicht gegeben hatte (Lichtenthaeler 1975: 317 ff.; Ackerknecht 1986: 79/80).[7]

Die beiden medizinischen Hauptberufe jener Zeit, akademisch ausgebildete Ärzte und handwerklich ausgebildete Chirurgen, sogenannte Wundärzte, waren also sowohl rangmäßig wie funktionell differenziert. Grundlage (aber nicht Ursache) der Differenzierung war die damals akzeptierte Unterscheidung zwischen inneren und äußeren Krankheiten, von denen die ersteren vor allem diagnostische Anforderungen stellten, die letzteren handwerklich manipulative. Diese Unterscheidung diente zur Rechtfertigung der sozialen Differenzierung. Als sie brüchig wurde, verschwand auch das überkommene Muster der Arbeitsteilung zwischen gelehrten Ärzten und Chirurgen (vgl. Huerkamp 1985: 44; Ackerknecht 1986: 116/117), die nicht nur Verschiedenes taten, sondern sich auch in ihrer Klientel unterschieden - die allgemeinmedizinische Versorgung der breiten Bevölkerungsschichten lag dabei in der Hand der Wundärzte. Tendenzen zur Verringerung der rangmäßigen und funktionellen Differen-

7 Die erste medizinische Fakultät entstand zu Beginn des 13. Jahrhunderts in Montpellier (Lichtenthaeler 1975: 320).

zierung von Ärzten und Chirurgen lassen sich schon bald nach der Verankerung der Medizin an den Universitäten nachweisen. Schon im 16. Jahrhundert wurde trotz fortdauernder Vorherrschaft der scholastischen Medizin an mehreren Universitäten die Lehre am Krankenbett eingeführt und Ärzte wurden gelegentlich auch als Chirurgen ausgebildet (Ackerknecht 1986: 86-99). Zu Beginn des 19. Jahrhunderts waren die Chirurgen in den wichtigsten europäischen Ländern als Berufsstand anerkannt und kamen zunehmend in den Genuß einer systematischen Ausbildung, für die eigene Lehranstalten geschaffen wurden[8]. Die Bildung eines, wie es damals hieß, einheitlichen ärztlichen Standes wurde durch die Integration der chirurgischen Ausbildung in die Universitätsausbildung der Mediziner begünstigt. In Preußen begann sich ab 1825 im Zuge der Prüfungsreform, die die Klassifikation des Heilpersonals regelte, die wissenschaftlich obsolet gewordene Trennung in Chirurgie und Medizin aufzulösen (Huerkamp 1980) - ohne daß es sinnvoll scheint, hier von "Entdifferenzierung" zu sprechen.

Interessant ist, daß die Integration von akademischer Medizin und Chirurgie über eine Zwischenphase lief, in der sich die stratifikatorische Differenzierung nicht nur erhielt, sondern sogar noch zu verschärfen schien. Mit der Prüfungsordnung von 1825 wurde in Preußen die neue Kategorie der "Wundärzte 1. Klasse" geschaffen, für die erhöhte Ausbildungsanforderungen galten; ihr Lehrplan umfaßte durchaus gleichgewichtig Chirurgie und innere Medizin (Huerkamp 1985: 48). Aufgrund dieser Ausbildung lagen die Wundärzte 1. Klasse genau zwischen den beiden bisherigen Berufen bzw. Statuskategorien: deren Integration wurde sozusagen durch die Einführung eines Zwischenranges eingeleitet, was allerdings als bloße Übergangslösung gemeint war und auch erkannt wurde. Kurz nach der Jahrhundertmitte wurde der ärztliche "Einheitsstand" in Preußen gesetzlich verankert und die bestehenden medizinisch-chirurgischen Lehranstalten wurden geschlossen.[9] Die akademisch ausgebildeten Ärzte führten seitdem den Titel "praktischer Arzt, Wundarzt und Geburtshelfer", während der bisherige Wundarzt zweiter Klasse

8 Nach Huerkamp (1980: 353/354) wurden medizinisch-chirurgische Lehranstalten, an denen ein dreijähriges Studium zu absolvieren war, in Münster (1822), in Breslau (1823), in Magdeburg (1827) und in Greifswald (1831) eingerichtet.

9 Nach Ackerknecht (1986: 132/133) war in Frankreich die Trennung zwischen Ärzten und Chirurgen bereits durch die Französische Revolution aufgehoben worden.

zum konzessionierten "Heildiener" wurde und sich später als freipraktizierender Beruf auflöste.

Der so entstandene Arztberuf ist sowohl wissenschaftlich fundiert wie praxisorientiert und entspricht insofern erstmals dem Modell des professionellen Experten. Die zentrale Funktionsrolle im Gesundheitssystem ist also nicht ausschließlich durch Spezialisierung, sondern auch durch Entstratifizierung und funktionelle Integration gebildet worden.

Das Entstehen eines ärztlichen "Einheitsstandes" wurde von zwei wichtigen Prozessen begleitet, nämlich einerseits der schließlich gesetzlich verankerten Abgrenzung von anderen Heilberufen, und andererseits der horizontalen Differenzierung innerhalb der Ärzteschaft. Die durch die Vereinheitlichung der Ausbildungsvoraussetzungen bewirkte Integration der Ärzteschaft, vor allem aber Niveau und wissenschaftlicher Charakter dieser Ausbildung erleichterten die Durchsetzung des Behandlungsmonopols in der Abgrenzung zu den nicht oder nur handwerklich ausgebildeten Heilpersonen der vielfältigen anderen Berufe, die früher neben dem Wundarzt Kranke vor allem der niederen Schichten und auf dem Lande behandelt hatten. Diese Auseinandersetzung wurde von den Ärzten als Kampf gegen Kurpfuscher und Quacksalber geführt und mit dem Patienteninteresse legitimiert, ein Argument, das mit dem medizinischen Fortschritt im 19. Jahrhundert an Glaubwürdigkeit gewinnen mußte. Gleichzeitig wurden jedoch durch die zunehmende Umorientierung der Ärzte auf naturwissenschaftliche Grundlagen manche Tätigkeitsfelder und Behandlungsmethoden für sie interessant, die bislang zur Domäne der Heilkundigen gehört hatten. Beispiele sind die quasi orthopädischen Tätigkeiten der Bader sowie die gynäkologischen der Hebammen. Diese fortschrittlich-praktischen Tätigkeiten wurden von den Ärzten in ihr eigenes Berufsspektrum integriert, wobei sie gleichzeitig darauf hinwirkten, daß sie als ausschließlich *ärztliche* Aufgaben definiert wurden. Viele der so ihrer medizinischen Aufgabenteile entkleideten Berufe wurden damit aus dem sich bildenden Gesundheitssystem ausgeschlossen. Endgültig durchsetzen ließ sich das ärztliche Behandlungsmonopol den verschiedenen Kategorien von Heilkundigen gegenüber erst mit Hilfe des Gesetzgebers im Zuge der Verankerung des ärztlichen "Einheitsstandes" im Jahre 1852, wodurch andere gesundheitsbezogene Berufe einer genauen Zuständigkeitsbegrenzung und Kontrolle durch die Ärzte unterworfen wurden (Huerkamp 1980: 359/360).[10] Mit der Aufhebung des Kurpfuschereiverbotes durch die Gewerbeordnung des Norddeutschen Bundes von 1869 gaben die Ärzte jedoch ihr gesetzlich geschütztes Berufsmonopol wieder auf, das sie erst 1939 mit der Verabschiedung des Heilpraktikergesetzes zurückerlangen konnten.

Die sich parallel zur Abgrenzung nach außen entwickelnde fachliche Differenzierung der Ärzteschaft ist durch die Integration der Chirurgen und durch die Absorption einiger weiterer Tätigkeitsfelder aus verschiedenen Heilberufen stimuliert, aber nicht allein dadurch hervorgerufen worden. Die Spezialisierung der ärztlichen Praxis folgt zugleich derjenigen der medizinischen Wissenschaft. Sie läßt sich bis ins späte 18. Jahrhundert zurückverfolgen, setzte aber in großem Maßstab erst nach der Bildung des ärztlichen Einheitsstandes ein. "Ermöglicht und wesentlich gefördert wurde diese Ausdifferenzierung neuer Fachrichtungen durch die endgültige Etablierung der lokalistischen Krankheitsauffassung ...; durch die Entwicklung spezieller Untersuchungsinstrumente, die bisweilen geradezu die Entstehung eines neuen Spezialfaches markierten ...; und schließlich durch eine Reihe von Eigentümlichkeiten gerade des deutschen Universitätsbetriebes, die ein Engagement von jungen Wissenschaftlern in neuen Spezialdisziplinen begünstigten" (Huerkamp 1985: 177/178). Die Einführung neuer Spezialfächer an den medizinischen Fakultäten bedeutete allerdings nicht immer auch eine entsprechende Differenzierung ärztlicher Berufe. Hierfür eigneten sich vorzugsweise die sogenannten "Organspezialitäten" wie Augenheilkunde, Haut- und Geschlechtskrankheiten usw., die teilweise zuerst in Privatanstalten behandelt wurden; als Spezialfächer mußten sie sich den Zugang zu den Universitäten erst erkämpfen. Auch die Chirurgie etablierte sich als Spezialfach und erhielt seit den 70er Jahren des vergangenen Jahrhunderts jene von der alten Chirurgie deutlich verschiedene Bedeutung, die wir heute mit dem Wort normalerweise assoziieren[11]. Kurz nach der Jahrhundertwende betrieben ca. 17,5% der preußischen Ärzte eine Spezialpraxis (Huerkamp 1985: 180). Der fachliche Differenzierungs-

10 Die Konzessionierung von Hebammen war bereits ab 1825 an Zusatzprüfungen gekoppelt worden.

11 Eine umfassende Analyse dieses Entwicklungsprozesses hat Eulner (1970) vorgelegt; siehe ebenso Pfetsch & Zloczower (1973) über die Institutionalisierung medizinischer Fachgebiete im deutschen Wissenschaftssystem.

prozeß ist bis in die jüngste Gegenwart nicht zum Stillstand gekommen. So sind auch nach 1945 weitere fachgebietliche Spezialisierungen hinzugekommen, wobei auch der Allgemeinarzt gegenüber dem bisherigen praktischen Arzt als eine Facharztbezeichnung mit vierjähriger Weiterbildungszeit eingeführt wurde (Narr 1984: 54/55). Nach wie vor wirken wissenschaftliche wie medizintechnische Entwicklungen bei dieser Spezialisierung mit. Die Allgemeinmediziner machen zwar weiterhin die stärkste Ärztegruppe in der Bundesrepublik aus, doch hat sich ihr Anteil zwischen 1952 und 1983 von 66% auf 53% verringert. Absolut gesehen ist die Zahl der Allgemeinmediziner in dieser Periode zwar noch um 65% gestiegen, doch liegt sie damit deutlich unter der durchschnittlichen Wachstumsrate der Ärzteschaft von über 116%. Die Zahl der Internisten ist in demselben Zeitraum um rund 225% gestiegen, ein Wachstumsprozeß, der allerdings mit einer gewissen Entspezialisierung, einer Verschiebung des Tätigkeitsspektrums zumindest der freipraktizierenden Internisten in Richtung auf das der früheren praktischen Ärzte verbunden war.[12]

Einen besonderen Verlauf nahm die Entwicklung einer Kategorie von Ärzten, die aus der heutigen Patientenperspektive wie jede andere Facharztsparte aussehen mag: die der Zahnärzte (vgl. zum folgenden Maretzky & Venter 1974). Ursprünglich von nichtapprobierten Heilpersonen wie Badern und Barbieren durchgeführt, wandten sich um 1800 erstmals auch approbierte Ärzte der Behandlung von Zähnen zu. Dadurch kam es zunächst zur Entwicklung von zwei Berufskategorien: Auf der einen Seite entstand die der approbierten Zahnärzte, auf der anderen die der Dentisten. Erstere wurden in Preußen zuerst ähnlich wie die Wundärzte an medizinisch-chirurgischen Lehranstalten, nach der Mitte des 19. Jahrhunderts zunehmend an den Universitäten ausgebildet, wobei die Zahnärzte schließlich 1909 mit dem Erlaß einer neuen Prüfungsordnung die seit langem geforderte Gleichstellung mit den Ärzten erreichten. Zahlenmäßig allerdings überwogen im Deutschen Reich noch 1933 die Dentisten (18.000 gegenüber knapp 11.000 Zahnärzten). Die Dentisten hatten mit der Gewerbeordnung des Norddeutschen Bundes von 1869, die auch das Verbot der Kurpfuscherei aufhob, eine Legitimation ihrer handwerklich-praktischen Tätigkeit erhalten. 1882 gründeten

12 Eigene Berechnungen nach Fachserie 12, Reihe 1 (Statistisches Bundesamt 1985: 46/47).

sie eine Fachschule, 1900 ein Lehrinstitut in Berlin und 1920 kam es zur Einführung einer staatlichen Dentistenprüfung. 1952 wurde die gesonderte Dentistenausbildung abgeschafft, und die Dentisten wurden in den Berufsstand der Zahnärzte eingegliedert. Die hier kurz geschilderte Entwicklung verbindet auf interessante Weise Prozesse der Integration, der sich stabilisierenden Arbeitsteilung und der Ausschließung, obwohl die heutige Zahnärzteschaft eher wie das Ergebnis eines Prozesses der Innendifferenzierung erscheinen mag; lediglich die Existenz gesonderter Kassenzahnärztlicher Vereinigungen verweist noch immer auf die tatsächliche Genese des Zahnarztberufs.

Eine weitere Variante der Differenzierung innerhalb der Ärzteschaft stellt die schrittweise Trennung zwischen praktizierenden Ärzten und den Ärzten im öffentlichen Gesundheitsdienst dar. Historisch geht der öffentliche Gesundheitsdienst auf die Bemühungen der Seuchenbekämpfung im Mittelalter zurück (Ackerknecht 1986: 83). Zu diesem Zweck bestellten Städte und geistliche Fürstentümer sogenannte Physici. Den Stadtärzten oblagen später vor allem soziale Aufgaben im Bereich der Gesundheits*fürsorge*, während die Aufgaben der Gesundheits*aufsicht* von staatlichen Medizinalbeamten übernommen wurden.[13] Eine staatliche Gesundheitspolizei (im damaligen Sinne von Polizey)[14] gab es in Preußen seit Anfang des 18. Jahrhunderts. Die Kreisphysiker, die sich seit 1764 einer besonderen Prüfung zu unterziehen hatten und denen zunächst vor allem die Überwachung und Kontrolle der Medizinalpersonen des Kreises, die Visitation der Apotheken und gerichtsmedizinische Begutachtungen übertragen waren, waren anfangs durchweg nebenamtlich tätig (Huerkamp 1985: 14). Mit der Zunahme insbesondere sanitätspolizeilicher Aufgaben im Zuge des Ausbaus des öffentlichen Gesundheitswesens[15] wurde das zeitlich bisher wenig anspruchsvolle Nebenamt immer schwergewichtiger, so daß zunächst eine bessere Bezahlung und nach und

13 Dieser Dualismus zwischen staatlicher Gesundheitsaufsicht und kommunaler Gesundheitsfürsorge wurde erst durch das "Gesetz über die Vereinheitlichung des Gesundheitswesens" von 1934 aufgehoben (Labisch 1982).

14 Vgl. hierzu insbesondere Pankoke (1970: 183 ff.).

15 Wesentlich beeinflußt wurde diese Entwicklung durch eine neue wissenschaftliche Disziplin der Medizin, die Staatsarzneikunde oder auch "Medicinische Polizey", die im gleichnamigen Werk von Frank (veröffentlicht ab 1779) ihren Höhepunkt erlebte (Labisch 1982: 746/747; vgl. auch Neumann 1983: 82; Deppe & Regus 1975).

nach eine vollbesoldete hauptamtliche Tätigkeit verlangt und durch die Vermehrung vollbesoldeter Kreisarztstellen auch schrittweise verwirklicht wurde. 1926 waren in Preußen 69% aller Kreisarztstellen voll besoldet (Huerkamp 1985: 175). Die beamteten Ärzte, die für dieses Amt auch eine weitergehende spezielle Qualifikation erwerben mußten, wurden mehr und mehr zu Spezialisten für öffentliche Gesundheitspflege. "Für den solcher Art durch Ausbildung und Tätigkeitsfeld spezialisierten Arzt kam es mehr darauf an, 'daß er Bazillen als daß er Menschen behandeln kann'" (Huerkamp 1985: 170). Hier hat also nicht nur eine positionale, sondern auch eine inhaltliche Differenzierung von Berufsrollen stattgefunden.

Gleichwohl gab es, zumal solange die Ärzte im öffentlichen Gesundheitswesen ihre Tätigkeit im Nebenamt ausübten, Konkurrenz und Konflikte mit nicht beamteten Arztkollegen. Die Ausweitung der ärztlichen Aufgaben in der öffentlichen Gesundheitspflege speziell im Zusammenhang mit der Ausführung von Impfungen und der Schulgesundheitspflege schuf sogar neue Reibungsflächen, da mitunter sowohl die beamteten Ärzte wie die praktischen Ärzte solche Aufgaben für sich beanspruchten. Mit der Neuregelung des öffentlichen Gesundheitswesens im Jahre 1934 wurde zwar ein einheitliches Medizinalbeamtentum geschaffen, doch konnte der öffentliche Gesundheitsdienst "... seinen Stellenwert im medizinischen Versorgungssystem nicht behaupten und wurde gesundheitspolitisch im Vergleich zur ambulanten und stationären Versorgung in eine Außenseiterrolle gedrängt" (Labisch 1982: 753). Nach 1945 setzte eine scharfe ideologische Auseinandersetzung zwischen Ärzten des öffentlichen Gesundheitsdienstes und niedergelassenen Ärzten ein, die sich um die Schlagworte "Staatsmedizin" versus "freie Medizin" rankte (Labisch 1982: 758). Da den Ärzten im öffentlichen Gesundheitsdienst immer mehr ärztliche Aufgaben entzogen wurden und sich auch die Einkommensverhältnisse in der Ärzteschaft zu ihren Ungunsten verschoben haben, scheint der intraprofessionelle Status beamteter Ärzte heute eher niedriger zu sein als der anderer Arztgruppen. Trotzdem sind durch die Existenz eines - wenn auch marginalen - öffentlichen Gesundheitsdienstes die freipraktizierenden Ärzte aus der formellen Verantwortung für die öffentliche Gesundheit weitgehend entlassen worden. Dadurch mußte sich ihre Orientierung am einzelnen Patienten verstärken.

Tabelle 1: Ausgewählte Berufe im Gesundheitssystem (1955 und 1983)

Jahr	*Ärzte (insg.)*	*Allgemein-mediziner*	*Ärzte hauptamtl. in Gesund-heitsämtern*	*Zahnärzte*	*Apotheker*
1955	71.967	47.384	1.149	31.134	12.968
1983	147.467	78.261	2.230	33.713	29.536

Quelle: Fachserie 12, Reihe 1 (Statistisches Bundesamt 1985: 43, 50, 52).

Eine Differenzierung innerhalb der Ärzteschaft hat schließlich noch entlang zweier weiterer Dimensionen stattgefunden, die noch deutlicher als diejenige zwischen Ärzten und Medizinalbeamten positioneller Art sind, anstatt sich primär auf inhaltliche Aspekte der ärztlichen Tätigkeit zu beziehen. Dabei handelt es sich einmal um die Trennung zwischen Krankenhausärzten und freipraktizierenden Ärzten, und zum anderen um die zwischen Kassenärzten und Privatärzten. Das Auftreten beider Gruppierungen ist eng mit der Entwicklung bestimmter Einrichtungen im Gesundheitswesen verknüpft und wird deshalb weiter unten im Zusammenhang mit Krankenhäusern und Krankenkassen behandelt.

An dieser Stelle soll dagegen noch auf einen Prozeß der arbeitsteiligen Differenzierung innerhalb des Gesundheitssystems eingegangen werden, der zwischen Ärzten und Apothekern stattgefunden hat. Die Apotheker sind weder in die Ärzteschaft integriert, noch als Beruf aus dem Gesundheitssystem herausgedrängt worden, sondern stellen heute als Ergebnis der Arbeitsteilung einen eigenen Sektor innerhalb des Systems dar. Die Entstehung des Apothekerberufes wird auf das 13. bis 15. Jahrhundert datiert und hängt eng mit der Zunahme und nachfolgenden Systematisierung des pharmakologischen Wissens zusammen. Die ab der Mitte des 16. Jahrhunderts in Mittel- und Südeuropa verbreiteten Arzneimittelbücher (Pharmakopöen - vgl. Dann 1975: 60/61) können als die grundlegende Fachliteratur angesehen werden, die zur Wissensbasis des Apothekerberufes wurde (Schubert 1983: 99). Zuvor und auch während der Herausbildung des Apothekerberufes hatten verschiedene Kategorien von Heilpersonen zum Teil ihre eigenen Arzneien hergestellt, wobei die Ingredienzen zum größten Teil aus dem Kräuterhandel stammten. In dem neuen Beruf des Apothekers, den man in Mitteleuropa vom 16. Jahrhundert an im Rahmen staatlicher Medizinalordnungen zu regeln versuchte, wurden demnach verwandte Tätigkeitselemente aus recht unterschiedlichen Berufen zusammengeführt. Die Folge waren jahrhundertelange Auseinandersetzungen u.a. um die Abgrenzung der Zuständigkeitsbereiche zwischen Ärzten und Apothekern, eine Abgrenzung, die trotz wiederholter staatlicher Interventionen bis ins 19. Jahrhundert hinein von beiden Seiten immer wieder verletzt wurde: Auf der einen Seite stellten Ärzte weiterhin Arzneimittel für die von ihnen behandelten Patienten her, während auf der anderen Seite Apotheker sich auch mit der Krankenbehandlung befaßten (Kuhn 1963: 10-14; Schwarz 1976).

Die Apotheker wurden, ähnlich wie die Wundärzte, bis ins 19. Jahrhundert hinein in der Art der Handwerker mit Lehr- und Gesellenzeit ausgebildet. Zur Verbesserung und zum Teil auch zur Verwissenschaftlichung der Ausbildung von Wundärzten und Apothekern wurde das Collegium Medico-chirurgicum in Berlin gegründet. Apotheker, die einen Kurs an dieser Institution absolviert hatten, durften sich als Apotheker 1. Klasse bezeichnen, während alle anderen als Apotheker 2. Klasse galten. Schrittweise verlagerte sich auch für sie der Ausbildungsort aus der Apotheke in spezielle Schulen, und zwar sowohl in private Institute wie später in öffentliche pharmazeutische Lehranstalten und schließlich zunehmend in die Universitäten, die sich allerdings zu Beginn des 19. Jahrhunderts gegen die Aufnahme von Studenten ohne höhere Schulbildung wehrten (Schubert 1983: 100/101). 1853 wurde die Ausbildung der Apotheker in Preußen vereinheitlicht und die Prüfungsbefugnis von den Medizinalkollegien auf die Universitäten übertragen, die von den künftigen Apothekern, zunächst allerdings nur für wenige Semester, neben ihrer praktischen Ausbildung besucht wurden. Erst seit 1935 hat der Apothekerberuf mit der Einführung eines sechssemestrigen Studiums vollen akademischen Status erreicht. Interessanterweise setzte diese Aufwertung des Apothekerberufes durch Akademisierung genau zu der Zeit ein, als durch die industrielle Fertigung von Arzneimitteln das bisher zentrale Tätigkeitselement des Berufs weitgehend verloren ging. Infolge des fehlenden Substitutionsrechts bei ärztlichen Verschreibungen und der relativ geringen Rolle, die ohne ärztliche Verschreibung abgegebene Arzneimittel heute für den Umsatz deutscher Apotheken spielen[16], blieben die Apotheker jedoch trotz rangmäßiger Gleichstellung als Akademiker in einer funktionellen Abhängigkeit gegenüber den Ärzten. Gleichzeitig sind ihnen durch die industrielle Fertigung der Arzneimittel neue Konkurrenten erwachsen, gegen die sie sich nur mit Hilfe des Gesetzgebers wehren können.

Der letzte in diesem Abschnitt zu behandelnde Aspekt beruflicher Differenzierung bezieht sich auf das paramedizinische Personal (wie das medizinische Hilfs- und Pflegepersonal hier genannt werden soll). Diese Berufsgruppen, auf die in der historischen Literatur eher am Rande eingegangen wird, sind rein quantitativ gesehen hauptsächlich im Zusammenhang mit den Krankenhäusern entstanden. Obwohl es zumeist an Hospitäler gebundene christliche Orden und Pflegegemeinschaften bereits im Mittelalter gab, kann man von der Entstehung eines Krankenpflegeberufes erst in der ersten Hälfte des 19. Jahrhunderts sprechen. Zu dieser Zeit, zu der sich auch der Wandel vom Hospital zum Krankenhaus vollzieht, werden von protestantischer Seite aus die ersten Krankenpflegeorganisationen mit der Ausrichtung auf ein medizinisches Anforderungsprofil gegründet (Schaper 1987: 157-177). In der zweiten Hälfte des 19. Jahrhunderts entstehen auch die ersten weltlichen Krankenpflegeorganisationen. Neben dem ausschließlich auf Krankenpflege ausgerichteten Personal entstanden teils in Reaktion auf eine Veränderung der Krankheitsstruktur, teils in Reaktion auf neue medizinisch-technische Anforderungen eine Vielzahl weiterer Berufe. So begann die Spezialisierung der medizinisch-technischen Assistenten mit der Entdeckung der Röntgenstrahlen (1895), und sie hat sich durch die Ausgliederung weiterer, in einer eigenen Ausbildungsordnung geregelter Berufe aus dieser Berufsgruppe (medizinisch-technische Laboratoriumsassistenten, medizinisch-technische Radiologieassistenten) weiter fortgesetzt (Kirchberger 1986). Parallel mit der absoluten wie relativen Zunahme an Krankenhausärzten ist auch beim paramedizinischen Personal insgesamt in den letzten Jahrzehnten ein erheblicher Zuwachs (ca. 190% Zunahme zwischen 1952 und 1983) zu verzeichnen. Am stärksten ist heute die Berufsgruppe der Krankenschwestern bzw.

16 Laut Apothekenreport (1987: 33) lag der Anteil der Selbstmedikation am Arzneimittelumsatz zwischen 1979 und 1982 bei rund 16% und stieg 1983 auf rund 18% an.

-pfleger. Ihre Zahl hat sich seit 1952 mehr als verdoppelt, obwohl ihr Anteil am gesamten paramedizinischen Personal gesunken ist, doch gibt es zusätzlich seit 1965 die Berufsgruppe der Krankenpflegehelfer, die inzwischen zur zweitstärksten Gruppe in diesem Bereich herangewachsen ist. Die drittstärkste Berufsgruppe sind die Kinderkrankenschwestern/-pfleger.[17] Von dem gesamten paramedizinischen Personal entfallen ca. 85% auf den stationären Bereich.[18]

Tabelle 2: Die drei quantitativ größten Kategorien des paramedizinischen Personals (im Vergleich zum gesamten paramedizinischen Personal)

Jahr	*Personal insgesamt*	*Krankenschw./ -pfleger*	*Krankenpflege-helfer*	*Kinderkranken-schw./-pfleger*
1955	155.116	100.419	(1965: 5.474)	11.469
1983	375.856	210.143	42.294	26.279

Quelle: Fachserie 12, Reihe 1 (Statistisches Bundesamt 1985: 50).

Damit ist der kurze Überblick über berufliche Differenzierungsprozesse in der Entwicklung des Gesundheitssystems in Deutschland abgeschlossen. Beeindruckend ist die dabei sichtbar werdende Vielfalt von Prozeßvarianten, die sich keiner einzigen Formel fügen. Nur ein Teil der ärztlichen Spezialisierungsprozesse entspricht dem Modell der Arbeits*teilung*, wo aus einer umfassenden Rolle mehrere Rollen mit spezialisierterem Tätigkeitsprofil werden. Andere Prozeßvarianten, die wir vorfanden, sind: die Aufgabenverteilung zwischen mehreren schon bestehenden Berufen mit überlappenden Tätigkeitsprofilen; die Integration mehrerer verschiedener zu einem neuen Beruf; die partielle Absorption von Tätigkeitselementen eines bestehenden in einen anderen Beruf,

17 Eigene Berechnungen nach Fachserie 12, Reihe 1 (Statistisches Bundesamt 1985).

18 Eigene Berechnungen nach Fachserie 12, Reihe 6 (Statistisches Bundesamt 1986: 24-29) sowie Fachserie 12, Reihe 5 (Statistisches Bundesamt 1986: 22).

wodurch der eine erweitert und aufgewertet, der andere funktionell verarmt und abgewertet wird; und das Entstehen neuer Berufe aufgrund neuer Tätigkeitschancen und wachsenden Bedarfs. Festzuhalten ist auch, daß Differenzierungsprozesse nicht nur auf der Ebene von Tätigkeiten stattfinden, sondern daß es daneben auch vorwiegend positionell unterschiedene Rollen gibt. Schließlich wurde deutlich, daß funktionelle und rangmäßige Differenzierung meist zusammen auftreten, und daß es insbesondere nur selten rangmäßig völlig neutrale funktionelle Differenzierungen gibt. Die simple Vorstellung von funktioneller Differenzierung auf der Ebene von Berufsrollen nach dem Muster horizontaler Arbeitsteilung (Dekomposition) ist damit außerstande, einen realen historischen Entwicklungsprozeß adäquat wiederzugeben.

3 Die Organisationsformen der Leistungsproduktion

Vergegenwärtigt man sich, in welcher Art sozialer Einheiten gesundheitsbezogene Leistungen heute erbracht werden, dann fällt vor allem die Trennung zwischen Praxen und Krankenhäusern ins Auge. Entsprechend wird die Trennung in einen ambulanten und einen stationären Sektor des Gesundheitswesens heute oft als eine der wichtigsten Differenzierungen angesprochen (so Döhler 1987).

Während es handfeste praktische Gründe dafür gibt, daß die stationäre Behandlung im Rahmen größerer formaler Organisationen, also in Krankenhäusern, stattfindet, ist das in der Bundesrepublik bestehende faktische Monopol der niedergelassenen Ärzte für die ambulante Behandlung eine erklärungsbedürftige Besonderheit. In Krankenhäusern wird in vielen Ländern auch ambulant behandelt; ebenso gab es bei uns und gibt es anderswo noch heute spezialisierte Ambulatorien als größere Organisationen. In Deutschland wurden die von Krankenkassen für ihre Mitglieder betriebenen Ambulatorien geschlossen, nachdem den Kassen 1933 das Recht, eigene Einrichtungen zu betreiben, abgesprochen wurde (Tennstedt 1977: 192/193). Die heute in der Bundesrepublik bestehenden Gemeinschaftspraxen niedergelassener Ärzte sind mit Ambulatorien nicht vergleichbar. Obwohl die ärztliche Zulassungsordnung einige Formen gemeinschaftlicher Praxisausübung zuläßt, sind sie trotz eines ansteigenden Trends eher selten. Ende 1985 gab es 4.577 an der kassenärztlichen Versorgung teilnehmende Gemeinschaftspraxen, in denen insgesamt 9.465 Ärzte tätig waren.[19] Etwa die Hälfte der Gemeinschaftspraxen werden von Ehegatten bzw. von Verwandten betrieben. Außerdem findet sich ein erheblicher Anteil von sogenannten Nachfolgepraxen unter ihnen, in denen eine Praxisübernahme zwischen einem älteren und einem jüngeren Arzt vorbereitet wird (vgl. Kosanke & v. Troschke 1979; vgl. auch Hoffmann et al. 1982). Damit dominiert in der ambulanten Versorgung eindeutig die ärztliche Einzelpraxis.

Sozialstrukturell ergibt sich eine gespaltene "Branchenstruktur" für das Gesundheitswesen. Eine große Zahl sehr kleiner Betriebe steht hier recht unvermittelt neben einer geringen Zahl von großen Betrieben. Im Jahre 1984 gab es

- ca. 68.000 Ärzte in Praxen
- ca. 16.600 öffentliche Apotheken sowie
- ca. 3.100 Krankenhäuser

Quelle: Daten des Gesundheitswesens (1987: 220, 228, 242).

Während Praxen und Apotheken fast durchweg Kleinbetriebe sind, gibt es bei den Krankenhäusern sowohl mittlere wie große Einrichtungen. Ende 1985 existierten in der Bundesrepublik

- 1.949 Krankenhäuser mit unter 200 Betten
- 719 Krankenhäuser mit 200-400 Betten
- 234 Krankenhäuser mit 400-600 Betten
- 196 Krankenhäuser mit über 600 Betten

Quelle: Daten des Gesundheitswesens (1987: 241/242).

Die kleinbetriebliche Verfassung der ambulanten und die eher großbetriebliche der stationären Behandlung zieht einen deutlichen Trennungsstrich zwischen diesen beiden Sektoren des Gesundheitswesens. Er wird verstärkt durch die Existenz unterschiedlicher Berufsbilder und Ausbildungsgänge für die größten Personalkategorien in diesen Sektoren, den Arzthelferinnen einerseits und dem Krankenhauspflegepersonal andererseits.

Die Vorläuferorganisation des heutigen Krankenhauses war das mittelalterliche Hospital.[20] Ursprünglich waren Hospitäler meist Klöstern

19 Kassenärztliche Bundesvereinigung (1986): Tab. A 16; A 17; demgegenüber gab es 1976 erst 1.312 Gemeinschaftspraxen mit 2.669 Ärzten.

20 Eine umfassende Darstellung der Hospitalgeschichte findet sich bei Jetter (1966).

angegliedert. Sie wurden von Bischöfen, Mönchs- und Schwesternorden gegründet, um einerseits Reisenden Unterkunft zu bieten, und um andererseits den Armen, den Alten und den minderbemittelten Kranken des lokalen Einzugsbereiches Hilfe zu gewähren. Es handelte sich also um religiös motivierte und orientierte multifunktionale Einrichtungen, bei denen die eigentliche Krankenbehandlung nur eine untergeordnete Rolle spielte, was durch das christliche Krankheitsverständnis als Prüfung oder Strafe Gottes unterstützt wurde (Schaper 1987: 21)[21]. Im übrigen wurden Bau und Unterhalt von Hospitälern durch den Verkauf von Ablässen gefördert (Rohde 1962: 74), wodurch mittelalterliche Hospitäler gelegentlich so wohlhabend wurden, daß sie das ökonomische Interesse weltlicher Stadtherren erregten. Im Anschluß an die Reformation gründeten die Städte selbst Armenhospitäler; dasselbe taten Fürsten und das städtische Patriziat in Form von Stiftungen. Hierbei überwogen immer noch Motive sozialer Fürsorge[22]. Im Zuge der nach der Reformation einsetzenden Säkularisierung gingen außerdem viele vormals geistliche Hospitäler in die kommunale Verantwortung über.

Die Umwandlung der an multifunktionellen Problemlagen orientierten Hospitäler in spezialisierte Einrichtungen des Gesundheitswesens, also in Krankenhäuser, fand - trotz früherer Ansätze - erst an der Wende zum 19. Jahrhundert mit dem Einzug der Medizin in die Hospitäler statt.[23] Etwa um diese Zeit setzte die eigentliche Verwissenschaftlichung der akademischen Medizin und eine entsprechende Umorientierung der ärztlichen Ausbildung ein, wobei klinische Erfahrung in wachsendem Maße sowohl für die wissenschaftliche Entwicklung der Medizin wie für die ärztliche Ausbildung von Bedeutung wurde (Foucault 1973). Damit entstand ein zirkulärer Prozeß wechselseitiger Verstärkung von medizinischem Fortschritt einerseits und der funktionellen Spezialisierung der Hospitäler auf die Krankenbehandlung andererseits. Gegen Ende des Jahrhunderts erkannte in Preußen auch der Staat die Bedeutung von Krankenpflegeanstalten und unterstellte sie im Allgemeinen Landrecht von 1794 seinem Schutz und seiner Aufsicht (Adam 1959: 272).

---

21 Stärker medizinischen Charakter erwarben zuerst einige von Ritterorden getragene Hospitäler im 12. Jahrhundert (Ackerknecht 1986: 85).

22 Bauer (1984); Jetter (1977); Rohde (1962); Leistikow (1976).

23 Vgl. ausführlich zur Entwicklung der Spitalmedizin Lichtenthaeler (1974: 522 ff.).

Im Laufe des 19. Jahrhunderts wurden nicht nur bestehende Hospitäler zunehmend in Krankenhäuser umgewandelt, was auch bedeutete, daß jetzt die Obdachlosen- und Altenbetreuung aus diesen Einrichtungen ausgeschlossen wurden. Vielmehr wurden in dieser Zeit zunehmend Krankenhäuser als solche neu gegründet, und zwar sowohl in kommunaler als auch in freigemeinnütziger und privater Trägerschaft (Rausch 1984). Waren die neuen Einrichtungen von vornherein auf die Krankenbehandlung spezialisiert, so wurde die Umwandlung der alten Hospitäler in Preußen durch den Kulturkampf und das in diesem Zusammenhang 1875 erlassene Gesetz beschleunigt, das die religiösen Orden bzw. die katholische Kirche dazu zwang, alle Einrichtungen aufzulösen, die sich nicht speziell der Krankenpflege widmeten (Gatz 1971: 585-594). Allerdings waren die meisten Krankenhäuser im 19. Jahrhundert noch relativ klein. Die ersten modernen Großkrankenhäuser entstanden um die Jahrhundertmitte in Städten wie München, Hamburg und Stuttgart. Dieser Wachstumsprozeß setzte natürlich eine entsprechend wachsende Nachfrage nach Krankenhausbehandlung voraus. Zu diesem Nachfragewachstum trugen verschiedene Faktoren bei, vor allem die Urbanisierung und das Entstehen eines städtischen Proletariats, das infolge der ebenfalls zunehmenden Existenz von Hilfs- und Unterstützungskassen für einen Krankenhausaufenthalt auch bezahlen konnte. Für das gehobene Bürgertum behielt das Krankenhaus noch lange das Image des Arme-Leute-Spitals. Hier führte jedoch u.a. die (in zunehmendem Maße auch medizintechnische) Verbesserung der Behandlungsmöglichkeiten im Krankenhaus von der Jahrhundertmitte an zu einem graduellen Wandel. Zunächst allerdings begannen Angehörige des höheren Bürgertums bei Bedarf die im 19. Jahrhundert von Ärzten für ihre wohlhabenden Patienten gegründeten privaten Augenkliniken, orthopädischen Kliniken und andere Spezialeinrichtungen zu frequentieren (Goerke 1976: 56; Stürzbecher 1976), während ihre allgemeinmedizinische Behandlung zunächst noch zu Hause stattfand. Die zunehmende Bedeutung des Krankenhauswesens läßt sich anhand der seit 1877 geführten Statistik der Krankenanstalten im Deutschen Reich aufzeigen, nach der in den allgemeinen Krankenhäusern für je 10.000 Einwohner 1877 16,5 Betten, 1901 31,0 Betten und 1921 53,1 Betten zur Verfügung standen (Göckenjan 1985: 230). In der Bundesrepublik betrug 1984 die Bettendichte 111,2 Betten (Statistisches Bundesamt 1986: 6, Fachserie 12, Reihe 6).

Die Krankenhausentwicklung führte interessanterweise erst nach und nach zur Herausbildung einer besonderen Berufsgruppe von Krankenhausärzten und von entsprechend spezialisiertem Pflegepersonal. Vor allem kleinere Krankenhäuser organisierten im 19. Jahrhundert die ärztliche Versorgung nach dem Belegarztsystem. In großen Krankenhäusern kam es dagegen zunehmend zur Einstellung von fest angestellten Ärzten, die keine eigene Praxis führen durften.[24] Allerdings wurden - und werden teilweise bis heute - auf diese Weise lediglich die Assistenzärzte rekrutiert, während für die leitenden Ärzte (Chefärzte) das Belegarztsystem in modifizierter Form beibehalten wurde, indem ihre Privatpraxis ins Krankenhaus inkorporiert wurde. Durch die damit verbundene Möglichkeit ärztlicher Privateinnahmen konnten angesehene Ärzte gewonnen bzw. ihre Abwanderung in zumeist lukrativere Privatkliniken verhindert werden. Auf diese Weise entstand das bis heute umstrittene System der ärztlichen Versorgung mit liquidationsberechtigten Chefärzten und Privatabteilungen in Krankenhäusern, die in öffentlicher oder freigemeinnütziger Trägerschaft geführt werden (Rausch 1984: 66; vgl. auch Bundesminister für Arbeit und Sozialordnung 1980). Dieses von einer offenbaren Interessenkoalition zwischen privilegierten Ärzten und Krankenhausträgern ermöglichte partielle Fortbestehen eines aus der Frühphase der Krankenhausentwicklung stammenden und aus der Perspektive großer formaler Organisationen in öffentlicher oder gemeinnütziger Trägerschaft anachronistischen Prinzips stellt heute den Rest einer personellen Verklammerung zwischen den Berufsgruppen der selbständig praktizierenden und der angestellten Krankenhausärzte dar. Erst mit dem Verschwinden dieser noch zu einer Übergangsphase gehörenden Gruppe privat liquidationsberechtigter Krankenhausärzte wird die funktionelle Differenzierung zwischen diesen beiden Ärztegruppen abgeschlossen sein.

Seit dem Entstehen von Krankenhäusern als spezialisierten Einrichtungen der medizinischen Versorgung hat das Gewicht des stationären Sektors im Gesundheitssystem, und das heißt die Bedeutung größerer formaler Organisationen für die Produktion von Gesundheitsleistungen ständig zugenommen. Auch nach 1945 hat sich die Gewichtsverlagerung von der freien Praxis zum Krankenhaussektor weiter fortgesetzt. Während die Zahl der Krankenhausärzte noch 1952 weit unter derjenigen der

---

24 So standen 1876 von insgesamt 12.000 Ärzten 334 = 2,8% ausschließlich einem Krankenhaus zur Verfügung; 1898 waren es von nunmehr 21.000 Ärzten 1.927 = 9,2% (Goerke 1976: 62).

niedergelassenen Ärzte lag (rund 28.000 gegenüber 42.000), überstieg sie sie seit Mitte der 70er Jahre (rund 61.000 Krankenhausärzte gegenüber rund 56.000 freipraktizierenden Ärzten) und lag 1983 bei rund 78.000 Krankenhausärzten gegenüber rund 65.000 niedergelassenen Ärzten (Statistisches Bundesamt 1985: 43/68, Fachserie 12, Reihe 1).

Ebenso langsam wie das Entstehen einer Berufsgruppe angestellter Krankenhausärzte vollzog sich der Übergang von den religiösen Pflegegemeinschaften, die in eigener Verantwortung die Betreuung in den mittelalterlichen Hospitälern durchführten, zum zumeist angestellten Pflegepersonal, das heute in Krankenhäusern tätig ist. In einem sich über mehrere Jahrhunderte hinziehenden und erst gegen Ende des 19. Jahrhunderts beschleunigten Prozeß spezialisierten sich die christlichen Pflegeorden immer stärker auf Krankenpflege (vgl. ausführlich Schaper 1987). Sie wurden aber dennoch nicht zur dominanten Gruppe des nichtärztlichen Krankenhauspersonals. Andererseits dauerte es bis zum Ende des 19. Jahrhunderts, ehe sich weltliche Krankenpflegeberufe mit staatlich geregelter Ausbildung etablierten und ihre Mitglieder von den Krankenhäusern unmittelbar angestellt wurden.[25] In dem historischen Entwicklungsprozeß von der Ordenspflege zu den heutigen Pflegeberufen stellt das 19. Jahrhundert eine Übergangsphase dar, in der eine interessante Vermischung beider Prinzipien stattfand. Mit der Übernahme vieler Hospitäler durch kommunale Behörden und der Neugründung städtischer Krankenhäuser wurden von der Mitte des 16. Jahrhunderts an vermehrt Pflegewärter aus den untersten sozialen Schichten rekrutiert, die schlecht bezahlt und für ihre Tätigkeit nicht eigens ausgebildet wurden (Schaper 1987: 44/45). In die sich öffnende Lücke zwischen Angebot und Nachfrage nach qualifiziertem Pflegepersonal stießen zu Beginn des 19. Jahrhunderts, von französischen Vorbildern ausgehend, zunächst neue Formen der Ordens- und später der Diakonissenkrankenpflege. Barmherzige Schwestern und Diakonissen gehörten Mutterhäusern an, die im Gegensatz zu den früheren religiösen Pflegegemeinschaften ihre Mitglieder im wesentlichen in kommunalen oder freigemeinnützigen Krankenhäusern arbeiten ließen, die mit den betreffenden Mutterhäusern assoziiert waren bzw. Verträge schlossen (Schaper 1987). Die neuen Formen der Ordens- und der Diakonissenkrankenpflege faßten zunächst

25 Herder-Dorneich & Kötz (1972); Lempa (1984). Zur Entwicklung der Ordenspflege vgl. insbesondere Gatz (1971).

in den kleineren Krankenhäusern Fuß, die zugleich oft in medizinischer Hinsicht weniger fortschrittlich waren, wodurch in diesen Krankenanstalten der Modernisierungsprozeß langsamer verlief. Vor allem die Diakonissenschwestern erhielten bereits eine systematische Ausbildung zur Krankenpflege (Rausch 1984: 60/61; Schaper 1987: 163-166; Zepp 1984). Dasselbe galt auch für die Rote-Kreuz-Schwestern, die in den noch im 19. Jahrhundert in den meisten deutschen Städten vor allem zu diesem Zweck eingerichteten Rote-Kreuz-Krankenhäusern ausgebildet wurden. Diakonissen und Rote-Kreuz-Schwestern, die ebenfalls in Form eines Mutterhauses organisiert waren, stellen damit den Übergang zur modernen, staatlich geregelten Ausbildung des Pflegepersonals in anerkannten Lehrkrankenhäusern dar. Daß dieser Übergang sich langsam vollzog und Diakonissen- wie Rote-Kreuz-Schwestern auch heute noch tätig sind, zeigt, daß hier offensichtlich eine Form beruflicher Organisation gefunden worden war, die in funktioneller Hinsicht anforderungsgerecht war und sich zugleich für die Personalrekrutierung und Personalführung als vorteilhaft erwies.[26] Ein Indiz dafür ist auch die anachronistisch anmutende Tatsache, daß der 1903 gegründete erste Verband freier Schwestern, die Berufsorganisation der Krankenpflegerinnen Deutschlands[27], ebenfalls zunächst selbst zu einer dem Mutterhaus angenäherten Schwesternorganisation wurde, indem der Verband einem Teil seiner Mitglieder gegenüber als Arbeitgeber auftrat und die Schwestern über einen Gestellungsvertrag an Krankenhäuser vermittelte.

Die Entwicklung von Krankenhäusern als funktionell spezialisierten formalen Organisationen im Gesundheitssystem lief, wie diese Schilderung deutlich macht, im 19. Jahrhundert den beruflichen Differenzierungsprozessen parallel, und bildete nicht etwa eine in zeitlicher Hinsicht an die rollenmäßige Ausdifferenzierung anschließende Phase. Dabei haben beide Prozesse sich gegenseitig stimuliert. Auch in anderen sich auf der Grundlage einer besonderen Leistung ausdifferenzierenden gesellschaftlichen Teilsystemen laufen berufliche Spezialisierung und das Entstehen formaler Organisationen der (arbeitsteiligen) Leistungsproduk-

---

26 Neben den kommunalen verfügen auch die freigemeinnützigen Träger weiterhin über Lehrkrankenhäuser und vermitteln das bei ihnen ausgebildete Krankenpflegepersonal z.T. auch weiterhin über Gestellungsverträge an andere Krankenhäuser (vgl. Rausch 1984: 230-233; Sozial- und Gesundheitsreport 2/1987: 12/13).

27 Seit 1973 führt er den Namen "Deutscher Berufsverband für Krankenpflege".

tion parallel und befruchten sich gegenseitig. Dagegen ist es eine Besonderheit des Gesundheitssystems, daß hier diese Organisationen von Anfang an und noch heute nicht so sehr von Ärzten als den Inhabern der funktionellen Kernrolle des Systems geschaffen wurden, sondern von außerhalb des Gesundheitssystems stehenden korporativen Akteuren, den konfessionellen, kommunalen und gemeinnützigen Trägern (siehe Tabelle 3).

Ähnlich den Spezialisierungsprozessen von Ärzten auf Berufsrollenebene hat auch im Krankenhausbereich die Differenzierung zugenommen. Die heutigen Fachkrankenhäuser im öffentlichen Bereich schließen an die Entwicklung spezialisierter Privatkliniken im 19. Jahrhundert an (die z.T. weiter bestehen). Bei den allgemeinen Krankenhäusern wird heute zwischen Akut- und Sonderkrankenhäusern unterschieden, wobei erstere für eine vorübergehende stationäre Behandlung zuständig sind, während letztere auf eine zeitlich ausgedehntere stationäre Versorgung eingerichtet sind. Besonders deutlich wirkt sich die Tendenz zur verstärkten fachlichen Spezialisierung auf Organisationsebene aus, wo immer mehr allgemeine Krankenhäuser Fachabteilungen eingerichtet haben.[28] Im Bereich der Akutkrankenhäuser hat die Bettenzahl in Allgemeinkrankenhäusern ohne abgegrenzte Fachabteilungen noch nach dem 2. Weltkrieg von 10% im Jahre 1959 auf 1% im Jahre 1983 abgenommen.[29] Der Trend zu *größeren* Krankenhäusern hat im Sektor der Akutkrankenhausversorgung die Fachkrankenhäuser beeinträchtigt, deren absolute Zahl ständig sinkt. Anders dagegen sieht es für die Fachkrankenhäuser im Sonderkrankenhausbereich aus, die bis auf wenige Einzelfälle ein Größenwachstum zu verzeichnen haben. Dieser Prozeß dürfte sowohl mit politischen Prioritätensetzungen im Rehabilitationsbereich als auch mit einem Wandel der Krankheitsbilder zusammenhängen. So weisen vor allem Krankenhäuser für Suchtkranke, Rehabilitations- und Kurkrankenhäuser, in etwas geringerem Maße auch Rheumakranken-

28 Zur historischen Entwicklung von Spezialkrankenhäusern sowie zur Errichtung von Fachabteilungen siehe Stürzbecher (1976).

29 Diese und die folgenden Angaben beziehen sich auf eigene Berechnungen anhand von Zahlenmaterial des Statistischen Bundesamtes (1985: 47-54, Fachserie 12, Reihe 1); hier könnte allerdings auch eine Umwidmung von Krankenhausbetten aufgrund neuer Bedarfsplanungsrichtlinien eine Rolle spielen.

häuser sowie Krankenhäuser für chronisch und geriatrisch Kranke ein starkes Wachstum auf.

Tabelle 3: Zahl der Krankenhäuser und Krankenhausbetten nach Trägerschaft

Jahr	Krankenhäuser						
	insgesamt	*öffentl.*	*in %*	*freigem.*	*in %*	*privat*	*in %*
1931	4.951	2.263	45,7	1.454	29,4	1.234	24,9
1937	4.745	1.076	43,8	1.552	32,7	1.117	23,5
1952	3.433	1.484	43,2	1.285	37,4	664	19,4
1960	3.604	1.385	38.4	1.307	36,3	912	25,3
1970	3.587	1.337	37,3	1.270	35,4	980	27,3
1980	3.234	1.190	36,8	1.097	33,9	947	29,3

Jahr	Krankenhausbetten						
	insgesamt	*öffentl.*	*in %*	*freigem.*	*in %*	*privat*	*in %*
1931	595.103	367.245	61,7	186.246	31,3	41.612	7,0
1937	628.648	390.189	62,1	201.213	32,0	37.282	5,9
1952	533.718	307.509	57,6	198.223	37,1	27.986	5,3
1960	583.512	326.413	55,9	215.120	36,9	41.980	7,2
1970	683.254	373.137	54,6	249.357	36,5	60.760	8,9
1980	707.710	370.714	52,4	248.717	35,1	88.279	12,5

Quelle: Rausch (1984: 102) für die Jahre 1931 und 1937; Rausch (1984: 110 f.) für die Jahre 1952, 1960, 1970; Daten des Gesundheitswesens (1985: 249) für 1980.

4 Sekundäre Organisationen im Gesundheitswesen: Verbände der Leistungsproduzenten und die Leistungsfinanziers

Während Krankenhäuser als Einrichtungen arbeitsteilig organisierter Leistungserstellung etwa zeitgleich mit der modernen Medizin und dem modernen praktisch ausgerichteten Arzt entstanden, sind andere formale Organisationen im Gesundheitswesen erst seit den 70er Jahren des vorigen Jahrhunderts verstärkt aufgetreten und haben sich in wenigen Dekaden zu jenen handlungsfähigen korporativen Akteuren entwickelt, die heute seine Struktur mit kennzeichnen. Bei diesen sekundären, also nicht mit der unmittelbaren Erbringung von Gesundheitsleistungen befaßten Organisationen geht es einerseits um formale Gruppenbildungen aufseiten der "Produzenten" von Gesundheitsleistungen - von Ärzten, Zahnärzten, Krankenhausträgern, Pflegeberufen, Apothekern, u.a. - und andererseits um solche aufseiten der (zumindest virtuellen) Patienten: den Krankenkassen. Eine Schlußfolgerung von v. Ferber (1983: 113) sei der folgenden Analyse vorangestellt: "Das Gesundheitswesen gehört zu den vergleichsweise am stärksten durch Verbandsmacht geformten gesellschaftlichen Teilsystemen".

Das Entstehen der ersten der beiden oben genannten Gruppen formaler Organisationen setzte selbstverständlich die Ausdifferenzierung der betreffenden Berufe voraus. Eine zweite, politisch-rechtliche Voraussetzung war die Möglichkeit der Vereins- und Verbandsbildung. Im übrigen unterscheiden sich die "Produzentenorganisationen" sowohl in ihrer territorialen Reichweite wie in den Gründungsanlässen und faktisch erfüllten Aufgaben.

An erster Stelle seien die zunächst auf lokaler Ebene gegründeten Ärztevereine genannt. Obwohl es solche Vereine schon früher gab, setzte in der Revolutionszeit um 1848 eine Welle der Vereinsbildung, vor allem in den Großstädten ein. Diese Vereine hatten, abweichend von ihren Vorläufern, weniger gesellige Funktionen, sondern waren Foren für die Diskussion gesundheits- und sozialpolitischer Fragen, vor allem aber auch standespolitischer Probleme (Huerkamp 1985: 241-254). Es waren solche Vereine, die für eine professionelle Liberalisierung agitierten; so war es auch ein Berliner Ärzteverein, dessen Initiative 1869 dazu führte, daß den Ärzten der Status von freien Gewerbetreibenden verliehen und dabei das Verbot der Kurpfuscherei aufgehoben wurde.

Mit dem Ende der politischen Erhebung und der einsetzenden Restauration lösten sich viele der um die Jahrhundertmitte gegründeten

Ärztevereine wieder auf. Etwa ab 1860 setzte jedoch eine neue Welle von Vereinsgründungen ein, wobei diese Vereine in ihren Funktionen weniger nach außen als vielmehr nach innen orientiert waren. So versuchten die Ärztevereine vor allem das kollegiale Verhältnis der Ärzte untereinander zu reglementieren. Damit reagierten sie auf Folgeerscheinungen der damals immer schärfer werdenden Konkurrenz zwischen einer wachsenden Zahl von Ärzten, die - begünstigt von der Gewerbefreiheit - miteinander in Wettbewerb um eine nicht ebenso expandierende Anzahl zahlungsfähiger Patienten standen. Daher erließen immer mehr Ärztevereine sogenannte Standesordnungen, die ein "standeswürdiges" Verhalten des Arztes definierten und es gleichzeitig durchsetzen sollten. 1890 besaß knapp die Hälfte aller im 1872 gegründeten Ärztevereinsbund zusammengeschlossenen Vereine eine geschriebene Standesordnung.[30] Es ist des Festhaltens wert, daß diese Entwicklung gruppenspezifischer Verhaltensnormierung manifest das Ziel verfolgte, den durch das ärztliche Konkurrenzverhalten drohenden Ansehensverlust abzuwenden. Eine solche Normierung war gewiß auch im Interesse der Patienten, doch anders als im idealisierten Modell der Professionalisierungstheorie war die Sicherung der ärztlichen Orientierung am Patienteninteresse nicht das primäre Motiv.

Ein zweiter Typus von Organisationen im "Produzentenbereich" sind die wissenschaftlichen Fachgesellschaften, deren Entwicklung der Spezialisierung der ärztlichen Berufsgruppen parallel lief. Heute gibt es für jedes durch die ärztliche Weiterbildungsordnung anerkannte Gebiet und Teilgebiet eine eigene wissenschaftliche Gesellschaft (Narr 1984: 17); sie sind als privatrechtliche Vereine organisiert und dienen vor allem der Fortbildung ihrer Mitglieder. Bei den auf disziplinärer Basis gegründeten Berufsverbänden, die ebenfalls als Vereine auf privatrechtlicher Basis existieren, spielt dagegen neben der wissenschaftlichen Kommunikation bereits die berufspolitische Interessenvertretung eine wichtige Rolle. Aufgrund der großen Zahl und entsprechend hohen Partikularisierung der Interessen und Zielsetzungen von derartigen Berufsverbänden auf der Basis wissenschaftlicher Fachdisziplinen, ist ihre politische Bedeutung geringer als diejenige von ärztlichen Zwangsorganisationen und interdisziplinär ausgerichteten Berufsverbänden.

---

30 Huerkamp (1985: 128). Zur Entstehung ärztlicher Berufsordnungen siehe Steinhoff (1974).

Besonders interessant hinsichtlich ihres Entstehungszusammenhangs sind die in der 2. Hälfte des 19. Jahrhunderts gegründeten Ärztekammern. Die Einrichtung von Kammern als staatlich anerkannten Standesvertretungen mit Zwangsmitgliedschaft wurde von den Ärzten selbst gefordert, um auf diesem Wege legitime Mitwirkungsrechte bei der Entwicklung der staatlichen Gesundheitspolitik zu erhalten. Die erste Ärztekammer wurde 1864 in Baden etabliert. Es folgten weitere deutsche Einzelstaaten, bis schließlich 1887 in Preußen die Einrichtung von Ärztekammern in allen Landesbezirken gesetzlich verankert wurde. Für die Ärzte sollten die Kammern nicht nur der korporativen Interessenvertretung im engen Sinne dienen, sondern sie waren wichtige Foren der Medizinalreformdebatte, bei der es nicht nur um Fragen der Organisation des staatlichen Gesundheitsdienstes, sondern auch darum ging, welche Aufgaben eine öffentliche Gesundheitspflege erfüllen sollte. Viele Ärzte verstanden sich in jener Zeit als Anwälte öffentlicher Gesundheitspflege; es war aus diesem Selbstverständnis heraus, daß damals auch eine Gruppe von Ärzten die staatliche Anstellung und volle Verbeamtung für alle Ärzte, also gewissermaßen schon damals einen staatlichen Gesundheitsdienst forderte (Huerkamp 1985: 261-264). Ohne Zweifel lag die Errichtung von Kammern aber auch im staatlichen Interesse, indem ihnen eine Reihe professionsinterner Regulierungsfunktionen übertragen werden konnten, die sie als öffentliche Körperschaften in staatlichem Auftrag auch heute erfüllen. Dazu gehören auch disziplinarische Funktionen, wie sie vorher auf freiwilliger Basis viele Ärztevereine erfüllt hatten. Gegen die Wünsche eines Teils der Ärzteschaft wurde 1899 den Ärztekammern in Preußen die Einrichtung von Ehrengerichten sogar gesetzlich vorgeschrieben.

Einer eindeutig wirtschaftlichen Interessenvertretung der Ärzte diente der 1900 gegründete (fachübergreifende) Leipziger Verband.[31] Diese Verbandsgründung war eine Reaktion auf die inzwischen mächtig gewordene Stellung der mit dem Krankenversicherungsgesetz von 1883 als Teil des Gesundheitswesens etablierten Krankenkassen, die die wichtigsten korporativen Verhandlungspartner der Ärzte in der fortlau-

31 Entsprechend seiner Zielsetzung nannte er sich "Verband für die Ärzte Deutschlands zur Wahrung ihrer wirtschaftlichen Interessen" (später: Hartmannbund). Die Zahnärzte folgten 1909 mit einer entsprechenden Verbandsgründung (Maretzky & Venter 1974: 119-121).

fenden Auseinandersetzung um die ökonomischen Bedingungen der Tauschbeziehung zwischen Ärzten und Patienten waren. Als 1933 die - ebenfalls aus dieser Interessenlage heraus gegründeten - Kassenärztlichen Vereinigungen zum gesetzlich legitimierten Verhandlungspartner der Krankenkassen wurden, konzentrierte sich der Hartmannbund auf die ärztliche Interessenvertretung gegenüber dem Verhandlungspartner Staat.

Dieses Muster des reaktiven Entstehens korporativer Akteure aus dem Bedürfnis nach kollektiver Verhandlungsführung zur - aggressiven wie defensiven - Vertretung von Mitgliederinteressen in der Auseinandersetzung mit anderen korporativen Akteuren zeigt sich auch beim Entstehen einer Reihe anderer Verbände.[32] Dabei sind diese Verbände oftmals zuerst im Zusammenhang mit internen Auseinandersetzungen in einer Berufsgruppe gegründet worden, haben ihren Tätigkeitsbereich dann aber auch auf die Interessenvertretung z.B. gegenüber den Krankenkassen ausgedehnt. Diese Art der Verbandsentwicklung zeigt sich z.B. bei den Apothekern, wo sich mit der Zunahme ausgebildeter Apothekenanwärter in diesem Sektor Gehilfenverbände etabliert haben, die nicht nur mit den Apothekenbesitzern um bessere Anstellungsbedingungen, sondern vor allem auch mit dem Staat um die Möglichkeit der eigenen Niederlassung und damit gegen das staatlich gestützte Konzessionswesen kämpften, d.h. vor allem gegen das System der sogenannten Realkonzession, bei der die Inhaber existierender Apotheken nach dem Ausscheiden aus dem Berufsleben ihre Konzessionen verkauften, während gleichzeitig sehr wenige neue Apotheken konzessioniert wurden. Im Gegenzug entstanden regionale Apothekerverbände,[33] die sich, ebenso wie die Gehilfenverbände, mit der Reichsgründung auch als Reichsverbände etablierten (Engels 1984: 68-76). Im übrigen wurde die Realkonzession erst 1894 durch die Personalkonzession abgelöst, während die völlige Niederlassungsfreiheit für Apotheker in der Bundesrepublik erst 1958 durch Gerichtsurteil erreicht wurde. Zu Auseinandersetzungen mit den Krankenkassen kam es vor allem ab 1892.[34]

---

32 Ein deutlicher Ausdruck für die Stärke des Bedürfnisses kollektiver Verhandlungsführung ist die Tatsache, daß sich in dieser Zeit sogar die Mutterhaus-Schwestern verbandsmäßig organisierten (Herder-Dorneich & Kötz 1972:135 ff.).

33 Zur Entwicklung von Apothekervereinen zwischen 1774 und 1872 siehe Hoff (1975).

34 Vgl. die ausführliche Arbeit von Landgraf-Brunner (1986).

Daß eine wachsende Differenzierung von Berufsgruppen mit unterschiedlichen Aufgabenprofilen und entsprechend auch je besonderen Interessen die Verbandsbildung förderte, illustriert u.a. die Gründung des preußischen Medizinalbeamtenvereins im Jahr 1883, also zu einem Zeitpunkt, als in Preußen insgesamt 455 Kreisphysiker gezählt wurden (Huerkamp 1985: 170/171). Heute werden die Interessen der Ärzte im öffentlichen Gesundheitsdienst von einem eigenen Bundesverband vertreten, in dem sich die bestehenden Medizinalvereine und Organisationen der Ärzte im öffentlichen Gesundheitsdienst zusammengeschlossen haben.

Noch im 19. Jahrhundert begann die Verbandsbildung auch im Bereich der Krankenhausträger. Den Beginn machten die kirchlichen Träger im Rahmen der sich etablierenden großen Wohlfahrtsverbände. 1894 schlossen sich die Rot-Kreuz-Krankenhäuser verbandsmäßig zusammen. Die Verbandsbildungen bei den privaten und den freigemeinnützigen Krankenhausträgern fanden nach dem Ende des 1. Weltkriegs zum einen aus der Sorge heraus statt, aufgrund von Kommunalisierungsbestrebungen die Selbständigkeit zu verlieren (Rausch 1984: 163-175). Zum anderen erkannten sie aber auch die Notwendigkeit, sich mit gewerkschaftlichen Forderungen auseinandersetzen zu müssen, da die Berufsverbände des nicht in Mutterhäusern organisierten Pflegepersonals ab 1920 als Partner in Tarifverhandlungen auftraten. Die kommunalen Krankenhäuser wurden in diesen Verhandlungen von dem jeweiligen kommunalen Arbeitgeberverband vertreten. Infolge der Heterogenität der Träger und ihrer Interessen und der sie widerspiegelnden Fragmentierung der Verbände besitzen die Krankenhäuser insgesamt eine relativ geringe kollektive Handlungsfähigkeit.

Für die weitere Entwicklung des Gesundheitssystems besonders folgenreich war die gesetzliche Verankerung von Krankenkassen, die damit zu wichtigen korporativen Akteuren und bald auch zu einem mächtigen Verhandlungspartner der Ärzteschaft wurden. Der erste entscheidende Schritt in dieser Entwicklung wurde in Preußen mit der Gewerbeordnung von 1845 getan (Gladen 1974: 20-27), in der die bestehenden handwerklichen Unterstützungsvereine legitimiert, die Bildung neuer Hilfskassen[35] erlaubt und den Kommunen das Recht zugebilligt wurde, für Gesellen und Gehilfen - und wenig später auch für Fabrikarbeiter - die Mitgliedschaft in einer Kasse verbindlich

35 Vgl. hierzu ausführlich Stollberg (1983); Stolt & Vesper (1973).

vorzuschreiben (Kassenzwang) (Tennstedt 1977: 15; Peters 1978: 33; Lampert 1985: 69). Der preußische Staat reagierte damit einerseits auf entsprechende kommunale Forderungen im Interesse der Entlastung der kommunalen Armenfonds, verfolgte aber gleichzeitig ordnungspolitische Ziele: Die rechtlich normierten und einem praktischen Zweck dienenden Kassen sollten sowohl sozial integrativ wirken wie beginnende Organisationsbestrebungen unter den unselbständig Beschäftigten in den Städten in politisch ungefährliche Bahnen lenken. Es diente beiden Zielen, wenn das Gesetz über die gewerblichen Unterstützungskassen von 1854 bestimmte, daß Fabrikinhaber ebenso wie Handwerksmeister verpflichtet werden konnten, ihrerseits Beiträge zu den Krankenkassen zu entrichten und sich entsprechend aktiv an der Verwaltung der Kassen zu beteiligen (Tennstedt 1977: 15). Verständlich werden diese Maßnahmen auf dem Hintergrund nicht nur der politischen Mobilisierung in jener Epoche, sondern auch der seit Einführung der Gewerbefreiheit unverhältnismäßig gewachsenen Zahl von Gesellen, Lehrlingen und bald auch Fabrikarbeitern und der damit zusammenhängenden Überforderung des bisherigen zunftmäßig-patriarchalischen Fürsorgeprinzips.[36] Im eigentlichen Sinne gesundheitspolitische Überlegungen spielten dagegen bei der Transformation von bisher privaten Vereinen "zu halböffentlichen Institutionen mit fest umrissenen, obrigkeitlich abgesegneten und kontrollierbaren Aufgaben" (Frevert 1984: 165) keine Rolle. Das Eigengewicht der sozial- und ordnungspolitischen Motive kommt auch klar dadurch zum Ausdruck, daß 1854 die Bezirksregierungen das Recht erhielten, in Kommunen, die von der betreffenden Ermächtigung keinen Gebrauch gemacht hatten, selber den Kassenzwang zu verordnen.

Die in den folgenden Jahrzehnten gegründeten Krankenkassen verdankten ihre Existenz überwiegend dem Kassenzwang, also behördlichem Druck. So sollen in Preußen Anfang der 70er Jahre nur 600 bis 700 der knapp 5000 Kassen in Verbindung mit Gewerkvereinen oder ähnlichen Organisationen entstandene, sogenannte freie Kassen gewesen sein (Frevert 1984: 177). Daß die allgemein für sinnvoll gehaltene Einrichtung von Krankenkassen auf freiwilliger Basis offenbar nicht in ausreichendem Maße stattfand, schien den Vertretern eines staatlichen Kassenzwangs in der Auseinandersetzung mit den sich dagegen auflehnenden Liberalen schließlich Recht zu geben, und mit dem Krankenversiche-

36 Vgl. die umfassende Darstellung bei Tennstedt (1981).

rungsgesetz von 1883 wurde der allgemeine Versicherungszwang für alle Arbeiter ausgesprochen, die in Berg- und Hüttenwerken, in Fabriken und mit Dampfmaschinen betriebenen Handwerken beschäftigt waren (Tennstedt 1977). Im übrigen "... schrieb das Gesetz von 1883 lediglich jene Grundsätze fest, die bereits seit 1849 zum ständigen Repertoire staatlicher Kassenpolitik gehörten": an der Art der bestehenden Einrichtungen wurde nichts Wesentliches geändert (Frevert 1984: 182). Diese Kontinuität hat sich bis in die Gegenwart fortgesetzt: die wichtigsten Strukturprinzipien der heutigen Gesetzlichen Krankenversicherung in der Bundesrepublik - Kassenarten, Selbstverwaltung, Beitragsbeteiligung von Arbeitgebern - sind über 100 Jahre alt.

Seit 1883 ist die gesetzliche Versicherungspflicht auf immer breitere Teile der Bevölkerung ausgedehnt worden (Inklusionsprozeß). So wuchs der Prozentsatz der von der Gesetzlichen Krankenversicherung erfaßten Reichsbevölkerung von 1885 bis 1913 von 9,2 auf 19,5%. Die Anfang 1914 in Kraft getretene Reichsversicherungsordnung (RVO) von 1911 dehnte den Kreis der Versicherten durch Anhebung der Versicherungspflichtgrenze und Ausdehnung des einbezogenen Personenkreises noch einmal massiv aus, so daß der Anteil der in der Gesetzlichen Krankenversicherung erfaßten Reichsbevölkerung auf 23% stieg. Rechnet man die Mitglieder der Knappschaftskassen und verschiedener Staatskrankenkassen sowie die bei immer mehr Kassen mitversicherten Familienangehörigen hinzu, dann wurden zu diesem Zeitpunkt schätzungsweise 50% der Reichsbevölkerung von den Kassen erfaßt und erhielten kostenlose ärztliche Behandlung (Huerkamp 1985: 193, 199). Bis heute ist dieser Prozentsatz auf ca. 90% angestiegen (Reiners 1987: 11), während er 1957 bereits bei ca. 80% lag (Peters 1978: 157/158).

Wiewohl durch politische Intervention vorangetrieben, wäre der kontinuierliche Aufstieg der Krankenkassen zu einem zentralen Strukturelement des Gesundheitssystems ohne die Existenz eines großen Reservoirs an ausgebildeten Ärzten nicht möglich gewesen. Ab 1880 galt der Arztberuf als überfüllt[37], es bestand sozusagen ein Angebotsüberhang. Der Preis für ärztliche Einzelleistungen sank und sogar die auf den Mittelstand berechneten, staatlich festgesetzten Medizinaltaxen

37 Während im Studienjahr 1878/79 die Zahl der Medizinstudenten an deutschen Universitäten noch 3.962 betragen hatte, waren es im Studienjahr 1887/88 mit 8.513 bereits doppelt so viele (Huerkamp 1980: 372).

wurden unterschritten (Tennstedt 1977: 68/69; vgl. auch Göckenjan 1985: 163). In dieser Situation gab es unter den niedergelassenen Ärzten viele, die bereit waren, Kassenpatienten zu betreuen und sich dafür von den Kassen bezahlen zu lassen. Die so etablierte unmittelbare Beziehung zwischen Kassen und Ärzten war eine Folge der 1883 gesetzlich verankerten Verpflichtung der Kassen, ihren Mitgliedern ambulante ärztliche Behandlung gleichsam als Naturalleistung zu gewähren (Hentschel 1983: 21). Damit waren es zugleich die Kassen, und nicht die Ärzteschaft, die vom Staat de facto mit der Organisation der Krankenversorgung für die sozial Schwächeren beauftragt wurden (Göckenjan 1985: 341).

In der Beziehung zwischen Krankenkassen und Ärzten hatten zunächst die Kassen die stärkere Position, nicht nur weil sie als - wenn auch relativ kleine und lokal begrenzte - Organisationen jeweils einzelnen Ärzten gegenüberstanden, sondern auch wegen der gesetzlich ermöglichten Eigenart dieser Beziehung. Die Kassen waren es, die Verträge mit einzelnen Ärzten abschlossen oder sie für die Betreuung ihrer Mitglieder fest anstellten (Peters 1978: 85). Den nur nebenbei für sie tätigen Ärzten boten die meisten Kassen Pauschalhonorierung an, wobei sie pro behandlungsberechtigtes Mitglied einen festen, damals pro Jahr im Schnitt zwischen 3 und 4 Mark liegenden Betrag zahlten. Da die Versicherten begannen, den Kassenarzt auch bei weniger schweren Erkrankungen zu konsultieren, und da außerdem mehr und mehr Kassen den Versicherungsschutz ohne entsprechende Erhöhung der Pauschale auf die Familienangehörigen der Versicherten ausdehnten, beklagten viele Kassenärzte sich, daß ihre Einkommensentwicklung mit der wachsenden Inanspruchnahme nicht Schritt hielt. Sowohl aus ökonomischen Gründen wie auch wegen der als mißlich empfundenen Abhängigkeit von den Kassenvorständen, in denen zunehmend sozialdemokratisch denkende Arbeiter saßen, die sich gelegentlich als Vorgesetzte der Ärzte gerierten, standen die freipraktizierenden Ärzte zumindest in ihren öffentlichen Erklärungen dem System der gesetzlichen Krankenversicherung ausgesprochen kritisch gegenüber. Entgegen der herrschenden Praxis forderten sie die Honorierung der Einzelleistung durch die Kassen und die freie Arztwahl der Kassenpatienten und wehrten sich gegen die schon bald erörterte Erweiterung des Versichertenkreises. Sie übersahen dabei, oder wollten es doch öffentlich nicht wahrhaben, daß es zum guten Teil die durch die Einführung des Versicherungszwanges stattfindende Expansion einer zahlungsfähigen Nachfrage war, die

die weitere Expansion sowohl bei den Krankenhäusern wie bei den niedergelassenen Ärzten ermöglichte, ohne zu ruinösem Wettbewerb zu führen[38]. Ein Indiz dafür ist die wachsende Ärztedichte; während 1883 noch ein Arzt auf 3.047 Einwohner kam, war diese Relation bis 1906 auf 1:1.952 gesunken (Tennstedt 1977: 67). Diese Nachfrageerweiterung haben nicht die Ärzte selbst aktiv erzeugt, sondern der Staat hat sie ihnen geschaffen, auch wenn das für ihn lediglich eine - wiewohl nicht unerwünschte - Nebenwirkung bei der Verfolgung sozial- und zunächst auch ordnungspolitischer Ziele war[39].

Obwohl mit den Kassenärzten anscheinend eine neue Dimension der Differenzierung innerhalb der Ärzteschaft entstand, lief die Entwicklung hier - ganz im Unterschied zur wachsenden Trennung zwischen niedergelassenen Ärzten und Medizinalbeamten und der tendenziell ebenso wachsenden Differenzierung zwischen Ärzten in Krankenhäusern und in Privatpraxen - höchstens in einer relativ kurzen Übergangsphase auf zunehmende Trennung hinaus. Die Verallgemeinerung der Kassenarzttätigkeit entzog dieser Differenzierung bald den Boden. Hier war es das Handeln der Ärzte selbst, die mit ihrem Verlangen nach freier Arztwahl, und das hieβ nach Generalisierung des Rechts zur Behandlung von Kassenpatienten, gleichsam nebenbei eine zunächst durchaus denkbare Auseinanderentwicklung von angestellten Kassenärzten einerseits und privat praktizierenden Ärzten andererseits verhinderten.

Die Ausdehnung der Kassenarzttätigkeit, die im Laufe der Zeit für die Mehrzahl aller praktizierenden Ärzte zur entscheidenden Existenzgrundlage wurde, lieβ die Anliegen der Kassenärzte in ihrer Auseinandersetzung mit den gesetzlichen Krankenkassen mehr und mehr zu standespolitischen Zentralfragen werden. Es war zuerst der Ärztevereinsbund,

---

38 Huerkamp (1985: 207) stellt hierzu fest, daβ das von allen Kassen zusammen an die Ärzte ausbezahlte Gesamthonorar 1890 eine Summe von 16,8 Millionen DM erreicht hatte, die bis 1900 auf 34,3 Millionen DM anstieg. "Diese Entwicklung der Kassenausgaben bedeutete für die Ärzte, daβ die Kassen, umgerechnet auf die Gesamtheit der praktizierenden Zivilärzte, 1.374 DM je Arzt an Behandlungskosten für ihre Mitglieder aufwendeten: eine Summe, die bei weitem das überstieg, was die Ärzte ohne die organisierte Nachfrage der Kassen von Patienten aus der Arbeiterklasse hätten einnehmen können".

39 Vgl. Auszüge aus der Thronrede von Kaiser Wilhelm I - abgedruckt in Peters (1978: 49/50).

der seit 1885 auf den von ihm organisierten Ärztetagen zum Sprachrohr ärztlicher Kritik und von Reformvorschlägen für das Kassenwesen wurde. Verhandlungen mit dem preußischen Kultusminister und dem Petitionsausschuß des Reichstags blieben jedoch erfolglos. In dieser Situation nahm sich der Leipziger Verband der Kassenärzte an und erreichte durch straffe Organisation seiner Mitglieder und die Initiierung von Ärztestreiks erhebliche Honorarerhöhungen. Außerdem begannen die Kassenärzte sich zunächst auf lokaler und regionaler Basis zusammenzuschließen. Es setzte ein zäher Kampf um die Ausweitung der ärztlichen Rechte gegenüber den Krankenkassen ein, in dem die Kassen bis zum Ausbruch des Ersten Weltkriegs Stück für Stück ihre überlegene Machtposition verloren (Huerkamp 1985: 223/224). Der entscheidende Schritt war die Übertragung des Abschlusses von Kassenarztverträgen vom einzelnen Arzt auf die ärztliche Organisation. Die Reichsversicherungsordnung (RVO) von 1911 hatte zwar den Einzugsbereich der Gesetzlichen Krankenversicherung beträchtlich ausgedehnt, regelte jedoch die Beziehungen zwischen Ärzten und Kassen nicht weiter (Bogs 1959: 289). Daher ging der Machtkampf mit Ärztestreiks weiter, in dessen Verlauf sich im Herbst 1913 die Kassen im sogenannten Berliner Abkommen zu Konzessionen genötigt sahen. Durch dieses Abkommen wurde die Anstellungsautonomie der Krankenkassen praktisch beseitigt und der kassenärztliche Kollektivvertrag anerkannt (Tennstedt 1977: 82). Von jetzt an traten den Kassen nicht mehr Individuen, sondern Organisationen zu Verhandlungen gegenüber. Die am Zustandekommen des Berliner Abkommens beteiligte Reichsregierung gab damit nicht etwa nur dem Druck der Ärzteverbände nach, sondern verfolgte das politische Ziel, Gegenmacht gegen die sozialdemokratisch verwalteten Kassen aufzubauen (Göckenjan 1985: 340).

Ihren Abschluß fand diese Entwicklung im Jahre 1931 mit der Etablierung der Kassenärztlichen Vereinigungen als gesetzlichen Zwangsorganisationen durch die Notverordnung desselben Jahres sowie die Verordnung über die Kassenärztliche Vereinigung Deutschlands von 1933. Damit wurde nicht nur das Monopol der Kassenärztlichen Vereinigungen für die kollektive Verhandlung der Ärzte mit den Kassen gesetzlich verankert. Vielmehr wurde ihnen jetzt - und damit der organisierten Ärzteschaft - vom Gesetzgeber die Zuständigkeit für die Gewährleistung der ärztlichen Versorgung der Bevölkerung übertragen (Tennstedt 1977: 211-219). Gleichzeitig erlangten die Kassenärztlichen Vereinigungen den ihnen angehörenden Ärzten gegenüber erhebliche

Macht, indem sie beauftragt wurden, die Finanzmittel der Kassen an ihre Mitglieder zu verteilen und dabei auch bestimmte Überwachungsfunktionen auszuüben. Damit hatten sich die auf Reichsebene zusammengefaßten Kassenärztlichen Vereinigungen zum mächtigsten korporativen Akteur im Gesundheitssystem entwickelt. Obwohl dem kollektiven Interesse der Ärzte entsprechend, bedurfte es aber auch diesmal der gesetzlichen Intervention, um das Machtverhältnis zwischen Krankenkassen und Kassenärzten in der beschriebenen Weise zu verändern. Wieder war diese gesetzliche Intervention nicht nur eine staatliche Regulierung auf Wunsch der Ärztelobby. Auch in der Weimarer Zeit galten die Gesetzlichen Krankenkassen als Pfründe der sozialdemokratischen Partei und der Gewerkschaften, die nicht nur die gewählten Vorstände, sondern vor allem auch die hauptamtlichen Kassenverwaltungen vielfach mit verdienten Mitgliedern besetzen konnten. Wie schon zuvor, war es auch diesmal wieder der *politischen* Opportunität der ärztlichen Forderungen zu verdanken, wenn die Nationalsozialisten 1933 den Schlußpunkt in einer Entwicklung setzten[40], die die Machtkonstellation zwischen den korporativen Akteuren im Gesundheitssystem bis heute bestimmt.

Der Machtzuwachs der organisierten Ärzteschaft konnte auch nicht dadurch verhindert oder ausgeglichen werden, daß sich bei den zunächst völlig dezentral organisierten Krankenkassen ebenfalls überregionale Organisationen bildeten. Schon 1894 schlossen sich die Ortskrankenkassen auf Reichsebene zusammen, 1907 die Betriebskrankenkassen, 1910 die Innungskrankenkassen und 1912 die Ersatzkassen (Peters 1978: 60; Tennstedt 1977: 92). Letztere waren aus den freien Hilfskassen hervorgegangen, deren Fortdauer das Krankenversicherungsgesetz von 1883 unter bestimmten Auflagen ermöglichte. Die organisatorische Integration bei den Kassen verlief allerdings hauptsächlich in der Vertikalen; in horizontaler Richtung blieben die verschiedenen Kassenarten weitgehend erhalten. Die RVO beseitigte lediglich die (zahlreichen, aber kleinen) Einrichtungen der noch existierenden Gemeindekrankenversicherung und integrierte die (wenigen) Baukassen in die Betriebskrankenkassen. Außerdem führte die RVO zu einer Zusammenlegung kleiner zu größeren Krankenkassen (Peters 1978: 79). Weder der eine noch der andere Integrationsvorgang wäre vermutlich ohne gesetzliche Intervention

40 Vgl. Leibfried & Tennstedt (1981) über die Auswirkungen der nationalsozialistischen Machtergreifung auf die Krankenkassenverwaltung und die Kassenärzte.

erfolgt, da auch kleine Kassen ihre Selbstverwaltung hatten und eigenständige Akteure waren, die nicht zur Selbstabschaffung neigen. Über diese eher marginalen Strukturänderungen im Krankenkassensektor hinaus ergaben sich infolge verschiedener Gesetzesnovellierungen gewisse Machtverschiebungen zwischen den Kassenarten. Dabei wurden einerseits die freien Hilfskassen/Ersatzkassen zugunsten der Gesetzlichen Krankenkassen eingeschränkt, andererseits wurde die Konkurrenz der Kassen um Mitglieder durch die Beschränkung der freien Kassenwahl und die überschneidungsfreie Zuordnung der Versicherten minimiert. Im übrigen wurde der Handlungsspielraum der Krankenkassen auch bei der Bestimmung der Leistungen durch deren schrittweise gesetzliche Verankerung ständig reduziert. Wiewohl ein zentrales Strukturelement des Gesundheitssystems, sind die Krankenkassen als korporative Akteure nur beschränkt handlungsfähig.

In der Zeit der nationalsozialistischen Herrschaft erreichte die Organisation der deutschen Ärzteschaft ihr Höchstmaß an Zentralisierung. Der Hartmannbund wurde aufgelöst und die nunmehr auf Reichsebene etablierte Kassenärztliche Vereinigung Deutschlands zu seiner Rechtsnachfolgerin bestimmt. Auch der Deutsche Ärztevereinsbund wurde aufgelöst; seine Rechtsnachfolgerin wurde die Reichsärztekammer. Gleichzeitig trieb die Unterstellung der Kassenverbände unter die Aufsicht des Reichsarbeitsministers und die Liquidation der Eigeneinrichtungen (Ambulatorien usw.) des Hauptverbandes Deutscher Krankenkassen die Machtverschiebung zwischen Ärzten und Krankenkassen noch einen Schritt weiter (Tennstedt 1977: 192/193; Deppe 1987: 27-30). Nach 1945 kam es zur weitgehenden Restauration des deutschen Gesundheitssystems in den Strukturen, wie sie sich bis 1933 entwickelt hatten.[41] Anstatt bestehende Machtungleichgewichte zwischen den zentralen Akteuren abzubauen, wurde die Machtposition der Ärzteschaft durch die Verabschiedung des Gesetzes über das Kassenarztrecht im Jahr 1955 noch weiter gestärkt.[42] Diese Sachlage veranlaßte das Bundesarbeitsmini-

41 Zur Entwicklung der Sozialversicherung im Nachkriegsdeutschland vgl. umfassend Hockerts (1980).

42 Zur Entwicklung und aktuellen Ausprägung des Kassenarztrechts siehe Schneider (1983); Krauskopf & Siewert (1980).

sterium, ab 1958 Reformversuche zu unternehmen, die aber alle scheiterten (Naschold 1967)[43]

Nicht nur aus analytischen Gründen hat sich die Rekonstruktion der Entwicklung des Gesundheitssystems zuletzt auf das Entstehen und die Interaktionen zwischen korporativen Akteuren konzentriert: Die jüngste Entwicklungsphase wird hiervon faktisch beherrscht. Die zunehmende Inklusivität des Gesundheitssystems ist *organisiert* worden, und Organisationen bestimmen das Preis-Leistungs-Verhältnis in der Beziehung zwischen Dienstleistungsproduzenten und Klienten. Das Verhältnis zwischen den Organisationen auf den beiden Seiten der Tauschbeziehung ist eine spannungsgeladene Kooperation, und es scheint gerade diese Kombination zu sein, die einen Anreiz für die ständig wachsende territoriale Integration, Zentralisierung und Inklusion des potentiellen Mitgliederreservoirs der einmal gebildeten formalen Organisationen darstellt.

5 Systembildung: Aus- und Innendifferenzierung

In diesem Abschnitt soll versucht werden, die geschilderte Entwicklung des deutschen Gesundheitssystems auf dem Hintergrund allgemeiner differenzierungstheoretischer Fragestellungen zu interpretieren. Dabei zeigt sich schnell, daß sowohl eine größere Spezifizierung wie eine Modifikation und Erweiterung differenzierungstheoretischer Modellannahmen nötig ist. So ist schon bei der Analyse der Berufsbildungsprozesse in Abschnitt 2 festgestellt worden, daß diese sich mit der einfachen Formel wachsender Arbeitsteilung nicht adäquat beschreiben lassen. Vielmehr haben neben funktioneller Differenzierung auch Integrations-, Absorptions- und Umverteilungsprozesse (von Tätigkeitselementen zwischen Berufen) stattgefunden und die Struktur der Berufe im Gesundheitssystem entscheidend mitgeprägt. Um den beruflichen Differenzierungsprozeß beschreiben zu können, reichte im übrigen der Bezug auf die Aufgabe nicht aus. Das Entstehen zahlreicher medizinischer Spezialgebiete wie auch das Nebeneinander von öffentlichem Gesundheitsdienst

43 Zur Entwicklung von der Nachkriegszeit bis zur aktuellen Situation siehe die komprimierte, wenn auch parteiliche Darstellung bei Deppe (1987: 35-75).

und einzelfallbezogener medizinischer Praxis lassen sich zwar als Unterteilungen einer größeren Aufgabe verstehen. Die Trennung zwischen Kassenärzten, Krankenhausärzten und solchen mit reiner Privatpraxis findet dagegen eher auf der positionalen Ebene statt und setzt eine Analyse in sozialstrukturellen Kategorien voraus. Daß es sich hier tatsächlich um eine zweite wichtige Basis interner Differenzierung handelt, wird spätestens in dem Augenblick deutlich, in dem soziale Gruppen wie die Krankenhausärzte oder die Kassenärzte sich zur Vertretung gruppenspezifischer Interessen verbandsmäßig organisieren.

Kaum noch einmal wiederholt zu werden braucht, daß sich die Entwicklung des Gesundheitssystems nicht adäquat beschreiben läßt, ohne auf die Bildung formaler Organisationen einzugehen, deren Existenz in der herkömmlichen Differenzierungstheorie zwar nicht geleugnet, aber auch nicht gerade als besonders wichtiger Vorgang bei der Ausdifferenzierung von gesellschaftlichen Teilsystemen angesehen wird. Dabei treten *produktive* Organisationen wesentlich früher auf als andere Organisationstypen, die jedoch als korporative Akteure für die Interaktionen innerhalb des Gesundheitssystems sowie mit seiner Umwelt zunehmend bedeutsam werden. Die sekundäre Organisationsbildung geht mit Konzentrations-, Zentralisierungs- und Inklusionsprozessen einher. Dadurch, daß wichtige sekundäre Organisationen in rechtlich geregelten Verhandlungsbeziehungen stehen und infolge des Finanzierungsmodus für den überwiegenden Teil der Gesundheitsleistungen durch eine monetäre Klammer verbunden sind, erreicht das deutsche Gesundheitssystem einen hohen Grad interner interaktiver Vernetzung, obwohl die Beziehungen zwischen verschiedenen korporativen Akteuren durchaus spannungsgeladen und durch Interessengegensätze gekennzeichnet sind.

Die letzte Bemerkung zum Ausdifferenzierungsprozeß selbst bezieht sich auf den Modus der Systementwicklung, die im Fall des Gesundheitssystems ganz offensichtlich nicht dem oft unterstellten Dekompositionsparadigma entspricht. Das gilt nicht nur, wie schon festgestellt, für die systemische Herkunft einzelner Tätigkeitselemente z.B. in den Berufsrollen von Arzt und Apotheker, sondern auch für ganze Berufskategorien wie das Krankenhauspflegepersonal, das historisch seine Wurzeln in religiösen Orden hatte. Vor allem aber sind eine Reihe komplexerer sozialstruktureller Komponenten unseres heutigen Gesundheitssystems nicht in ihm und als solche entstanden, sondern in das sich ausdifferenzierende Teilsystem integriert worden - womit bei diesen Strukturelementen dann allerdings auch ein Funktionswandel verbunden war. Das gilt in historischer Reihenfolge zunächst für die Krankenhäuser, die sich durch die zunehmende Spezialisierung auf Krankenbehandlung aus den Hospitälern entwickelten, welche zunächst multifunktionelle kirchliche Einrichtungen bzw. Einrichtungen der kommunalen Armenfürsorge waren. Damit ist nicht gesagt, daß Krankenhäuser als funktionell spezialisierte Einrichtungen im Gesundheitswesen andernfalls nicht entstanden wären. Schon die Gründung von Privatkliniken durch Ärzte im 19. Jahrhundert spricht dagegen.[44] Die Existenz von Hospitälern hat aber sicher Auftreten und Ausbreitung von Krankenhäusern erleichtert und beschleunigt, obwohl es dann endogene Kräfte waren, die die Entwicklung vorantrieben. Die zweite wichtige Einrichtung, die zunächst nicht als Teil des Gesundheitssystems entstand, sind die auf den ehemaligen Hilfs- und Unterstützungsvereinen fußenden Krankenkassen. Wie bei den Krankenhäusern wurde die Umwandlung der schon bestehenden Art von Einrichtung in ein fest ins Gesundheitssystem integriertes Strukturelement sehr bald ergänzt und überlagert durch die Neugründung weiterer, nun aber bereits von Anfang an funktionell spezialisierter Einrichtungen - den neuen Zwangskassen. Bei der Entwicklung des Gesundheitssystems spielen damit integrative (bzw. synthetische) Prozesse neben solchen der internen Arbeitsteilung eine wichtige Rolle.

Unter dem analytischen Gesichtspunkt der Ausdifferenzierung ist schließlich noch die Abgrenzungsfrage anzusprechen. Was die Rolle der "Abnehmer" von Gesundheitsleistungen angeht, besteht hier kein besonderes Problem. Der aktuelle Übertritt in die Patientenrolle ist im Zusammenspiel von tentativer Selbstzuschreibung und (definitiver, formeller) Zuschreibung durch den Arzt recht klar geregelt, und auch die allgemeinen Pflichten und Rechte des anerkannt Kranken sind - z.T. sogar rechtlich - festgelegt. Kompliziert wird die Abgrenzung des Gesundheitssystems jedoch durch die Existenz mehrerer Überlappungsbereiche, die sich mit einem Konzept von Austauschprozessen über Systemgrenzen hinweg nicht richtig erfassen lassen.

An hervorragender Stelle gehört hierzu das öffentliche Gesundheitswesen. Sozialstrukturell gesehen ist dieses ein Teil des politisch-administrativen Systems: Gesundheitsämter sind Behörden, und ihr Personal

---

44 Zu Privatkliniken siehe die Ausführungen von Winkelmann (1971).

gehört zum öffentlichen Dienst. In funktioneller Hinsicht jedoch ist der staatliche Gesundheitsdienst zumindest *auch* als Sektor des Gesundheitssystems zu betrachten. Zwar fungieren die Gesundheitsämter u.a. als staatliche Aufsichts- und Regulierungsinstanzen, aber diese Aufsicht wird zum guten Teil *im Interesse* der Gesundheit, nicht jedoch über die Dienstleister im Gesundheitssystem ausgeübt. Außerdem erfüllen die Gesundheitsämter auch selber immer noch einige unmittelbar gesundheitsbezogene Dienstleistungen mit individuellem Patientenbezug.

Einen noch wichtigeren Überlappungsbereich im Gesundheitssystem stellt die medizinische Wissenschaft dar, und zwar sowohl als Ausbildung wie als Forschung[45]. Im Gegensatz zum öffentlichen Gesundheitsdienst fehlt hier auf der Rollenebene eine klare Trennung; vor allem in Universitätskliniken, die hier quasi als Nahtstelle fungieren, sind die Rollen des behandelnden Arztes, des Forschers und des Lehrers sogar typischerweise miteinander kombiniert. Daß es zumindest zwischen der Handlungslogik des medizinischen Forschers und des praktizierenden Arztes erhebliche Divergenzen und damit auch Konflikte geben kann, wurde schon zu Beginn der sogenannten Krankenhausmedizin kritisch bemerkt.

Als einen dritten Überlappungsbereich, der diesmal zwischen Gesundheitssystem und Wirtschaftssystem liegt, könnte man die pharmazeutische Industrie und neuerdings auch die medizintechnische Industrie bezeichnen. Beide Industrien sind aufs Gesundheitssystem als Nachfrager orientiert und produzieren Güter, die unmittelbar zum Bestandteil gesundheitsbezogenen Handelns werden, ja es sind die Fortschritte in diesen beiden Bereichen, denen ein großer Teil der therapeutischen Leistungssteigerung der jüngsten Vergangenheit zuzuschreiben ist. Sozialstrukturell gesehen sind die Pharmaindustrie und die medizintechnische Industrie jedoch im Wirtschaftssystem entstanden, und zwar die pharmazeutische Industrie in hohem Maße als Teil der chemischen Industrie, während Medizintechnik insbesondere von Großunternehmen der elektrotechnischen Industrie produziert wird. Zumindest die pharmazeutische Industrie scheint eine Teilfunktion gesundheitsbezogenen Handelns usurpiert zu haben, die ursprünglich von Ärzten, Heilkundigen und Apothekern in unvollständiger Aufgabenteilung selbst erfüllt wurde.

---

45 Field (1973) zählt dagegen beides ohne weiteres zu den Kernelementen des Gesundheitssystems, ohne die Zurechnung weiter zu problematisieren.

Allerdings beruhen die von der pharmazeutischen Industrie produzierten Arzneimittel zum großen Teil auf chemischer Basis und sind insofern überwiegend Produktinnovationen und nicht einfach die Übernahme bisher manuell gefertigter Arzneimittel in die industrielle Produktion (vgl. Dann 1975: 102-108). Die Erfindung medizintechnischer Apparaturen begann schon vor über hundert Jahren; sie wurden zum großen Teil zuerst von Medizinern selbst gemacht (Goerke 1976: 70/71), so daß erst die moderne Medizintechnik industriell erzeugt wird - hier hat man es mit einem ähnlichen Prozeß wie bei den Arzneimitteln zu tun. Beide Wirtschaftszweige handeln natürlich nach ökonomischen Kriterien; sie erstreben finanziellen Gewinn, und das motiviert sie zu Strategien der Nachfragesteigerung. Für das Gesundheitssystem kann daraus die Verführung zu einem unverhältnismäßigen Einsatz dieser Mittel entstehen. Der evidente Konflikt zwischen zwei unterschiedlichen Handlungslogiken unterliegt in der Bundesrepublik keiner restriktiven Regulierung bezüglich der Preisfestsetzung, doch bezieht sich indirekt die Arzneimittelgesetzgebung darauf.

Überlappungsbereiche der geschilderten Art, in denen das Handeln *auch* auf das Bezugsproblem Gesundheit bezogen ist, obwohl sie Strukturelemente anderer gesellschaftlicher Teilsysteme (Politik, Wissenschaft, Wirtschaft) sind, könnte man systemtheoretisch als Form der Vernetzung unterschiedlicher Teilsysteme betrachten. Bei der Behandlung gesellschaftlicher Integrationsmechanismen ist ihnen neben funktionellen Interdependenzen (also Austauschprozessen), Kommunikationsmedien und vermittelnden Verhandlungssystemen bislang keine besondere Aufmerksamkeit geschenkt worden. Den angedeuteten Besonderheiten der Überlappungsbereiche am nächsten kommt noch die Vorstellung der Interpenetration von Standards. Die hier entwickelte Perspektive betont jedoch stärker den Aspekt des Konflikts zwischen unterschiedlichen Handlungslogiken - ohne damit zu leugnen, daß die jeweils gefundenen Lösungen solcher Konflikte z.B. durch Kompromiß oder Segregation eine Art der Integration darstellen.

6 Die Triebkräfte der Entwicklung

Bei einem gesellschaftlichen Teilsystem wie dem Gesundheitswesen zweifelt man nicht, daß konkrete Bedürfnisse bei seiner Entwicklung eine wesentliche Rolle gespielt haben. Und doch ist, wenn man den historischen Prozeβ näher betrachtet, die Unzulänglichkeit einer einfach mit "Nachfrage" operierenden Erklärung schnell offensichtlich.

Auffällig ist zunächst die groβe Bedeutung kognitiver Faktoren, vor allem der naturwissenschaftlichen (Um-)Orientierung der Medizin, sowohl für die wachsende Leistungsfähigkeit wie für den im Zuge der Ausdifferenzierung stattfindenden Strukturwandel im Kernbereich des Gesundheitssystems. Die moderne medizinische Wissenschaft ermöglichte eine wirksamere Diagnose und Therapie (auch bei den populationsbezogenen Maβnahmen des öffentlichen Gesundheitswesens!) und erlaubte so, über sichtbare Leistungssteigerung die Legitimität von Status- und Kompetenzansprüchen der Ärzte zu begründen. Die Entwicklung der modernen medizinischen Wissenschaft hat auβerdem beim Entstehen des Krankenhauses und des ärztlichen Einheitsstandes eine entscheidende Rolle gespielt. Die frühere Trennung zwischen gelehrten Ärzten und Chirurgen war nicht nur kongruent mit der Ständeordnung und der entsprechend stratifizierten Nachfrage nach Gesundheitsleistungen, sondern auch durch das traditionelle Krankheitsverständnis abgestützt. Als mit der zunehmend naturwissenschaftlich fundierten Entwicklung medizinischen Wissens die Trennung zwischen inneren und äuβeren Krankheiten und damit auch zwischen akademischer Theorie und wundärztlicher Praxis obsolet wurde, entstand die Einheitsrolle des akademisch ausgebildeten Arztes. Die Durchsetzung einer lokalistischen Krankheitsauffassung war dann für die Entwicklung der fachärztlichen Spezialisierung wichtig. Die naturwissenschaftliche Bildung und Orientierung der Ärzte hat schlieβlich auch das Arzt-Patientenverhältnis geprägt und die hierarchische Beziehung zwischen Ärzten und paramedizinischem Personal rechtfertigen helfen.

Eine wachsende Kritik an dem naturwissenschaftlichen und organspezifischen Krankheitsverständnis hat inzwischen zu einer Veränderung in der Definition des Bezugsproblems geführt, das dadurch keineswegs verengt, sondern ganz im Gegenteil tendenziell eher erweitert wurde. Erweiterungen haben vor allem entlang von zwei Dimensionen stattgefunden: einmal werden neben physischen (genetischen, infektiösen usw.) Krankheitsursachen zunehmend soziale Faktoren wie die Lebens- und Ernährungsweise, die Arbeits- und Wohnumwelt berücksichtigt, und zum anderen werden neben somatischen auch psychische Phänomene sowohl als Krankheitsursache wie als Krankheitserscheinung anerkannt. Das Bezugsproblem Krankheit hat mit diesen Erweiterungen an analytischer Präzisierbarkeit (Spezifikation) gewonnen, denn nun ist es z.B. sowohl möglich, somatische Phänomene als psychisch verursacht zu erkennen, wie auch psychische Phänomene (etwa die endogenen Depressionen) naturwissenschaftlich zu untersuchen. Die entsprechenden Erweiterungen wurden allerdings jeweils nur von einer Minderheit unter den Ärzten propagiert und haben sich auf der Ebene von Ausbildungsordnungen, Leistungskatalogen der Krankenkassen und alltäglicher ärztlicher Praxis auch nur partiell durchgesetzt. Tatsächlich ist die Ambivalenz einer Strategie der Zuständigkeitserweiterung durch eine erweiterte Definition des Bezugsproblems ärztlichen Handelns evident (und gilt vermutlich nicht nur im Fall des Gesundheitssystems). Sie verweist auf ein für die Entwicklung gesellschaftlicher Funktionssysteme möglicherweise charakteristisches Spannungsverhältnis zwischen Spezialisierungs- und Generalisierungstendenzen, das für die strukturelle Dynamik ebenso wichtig sein könnte wie das Spannungsverhältnis zwischen Zentralisierungs- und Dezentralisierungstendenzen, auf das schon Elias hingewiesen hat.

Noch eine weitere Dimension der Definition des Bezugsproblems Krankheit ist für die Strukturentwicklung des Gesundheitssystems wichtig gewesen, nämlich ob Krankheit vorzugsweise als individuelles oder kollektives Phänomen aufgefaßt wird und zu behandeln ist. Es ist wohl nicht zwangsläufig, daß eine naturwissenschaftliche Medizin die Orientierung am einzelnen Patienten statt an der Population bedingt. Tatsächlich haben im 18. und 19. Jahrhundert Teile der Ärzteschaft verlangt, medizinisches Handeln solle sich am Ziel der Volksgesundheit statt lediglich an der Gesundheit des einzelnen Patienten orientieren.[46] Bei einer solchen Zieldefinition müßten jedoch, wie es im Rahmen der Sanitätsbewegung auch tatsächlich der Fall gewesen ist, ganz andere als individuelle therapeutische Maßnahmen im Vordergrund stehen, Maßnahmen, die legitime Eingriffsrechte auf kollektiver Ebene voraussetzen und deshalb zur Domäne politischer Instanzen gehören, nämlich Städtebau, Trinkwasserversorgung und Wasserschutz, Lebensmittelkontrolle, Arbeitsschutz usw.[47] Insofern ist es ganz folgerichtig, daß das kollektivorientierte gesundheitsbezogene Handeln im öffentlichen Gesund-

46 Vgl. vor allem die Auswahl historischer Quellentexte in Deppe & Regus (1975).

47 Vgl. zur Entwicklung kollektiver Gesundheitsmaßnahmen die Arbeit von Rodenstein (1988).

heitsdienst institutionalisiert wurde,[48] während das Handeln der freipraktizierenden oder in Krankenhäusern angestellten Ärzte eindeutig am individuellen Krankheitsfall orientiert ist. Die Möglichkeit verschiedener Definitionen des Bezugsproblems hat hier also eine arbeitsteilige Differenzierung begünstigt.

"Nachfrage" nach gesundheitsbezogenen Leistungen hat es sowohl von Individuen wie von sozialen Kollektiven, vor allem den Städten und später dem Staat gegeben, wobei erstere eher an Therapie und Pflege, letztere vor allem auch an Prophylaxe interessiert waren und heute noch sind. In Grenzen ist die Nachfrage historisch variabel gewesen, einerseits infolge von Veränderungen in Art und Umfang bestimmter Krankheiten, andererseits infolge der wechselnden (tendenziell wachsenden) relativen Bedeutung von Krankheit unter den Problemen der Menschen. Damit allerdings solche Nachfrage für die Entwicklung des Gesundheitssystems wirksam werden konnte, mußte sie erstens *an die Akteure dieses Systems* (und nicht z.B. an Priester, Familienangehörige usw.) gerichtet und zweitens "zahlungsfähig" sein. Daß ersteres geschah, haben die spezialisierten Anbieter von Gesundheitsleistungen in einem langen Kampf und mit Hilfe des Gesetzgebers weitgehend durchgesetzt, ist also alles andere als ein spontaner Prozeß. Die wachsende Zahlungsfähigkeit der Nachfrage ist dagegen zum großen Teil eine Nebenwirkung der sozio-ökonomischen Entwicklung, darüber hinaus aber auch durch die Einrichtung und ständige Ausdehnung der gesetzlichen Krankenversicherung bewirkt worden. Das Bedürfnis nach Gesundheitsleistungen ist also lediglich ein Potential; es muß aktiviert und kanalisiert werden, und damit kommen bereits andere Faktoren ins Spiel.

Bei den nachfolgenden beruflichen Differenzierungsprozessen hat Konkurrenz eine wichtige Rolle gespielt. Das gilt einmal für den in der zweiten Hälfte des vorigen Jahrhunderts einsetzenden Spezialisierungsprozeß, der in einer Zeit schneller Zunahme von akademisch ausgebildeten Ärzten stattfand. Unterstützt und inhaltlich gelenkt

48 Die erste von uns aufgefundene historische Quelle, in der explizit der Terminus "Gesundheitswesen" benutzt wird, stellt die österreichische Gesundheitsordnung von 1770 dar (abgedruckt im "Lexikon sämtlicher K.u.K. Medicinalgesetze von 1548 bis zu gegenwärtigen Zeiten" von 1790). Diese Änderung in der Semantik ist Ausdruck der sich in dieser Zeit vollziehenden realen Entwicklung eines kollektivorientierten öffentlichen Gesundheitswesens.

wurde der Spezialisierungsprozeß durch die besondere Richtung, die der Wissensfortschritt nahm (Organmedizin), während das zahlungsfähige Nachfragepotential die entsprechenden "Marktnischen" für die neuen Spezialisten schuf und den Prozeß insofern ermöglichte, ohne ihn auszulösen. Konkurrenz, diesmal jedoch nicht innerhalb der akademisch ausgebildeten Ärzteschaft, sondern zwischen ihr und den Heilkundigen einerseits, den Apothekern andererseits, hat auch bei diesen beiden Differenzierungsprozessen eine Rolle gespielt. Diese Prozesse führten einerseits zur Ausgrenzung von Berufen aus dem etablierten Gesundheitssystem, andererseits zu einer genaueren Arbeitsteilung zwischen den Berufen der Ärzte und der Apotheker im System.

Nachfragefaktoren waren unmittelbarer wirksam bei zwei weiteren Differenzierungsprozessen, doch handelte es sich in beiden Fällen um die Nachfrage korporativer Akteure bzw. formaler Organisationen und nur über sie vermittelt um die Nachfrage potentieller Patienten. Der erste dieser Prozesse war das Entstehen der Medizinalbeamten als einer ärztlichen Berufsgruppe mit eigenem Aufgabenprofil. Nachfrager nach ärztlichen Leistungen war hier der Staat. Sowohl akademische Mediziner und freie Praktiker wie auch die nebenamtlich tätigen Kreisphysiker wirkten am Entstehen der voll besoldeten Medizinalbeamten mit und unterstützten die staatlichen Instanzen bei der Entwicklung der sich ständig diversifizierenden gesundheitsdienstlichen Aufgaben. Wenigstens teilweise ist so die externe Nachfrage in diesem Fall von der Ärzteschaft selbst erzeugt, obwohl an der "Politisierung der Krankheit", die zu einem Ausbau des öffentlichen Gesundheitswesens führte, auch Aufklärung und bürgerliche Emanzipation sowie ein sehr handfestes staatliches Interesse an der Verbesserung des Gesundheitszustandes der breiten Bevölkerung beteiligt waren (Frevert 1984). Bei dem zweiten Prozeß, der durch die Nachfrage formaler Organisationen ausgelöst wurde, handelt es sich um die Entwicklung des paramedizinischen Personals in Krankenhäusern und die nachfolgende interne Differenzierung dieser Berufsgruppe, die durch den Strukturwandel der Krankenhäuser und damit indirekt von der wissenschaftlichen und medizintechnischen Entwicklung beeinflußt wurde. Zweckorientierte formale Organisationen, die eine bestimmte Art von Leistung nachfragen, um ihre Aufgaben erfüllen zu können, spielen eine zentrale Rolle bei der Kanalisierung von Nachfragepotential.

Während bei der beruflichen Differenzierung im Gesundheitssystem Prozesse kollektiver, aber unorganisierter Anpassung an sich verändernde

Opportunitäten (z.B. Erwerbschancen, "Marktnischen") von großer Bedeutung sind, ist die Herausbildung der für die jüngste Entwicklungsphase charakteristischen sekundären Organisationen in wichtigen Teilen Ergebnis absichtsvoller Selbstorganisation. Als Triebkräfte wirken hierbei bestimmte Bedürfnisse der potentiellen Organisationsmitglieder, mit denen dann auch die Art der Organisationsbildung variiert. Mindestens vier solcher Bedürfnisse lassen sich für den Fall des Gesundheitssystems unterscheiden:

- das Bedürfnis nach gruppeninterner Kommunikation, sei es wie bei manchen lokalen Ärztevereinen eher geselliger Natur oder wie bei den medizinischen Fachgesellschaften eher wissenschaftlicher Natur;
- das Bedürfnis nach individueller Absicherung, das die Grundlage der Bildung von Krankenkassen war, aber auch bei einer Reihe von Verbänden als Nebenzweck wirkte;
- Bedürfnisse gruppeninterner Konfliktregelung, Normbildung und Konformitätsüberwachung, die u.a. für Ärztevereine und Ärztekammern wichtig wurden;
- das Bedürfnis kollektiver Verhandlungsführung bei der Verfolgung im einzelnen recht unterschiedlicher Ziele gegenüber ebenfalls recht unterschiedlichen Handlungspartnern.

Das Streben nach kollektiver Handlungsfähigkeit ist ohne Zweifel die stärkste Triebkraft nicht nur beim Entstehen, sondern auch bei den nachfolgenden Prozessen der Konzentration und Zentralisierung von Verbänden auf seiten der Produzenten von Gesundheitsleistungen gewesen. Nicht Veränderungen in Art und Umfang der Leistungsnachfrage, sondern Existenz und Handeln anderer korporativer Akteure sind für diesen Aspekt des Entwicklungsprozesses entscheidend: Das Bedürfnis nach kollektiver Verhandlungsführung wird vor allem dann manifest, wenn der Gegenspieler einer Gruppe bereits formal organisiert ist[49]. Damit wird der Organisationsbildungsprozeß zugleich eigendynamisch,

49 Damit lassen sich dann auch die ökonomische Theorie kollektiven Handelns, die Theorie organisierter Gegenmacht und auch spieltheoretische Ansätze zur Erklärung der strukturellen Entwicklung eines gesellschaftlichen Teilsystems einsetzen, wie das z.B. Lothar Feige (1980) ausführlich für das Gesundheitssystem versucht hat.

was mit eine Erklärung für sein - in historischer Perspektive - schnelles Fortschreiten in den letzten 100 Jahren ist. Die Folge dieser Entwicklung ist, daß im Gesundheitssystem das Ordnungsprinzip "Markt" zunehmend von den Ordnungsprinzipien Hierarchie und Bargaining verdrängt wird, was zugleich bedeutet, daß Ressourcengewinn und sogar Existenzsicherung der Leistungsanbieter nicht mehr direkt von einer großen Zahl einzelner Patienten, Arzneikäufer usw. abhängt, sondern von korporativen Akteuren - und das auch dann, wenn der einzelne Produzent zu ihnen in einem formellen Mitgliedschaftsverhältnis steht.

Obwohl später teilweise eigendynamisch werdend, hängt die Verbandsbildung im Gesundheitswesen in doppelter Hinsicht mit politischen Vorgängen zusammen. Die Zeit zwischen 1848 und 1914 war in Deutschland allgemein die Phase der Entstehung organisierter Interessen (v. Alemann 1987: 147/148) und beruht damit auch im Gesundheitssystem auf Voraussetzungen, die für es nicht spezifisch sind. Zweitens verstärkte der sich entfaltende Verfassungsstaat seine Interventionen ins Gesundheitssystem und löste reaktive Organisationsbestrebungen aus. Aber nicht nur dadurch wirkten politische Akteure auf die Entwicklung des Gesundheitssystems ein. Sie haben wenigstens *zwei* zentrale Strukturelemente, die gesetzlichen Krankenkassen und die Kassenärztlichen Vereinigungen[50], durch aktive Intervention erzeugt und sie haben auch in die Entwicklung der gesundheitsbezogenen Berufe regelnd eingegriffen. Durch diese induzierenden, konstruierenden und steuernden Interventionen ist die politische Umwelt des deutschen Gesundheitssystems der wohl wichtigste *Präge*faktor für seine Entwicklung geworden.

Die ersten politischen Interventionen, die ab 1350 zunächst in einzelnen freien Reichsstädten erlassenen Medizinal- und Apothekerordnungen, beeinflußten die funktionelle Differenzierung auf Rollenebene durch die formale Abgrenzung zwischen Ärzten, Apothekern und Heilkundigen. Auf derselben Linie liegt später die Schaffung des ärztlichen Einheitsstandes und die gesetzliche Verankerung des ärztlichen Behand-

50 Da zum Ende der Weimarer Republik aufgrund der schlechten wirtschaftlichen Lage der Krankenkassen reichseinheitlich das Kopfpauschalsystem eingeführt wurde, bedurfte es zur Verteilung der Pauschalsummen "einer Organisation mit autonomen Rechtssetzungsbefugnissen gegenüber den einzelnen Kassenärzten. Es wurden deshalb durch die Notverordnung vom 8. Dezember 1931 die Kassenärztlichen Vereinigungen geschaffen" (Liebold 1984: 8).

lungsmonopols. Mit den in Preußen zuerst 1693 erlassenen Medizinaltaxen griff der Staat weiterhin gestaltend in die finanziellen Austauschbeziehungen mit Patienten ein. Mit der Übertragung des Approbationsrechts auf eine staatliche Behörde (in Preußen 1725) etablierte er sich schließlich als Regelungsinstanz für den Marktzutritt. Staatliche Instanzen, denen an verläßlichen Abgabemonopolisten für als gefährlich angesehene Arzneimittel gelegen war, beförderten auch die Akademisierung der Apotheker und die gleichzeitig immer schärfere Aufgabenteilung zwischen ihnen und den Ärzten.[51]

Politische Interventionen sind nicht nur für das Entstehen, sondern auch für das Wachstum der gesetzlichen Krankenkassen ausschlaggebend gewesen. Damit wurde den Produzenten von Gesundheitsleistungen die wachsende Inklusivität des Gesundheitssystems in diesem wichtigen Punkt eher durch externe Intervention beschert, ja aufgenötigt, als von ihnen selbst betrieben worden zu sein. Die Krankenkassen sind bis heute ein wichtiger Ansatzpunkt staatlicher Regulierung des Gesundheitssystems geblieben. Inhaltlich bezogen sich die Interventionen immer wieder vor allem auf vier Aspekte: die Definition des Versichertenkreises, der beständig erweitert wurde; die Definition der Leistungsansprüche der Versicherten, die ebenfalls tendenziell immer mehr erweitert wurden; das Verhältnis zwischen den verschiedenen Arten gesetzlicher Krankenkassen; und schließlich die Beziehungen zwischen gesetzlichen Krankenkassen und Ärzten, die in einem mehrstufigen Prozeß zentralisiert und zugleich zunehmend prozedural geregelt wurden, bis schließlich die Verbindlichkeit von Kollektivverträgen zwischen Krankenkassen und Kassenärztlichen Vereinigungen festgeschrieben wurde. Obwohl es sich bei diesen Interventionen um eine unmittelbar auf das Gesundheitswesen bezogene Strukturpolitik handelte, waren sie in vielen Fällen nicht primär gesundheitspolitisch motiviert. Während bei der Gründung der Krankenkassen sozial- und ordnungspolitische Absichten im Vordergrund standen, waren es später wiederholt parteipolitisch-ideologische Motive, die zur Einschränkung der Autonomie vor allem der sozialdemo-

51 Die intensive staatliche Beteiligung an der Regelung ärztlicher Tätigkeit und damit auch der Arzt-Patientenbeziehung war für verschiedene kontinentaleuropäische Länder, außer für Preußen z. B. auch für Frankreich kennzeichnend, nicht dagegen für England und die USA, wo der Staat lediglich den rechtlichen Rahmen für die Selbstorganisation der Professionen garantierte (Rueschemeyer 1986: 120/121).

kratisch orientierten Krankenkassen und damit zu der beschriebenen Verschiebung des Machtgleichgewichts zugunsten der organisierten Kassenärzte führten.

Staatliche Instanzen haben bei ihren gestaltenden Eingriffen ins Gesundheitssystem also nicht nur teilweise andere als gesundheitspolitisch motivierte Ziele verfolgt; sie haben auch, trotz aller selbstverständlich stattfindenden Einflußversuche, nicht einfach als "institutionelle Umsetzer" der Wünsche korporativer Akteure innerhalb des Gesundheitssystems gehandelt. Im übrigen fehlt vom Staat aus gesehen auch ein starkes praktisches Motiv, aus Gründen der Herrschaftssicherung das Gesundheitssystem zu verstaatlichen. Den Staat qua Staat interessiert allenfalls die öffentliche Gesundheit, der aber durch andere Maßnahmen wirkungsvoller zu dienen ist als durch die Übernahme der personenbezogenen Krankenbehandlung in staatliche Regie. Sozialpolitische Ziele im Rahmen kollektiver Daseinsfürsorge lassen sich auch auf dem Zwangs-Versicherungswege erreichen. Angesichts der Tatsache, daß typischerweise keiner der großen korporativen Akteure im Gesundheitssystem Träger von Verstaatlichungsforderungen ist, bedarf es vermutlich eines staatssozialistischen Selbstverständnisses, um nicht nur regelnd ins Gesundheitssystem einzugreifen, sondern neben den der öffentlichen Gesundheit dienenden Maßnahmen auch die individuelle Therapierung in staatliche Regie zu übernehmen.

Nachfrage nach Gesundheitsleistungen und staatliche Regulierung sind Einflußfaktoren externen Ursprungs; das gilt auch für den dritten hier an herausgehobener Stelle erwähnten Faktor, die Verwissenschaftlichung der Medizin, die nicht etwa isoliert im medizinischen Bereich stattfand, sondern Teil eines in der Aufklärung verankerten umfassenderen Wandlungsprozesses war.[52]

---

52 Zu den externen Prägefaktoren sind darüber hinaus Vorgänge in der gesellschaftlichen Umwelt des Gesundheitssystems zu zählen, die in keiner Weise speziell auf dieses abzielten. Hierzu gehören sowohl bestimmte politische Vorgänge, wie die Einführung der Gewerbe- und Koalitionsfreiheit, wie auch die bürgerliche Emanzipationsbewegung, die Veränderung des sozialen Schichtgefüges, die Urbanisierung und schließlich Industrialisierung. Diese Vorgänge in der Umwelt des Gesundheitssystems haben u.a. durch Veränderungen in Art und Umfang auftretender Krankheiten, in der Zunahme der zahlungsfähigen Nachfrage nach Gesundheitsleistungen und nicht zuletzt in Art und Zahl der ins Gesundheitssystem strebenden

Aber obwohl anscheinend exogen läßt sich die Wirkung keines dieser Faktoren im Sinne einer mechanistischen Ursache-Wirkungs-Beziehung verstehen. Die Nachfrage ist ein Potential, das erst aktiviert werden muß (was zum Teil durch die Anbieter von Gesundheitsleistungen selbst geschieht). Kognitiv-symbolische Veränderungen wie die Verwissenschaftlichung der Medizin und der Wandel der Krankheitsauffassung ermöglichen bzw. begünstigen bestimmte strukturelle Entwicklungen eher als sie zu erzeugen und werden rückwirkend von ihnen beeinflußt. Staatliche Eingriffe scheinen noch am ehesten unmittelbar strukturprägend zu sein, aber auch sie wirken vor allem auf dem Umweg über die Reaktionen, die sie bei Adressaten und indirekt Betroffenen auslösen (Beispiel Kassenzwang). Das aber bedeutet, daß anscheinend endogene Triebkräfte häufig als Folge externer Einflüsse auftreten, so z.B. die Konkurrenz in überfüllten Berufsgruppen, die Auseinandersetzungen über Zuständigkeiten oder die Organisationsbildung zur kollektiven Interessenvertretung. Gelegentlich sind dabei auch eigendynamisch weiterlaufende Prozesse in Gang gesetzt worden, so bei der vom Wissenschaftssystem ausgehenden und sich wechselseitig verstärkenden Umwandlung von Hospitälern in Krankenhäuser, bei der Verbandsbildung und in neuerer Zeit bei der Kostenexplosion. Nicht einmal der im wesentlichen endogene Prozeß der Professionalisierung der Anbieter von Gesundheitsleistungen ist rein endogener Natur, denn wenn er auch vor allem durch das interessengeleitete strategische Handeln der Leistungsanbieter vorangetrieben worden sein mag, wurde er doch durch die naturwissenschaftliche Entwicklung begünstigt und durch staatliche Eingriffe abgesichert. Angesichts dieser komplexen Wirkungszusammenhänge erscheint ein Versuch, das relative Gewicht exogener und endogener Triebkräfte der Systementwicklung bestimmen zu wollen, wenig sinnvoll.

7 Ausblick: Problematische Folgen der Gesundheitssystementwicklung

Während Leistungssteigerung gemeinhin als positive Folge funktioneller Differenzierung gilt, werden ihre negativen Folgen in der Beeinträchtigung gesamtgesellschaftlicher Integration gesehen. Deshalb soll zum

---

Berufsanfänger auf das System eingewirkt.

Abschluß dieses Kapitels kurz gefragt werden, wieweit die heute vor allem diskutierten Folgeprobleme der gegenwärtigen Beschaffenheit des deutschen Gesundheitssystems sich sinnvoll als Desintegrationserscheinungen interpretieren lassen.

Unter der generellen Formel gesellschaftlicher Desintegration können recht unterschiedliche konkrete Erscheinungen gefaßt werden: Konflikte zwischen den Leitwerten verschiedener Teilsysteme, Unfähigkeit zu gemeinschaftlichem Handeln im Interesse des Gesamtsystems, Machtkämpfe und Konkurrenz um knappe Ressourcen. Unter dem Stichwort der Kostenexplosion scheint das zuletzt genannte Problem in der öffentlichen Diskussion heute an erster Stelle zu stehen. Dagegen lassen sich weder akute Wertkonflikte noch Machtkämpfe der Art beobachten, wie sie einmal zwischen Religion (Kirche) und Politik (Staat) stattfanden. Die Abwesenheit größerer Wertkonflikte hängt damit zusammen, daß Gesundheit zumindest auf der individuellen Ebene ein unbestritten dominierender Wert ist. Ein Anlaß für heftige Machtkämpfe fehlt, weil das Gesundheitssystem weder von einem anderen gesellschaftlichen Teilsystem - auch nicht von der Politik - unterdrückt wird, noch seinerseits Position, Domäne oder Autonomie irgend eines anderen Teilsystems massiv bedroht. Das schließt Reibungen nicht aus, wie sie etwa im Zusammenhang mit dem Krankschreiben von Arbeitnehmern zwischen Gesundheits- und Wirtschaftssystem auftreten können, deren Intensität jedoch schon deshalb gering bleibt, weil die positiven Leistungen des Gesundheitssystems für die Arbeitsproduktivität auch aus Arbeitgebersicht dagegen aufzurechnen sind und insgesamt stärker zu Buche schlagen.

Die alle anderen Probleme in den Hintergrund drängende Bedeutung, die heute der Kostenexplosion zugemessen wird, ist relativ neu. Bis zum Ende der 60er Jahre dieses Jahrhunderts standen eher Probleme der Unterversorgung im Vordergrund der Aufmerksamkeit, wobei es einmal um Fragen des Versorgungsniveaus und zum anderen um Disparitäten in der Verteilung von Gesundheitsdienstleistungen ging. In beiden Hinsichten hatte man es mit *Wachstumsdefiziten* grundsätzlich recht einfacher Art zu tun, indem die Mängel sozusagen durch "mehr von demselben" behebbar schienen. Der Beginn der Diskussion über die Kostenexplosion markiert hier einen wichtigen Wendepunkt: Das Gesundheitssystem scheint an eine Wachstumsgrenze gestoßen zu sein.

Das Problem der Kostenexplosion läßt sich knapp in dem Vorwurf zusammenfassen, daß der vom Gesundheitssystem beanspruchte Anteil am Volkseinkommen inzwischen so weit gestiegen ist, daß andere legitime Bedürfnisse tendenziell beeinträchtigt werden. Diese überproportionale Kostensteigerung strebt überdies, und darin liegt ein guter Teil des Problems, keinem natürlichen Sättigungspunkt entgegen, sondern beruht auf einem endogenen Wachstumsmechanismus, dem keinerlei wirksame Beschränkungsmechanismen gegenüberzustehen scheinen.

Der endogene Wachstumsmechanismus, auf dem die Kostenexplosion in der Bundesrepublik beruht, ist vielfältig untersucht worden.[53] Seine zentralen Komponenten sind eine Tendenz zur ständigen Ausweitung des von den Ärzten definierten ambulanten wie stationären Behandlungsbedarfs einschließlich des Medikamentenkonsums, und eine davon unabhängige, aber mit ihr zusammenfallende Tendenz zur möglichst weitgehenden Nutzung des Behandlungsangebots auf seiten der gesetzlich versicherten Bevölkerung. Beide Tendenzen hängen mit dem heute praktizierten Finanzierungsmodus gesundheitsbezogener Dienstleistungen zusammen, gekoppelt mit der ärztlichen Verschreibungsfreiheit, die wiederum mit der gleichsam natürlichen Definitionsmacht des Experten dem Laien gegenüber zusammenhängt oder doch begründet wird. Durch den Finanzierungsmodus, der das Marktprinzip "Preis für Leistung" außer Kraft gesetzt hat, entfällt auf seiten der Nachfrager ein wichtiger Beschränkungsfaktor. Da die konsumierten Mittel nicht vom Staat aufgebracht werden müssen, muß das Gesundheitssystem auch nicht in direkter Konfrontation mit anderen gesellschaftlichen Teilsystemen in Form von Budgetverhandlungen um knappe volkswirtschaftliche Ressourcen konkurrieren, womit ein weiterer wachstumsbegrenzender Faktor entfällt. Schließlich sind auch die gesetzlichen Krankenkassen in ihrer heutigen Form weder motiviert, konsequent und wirksam auf Leistungsbeschränkung zu drängen, noch wären sie bei der geltenden Rechtslage hierzu imstande. Das Gesundheitssystem scheint also tatsächlich eine Fähigkeit zur rücksichtslosen Steigerung des eigenen Ressourcenanteils zu besitzen. Diese Fähigkeit ist mehr als nur eine Folge

53 Vgl. als Auslöser der Diskussion Geißler (1974) und als neuere Sammelbände Herder-Dorneich & Schuller (1983); v. Ferber et al. (1985). Ob anstelle eines solchen endogenen Mechanismus nicht eher exogene Faktoren wie ein - auch demographisch bedingter - Wandel des Krankenstandes oder eine von den Gewerkschaften zu verantwortende Verteuerung der Krankenhauspflegekosten die "Kostenexplosion" hervorgerufen haben, kann hier nicht diskutiert werden.

der Tatsache, daß es keine immanente Grenze für die Steigerung von Gesundheitsleistungen gibt[54]. Sicher läßt sich aus der Perspektive eines allein am Bezugsproblem Gesundheit orientierten Systems keine Begründung dafür finden, irgendeine (noch so kostspielige) Maßnahme im Interesse von Gesundheit zu unterlassen. Diese grundsätzliche Steigerbarkeit, die auch Systemleistungen wie Wohlstand, Wissen, Bildung oder Sicherheit eignet, bedeutet aber lediglich ein Wachstums*potential*, das Akteure im Kampf um Ressourcen argumentativ einsetzen können; *wirksam* wird dieses Potential immer erst auf der Grundlage spezifischer institutioneller Regelungen.

Bei der Problematisierung der Kostenentwicklung wird am Nutzen und an der Qualität der vom etablierten Gesundheitssystem erbrachten Leistungen selbst nicht grundsätzlich gezweifelt. Trotzdem gibt es auch derartige Zweifel. Geläufig ist eine Kritik, die mit dem hohen Maß fachlicher Differenzierung bei den Ärzten zusammenhängt, wodurch der Patient als ganze Person in eine Reihe von Organträgerschaften aufgelöst wird. Diese Kritik ist übrigens so alt wie das ärztliche Spezialistentum selbst (Huerkamp 1985: 180). Bei diesem - grundsätzlich kaum bestrittenen - Problem handelt es sich deutlich um ein Desintegrationsphänomen; allerdings taucht es nicht auf oberster Gesellschaftsebene auf, sondern betrifft den "Abnehmer" mit seinen Bedürfnissen selbst (Schipperges 1982).

Andere qualitative Probleme hängen eher mit dem hohen Grad systemischer Ausdifferenzierung und Verselbständigung des Gesundheitssystems zusammen. Ein - oft im Kontext der Professionalisierungstheorie angesprochenes - Problem liegt in der (unzulänglichen) Sicherung des Patienteninteresses in einer Beziehung, in der sie selber die Angemessenheit der medizinischen Behandlung weder in sachlicher noch in ökonomischer Hinsicht beurteilen können. Diese grundsätzliche Unterlegenheit des Laien gegenüber dem Experten war früher mindestens für die kleine Gruppe der akademisch gebildeten Ärzte durch eine in umgekehrter Richtung verlaufende sozio-ökonomische Abhängigkeit des Arztes von seinen wenigen oder gar seinem einzigen Klienten (Hofarzt) teilweise neutralisiert. Heute, wo die Ärzte nicht von einzelnen oder wenigen Klienten abhängen und der großen Menge von ihnen auch statusmäßig

54 Hierdurch versucht Luhmann (1983), die "Anspruchsinflation" im Gesundheitssystem zu erklären.

eindeutig überlegen sind, schlägt die grundsätzliche Asymmetrie in der Beziehung zwischen Spezialist und Laien voll durch. Um so wichtiger werden institutionelle Sicherungen des Patienteninteresses, und zwar sowohl was die tatsächliche Orientierung des Spezialisten am Interesse des Patienten wie auch was sein fachlich kompetentes Handeln angeht (Barber 1983). Die Übernahme entsprechender Regelungsfunktionen in eigene Regie ist zentraler Bestandteil professioneller Autonomie und zugleich ein wichtiger Schritt auf dem Wege systemischer Verselbständigung. Im deutschen Gesundheitssystem ist dieser Schritt mit der Übertragung wichtiger Regelungsfunktionen an Ärztekammern und später auch an die Kassenärztlichen Vereinigungen vollzogen worden; die staatlich genehmigten Ausbildungs- und Prüfungsordnungen und das staatliche Prüfungswesen stellen allerdings eine der Kompetenzsicherung dienende, *externe* Zugangskontrolle dar. Die Internalisierung von Kontrollfunktionen, die der Verhinderung und Sanktionierung professionellen Fehlverhaltens dienen, ob es dabei nun um "Kunstfehler" oder das Überhandnehmen von Gewinnmotiven auf seiten der Produzenten von Gesundheitsleistungen geht, kann allerdings den Regelungszweck dann nicht erfüllen, wenn wirksame Kontrolle wegen eines Konflikts etwa mit Kollegialitätsnormen, die sich in einer Zeit scharfer interner Konkurrenz herausgebildet haben, faktisch kaum stattfindet. Die in jüngster Zeit stark gestiegene Zahl von Prozessen vor allem gegen Ärzte, die vor ordentliche Gerichte getragen werden, ist ein deutlicher Indikator dafür, daß hier von den Klienten des Gesundheitssystems Mängel wahrgenommen werden.

Eine noch fundamentalere, weil nicht an einzelnen Fällen professionellen Fehlverhaltens ansetzende Qualitätskritik formuliert der Arzt Thomas McKeown, wenn er davon ausgeht, daß das, was die Gesellschaft für das Gesundheitswesen ausgibt, eine Fehlinvestition darstellt, "... da bei der Mittelverteilung von falschen Annahmen über die Grundlagen menschlicher Gesundheit ausgegangen wird. Man betrachtet den Körper als Maschine, die vor allem durch direkte Eingriffe in ihre internen Vorgänge vor Krankheit und ihren Folgen geschützt werden könne. Diese Betrachtungsweise verführte dazu, daß Umwelteinflüssen und persönlichem Verhalten - den wichtigsten gesundheitsrelevanten Faktoren - mit Gleichgültigkeit begegnet wurde. Auch zog sie eine relative Vernachlässigung der Mehrheit der Kranken nach sich, deren Probleme für klinische Interventionen ... keine Anwendungsmöglichkeit bieten" (McKeown 1982: 22). Was McKeown damit sagt und aufgrund statistischer Analysen zu belegen versucht, ist, daß populationsbezogene Maßnahmen im Interesse der Gesundheit historisch wirkungsvoller waren und auch heute grundsätzlich wirkungsvoller wären als die im etablierten Gesundheitssystem praktizierte personenbezogene Behandlung. Die Wurzel des Übels läge damit in der Durchsetzung einer ganz bestimmten Definition des Bezugsproblems. Tatsächlich liegt diese Art der personenbezogenen Behandlung auch im kollektiven Interesse aller wichtigen Akteure auf der Produzentenseite des Gesundheitssystems - den Ärzten wie den Krankenhäusern, den Apothekern wie der pharmazeutischen und medizintechnischen Industrie. Trotzdem trifft McKeowns Argument als Schuldvorwurf diese Akteure insofern nicht, als nur ein öffentliches Gesundheitswesen über die erforderliche Autorität verfügt, Maßnahmen anzuordnen und auch durchzusetzen, um gesundheitsschädliche Bedingungen im Wohn- und Arbeitsbereich zu beseitigen, den Menschen das Rauchen zu verbieten usw. Der Arzt als professioneller Experte *kann*, so wie unser Gesundheitssystem faktisch organisiert ist, nur am einzelnen Patienten, der zu ihm kommt, ansetzen, kann selbst hier nur empfehlen, aber nicht vorschreiben und verbieten. Ebenso wenig kann die Ärzteschaft kollektiv gesetzgeberische Funktionen ausüben. Die behauptete Fehlentwicklung läge entsprechend eher in der relativen Vernachlässigung des öffentlichen Gesundheitswesens durch staatliche Akteure, seit die Sanitätsbewegung im vorigen Jahrhundert so erfolgreich die gravierenden Mißstände bei der Ver- und Entsorgung der städtischen Bevölkerung beseitigt und damit den von McKeown sorgfältig belegten Rückgang von Infektionskrankheiten bewirkt hatte. Nachdem die Pocken praktisch verschwunden waren und mit der Schluckimpfung auch die Kinderlähmung besiegt erscheint, ist das öffentliche Gesundheitswesen (wenigstens bis zum Auftreten von Aids) zu einem eher marginalen Sektor des Gesundheitssystems geworden. Für diese Entwicklung sind staatliche Akteure, die sich die den Ärzten naheliegende Definition des Bezugsproblems weitgehend zu eigen machten, wesentlich mit verantwortlich. Das aber bedeutet zugleich, daß ein Gesundheitssystem auf stark privatwirtschaftlicher Basis, wenn man es sich selbst überläßt, aus den zuvor erwähnten Gründen immer eine spontane Neigung haben wird, sich in die von McKeown kritisierte Richtung zu entwickeln. Das Fehlen einer naturwüchsigen Tendenz zur optimalen Erfüllung von *System*bedürfnissen, wenn denn die Gesundheit des Bevölkerungskollektivs ein solches ist, läßt sich kaum deutlicher demonstrieren.

Die verschiedenen zuletzt besprochenen qualitativen Probleme betreffen unmittelbar die Abnehmer von Gesundheitsdienstleistungen und ihre konkreten gesundheitsbezogenen Bedürfnisse, d.h. es sind *Leistungs*mängel. Deswegen fällt es schwer, sie in einem begrifflichen Rahmen zu verorten, der die Aufmerksamkeit auf Integrationsprobleme zwischen verschiedenen gesellschaftlichen Teilsystemen lenkt. Dagegen hängen die in der allgemeinen Wahrnehmung besonders wichtigen Probleme, die der Operationsmodus des Gesundheitssystems heute aufwirft, erkennbar mit dem Maß seiner Ausdifferenzierung und Verselbständigung zusammen. Das heutige Gesundheitssystem besitzt ein weitgehend gesichertes Monopol auf gesundheitsbezogenes Handeln. Durch die Generalisierung der Nachfrage nach den Leistungen des etablierten Gesundheitssystems ist dieses selbst von keiner einzelnen sozialen Gruppe abhängig, besitzt aber seinerseits den auf seine Leistungen Angewiesenen gegenüber ein Drohpotential und die Chance zu Monopolgewinnen (allerdings ist das Monopol nicht derart gesichert wie bei manchen technischen Infrastruktursystemen!). Die hohe Wertschätzung von Gesundheit und seine enge Verbindung mit dem Zentralwert Leben verschaffen dem Gesundheitssystem zusätzlich eine Legitimität, wie sie so wenige andere gesellschaftliche Teilsysteme beanspruchen können. Die medizinischen Kernleistungen des Gesundheitssystems unterliegen keiner systematischen externen Qualitätskontrolle. Schließlich ist auch seine kollektive Handlungsfähigkeit zur Abwehr unerwünschter Interventionen und zur Schaffung optimaler Wachstums- und Funktionsvoraussetzungen hoch entwickelt. Allerdings genügt der Hinweis auf Faktoren wie Angebotsmonopolisierung, Nachfragegeneralisierung und Legitimation über einen gesellschaftlichen Zentralwert nicht, um das Auftreten der einzelnen Folgeprobleme zu erklären. Diese generellen Bedingungen ermöglichen zwar, verursachen jedoch die zu Ressourcenkonflikten und qualitativen Mängeln führenden Handlungsweisen der Akteure im Gesundheitssystem und seinen Überlappungsbereichen mit anderen Teilsystemen nicht unmittelbar. Wie deutlich geworden sein dürfte, sind dafür ganz spezifische Merkmale der Handlungsorientierung kollektiver Akteure und institutionell-organisatorische Gegebenheiten der Binnenstruktur des Gesundheitssystems ausschlaggebend. Insofern macht erst die detaillierte Rekonstruktion der Systementwicklung das Auftreten ganz konkreter Folgeprobleme verständlich.

Literaturverzeichnis

Ackerknecht, E.H. (1986) Geschichte der Medizin. Stuttgart

Adam, W. (1959) Kranken-, Heil- und Pflegeanstalten. In: Handwörterbuch der Sozialwissenschaften. Bd. 6; Göttingen: 272-276

Alemann, U.v. (1987) Organisierte Interessen in der Bundesrepublik. Opladen

Apotheken-Report (1987) (Ausgabe 32). Frankfurt

Baas, J.-H. (1896) Die geschichtliche Entwicklung des ärztlichen Standes und der medizinischen Wissenschaft. Schaan/Liechtenstein

Barber, B. (1983) The Logic and Limits of Trust. New Brunswick/N.J.

Bogs, W. (1959) Krankenversicherung. II. Soziale Krankenversicherung. In: Handwörterbuch der Sozialwissenschaften. Bd. 6; Göttingen: 283-296

Bundesminister für Arbeit und Sozialordnung (ed.) (1980) Feststellung von Auswirkungen der Einführung von Festgehältern für leitende Krankenhausärzte. Forschungsbericht 29. Bonn

Dann, G.E. (1975) Einführung in die Pharmaziegeschichte. Stuttgart

Daten des Gesundheitswesens (1985) Herausgegeben vom Bundesminister für Jugend, Familie und Gesundheit. Stuttgart

Daten des Gesundheitswesens (1987) Herausgegeben vom Bundesminister für Jugend, Familie, Frauen und Gesundheit. Stuttgart

Deppe, H.-U. & Regus, M. (ed.) (1975) Seminar: Medizin, Gesellschaft, Geschichte. Beiträge zur Entwicklungsgeschichte der Medizinsoziologie. Frankfurt

Deppe, H.-U. (1987) Krankheit ist ohne Politik nicht heilbar. Zur Kritik der Gesundheitspolitik. Frankfurt

Döhler, M. (1987) Historische und gesundheitspolitische Aspekte im Verhältnis zwischen medizinischer Profession und integrierten Versorgungssystemen in Deutschland. WZB discussion paper IIM/IP: 87-9

Engels, W. (1984) Zur Geschichte des Verstaatlichungsgedankens im deutschen Apothekenwesen. Unter besonderer Berücksichtigung der preußischen Verhältnisse und des Krankenkassenwesens im 19. Jahrhundert. Stuttgart

Eulner, H.-H. (1970) Die Entwicklung der medizinischen Spezialfächer an den Universitäten des deutschen Sprachgebietes. Stuttgart

Feige, L. (1980) Sozialpolitische Analyse der Organisation von Interessen in der gesetzlichen Krankenversicherung. Dissertation. Köln

Ferber, C.v. (1975) Soziologie für Mediziner. Eine Einführung. Berlin

Ferber, C.v. (1983) Gesundheitspolitik in der Bundesrepublik. Gegenwartskunde 32: 113-125

Ferber, C.v. & Reinhardt, U.E. & Schaefer, H. & Thiemeyer, T. & Wissenschaftliches Institut der Ortskrankenkassen (ed.) (1985) Kosten und Effizienz im Gesundheitswesen. München

Field, M.G. (1973) The Concept of the "Health System" at the Macrosociological Level. Social Science and Medicine 7: 763-785

Foucault, M. (1973) Die Geburt der Klinik. Eine Archäologie des ärztlichen Blicks. München

Frevert, U. (1984) Krankheit als politisches Problem 1770-1880: Soziale Unterschichten in Preußen zwischen medizinischer Polizei und staatlicher Sozialversicherung. Göttingen

Gatz, E. (1971) Kirche und Krankenpflege im 19. Jahrhundert. Katholische Bewegung und karitativer Aufbruch in den preußischen Provinzen Rheinland und Westfalen. München

Geißler, H. (1974) Krankenversicherungs-Budget. Mainz

Gerhardt, U. (1981) Der Krankheitsbegriff im symbolischen Interaktionismus. In: Medizinische Soziologie: Jahrbuch 1; Frankfurt: 11-52

Gladen, A. (1974) Geschichte der Sozialpolitik in Deutschland. Eine Analyse ihrer Bedingungen, Formen, Zielsetzungen und Auswirkungen. Wiesbaden

Göckenjan, G. (1985) Kurieren und Staat machen. Gesundheit und Medizin in der bürgerlichen Welt. Frankfurt

Goerke, H. (1976) Personelle und arbeitstechnische Gegebenheiten im Krankenhaus des 19. Jahrhunderts. In: Studien zur Krankenhausgeschichte im 19. Jahrhundert im Hinblick auf die Entwicklung in Deutschland; Göttingen: 56-71

Grünenwald, K. (1986) Krankenhäuser und Krankenkassen. Vertrags- und Pflegesatzrecht. Sankt Augustin

Hentschel, V. (1983) Geschichte der deutschen Sozialpolitik 1880-1980. Frankfurt

Hockerts, H.G. (1980) Sozialpolitische Entscheidungen im Nachkriegsdeutschland. Alliierte und deutsche Sozialversicherungspolitik 1945-1957. Stuttgart

Hoff, N. (1975) Pharmazeutische Vereine und Gesellschaften von 1774 bis 1872. Dissertation. Marburg

Hoffmann, U. & Schubert, J. & Tatschmurat, C. & Zettel, O. (1982) Gruppenpraxis und Gesundheitszentrum. Neue Modelle medizinischer und psychosozialer Versorgung. Frankfurt

Huerkamp, C. (1980) Ärzte und Professionalisierung in Deutschland. Überlegungen zum Wandel des Arztberufes im 19. Jahrhundert. Geschichte und Gesellschaft 6: 349-382

Huerkamp, C. (1985) Der Aufstieg der Ärzte im 19. Jahrhundert. Vom gelehrten Stand zum professionellen Experten: Das Beispiel Preußens. Göttingen

Illich, I. (1981) Die Nemesis der Medizin. Von den Grenzen des Gesundheitswesens. Reinbek

Jetter, D. (1966) Geschichte des Hospitals. Bd. 1: Westdeutschland von den Anfängen bis 1850. Wiesbaden

Jetter, D. (1977) Grundzüge der Krankenhausgeschichte (1800-1900). Darmstadt

Kassenärztliche Bundesvereinigung (ed.) (1987) Grunddaten zur kassenärztlichen Versorgung in der Bundesrepublik Deutschland 1986. Köln

Kaufmann, F.-X. (1970) Sicherheit als soziologisches und sozialpolitisches Problem. Stuttgart

Kirchberger, S. (1986) Medizin-technische Assistenz in der Gesundheitsversorgung. Zur Berufsgeschichte der MTA. Frankfurt

Kosanke, B. & Troschke, J.v. (ed.) (1979) Die ärztliche Gruppenpraxis in der Bundesrepublik Deutschland. Stuttgart

Krauskopf, D. & Siewert, J. (1980) Das Kassenarztrecht. Sankt Augustin

Kuhn, H. (1963) Soziologie der Apotheker. Ein Beitrag zur Soziologie des Gesundheitswesens. Stuttgart

Labisch, A. (1982) Entwicklungslinien des öffentlichen Gesundheitsdienstes in Deutschland. Vorüberlegungen zur historischen Soziologie öffentlicher Gesundheitsvorsorge. Öffentliches Gesundheitswesen 44: 745-761

Landgraf-Brunner, K. (1986) Die Auseinandersetzungen zwischen Apothekern und den gesetzlichen Krankenkassen von Beginn der gesetzlichen Krankenversicherung an. Stuttgart

Leibfried, S. & Tennstedt, F. (1981) Berufsverbote und Sozialpolitik 1933. Die Auswirkungen der nationalsozialistischen Machtergreifung auf die Krankenkassenverwaltung und die Kassenärzte. Bremen

Leistikow, D. (1976) Das deutsche Krankenhaus in der ersten Hälfte des 19. Jahrhunderts. In: Studien zur Krankenhausgeschichte im

19. Jahrhundert im Hinblick auf die Entwicklung in Deutschland; Göttingen: 11-37

Lempa, U. (1984) Freie Wohlfahrtspflege und die Professionalisierung von Sozialberufen. Das Beispiel der Entwicklung des Krankenpflegeberufes. In: Bauer, R. (ed.) Die liebe Not. Zur historischen Kontinuität der 'Freien Wohlfahrtspflege'; Weinheim

Lichtenthaeler, C. (1975) Geschichte der Medizin. Die Reihenfolge ihrer Epochen-Bilder und die treibenden Kräfte ihrer Entwicklung. 2 Bände. Köln

Liebold, R. (1984) Geschichtliche Entwicklung des Kassenarztrechts. In: Häußler, S. & Liebold, R. & Narr, H.: Die kassenärztliche Tätigkeit. Berlin: 1-14

Luhmann, N. (1983a) Anspruchsinflation im Krankheitssystem. Eine Stellungnahme aus gesellschaftstheoretischer Sicht. In: Herder-Dorneich, P. & Schuller, A. (ed.) Die Anspruchsspirale. Schicksal oder Systemdefekt? Stuttgart: 28-49

Luhmann, N. (1983b) Medizin und Gesellschaftstheorie. Medizin, Mensch, Gesellschaft 8: 168-175

Maretzky, K. & Venter, R. (1974) Geschichte des deutschen Zahnärzte-Standes. Köln

McKeown, T. (1982) Die Bedeutung der Medizin. Traum, Trugbild oder Nemesis? Frankfurt

Narr, H. (1984) Formen ärztlicher Berufstätigkeit. In: Häußler, S. & Liebold, R. & Narr, H.: Die kassenärztliche Tätigkeit; Berlin

Naschold, F. (1967) Kassenärzte und Krankenversicherungsreform. Freiburg

Neumann, G. (1983) Öffentliches Gesundheitswesen - Aufgaben und Funktionen. In: Weber-Falkensammer, H. & Oppl, H. (ed.) Einführung in Sozialarbeit/Sozialpädagogik im Gesundheitswesen. Erlangen: 78-103

Pankoke, E. (1970) Sociale Bewegung - sociale Frage - sociale Politik. Stuttgart

Parsons, T. (1939) The Professions and Social Structure. Social Forces 17: 457-467

Parsons, T. (1964) Social Structure and Personality. New York

Parsons, T. (1978) Actions Theory and the Human Condition. New York

Peters, H. (1978) Geschichte der sozialen Versicherung. St. Augustin

Peters, H. (1983) 100 Jahre Krankenversicherung. Zeitschrift für Sozialreform 29: 257-270

Pfetsch, F.R. & Zloczower, A. (1973) Innovation und Widerstände in der Wissenschaft. Beiträge zur Geschichte der deutschen Medizin. Düsseldorf

Rausch, R. (1984) Die freigemeinnützigen Krankenhäuser in der Bundesrepublik Deutschland - Entwicklung, Lage, Leistungen und Zukunftsaussichten. Gerlingen

Reiners, H. (1987) Ordnungspolitik im Gesundheitswesen. Ausgangspunkte und Konzepte. Bonn

Rodenstein, M. (1988) Mehr Licht, mehr Luft. Gesundheitskonzepte im Städtebau seit 1750. Frankfurt

Rohde, J.J. (1962) Soziologie des Krankenhauses. Zur Einführung in die Soziologie der Medizin. Stuttgart

Rueschemeyer, D. (1986) Power and the Division of Labour. Cambridge

Schaefer, H. (1981) Plädoyer für eine neue Medizin. Warnung und Appell. München

Schaefer, H. & Schipperges, H. & Wagner, G. (ed.) (1984) Gesundheitspolitik. Historische und zeithistorische Analysen. Köln

Schaper, H.-P. (1987) Krankenwartung und Krankenpflege. Tendenzen der Verberuflichung in der ersten Hälfte des 19. Jahrhunderts. Opladen

Schipperges, H. (1982) Der Arzt von morgen. Von der Heiltechnik zur Heilkunde. Berlin

Schneider, G. (1983) Kassenarztrecht. Rechtsbeziehungen zwischen Kassenarzt, Kassenärztlicher Vereinigung und Krankenkasse. Köln

Schubert, I. (1983) Die Apotheker - auf der Suche nach einem verlorenen Berufsbild. In: Zettel, O. (ed.) Gesundheitsberufe. Studien zu ihrer Entstehung und Veränderung; Frankfurt

Schwarz, G.-W. (1976) Zur Entwicklung des Apothekerberufs und der Ausbildung des Apothekers vom Mittelalter bis zur Gegenwart. Eine Studie zur Geschichte des Apothekerberufs von den Anfängen im Islam bis zur allgemeinen Verbreitung in Europa im 15. Jh. und zur fachlichen Ausbildung des europäischen Apothekers unter besonderer Berücksichtigung des deutschsprachigen Raums. Dissertation. Frankfurt

Seidler, E. & Schott, H. (ed.) (1983) Bausteine zur Medizingeschichte. Stuttgart

Sozial- und Gesundheitsreport 2/1987 (herausgegeben von der ÖTV) (1987)

Statistisches Bundesamt (ed.) (1985) Fachserie 12, Reihe 1: Ausgewählte Zahlen für das Gesundheitswesen 1983. Wiesbaden

Statistisches Bundesamt (ed.) (1986) Fachserie 12, Reihe 5: Berufe des Gesundheitswesens 1984. Wiesbaden

Statistisches Bundesamt (ed.) (1986) Fachserie 12, Reihe 6: Krankenhäuser 1984. Wiesbaden

Steinhoff, H. (1974) Die Entwicklung der Deutschen Ärztetage seit ihrem Beginn 1873 auf die Entstehung, das Werden und Wachsen des ärztlichen Berufsrechts, insbesondere der ärztlichen Berufsordnungen. Dissertation. Düsseldorf

Stollberg, G. (1983) Die gewerkschaftsnahen zentralisierten Hilfskassen im Deutschen Kaiserreich. Zeitschrift für Sozialreform 29: 339-369

Stolleis, M. (1983) Hundert Jahre Gesetzliche Krankenversicherung. Zeitschrift für Sozialreform 29: 612-623

Stolt, E. & Vesper, E.A. (1973) Die Ersatzkassen der Krankenversicherung. Geschichte, Gestalt, Recht. Bonn-Bad Godesberg

Stürzbecher, M. (1976) Allgemeine und Spezialkrankenhäuser, insbesondere Privatkrankenanstalten im 19. Jahrhundert in Berlin. In: Studien zur Krankenhausgeschichte im 19. Jahrhundert im Hinblick auf die Entwicklung in Deutschland; Göttingen: 105-120

Tennstedt, F. (1976) Sozialgeschichte der Sozialversicherung. In: Handbuch der Sozialmedizin. Bd. 3. Stuttgart: 385-492

Tennstedt, F. (1977) Soziale Selbstverwaltung. Geschichte der Selbstverwaltung in der Krankenversicherung. Bonn

Tennstedt, F. (1981) Sozialgeschichte der Sozialpolitik in Deutschland. Göttingen

Tennstedt, F. (1983) Die Errichtung von Krankenkassen in deutschen Städten nach dem Gesetz betr. die Krankenversicherung der Arbeiter vom 15. Juni 1883. Ein Beitrag zur Frühgeschichte der gesetzlichen Krankenversicherung in Deutschland. Zeitschrift für Sozialreform 29: 297-338

Thoma, P. (1979) Das Krankheitsverständnis in medizinischer Theorie und Praxis. In: Geissler, B. & Thoma, P. (ed.) Medizinsoziologie. Eine Einführung für medizinische und soziale Berufe; Frankfurt: 31-42

Töns, H. (1983) Hundert Jahre gesetzliche Krankenversicherung im Blick der Ortskrankenkassen. Bonn

Winkelmann, O. (1971) Die privaten Krankenanstalten und die Medizin des 19. Jahrhunderts. In: Eulner, H.-H. & Mann, G. & Preiser, G. & Winar, R. & Winkelmann, O. (ed.) Medizingeschichte in unserer Zeit. Stuttgart: 369-383

Zepp, J. (1984) Die protestantische Reaktion auf die Krise in der Gesundheitssicherung: Das Beispiel Kaiserswerth. In: Klein, K. & Zepp, J. (ed.) 2000 Jahre Gesundheitssicherung. Mainz: 139-161

Zöllner, D. (1981) Landesbericht Deutschland. In: Köhler, P.A. & Zacher, H.F. (ed.) Ein Jahrhundert Sozialversicherung in der Bundesrepublik Deutschland, Frankreich, Großbritannien, Österreich und der Schweiz. Berlin: 45-179

KAPITEL 4
DIE ENTWICKLUNG DES SPORTS ZUM GESELLSCHAFTLICHEN TEILSYSTEM[1]

Uwe Schimank

1 Einleitung

Sport ist als gesellschaftlicher Teilbereich bislang kaum ins Blickfeld der Theorie gesellschaftlicher Differenzierung geraten. Luhmann erwähnt in einer Diskussion des Verhältnisses zwischen den Körpern von Menschen als organischen Systemen und psychischen sowie sozialen Systemen auch den Sport als einen "Bereich moderner Körperkultur" (Luhmann 1984: 336/337). Luhmann bemerkt, daß der Sport als gesellschaftlich institutionalisiertes Handeln eine eigenständige Sinndomäne darstellt - den Status eines ausdifferenzierten Teilsystems der modernen Gesellschaft spricht Luhmann dem Sport allerdings nicht zu. Andere Untersuchungen, die sich durchaus im Rahmen der Luhmannschen Variante einer Theorie gesellschaftlicher Differenzierung bewegen, kommen in diesem Punkt zu einem anderen Ergebnis. So behauptet Bette, daß zumindest der Leistungssport ein systemisch ausdifferenzierter, sich jedenfalls auf diesem Wege befindlicher gesellschaftlicher Teilbereich sei (Bette 1984: 9-17; 1987: 225-313).

Insgesamt sind aber differenzierungstheoretisch ansetzende Auseinandersetzungen mit dem Phänomen des Sports sehr selten. Dem kontrastiert die vielfältig zum Ausdruck kommende Tatsache, daß der Sport in Gegenwartsgesellschaften eine nicht länger bagatellisierbare und sogar weiter zunehmende Bedeutung besitzt. Immer mehr Gesellschaftsmitglie-

1 Mein ganz besonderer Dank gebührt Joachim Winkler, der mich überhaupt erst für dieses Thema interessiert hat, und Ilse Hartmann, die mich nicht nur durch ihre Diskussionsbereitschaft unterstützt, sondern mir auch den Zugang zu Bibliotheken der Deutschen Sporthochschule gebahnt hat.

der treiben mit einem immer höheren individuellen Zeitaufwand aktiv Sport. Parallel zu diesem sogenannten "Breitensport" hat sich der sogenannte "Leistungssport" entwickelt, der bei den Gesellschaftsmitgliedern ein starkes Publikumsinteresse findet. Die gesellschaftliche Bedeutungssteigerung des Sports drückt sich weiterhin auch darin aus, daß er für eine Reihe von Akteuren aus anderen gesellschaftlichen Teilbereichen wie der Wirtschaft, der Politik, den Massenmedien oder dem Gesundheitswesen von zunehmendem Interesse ist. Nun hat die gesteigerte gesellschaftliche Relevanz eines spezifischen Bereichs gesellschaftlichen Handelns zweifellos nicht notwendigerweise zur Folge, daß dieser sich als gesellschaftliches Teilsystem ausdifferenziert. Hier soll allerdings die These vertreten werden, daß genau dies im Falle des Sports tatsächlich eingetreten ist. Der Sport hat sich seit Anfang des letzten Jahrhunderts als eigenständiges gesellschaftliches Teilsystem ausdifferenziert.

Mehr noch als bei anderen gesellschaftlichen Teilsystemen ist die Ausdifferenzierung des Sports in den verschiedenen nationalen Kontexten sehr unterschiedlich verlaufen. Der vorliegende Beitrag will weder einen Einzelfall - etwa die sehr oft aufgearbeitete englische Entwicklung - detailliert studieren, noch ausgewählte Fälle hinsichtlich ihrer Unterschiedlichkeit vergleichen. Die Zielsetzung besteht vielmehr darin, *generelle* - in vielen, wenn nicht allen Fällen vorzufindende - *Bedingungen und Verlaufsfiguren der gesellschaftlichen Ausdifferenzierung* des Sports zu identifizieren. Dementsprechend geht es hier auch nicht darum, historische Entwicklungen als mehr oder weniger abgerundete Geschichten zu erzählen. Vielmehr sollen diejenigen Akteurkonstellationen, System-Umwelt-Bezüge und Orientierungsmuster herausgearbeitet werden, die maßgeblich für die Ausdifferenzierung des modernen Sports gewesen sind. Das Ergebnis dieses Beitrags ist somit eine komplexe generalisierte Theorie, die bei der Erklärung spezifischer Fälle als heuristisches Schema dienen kann, um die Mannigfaltigkeit empirischer Sachverhalte in eine kausale Ordnung zu bringen - soweit durchaus vergleichbar mit einer generalisierten Gesetzesaussage im Typus deduktiv-nomologischer Erklärungen (Hempel 1965). Allerdings ist von vornherein klar und auch beabsichtigt, daß die hier entwickelte Theorie bei empirischen Anwendungen nicht unverändert bleibt, sondern ganz im Gegenteil dadurch weiterentwickelt - präzisiert, modifiziert, korrigiert - wird. Insofern zielen die hier vorgestellten Überlegungen eher im Sinne eines "grounded theory"-Ansatzes (Glaser & Strauss 1968) darauf ab, einen Forschungsprozeß einzuleiten, in dem nicht nur empirische

Lernfähigkeit hinsichtlich der Erklärung von immer mehr spezifischen Fällen durch eine identisch bleibende Theorie angestrebt wird, sondern auch theoretische Lernfähigkeit hinsichtlich der weiteren Ausarbeitung der generellen Heuristik erhalten bleibt.

Im folgenden wird zunächst dargestellt, aufgrund welcher Merkmale der Sport heute als ein ausdifferenziertes Teilsystem der modernen Gesellschaft angesehen werden kann. Im Anschluß daran wird die gesellschaftliche Ausdifferenzierung des Breitensports, sodann - als Innendifferenzierung des Sportsystems - die Ausdifferenzierung des Leistungssports behandelt. Abschließend werden einige Anschlußfragen, die sich aus der vorgeführten Analyse dieses gesellschaftlichen Teilsystems ergeben, beispielhaft aufgeführt.

2 Sport als gesellschaftliches Teilsystem

In der Perspektive systemtheoretischer Analysen gesellschaftlicher Differenzierung konstituieren sich die Teilsysteme der modernen Gesellschaft über spezialisierte *Funktionen* für die Reproduktion der Gesellschaft. So ist etwa die Funktion des Wirtschaftssystems die Produktion von Mitteln gesellschaftlicher Bedürfnisbefriedigung, die Funktion des Wissenschaftssystems die Produktion von Wahrheiten oder die Funktion des politischen Systems die Produktion kollektiv bindender Entscheidungen. Jede dieser Funktionen erscheint als eine nicht substituierbare Bedingung der Möglichkeit gesellschaftlicher Reproduktion. Doch was in bezug auf die genannten gesellschaftlichen Teilsysteme zweifellos jedem Gesellschaftsmitglied unmittelbar plausibel ist, ist bezüglich des Sports nicht sonderlich plausibel. Ohne wirtschaftliche Produktion, politische Entscheidungen oder wissenschaftliche Wahrheitssuche gäbe es keine moderne Gesellschaft - wohl aber könnte die moderne Gesellschaft notfalls auf den Sport verzichten. Zumindest hat bislang noch niemand dem Sport eine gesellschaftliche Funktion zugeschrieben, die ihm eine ähnlich fundamentale Bedeutung für die moderne Gesellschaft zuspräche wie der Wirtschaft, der Politik oder der Wissenschaft.

Auch innerhalb der systemtheoretischen Perspektive beginnt man allerdings mittlerweile, von einer Identifizierung gesellschaftlicher Teilsysteme mittels gesellschaftlicher Funktionen abzurücken. Funktionszuschreibungen, wie sie in der Tat nicht nur von soziologischen Gesellschaftstheoretikern, sondern von den in den betreffenden Teilsystemen und deren Umwelt handelnden gesellschaftlichen Akteuren selbst formuliert werden, sind nur eine Form neben anderen, mit der die Identität eines gesellschaftlichen Teilsystems symbolisiert werden kann. Gesellschaftliche Funktionen sind somit Reflexionskonzepte und gerade nicht die basalen Mechanismen, die die Einheit eines ausdifferenzierten gesellschaftlichen Teilsystems konstituieren. Luhmann selbst ist immer mehr dazu übergegangen, gesellschaftliche Teilsysteme über spezialisierte *binäre Codes* zu identifizieren - etwa die Wirtschaft über den Code "Haben/Nichthaben" oder die Wissenschaft über den Code "wahr/unwahr". Nicht gesellschaftliche Funktionen, sondern solche handlungsinstruierenden und durchsetzungsfähigen Codes katalysieren demzufolge die Ausdifferenzierung der Teilsysteme der modernen Gesellschaft. Entsprechend heißt es, "... daß die funktionale Differenzierung ... sich gleichsam im Kielwasser der Differenzierung von Codes entwickelt ..." (Luhmann 1986: 94).

Damit bezieht sich die systemtheoretische Perspektive nunmehr zumindest implizit auf die *Orientierungsdimension* gesellschaftlichen Handelns, um die verschiedenen Teilsysteme der modernen Gesellschaft zu bestimmen. Generalisiert man diesen theoretischen Bezug, so ist das eine Kriterium dafür, daß eine bestimmte Sphäre gesellschaftlichen Handelns ein ausdifferenziertes Teilsystem darstellt, das Vorliegen einer eigenen, gegenüber anderen Gesellschaftsbereichen unverwechselbar ausgeprägten *Handlungslogik*. Diese Handlungslogik kann sich in Form von besonderen Codes, Semantiken, Programmen, Werten manifestieren - also in generalisierten Orientierungen des Handelns gesellschaftlicher Akteure.

Ein abgegrenzter Komplex generalisierter sinnhafter Orientierungen des Handelns ist allerdings für sich genommen noch kein gesellschaftliches Teilsystem. Dies ist erst dann der Fall, wenn dieser Orientierungskomplex *sozialstrukturell* in bestimmten *Kategorien von Akteuren*, die sich als Rollen und formale Organisationen konstituieren, fundiert wird. Diese sozialstrukturelle Dimension der Ausdifferenzierung gesellschaftlicher Teilsysteme bleibt in der systemtheoretischen Perspektive unklar. Zwar wird von Luhmann die Herausbildung *spezialisierter Rollen* durchaus als Aspekt der Ausdifferenzierung von Teilsystemen gesehen; allerdings wird Rollendifferenzierung lediglich als Vorphase systemischer Ausdifferenzierung thematisiert (Luhmann 1968: 155/156; 1977: 35). Auch *formale Organisationen* werden als wichtige Komponenten fast aller gesellschaftlichen Teilsysteme identifiziert. Formale Organisationen sind ein spezifischer Mechanismus der Stabilisierung von Erwartungen, der gerade angesichts der Gewagtheit vieler teilsystemspezifischer Handlungsorientierungen erforderlich wird (Luhmann 1987: 40-44). Doch trotz dieser Wahrnehmung der Bedeutsamkeit von formalen Organisationen für gesellschaftliche Teilsysteme haben systemtheoretische Analysen bislang Organisationen nicht als kollektive Akteure, die in komplexen Akteurkonstellationen das teilsystemische Handeln hervorbringen, thematisiert.

Das hier zugrunde gelegte Verständnis gesellschaftlicher Differenzierung geht somit davon aus, daß eine bestimmte Sphäre gesellschaftlichen Handelns in dem Maße ein ausdifferenziertes Teilsystem darstellt, wie auf der Orientierungsebene eine unverwechselbar eigenständige Handlungslogik vorliegt, die auf sozialstruktureller Ebene von spezifischen Rollen und formalen Organisationen getragen wird. Wenn diese beiden Bedingungen gegeben sind, verstehen sich auf der einen Seite die Akteure innerhalb dieser Sphäre gesellschaftlichen Handelns als Mitglieder eines ausdifferenzierten Teilsystems. Auf der anderen Seite werden die Akteure und ihr Handeln auch von den übrigen gesellschaftlichen Akteuren so verstanden. Ein Selbst- und ein Fremdverständnis der Identität des betreffenden Teilsystems in Differenz zur übrigen Gesellschaft etablieren sich und bestätigen einander wechselseitig.

Betrachtet man aus einem solchen Verständnis heraus den heutigen *Sport*, so ist dieser zweifellos als ausdifferenziertes gesellschaftliches Teilsystem anzusehen - gleichgültig, ob Breiten- oder Leistungssport. Diese Unterscheidung, die, wie noch näher dargestellt werden wird, für die Innendifferenzierung des Sportsystems sehr bedeutsam ist, kann hier zunächst ausgeblendet bleiben.

Beginnt man bei den generalisierten sinnhaften Orientierungen, so entdeckt man als erstes einen sportspezifischen Code. "Sieg" bzw. "Niederlage" sind die beiden Pole, die den sinnhaften Horizont abstecken, innerhalb dessen alles sportliche Handeln interpretiert wird. Gleichgültig, wer wann wo welche Sportart betreibt: Er will seinen Gegner besiegen und die eigene Niederlage vermeiden. Wie die Codes verschiedener anderer gesellschaftlicher Teilsysteme auch überführt dieser *Siegescode* des Sports eine graduelle sachliche Differenz - etwa, daß jemand 10 cm weiter gesprungen ist als ein anderer - in eine soziale Polarisierung. Der Siegescode bringt also Akteure über ihr Handeln in ein Konkurrenzverhältnis zueinander. Darin gleicht der Code des Sports beispielsweise dem Code des Rechtssystems. Auch dort wird in einem bestimmten Rechtsfall der Standpunkt einer Prozeßpartei als Recht, der Standpunkt der andere Partei als Unrecht deklariert. Die Codes anderer gesellschaftlicher Teilsysteme formieren keine solchen Konkurrenzverhältnisse - etwa "krank/gesund" im Gesundheitssystem oder "schön/häßlich" in der Kunst.

Im Vergleich zu den Codes anderer gesellschaftlicher Teilsysteme ist der Siegescode nicht rigoros binarisiert. Im Rechtssystem beispielsweise hat jemand Recht oder Unrecht - tertium non datur. Hingegen ist der Siegescode gradualisiert. Traditionellerweise erhalten in vielen Disziplinen die besten drei Teilnehmer eines Wettkampfs Medaillen. So begreift sich beispielsweise der Wettkampfzweite zwar gegenüber dem Ersten als Verlierer, aber gegenüber den anderen Teilnehmern als Sieger. Weiterhin gibt es in einer Reihe sportlicher Disziplinen - insbesondere in vielen Sportspielen - die Möglichkeit des unentschiedenen Ausgangs eines Wettkampfs.

Die Konkurrenzspanne, die der Siegescode des Sports übergreift, ist immer weiter gefaßt worden. Lange Zeit wurden nur Teilnehmer am selben Wettkampf verglichen und in ein Konkurrenzverhältnis gebracht. So erklärt sich beispielsweise, daß über die antiken Olympischen Spiele zwar bekannt ist, wer in welchem Jahr in welcher Disziplin gesiegt hat. Die jeweiligen Leistungen wurden jedoch nicht verzeichnet. Das lag nicht etwa am Fehlen entsprechender Meßinstrumente, sondern am Desinteresse daran, Leistungsvergleiche über das Hier-und-jetzt der Teilnahme am selben Wettkampf hinaus anzustellen. Sportliche Konkurrenzverhältnisse blieben so zeitpunkt- und ortsfixiert. Ob die Olympiasieger des einen Jahres weiter sprangen oder schneller liefen als die irgendeines anderen Jahres, spielte keine Rolle. Für den modernen Sport ist demgegenüber die Universalisierung des Vergleichs charakteristisch. Dafür steht das Konzept des *Rekords* (Mandell 1976; Guttmann 1978: 51-54). Rekorde verkörpern das "Prinzip der Höchstleistung" (Krockow 1980: 15-19). Im modernen Sport geht es dementsprechend nicht länger nur darum, daß jemand irgendwann irgendwo gegen irgendwen einen Wettkampf gewinnt - sondern letzter Maßstab für Sieg bzw. Niederlage ist die in der jeweiligen Sportart bislang von irgend jemandem erreichte Höchstleistung: der je aktuelle Weltrekord. Dieses Konzept des Rekords bezieht auch den Sport in die Gruppe jener gesellschaftlichen Teilsysteme ein, die von der Fortschrittsidee der Moderne geprägt sind.

Der Stellenwert der Idee des Rekords im modernen Sport zeigt sich nicht zuletzt an denjenigen Sportarten, deren Struktur die Meßbarkeit von Höchstleistungen ausschließt. Dies gilt insbesondere für die Sportspiele. Spiele wie etwa Fußball konstituieren stets ein binäres Konkurrenzverhältnis, in der die Leistung der einen Seite immer nur relativ zur Leistung der je anderen Seite gemessen werden kann. Siege bleiben daher strikt situative Ereignisse und können mit keinem anderen Sieg derselben oder anderer Mannschaften verglichen werden. Doch trotz dieser sozialen und zeitlichen Unvergleichbarkeit von Wettkampfleistungen sind auch die Sportspiele in den Sog der Rekordidee geraten. Rekorde können hier zwar nicht als einmalige Höchstleistungen im Vergleich zur gesamten Vergangenheit, aber immerhin als Addition standardisierter Leistungsergebnisse innerhalb eines festgelegten Zeitraums konstruiert werden. So ist beispielsweise amtierender deutscher Fußballmeister diejenige Mannschaft, die in der zurückliegenden Saison in Wettkämpfen gegen alle anderen Mannschaften der Ersten Fußball-Bundesliga insgesamt am häufigsten gesiegt bzw. nicht verloren hat. Zwar wird es so niemals die bislang beste Fußballmannschaft aller Zeiten und Länder geben, so wie es den bislang besten Hochspringer aller Zeiten und Länder gibt. Bemerkenswert ist aber eben zum einen, daß auch diejenigen Sportarten, die nur die - für frühere Zeiten allein interessanten - punktuellen Leistungsvergleiche zulassen, über meßtechnische Hilfskonstruktionen das Generalisierungsniveau der Leistungsvergleiche erhöht haben. Zum anderen sind jedem Eingeweihten auch die Neigungen der Interessierten, meßtechnisch unzulässige und daher stets bestreitbare informelle Höchstleistungen zu proklamieren, bekannt. So wird beispielsweise im Tennis von den einen durchaus ernsthaft, wenngleich unbeweisbar, behauptet, daß Björn Borg der bisher beste Tennisspieler aller Zeiten gewesen sei; andere reklamieren diesen informellen Titel vielleicht für John McEnroe.

Für die gesellschaftliche Ausdifferenzierung des Sports ist wesentlich, daß dessen Siegescode, auch darin Codes anderer gesellschaftlicher Teilsysteme vergleichbar, *selbstreferentiell* angelegt ist. So wie im Wissenschaftssystem die Einordnung wissenschaftlicher Aussagen gemäß dem Code "wahr/unwahr" sich ausschließlich nach wissenschaftsinternen, durch theoretische und methodische Kriterien spezifizierten Gesichtspunkten richtet, gehen auch in die Bewertung sportlicher Leistungen als Siege bzw. Niederlagen keinerlei außersportliche Kriterien ein. Welche Mannschaft beispielsweise ein Fußballspiel gewinnt, wird *im Spiel* nicht danach entschieden, welcher Verein mehr Geld in der Kasse, ein größeres politisches Einflußpotential oder ein besseres Bildungsniveau seiner Mitglieder aufweist. Sondern es zählen einzig und allein regelgerecht erzielte Tore - was bekanntlich nicht ausschließt, daß die Kapazität einer Mannschaft, regelgerechte Tore zu erzielen, etwa auch von der Höhe der dem Verein verfügbaren finanziellen Ressourcen abhängt. Entscheidend ist jedoch, daß im basalen sportlichen Akt selbst - etwa im konkreten Fußballspiel - nur noch die selbstdefinierten Siegeskriterien der jeweiligen Sportart ausschlaggebend sind.

Der Siegescode bildet das Zentrum des für den modernen Sport charakteristischen Komplexes generalisierter sinnhafter Orientierungen. Als solcher bleibt der Siegescode allerdings abstrakt. Er muß durch weitere evaluative, normative und kognitive Handlungsorientierungen spezifiziert werden.[2] Als *evaluative*, Handlungseffekte bewertende und darüber das "Wollen" der Akteure anleitende Orientierung kommt im Sport vor allem das *Leistungsprinzip* zum Tragen (Eichberg 1973: 109-140). "Kein anderer Sozialbereich ist so kompromißlos auf dieses Prinzip abgestellt und eingeschworen..." (Bette 1987: 277). Eine Leistungsorientierung findet sich zwar auch in einer Reihe anderer gesellschaftlicher Teilsysteme - dort jedoch typischerweise als Mittel zum Zweck. So wird erwartet, daß Leistungskonkurrenz im Erziehungssystem den Wissenserwerb oder im Wirtschaftssystem die Effizienz der Produktion steigern. Leistung ist dort kein Selbstzweck. Anders im Sport: Hier ist eine Verabsolutierung des Siegenwollens, aus dem ja keinerlei sonstige Outputs des Systems resultieren, rigoros ausgeprägt. Das zeigt sich nicht zuletzt daran, daß in anderen Teilsystemen stets in gewissem Maße auf Leistungsschwächere Rücksicht genommen wird, während der Sport in dieser Hinsicht unbarmherzig nur die Leistungsstärksten prämiert. Dies ist gar nicht anders möglich, wenn die einzige Gratifikation des Systems für die Investition von Leistungsbereitschaft in der sozialen Anerkennung demonstrierter Leistungsüberlegenheit liegt. Eine Kritik des Leistungsprinzips, so wie sie Ende der sechziger Jahre für viele gesellschaftliche Teilbereiche formuliert worden war, traf den Sport daher an einem sehr viel neuralgischeren Punkt als beispielsweise das Erziehungssystem und blieb bezeichnenderweise auch eine Kritik,

2 Siehe auch Luhmanns (1986: 89-100) Unterscheidung von Codes und Programmen.

die sich die Akteure des Systems - auch dies im Unterschied zum Erziehungssystem - in keiner Weise zu eigen machen konnten.[3]

Als *normative Orientierungen* des modernen Sports, die dessen Siegescode spezifizieren, wirken vor allem die *Regeln* der verschiedenen *Sportarten*. Sie legen, rechtlichen Normen vergleichbar, fest, unter welchen Bedingungen Leistungen in den verschiedenen Sportarten zu erbringen sind. Aufgrund dieser normativen Regeln werden sportliche Wettkämpfe gleichsam als Entscheidungsverfahren, nicht unähnlich den Verfahren im Rechts- und politischen System, stilisiert (Bette 1987: 254). Auch sportliche Wettkämpfe bauen mit der Motivationsquelle eines ungewissen Ausgangs im Rahmen vorgegebener normativer Regeln eine Interaktionsgeschichte auf, die auf eine vorcodierte Entscheidung hinausläuft.[4]

Neben den sportartspezifischen Regelwerken sind weiterhin auch bestimmte übergreifende normative Orientierungen charakteristisch für den modernen Sport. Hier wird insbesondere immer wieder das Prinzip der *Fairneß* proklamiert, das als Binnenmoral des Sportsystems fungieren soll. Fairneß ist ein normatives Korrektiv gegen eine exzessive, durch den Siegescode in keiner Weise limitierte Leistungsorientierung. Sportliche Leistungskonkurrenz basiert ja auf Chancengleichheit in dem Sinne, daß alle Wettkämpfer denselben Regeln unterliegen. Auch im Sport können jedoch die formalen Regeln niemals sämtliche für die Chancengleichheit relevanten Faktoren und Ereignisse erfassen. Das Fairneßgebot fungiert dann als Lückenbüßer für eine unvermeidlicherweise unvollständige Normierung durch die sportartspezifischen Regeln. Wenn sich beispielsweise beim Fußball ein Spieler verletzt, kann er nach den Regeln erst dann behandelt werden, wenn das Spiel unterbrochen ist. Befindet sich nun die jeweils gegnerische Mannschaft

---

3 Eigene Erfahrungen mit Sport in der sogenannten Alternativszene, die zweifellos dem Leistungsprinzip gegenüber kritisch eingestellt ist, unterstreichen dies. Eine Extremsituation fand ich beispielsweise in einer Badminton-Gruppe vor, in der das Zählen von erzielten Punkten verpönt war. Nichtsdestoweniger machte das Spiel nur dadurch Sinn, daß jeder der beiden Spieler dennoch versuchte, den Ball unerreichbar für den Gegner in dessen Feld zu schlagen. Also wurde das Leistungsprinzip zwar in Form zu gewinnender Spielsätze außer Kraft gesetzt, nicht jedoch in Form zu gewinnender Ballwechsel.

4 Zu Verfahren als Interaktionssystemen siehe Luhmann (1969).

im Ballbesitz, so spielt sie den Ball ins Aus, um die Behandlung des verletzten Spielers zu ermöglichen, und verzichtet so auf die - regelgemäße! - Chance, von der momentanen Benachteiligung des Gegners zu profitieren. Erwartet wird, daß die andere Mannschaft im umgekehrten Falle genauso verfährt - und beide Seiten sind sich der allgemeinen, nicht nur vom jeweiligen Gegner erfolgenden, moralischen Ächtung bewußt, die sie bei einer Nichteinhaltung des Fairneßgebots ereilt.

Außer durch evaluative und normative Orientierungen wird der Siegescode des modernen Sports schließlich auch noch durch kognitive Orientierungen spezifiziert. Hierzu gehören vor allem die *sportartspezifischen Deutungsmuster*: Situationsdefinitionen, Taktiken, Strategien. Diese Deutungsmuster leisten das, was in der Wissenschaft Theorien leisten. Wahrnehmungsregeln geben vor, was in einer bestimmten Situation bedeutsam ist; und Handlungsregeln formulieren, was auf der Basis dieser kognitiven Definition der Situation getan werden kann. Die Handlungsregeln müssen im Sport als körperliche Fähigkeiten implementiert werden: etwa als Fähigkeit, im Hochsprung einen Flop zu springen oder im Fußball einen Außenristschuß anzusetzen. Die Wahrnehmungsregeln bleiben auf seiten der Sportler selbst zumeist unartikuliert und sind so, anders als wissenschaftliche Theorien, Außenstehenden kommunikativ kaum zugänglich. Im Leistungssport übernimmt die Sportberichterstattung oft die Funktion, diese Regeln zu explizieren. "Über die Flügel spielen", "Raumdeckung", "Ergebnis halten" sind Beispiele solcher kognitiver Deutungsmuster im Fußball.

Geht man nun von den Handlungsorientierungen zur *Sozialstruktur* des Sportsystems über, so entdeckt man hier zunächst bestimmte *Rollen*, die den modernen Sport als ausdifferenziertes gesellschaftliches Teilsystem kennzeichnen. Dies sind vor allem drei Rollen: die des *Sportlers*, die des *Trainers* und die des *Sportfunktionärs*. Eine rollenförmige Ausdifferenzierung des Sports als besonderer Sphäre gesellschaftlichen Handelns ist erreicht, sobald die erste dieser drei Rollen gesellschaftlich etabliert ist. Sportler ist derjenige, der die basalen sportlichen Akte in Form der Teilnahme an sportlichen Wettkämpfen vollzieht. Bereits im antiken Griechenland gab es eine ansatzweise Ausdifferenzierung der Trainerrolle, deren Funktion in der Steuerung eines sportspezifischen "reflexiven Mechanismus" (Luhmann 1966) liegt. Training soll die Leistungsfähigkeit des Sportlers im Wettkampf erhöhen, indem das Wettkampfhandeln sowohl als Ganzes als auch in seinen einzelnen Elementen simuliert und routinisiert wird. Der Trainer ist dabei die aus der Sportlerrolle ausdifferenzierte Reflexionsinstanz. Typischerweise handelt es sich um jemanden, der früher selbst in der betreffenden Sportart aktiv gewesen ist und dabei das akkumuliert hat, was diffus als "Erfahrung" umschrieben wird.

Die dritte sportspezifische Rolle, die des Funktionärs, ist Konsequenz der *formalen Organisation* des modernen Sports. Vor allem in Deutschland, aber auch in einer Reihe anderer Länder, sind diese formalen Organisationen die *Sportvereine*. In manchen Ländern - das prominenteste Beispiel sind die Vereinigten Staaten - gibt es in den allermeisten Sportarten keine solche Institutionalisierung sportlichen Handelns in darauf spezialisierten formalen Organisationen. In den Vereinigten Staaten sind Organisationen des Erziehungssystems - Schulen bzw. Universitäten - die organisatorischen Träger des Sports. Hinzu kommen in vielen Ländern mittlerweile auch kommerzielle Sportstätten. Tenniscenter oder Bodybuilding-Studios sind Beispiele dafür, daβ das Wirtschaftssystem Teile des Sports formal organisiert.

Die Sportvereine bzw. vereinsäquivalenten Sportorganisationen sind in *Sportverbände* eingebettet. Verbände sind zunächst organisatorische Zusammenfassungen von Personen, die Sport - zumeist: eine bestimmte Sportart - ausüben. Erfaβt werden allerdings nur Vereinsmitglieder, so daβ die Sportvereine faktisch zu Mitgliedern oft mehrerer Verbände werden. Sportverbände existieren für fast jede einzelne Sportart - beispielsweise der Deutsche Fuβballbund - und auch als übergreifende Organisationen - etwa der Deutsche Sportbund. Nationale Verbände sind wiederum in internationale Verbände eingebunden. Die Sportverbände haben mehrere Funktionen (Guttmann 1978: 45-47; Winkler u.a. 1985: 70-85). Die Verbände setzen die Regeln der jeweiligen Sportarten fest und überwachen die Regeleinhaltung bei Wettkämpfen, ratifizieren Siege und Rekorde, organisieren und koordinieren Wettkämpfe und repräsentieren den Sport nach auβen - insbesondere gegenüber staatlichen Instanzen. Auf diese Aufgaben ist die Funktionärsrolle im Sport zugeschnitten. Sportverbände, nämlich Gilden derjenigen, die eine bestimmte Sportart ausüben, und Funktionäre, nicht jedoch Vereine, gab es im übrigen bereits im antiken Griechenland und Rom.

Damit sind die einzelnen Komponenten des modernen Sports als eines ausdifferenzierten gesellschaftlichen Teilsystems benannt: Siegescode; sportspezifische evaluative, normative und kognitive Orientierungen; Sportler-, Trainer- und Funktionärsrolle; Sportvereine und -verbände. Einige auf die Bundesrepublik bezogene empirische Daten können nun noch herangezogen werden, um das heute erreichte Ausmaß der *Inklusion* der Gesellschaftsmitglieder in das so beschaffene Sportsystem deutlich zu machen.

Betrachtet man als erstes die Mitgliederentwicklung des Deutschen Sportbundes, so stellt man fest, daß dieser im Jahr 1954 3,7 Millionen, 1970 10,1 Millionen, 1979 16,5 Millionen und 1985 etwa 20 Millionen Mitglieder organisiert hat (Krockow 1980: 58; Ilker & Quanz 1987: 129). Dem Deutschen Sportbund gehört praktisch jeder an, der Mitglied eines Sportvereins ist. Zwar ist nicht jedes Mitglied eines Sportvereins selbst sportlich aktiv. Umgekehrt gibt es aber auch viele sportlich aktive Gesellschaftsmitglieder, die nicht Mitglied eines Sportvereins sind.

Im Jahr 1954 waren 7,2%, 1970 16,7%, 1979 26,9% und 1985 31% aller Gesellschaftsmitglieder Angehörige eines Sportvereins (Krockow 1980: 58; Kops & Gräff 1986: 5). Die Inklusion der Gesellschaftsmitglieder in das Sportsystem schreitet somit extrem schnell voran. Innerhalb von 30 Jahren hat sich die Mitgliederzahl des Deutschen Sportbundes mehr als verfünffacht. Dies entspricht einer Vervierfachung des Anteils der Sporttreibenden an der Gesamtbevölkerung. Überproportional groß ist der Anteil der Sporttreibenden dabei bei jüngeren Menschen, Männern und Mittel- und Oberschichtangehörigen. Allerdings haben sich die Ungleichverteilungen im Zeitverlauf erheblich verringert. Immer mehr partizipieren auch ältere Menschen, Frauen und Unterschichtangehörige an sportlichen Aktivitäten. Ohnehin hat der Sport schon seit langem deutlich weniger als andere gesellschaftliche Teilsysteme nach Schichtzugehörigkeit diskriminiert (Krockow 1980: 52, 61-63).[5]

Der Inklusionsgrad des Sportes wird deutlich, vergleicht man die Mitgliederzahl des Deutschen Sportbundes mit denen der Gewerkschaften und der politischen Parteien. Die Gewerkschaften hatten 1985 etwa 9,5 Millionen, die politischen Parteien insgesamt etwa 2 Millionen Mitglieder (Datenreport 1985: 158, 160). Nur die Kirchen, denen über 90% der Bundesbürger angehören, übertreffen an Mitgliederzahl den Sport (Datenreport 1985: 462); die Mitgliedschaft der Kirchen ist jedoch im Durchschnitt deutlich passiver als die der Sportvereine.

---

5 Detailliertere Überlegungen und empirische Befunde zum schichtspezifischen Habitus als Determinante sportlicher Aktivitäten - insbesondere auch: Wahl einer bestimmten Sportart - finden sich bei Winkler (1988).

Die Anzahl der Sportvereine hat sich im betrachteten Zeitraum in der Bundesrepublik Deutschland ebenfalls deutlich erhöht. 1954 gab es 23.073, 1970 39.202, 1979 50.739 und 1985 etwa 60.000 Sportvereine (Krockow 1980: 58; Ilker & Quanz 1986: 129). Zugleich sind die Vereine im Durchschnitt immer größer geworden. Im Jahr 1961 hatte der durchschnittliche deutsche Sportverein 176, 1979 bereits 273 Mitglieder (Krockow 1980: 59). Das Spektrum real vorfindlicher Vereinsgrößen ist beträchtlich. 1979 hatte der größte deutsche Sportverein mehr als 10.000 Mitglieder; es gab jedoch auch viele Vereine mit weniger als 35 Mitgliedern.

Im Vergleich zu anderen Freizeitaktivitäten hat der Sport während der letzten 20 Jahre am stärksten an Bedeutung gewonnen (Digel 1986: 32). Dies dürfte sowohl für den Anteil an der verfügbaren Freizeit gelten, den die Sporttreibenden für diesen aufwenden, als auch für die subjektive Wichtigkeit des Sports im Vergleich zu anderen Freizeitaktivitäten. Mitte der siebziger Jahre verwendete jedes Mitglied eines Sportvereins etwa sieben Stunden pro Woche für Vereinsaktivitäten. Etwa die Hälfte dieser Zeit war dem aktiven Sporttreiben gewidmet (Krockow 1980: 63).

Unabhängig von der Mitgliedschaft in einem Sportverein gaben im Jahr 1984 46% der männlichen und 36% der weiblichen Erwachsenen an, regelmäßig Sport zu treiben. Bei den männlichen Jugendlichen waren es 75%, bei den weiblichen Jugendlichen 69% (Fuchs 1985: 109). Ein Drittel der sporttreibenden Jugendlichen übte eine Sportart, ein weiteres Drittel zwei und das letzte Drittel zwischen drei und sechs Sportarten regelmäßig aus (Fuchs 1985: 114/115). Die subjektive Wichtigkeit des Sports für Jugendliche deutet auch die Tatsache an, daß 73% der männlichen und 59% der weiblichen Jugendlichen den Sportunterricht an der Schule als Lieblingsfach angeben (Fuchs 1985: 113/114).

Insgesamt stellt der Sport somit ein gesellschaftliches Teilsystem dar, in das ein erheblicher und während der letzten drei Jahrzehnte stark gewachsener Anteil der Gesellschaftsmitglieder auf der Basis regelmäßiger aktiver Partizipation inkludiert ist. In zweifacher Hinsicht ist die Inklusion der Gesellschaftsmitglieder in das Sportsystem damit intensiver als bei den meisten anderen gesellschaftlichen Teilsystemen. Das Sportsystem weist erstens ein hohes Maß an *aktiver* Partizipation der Gesellschaftsmitglieder auf. Dies findet sich ansonsten nur noch im Wirtschafts- und im Familiensystem. In den übrigen gesellschaftlichen Teilsystemen werden die jeweiligen Leistungsrollen immer nur von einer vergleichsweise geringen Anzahl von Gesellschaftsmitgliedern besetzt. Zweitens zeichnet der Sport sich auch hinsichtlich der eher *passiven* Publikumsrolle dadurch aus, daß diese eine vergleichsweise kontinuierliche Inklusion der Gesellschaftsmitglieder etabliert. Eine große Anzahl von Gesellschaftsmitgliedern besucht Sportveranstaltungen und verfolgt die Sportberichterstattung in den Massenmedien regelmäßig und lebenslang. Demgegenüber ist die Publikumsrolle in verschiedenen anderen gesellschaftlichen Teilsystemen nur eine sporadische - etwa im Gesundheits-, im Rechts- oder im politischen System. Im Erziehungssystem erstreckt die Publikumsrolle sich auf eine bestimmte Lebensphase. Außer dem Sport haben nur das Wirtschaftssystem, das System der Massenmedien, das Kunstsystem und das Religionssystem eine kontinuierliche Publikumsrolle institutionalisiert.

Für den Sport in Gegenwartsgesellschaften können somit eine umfassende und stabilisierte systemische Ausdifferenzierung sowie ein hoher Inklusionsgrad konstatiert werden. Allerdings gibt es ein in diesem Sinne gesellschaftlich ausdifferenziertes Sportsystem noch nicht sehr lange. Der Sport ist eines der jüngsten gesellschaftlichen Teilsysteme. Während beispielsweise die Ausdifferenzierung des Wissenschaftssystems bereits im 14. Jahrhundert begann, sind die Anfänge einer Ausdifferenzierung des Sportsystems erst seit dem Beginn des letzten Jahrhunderts zu entdecken. Die nun zu behandelnde Frage ist die nach den Bedingungen und Verlaufsformen dieser Ausdifferenzierung des Sports - also nach der Genese dessen, was sich so wie bislang geschildert heute als Sportsystem darstellt.

3 Die Ausdifferenzierung des Breitensports

Will man verstehen, warum der Sport sich als eigenständiges gesellschaftliches Teilsystem etablieren konnte, muß man sich zunächst die spezifische Bedeutung des Sports für die einzelne *Person* klarmachen. Hinweise darauf geben bereits die Assoziationen, die Gesellschaftsmitglieder typischerweise mit dem Sport verbinden. Diese Assoziationen sind: "Spiel", "Spaß", "Wohlbefinden", "Entspannung", "Ausgleich zum Alltag" und ähnliches (Mrazek 1986: 89).

Greift man als erstes die Assoziation "Spiel" heraus, so wird eine wesentliche Dimension sportlicher Aktivitäten im Bewußtsein von

Personen deutlich: Sport als *autotelische Aktivität*. Sportliches Handeln hat, als ein Typus spielerischen Handelns, keinen Zweck außerhalb seiner selbst - etwa ein Produkt oder eine Entscheidung, die dann in anderen Kontexten weiterverwendet würden. In diesem Sinne gilt: "Pleasure is in the doing and not in what has been done." (Guttmann 1978: 3) Unter einem Kosten/Nutzen-Kalkül betrachtet werfen sportliche Aktivitäten lediglich das ab, was Ökonomen herablassend "in-process benefits" nennen. Psychologisch gesehen handelt es sich - angedeutet in den Assoziationen von Sport mit "Spaß" und "Wohlbefinden" - um "flow experiences", die sich folgendermaßen charakterisieren lassen:

> "The activity presents constant challenges. There is no time to get bored or to worry about what may or may not happen. A person in such a situation can make full use of whatever skills are required and receives clear feedback to his actions ... action follows upon action according to an internal logic that seems to need no conscious intervention by the actor. He experiences it as a unified flowing from one moment to the next, in which he is in control of his actions, and in which there is little distinction between self and environment, between stimulus and response, or between past, present, and future." (Csikszentmihalyi 1975: 36)

Hinsichtlich des Bezugs der Person zu ihren gesellschaftlichen Rollenverpflichtungen bedeutet dies, daß sportliches Handeln *"time out"-Situationen* schafft.[6] Solche Situationen bleiben in eigentümlicher Weise folgenlos für die sonstigen gesellschaftlichen Kontexte, in die eine Person involviert ist. Auf den ersten Blick scheint diese Folgenlosigkeit mit der ausgeprägten Leistungsorientierung sportlichen Handelns zu kollidieren. Der entscheidende Punkt ist hierbei jedoch, daß sportliche, anders als berufliche Leistungen zu keinerlei außersportlichen Ansprüchen und Ressourcenzuteilungen führen.[7] Besondere Leistungsfähigkeit im Beruf beispielsweise begründet einen Anspruch auf Aufstieg

---

6 Zu "time out" allgemein siehe Cavan (1966: 234-241), Goffman (1967: 161-163), Lyman & Scott (1970: 204).

7 Diese Unterscheidung sportlicher und beruflicher Leistungsorientierung bricht freilich zusammen, sobald Sport als Beruf betrieben wird. Dies ist teilweise im Leistungssport der Fall - dazu im folgenden noch Näheres.

in einfluß- und prestigereichere Berufspositionen, und dies ist in der Regel mit Gehaltsverbesserungen verbunden - wodurch wiederum das Niveau ökonomischer Bedürfnisbefriedigung und die für alle Lebensbereiche des Betreffenden wichtige Position in der gesellschaftlichen Schichtungsordnung erhöht werden. Durch sportliche Leistungen erwirbt man demgegenüber lediglich den Anspruch auf sportliche Anerkennung und die Teilnahmeberechtigung für Wettbewerbe mit einem höheren Leistungsniveau. Sportliche Leistungen eröffnen also keine Horizonte einer fremdreferentiellen Konvertierung der Einstufung einer Person gemäß dem sportlichen Siegescode, sondern verbleiben in der Selbstreferentialität des Wettkampfhandelns. Man siegt, um weiter siegen zu können - und nicht, um die Bedingungen für eheliches Glück, politischen Einfluß oder die Zukunft der eigenen Kinder zu verbessern. Auch in diesem Sinne ist der Sport eine "spielerische" Aktivität: "... we are 'not really' concerned ... the horizon does not point at anything beyond itself..." (Riezler 1941: 444/445).

Der "time out"-Charakter sportlichen Handelns kommt in der Assoziation von Sport als "Ausgleich zum Alltag" zum Ausdruck. Die Person erlebt sportliches Handeln, wie viele andere Freizeitaktivitäten auch, als eine zeitweilige Suspension von alltäglichen Rollenanforderungen (Levy 1952: 528-530). Dieses bewußtseinsförmige und sozialstrukturelle Abkappen von Interdependenzen hat zur Folge, daß sportliches Handeln nicht, in der Sprache Heideggers, im Modus der "Sorge" erlebt wird. Der Erlebnismodus des Sports ist vielmehr "*Spannung*", also nicht negativ, sondern positiv bewertete Ungewißheit (Krockow 1980: 39/40; Bette 1987: 238-246). Jede sportliche Aktivität wird von einem übergreifenden Spannungsbogen getragen, der die Offenheit des Ausgangs in jedem Moment gegenwärtig hält. "Das Spiel hat 90 Minuten" - dieses geflügelte Wort im Fußball weist, so verstanden, genau auf den Tatbestand hin, daß Fußballspiele nicht selten buchstäblich in letzter Minute entschieden werden bzw. immer noch anders entschieden werden könnten, der Spannungsbogen also nicht bereits nach 30 oder 60 Minuten zusammenbricht.

Wie wichtig die Aufrechterhaltung von Spannung ist, zeigt sich gerade daran, daß sowohl aktive Sportler als auch Sportzuschauer solche Wettkämpfe bevorzugen, in denen die beteiligten Sportler ein annähernd gleiches Leistungsvermögen entfalten. Der Unterschied zu anderen gesellschaftlichen Teilsystemen ist nicht zu übersehen. Nirgendwo sonst wird Konkurrenz zwischen Akteuren als Quelle lustvoll erlebter

Spannung genutzt. Vielleicht ist der Sport gerade deshalb die Antwort auf "the quest for excitement in unexciting societies" (Elias & Dunning 1970). Daß Sport in dieser Hinsicht mit "Entspannung" assoziiert wird, widerlegt diesen Sachverhalt nicht etwa, sondern bestätigt ihn vielmehr. Anders als die in anderen gesellschaftlichen Teilsystemen sich immer wieder ergebende quälende - "anspannende" - Ungewißheit darüber, ob man beispielsweise eine Prüfung bestanden oder eine Arbeitsstelle erlangt hat, ist die im Sport erzeugte Spannung eben "entspannend", weil spielerisch und folgenlos.

Als autotelische Aktivität, die spannende "time out"-Situationen kreiert, ist Sport zweifellos ein ubiquitäres Phänomen in allen Epochen menschlicher Geschichte gewesen. Bereits bei den frühen Naturvölkern gab es zahlreiche und mannigfaltige Aktivitäten der Körperkultur, von denen viele auch sportlichen Charakter aufwiesen. Solche "'playful' physical contests" (Guttmann 1978: 7) fanden im Rahmen von Kinderspielen, von kultischen Riten und von Kriegerübungen statt. Im antiken Griechenland und Rom war Sport bereits nicht länger nur situativ, sondern rollenförmig ausdifferenziert. Regelmäßige Wettkämpfe, eine Differenzierung verschiedener Sportarten mit kodifizierten Regeln und Verbände sind Aspekte dieser fortgeschrittenen Ausdifferenzierung. Das europäische Mittelalter kannte den Sport im Rahmen der Junker- und Knappenausbildung und der Ritterturniere (Hardy 1974) sowie in Form der sportlichen Volksspiele - etwa der Frühformen des Fußballs (Elias 1971; Elias & Dunning 1971). Das aufkommende Stadtbürgertum der Frühmoderne betrieb Sport im Rahmen der Schützengilden und Fechtervereine. Im 17. und 18. Jahrhundert waren insbesondere in England Pferderennen, Wettläufe und Ruderwettkämpfe Sportarten, die vor allem als Gelegenheiten zum Wetten genutzt wurden (Eichberg 1978: 49-51; Krockow 1980: 15-19).

All dies hat jedoch nicht zu einer systemischen Ausdifferenzierung des Sports geführt. Man kann die Ausdifferenzierung des modernen Sports zum gesellschaftlichen Teilsystem auch nicht als Kulmination einer langen historischen Traditionslinie begreifen. Denn erstens sind die genannten historischen Erscheinungsformen des Sports größtenteils unabhängig voneinander gewesen und werden erst durch die heutige historische Perspektive aufeinander bezogen. Noch wichtiger ist indes zweitens, daß gerade die Zeit unmittelbar vor dem Beginn der Ausdifferenzierung des modernen Sports durch einen Niedergang der sportlichen Aktivitäten mittelalterlichen und frühmodernen Ursprungs gekennzeichnet war. Diese Sporttraditionen waren eben nicht die Ursachen oder auch nur Katalysatoren des modernen Sports, sondern boten bestenfalls einen Pool von Sportarten, auf die dann selektiv und transformierend zurückgegriffen wurde.[8]

Die generelle These zur *Ausdifferenzierung des modernen Sports* lautet: Diese vollzog sich, weil sportliches Handeln zum *Kristallisationspunkt einer Pluralität von Leistungsbezügen anderer gesellschaftlicher Teilsysteme* wurde. Gerade als autotelische Aktivität ist Sport multifunktional instrumentalisierbar und damit ein attraktives Projektionsfeld für Leistungserwartungen aus anderen gesellschaftlichen Teilsystemen. Beschränkt man sich zunächst auf den heute so genannten "Breitensport", so ist dessen Ausdifferenzierung das Resultat einer *kontingenten Koinzidenz* von Leistungsbezügen aus dem Erziehungs-, dem Gesundheits-, dem Militär-, dem Religions-, dem Wirtschafts- und dem politischen System. Das bedeutet: Daβ diese verschiedenen Leistungsbezüge zeitlich annähernd zusammenfielen und sich untereinander kompatibilisieren lieβen, war keine historische Notwendigkeit, sondern Zufall. Doch diese Zufälligkeit konnte, einmal eingetreten, sich dann sehr schnell zu einem Orientierungskomplex und einer institutionellen Ordnung verdichten, die sowohl aufgrund externer Interessen als auch aufgrund eines emergenten "Interesses an sich selbst" Reproduktionsfähigkeit erlangte.

Bei der Betrachtung der verschiedenen Leistungsbezüge muβ mit dem zum *Erziehungssystem* begonnen werden. Bereits die italienischen Humanisten des 15. Jahrhunderts entdeckten die pädagogische Nutzbarkeit von Leibesübungen, ohne daβ sich dies allerdings in der Erziehungspraxis niederschlug (Eichberg 1973: 60-63). Wenn man die systemische Ausdifferenzierung des modernen Sports überhaupt an einem einzigen Punkt lokalisieren kann, dann waren es die englischen Public Schools Anfang des letzten Jahrhunderts (Walvin 1978: 83-87). In diesen Schulen wurde das mittelalterliche Fuβballspiel aufgegriffen und als regelmäβige sportliche Betätigung der Schüler institutionalisiert - zunächst hauptsächlich aus der Not heraus, die überbordende Aggressivität der Schüler, die sich oftmals in Akten roher Brutalität manifestierte, irgendwie kanalisieren zu müssen. Ein ähnliches Interesse stand hinter der Institu-

---

8 Siehe hierzu auch die Untersuchungen Eichbergs (1978), der an verschiedenen Sportarten radikale Formwandlungen im Übergang zum modernen Sport aufzeigt.

tionalisierung des Turnens und später des Fußballs an deutschen Gymnasien jener Zeit, wie sich in der folgenden Äußerung eines damaligen Gymnasiallehrers und Pioniers des Schulsports widerspiegelt: "Am unschädlichsten wird der Überschuß an Energie, der sich besonders bei manchem älteren Schüler findet, sich draußen auf dem Spielplatz austoben." (zitiert bei Hopf 1979a: 66)

Nachdem der Sport sich als Instrument zur Aggressionsabfuhr bewährte, wurde er weiter "pädagogisch ideologisiert" (Eichberg 1978: 107) und als Medium der Charakterbildung begriffen. Modern ausgedrückt: Man verstand den Sport von nun an als Lernfeld für wichtige soziale Kompetenzen. Selbstdisziplin, Kooperations- und Konkurrenzfähigkeit, Empathie[9] und Leistungsbereitschaft sind einige der Persönlichkeitseigenschaften, die über sportliche Aktivitäten gleichsam als "hidden curriculum" vermittelbar erschienen und bis heute erscheinen. An Parsons' "pattern variables" läßt sich zeigen, daß der Sport einen Beitrag zur Vermittlung genau jener Handlungsorientierungen leistet, die für das Rollenhandeln in vielen Bereichen der modernen Gesellschaft erforderlich sind. Sportliches Handeln ist funktional spezifisch, affektiv neutral, universalistisch, kollektivitäts- und leistungsorientiert. In all diesen Hinsichten kann es vor allem auch auf die kognitiven und motivationalen Erfordernisse des Berufslebens - im Unterschied zum funktional diffusen, affektiv getönten, partikularistischen und an der persönlichen Besonderheit des einzelnen orientierten Familienlebens - vorbereiten. Im frühen 19. Jahrhundert wurde dieser positive pädagogische Leistungsbezug des Sports vor allem im Hinblick auf die zukünftigen Träger gesellschaftlicher Leitungspositionen gesehen. In England führten nach den Public Schools auch die Colleges sehr schnell regelmäßigen Sport als Lehrplankomponente ein, während die für die Unterschichterziehung zuständigen Elementary Schools noch sehr lange keinen Sportunterricht institutionalisierten (Bailey 1978: 129-131).

Dieser positive Bezug sportlicher Aktivitäten zur Sozialisationsfunktion des Erziehungssystems wurde im übrigen nicht überall hergestellt. Das Bildungsideal der deutschen Pädagogik stand dem Sport beispielsweise abwehrend gegenüber. Als Instrument zur Reduktion destruktiver psychischer Energien ließ man den Sport zwar gelten; als Setting der

9 Man denke auch daran, daß Mead das kindliche Lernen des "taking the role of the other" am Baseballspiel veranschaulicht.

Persönlichkeitsbildung erschien der Sport jedoch nicht geeignet (Krockow 1980: 53-59). Diese Abwehrhaltung verstieg sich bis hin zu dem festgefügten Vorurteil, daß kognitive Intelligenz und sportliche Leistungsfähigkeit negativ korrelierten - was empirisch nicht haltbar ist. Der Schulsport führte entsprechend in Deutschland lange Zeit ein Kümmerdasein. Die systemische Ausdifferenzierung des Sports konnte sich unter diesen Bedingungen auf den Leistungsbezug zum Erziehungssystem sehr viel weniger stützen als anderswo.

Über die schulische Erziehung hinaus wurde der Sport dann auch für sozialpädagogische Aufgabenfelder entdeckt. Beispielsweise wurden im Zuge des "progressivism" der Jahrhundertwende in den Vereinigten Staaten kommunal organisierte sportliche Aktivitäten als ein Gegenmittel gegen die Verwahrlosung Jugendlicher eingesetzt (Jebsen 1979). Ein kommunaler Schulaufseher der Stadt Dallas brachte dies Mitte der zwanziger Jahre lapidar auf den Begriff: "... playgrounds are cheaper than reformatories and parental schools ..." (zitiert bei Jebsen 1979: 17). Für diese positiven sozialpädagogischen Wirkungen des Sports gibt es mittlerweile auch empirische Bestätigungen (Snyder & Spreitzer 1981: 131/132).[10]

Insgesamt muß allerdings aus heutiger Sicht festgestellt werden, daß die realen pädagogischen Effekte des Sports nicht nur oftmals ungewisser, sondern auch ambivalenter als die ideologischen Deutungen und Hoffnungen der pädagogischen Akteure sind (Heinemann 1974; Snyder & Spreitzer 1981: 132-136). So ist durchaus nicht bewiesen, daß die Orientierungen, die jemand bei sportlichen Aktivitäten erwirbt, in dessen Handeln in anderen gesellschaftlichen Teilsystemen transferiert werden, Sport also als Ort stellvertretenden sozialen Lernens funktioniert. Darüber hinaus kann der Sport als Sozialisationsmilieu eine ritualistische Regelkonformität erzeugen, die sich in der übrigen Gesellschaft gerade als dysfunktional erweist. Sportliche Niederlagen können ferner Erlebnisse von Versagen sein, die, gerade weil man sich gemäß den normativen Orientierungen des Sports als "guter Verlierer" darstellen muß, verdrängt werden müssen und dann eventuell in anderen gesell-

10 Freilich kann der Sachverhalt, daß das Ausmaß sportlichen Involvements und die Normkonformität von Jugendlichen positiv korrelieren, auch so interpretiert werden, daß normkonforme Jugendliche eher als delinquente geneigt sind, sich sportlich zu betätigen.

schaftlichen Kontexten wieder hervorbrechen. Auch die solidaritätsbildenden Effekte vor allem des Mannschaftssports werden problematisch, wenn sie zu einer rigorosen Trennung von Ingroups und Outgroups führen, wie sie beispielsweise im politischen Nationalismus aufgegriffen werden kann.

Diese Relativierungen vielleicht übertriebener positiver Einschätzungen des pädagogischen Werts sportlicher Aktivitäten sind freilich solange irrelevant, wie sie nicht in die kognitiven Deutungsmuster praktizierender Pädagogen eingehen. Solange die Akteure des Erziehungssystems überzeugt sind, daß Sport ein effektives Instrument pädagogischen Handelns darstellt, besteht der Leistungsbezug des Sports zu diesem gesellschaftlichen Teilsystem. Faktisch ist die Intensität dieses Leistungsbezugs bis heute sehr hoch - was nicht zuletzt dadurch dokumentiert wird, daß der Schulsport in allen Kategorien von Schulen und allen Nationen fest institutionalisiert ist.

Die rasche Verbreitung des Sports an zahlreichen Schulen führte bereits in den zwanziger Jahren des letzten Jahrhunderts in England dazu, daß die Regeln der verschiedenen betriebenen Sportarten überlokal kodifiziert werden mußten (Walvin 1978: 85). Ursprünglich waren ja die Regeln, nach denen in Rugby Fußball gespielt wurde, durchaus erheblich anders als die in Eton. Als die Schulen begannen, Schulmannschaften zu bilden, die gegeneinander antraten, ergab sich die Notwendigkeit zur Vereinheitlichung der Regeln. Aus diesen Anfängen heraus entstanden sehr schnell die national und dann auch international vereinheitlichten Regelwerke für die verschiedenen Sportarten als zentrale Elemente des normativen Orientierungskontextes des Sports.[11]

Aus den Public Schools und Colleges heraus wurde der Sport in England bald in andere gesellschaftliche Teilsysteme hineingetragen. Dies geschah durch Absolventen dieser Erziehungsinstitutionen (Walvin 1978: 83-87). Teils betrieben diese Personen die an der Schule erlernten Sportarten als Freizeitaktivitäten weiter, woraus die ersten Sportvereine

11 An diesem Vorgang läßt sich im übrigen auch zeigen, daß eine nicht unwichtige Voraussetzung der Ausdifferenzierung des Sportsystems auch in der Ausdifferenzierung eines Eisenbahnsystems als großtechnischen Infrastruktursystems bestand. Denn erst die Möglichkeit, größere regionale Distanzen schneller zu überbrücken, führte dazu, daß sportliche Wettkämpfe den lokalen Horizont überschritten und so eine Regelvereinheitlichung erzwangen (Mandell 1976: 256/257).

entstanden. Diese bildeten die organisatorischen Keimzellen des sich ausdifferenzierenden Sportsystems. Sehr bald kamen nationale Sportverbände für die einzelnen Sportarten hinzu. Außer durch die Bildung von Sportvereinen vollzog sich die Ausdifferenzierung des Sports aus dem Erziehungssystem aber auch dadurch, daß die Absolventen der Colleges und Public Schools in denjenigen gesellschaftlichen Teilsystemen, in denen sie beruflich tätig wurden, neue Möglichkeiten zur Instrumentalisierung des Sports entdeckten.

Dies gilt etwa für diejenigen, die als Geistliche tätig wurden und den Sport als Strategie einsetzten, um insbesondere die religiös indifferent gewordenen männlichen Unterschichtangehörigen wieder an die Kirche zu binden (Bailey 1978: 137; Walvin 1978: 87). Für das viktorianische England wurde etwa festgestellt: "... the curate, and often the vicar, inspired by his own early education, frequently set out to claim souls with a bible in one hand and a football in the other." (zitiert bei Bailey 1978: 137) Dieser *religiöse Leistungsbezug* führte nicht nur dazu, daß Kirchengemeinden zu regelmäßigen Veranstaltern sportlicher Wettkämpfe wurden. Darüber hinaus erfolgten auch viele frühe Gründungen von Sportvereinen im kirchlichen Kontext. Bedenkt man, daß die christlichen Religionen jahrhundertelang jede Art der spielerischen Körperkultur verpönt hatten (Eichberg 1973: 48), dann ist dieser Rekurs auf den Sport ein besonders ausgeprägtes Beispiel von missionarischem Opportunismus.

Seit dem späten 19. Jahrhundert wurde der Breitensport auch zunehmend im Kontext *politischer Leistungsbezüge* gesehen. Dies geschah in England, den Vereinigten Staaten oder auch dem Deutschen Reich vor dem Hintergrund der Folgeprobleme einer rapiden Urbanisierung. Insbesondere das Industrieproletariat wurde dabei einerseits den beispielsweise von Engels ausgiebig dokumentierten sozialen Mißständen unterworfen, andererseits aber auch räumlich konzentriert, dadurch, ansetzend bei individuellen Unzufriedenheiten, leichter organisierbar und damit ein Faktor potentieller politischer Instabilität. Die Bereitstellung von Sportstätten durch die Kommunen und ein kommunales Angebot von Sportveranstaltungen wurden vor diesem Hintergrund auch strategisch als Instrumente eingesetzt, mit denen zwar nicht Disraelis "two nations"-Problematik beseitigt werden konnte, die aber immerhin von sozialen Spannungen und individuellen Frustrationen ablenken konnten (Jebsen 1979).

Eine zusätzliche Bedeutung bekam die politische Förderung des

Breitensports in einem Einwandererland wie den Vereinigten Staaten. Gemeinsame sportliche Aktivitäten zwischen Einwanderern und der eingesessenen Bevölkerung waren oftmals einer der ersten Schritte zur Sozialintegration der neuen Bevölkerungsgruppe. Ähnliche Funktionen werden aus der Sicht des politischen Systems dem Sport in der heutigen Bundesrepublik im Hinblick auf die Integration der Gastarbeiter zugeschrieben. Derartige Leistungserwartungen des politischen Systems waren immer auch Anknüpfungspunkte für Ressourcenforderungen von seiten des Sports.

Ein weiteres funktionales Teilsystem der modernen Gesellschaft, das bereits sehr früh sportliche Aktivitäten für seine Funktionserfordernisse zu instrumentalisieren begann, ist das *Militär*. Anders als in vormodernen Gesellschaften, in denen sportliche Übungen oftmals nichts anderes als entschärfte militärische Kampftechniken waren, haben sich in der modernen Gesellschaft militärische Körperübungen und sportliche Disziplinen vollständig gegeneinander ausdifferenziert. Dies ist vor allem darin begründet, daß militärisches Handeln mittlerweile kaum noch einen Bezug zu spezifischen körperlichen Fähigkeiten aufweist. Der Militärsport dient so nicht länger der Schulung spezifischer militärischer Kampftechniken, sondern einer generalisierten Erhaltung und Steigerung körperlicher Leistungsfähigkeit. Das erklärt beispielsweise, warum gymnastische Übungen und die verschiedenen Formen des Konditionstrainings im modernen Militärsport stets die bedeutsamste Rolle gespielt haben. In der Mitte des letzten Jahrhunderts waren es in England nicht zuletzt Militärs, die den zunehmenden Anteil körperlich untauglicher Rekruten bemängelten und dadurch nicht nur eine Einschränkung von Kinderarbeit, sondern auch die Institutionalisierung des Schulsports in den Elementary Schools erreichten (Bailey 1978: 124-129).

Neben der körperlichen Ertüchtigung sollte der Sport aus der Perspektive des Militärsystems auch eine bestimmte Sozialdisziplin fördern, die die militärische Organisation voraussetzt - etwa die Fähigkeit zur Einordnung in eine Gruppe oder zum bedingungslosen Einsatz für ein vorgegebenes Ziel. Genau besehen stellt der militärische Leistungsbezug somit eine weitere Spezifizierung des noch darzustellenden gesundheitlichen und des pädagogischen Leistungsbezugs an den Sport dar. Ein extremes Beispiel dafür, wie der so beschaffene militärische Leistungsbezug einen unangefochtenen Primat erringen kann, waren die Jahre des Kriegskommunismus in der UdSSR (Riordan 1976: 91-

94). Zu dieser Zeit ressortierte die Sportpolitik der Kommunisten im Verteidigungsministerium.

Dasjenige gesellschaftliche Teilsystem, zu dem der Sport in der heutigen Wahrnehmung den engsten Leistungsbezug aufweist, ist das *Gesundheitssystem*. Dieser Leistungsbezug wird, ebenso wie der pädagogische und der militärische, schon sehr lange thematisiert. Bereits in der Renaissancemedizin wurden sportähnliche Formen der körperlichen Betätigung als krankheitsvorbeugende Maßnahmen diskutiert. In der Medizin des 18. Jahrhunderts gewann eine solche Betrachtungsweise des Sports immer mehr an Bedeutung. In der Anfangszeit der Ausdifferenzierung des modernen Sports zu Beginn des 19. Jahrhunderts spielte der gesundheitliche Leistungsbezug allerdings kaum eine Rolle (Eichberg 1973: 45). Erst im viktorianischen England propagierte man sportliche Aktivitäten als probate Mittel gegen die Gesundheitsgefährdungen des Stadtlebens (Bailey 1978: 124-129).

Seitdem ist die Instrumentalisierung des Sports durch das Gesundheitssystem immer stärker geworden. Zwischen Gesundheits- und Sportsystem findet eine wechselseitige Entlastung statt. Das Gesundheitssystem braucht Präventions- und Therapiefunktionen nicht selbst zu erledigen, weil diese bereits im Sportsystem erfüllt werden; durch diese medizinische Funktionalität kann das Sportsystem seine Existenz und staatliche Förderungswürdigkeit legitimieren (Franke & Bisler 1986: 28-32). Sport gilt heute als wichtiger Ausgleichsmechanismus gegen Streß und Bewegungsmangel, wie sie insbesondere durch die Wandlungen der Berufsrolle immer gravierender auftreten (Rittner 1985; de Marees & Weicker 1986). Nicht zuletzt die zunehmenden Kosten einer kurativen Medizin lassen die sportliche Prävention von Gesundheitsgefährdungen als preisgünstige Alternative erscheinen. Dieser gesundheitliche Leistungsbezug des Sports ist mittlerweile so stark geworden, daß manche Beobachter bereits von einer internen Ausdifferenzierung des Gesundheitssports innerhalb des Sportsystems sprechen (Rittner 1985). Jogging, Aerobic, Trimming oder der Rehabilitationssport sind einige Erscheinungsformen dessen.

Wirkungsuntersuchungen ergeben freilich, daß die körperliche Ertüchtigung selbst nur den geringsten Teil der gesundheitsfördernden Effekte sportlicher Betätigung ausmacht. Im Vordergrund stehen vielmehr psychosomatisch bzw. psychisch vermittelte Wirkungsbeziehungen. Die mit vielen sportlichen Aktivitäten verbundene gesellige soziale Atmosphäre einschließlich der Möglichkeiten, Bekanntschaften und Freundschaften zu schließen, ist ein wichtiger Aspekt, der auch das körperliche Wohlbefinden mitbestimmt (Rittner 1985: 144-146). Sportliche Aktivitäten können ferner von Krankheitsängsten ablenken und so zu einer psychisch zweckmäßigen Desensibilisierung hypochondrischer Persönlichkeiten führen (Mrazek 1986). Hinzu kommt, daß sportliche Erfolgserlebnisse zu einer Steigerung des Selbstwertgefühls führen und solche positiven Identitätserfahrungen wiederum das körperliche Wohlbefinden beeinflussen können.

Ein letzter Leistungsbezug, der seit dem Ende des letzten Jahrhunderts zur Ausdifferenzierung des modernen Breitensports beigetragen hat, ist der zum *Wirtschaftssystem*. Hierzu kann man zunächst feststellen, daß große Unternehmen oftmals einen katalysatorischen sozialen Kontext für die Bildung von Arbeitersportgruppen und -vereinen abgaben. Ein Verein wie Bayer 04 Leverkusen dokumentiert einen solchen Nexus bis heute. In großem Maßstab fand ähnliches beispielsweise im Ruhrgebiet statt, wo die meisten Fußballvereine aus dem Bergarbeitermilieu heraus entstanden sind (Lindner & Breuer 1978). Die Initiative zu derartigen Formen des Betriebssports ging teils von den Beschäftigten, teils auch von patriarchalischen Unternehmern aus, die sportliche Freizeitaktivitäten ihrer Mitarbeiter als Ablenkung vom Klassenkampf sahen (Bailey 1978: 88). In mittleren und Großunternehmen ist der Betriebssport in vielen Ländern heute sehr weit verbreitet.

Neben diesem sozialintegrativen Leistungsbezug im Sinne einer Pazifizierung des antagonistischen Konflikts zwischen Kapital und Arbeit hat sich der Sport weiterhin zu einem Absatzmarkt für das Wirtschaftssystem entwickelt. Schon sehr früh, nämlich ebenfalls gegen Ende des letzten Jahrhunderts, stellten Sportartikel in England einen lohnenden Markt dar, der zum Kristallisationspunkt einer neuen, seitdem stetig gewachsenen Wirtschaftsbranche geworden ist (Walvin 1978: 90). Mit zunehmender Inklusion der Bevölkerung in das Sportsystem wuchs der Markt für Sportgeräte und Sportkleidung immer mehr. Nicht übersehen werden darf weiterhin, daß der Sportstättenbau auch ein Betätigungsfeld der Bauindustrie geworden ist, auf das sich mittlerweile Unternehmen spezialisiert haben. Ein weiteres wirtschaftliches Investitionsfeld sind neuerdings kommerzielle Sportstätten - etwa Tenniscenter oder Bodybuilding-Studios. Dieses marktförmige Angebot von Sportstätten orientiert sich an Angebotslücken der traditionellen Sportvereine - sei es, daß diese bestimmte Sportarten nicht betreuen, sei es, daß bestimmte Bevölkerungsgruppen sich den sozialen Zwängen der "Vereinsmeierei" nicht unterwerfen wollen (Heinemann 1986). Nicht zuletzt ist der aktuelle Boom kommerzieller Sportstätten auch darauf zurückzuführen, daß ausgebildete Sportlehrer, die im Schulsystem nicht mehr unterkommen, alternative Beschäftigungsmöglichkeiten suchen.

Vergleicht man diese Bezüge des Sports zu den verschiedenen gesellschaftlichen Teilsystemen miteinander, so kann man feststellen, daß nicht alle gleichermaßen zur systemischen Ausdifferenzierung des Sports beigetragen haben. Zunächst gibt es bereits angedeutete Unterschiede des Zeitpunkts, von dem an die Bezüge in einem Maße wirksam wurden, das die Ausdifferenzierung vorantrieb. Am frühesten setzte der pädagogische Leistungsbezug ein. Es folgten der religiöse und der militärische Leistungsbezug. Der medizinische, der politische und der wirtschaftliche Leistungsbezug sowie die Nutzbarkeit des Sport als eines wirtschaftlichen Absatzmarkts kamen in einer dritten Phase hinzu. Diese Abfolge ereignete sich zwischen dem Anfang und dem Ende des letzten Jahrhunderts. Seitdem sind alle der genannten Bezüge fest etabliert und haben noch an Bedeutung gewonnen - mit der Ausnahme des religiösen Leistungsbezugs, der mittlerweile kaum noch eine Rolle spielt.

Aussagen über die relative Intensität eines Leistungsbezugs im Vergleich zu den jeweiligen anderen wären zweifellos sehr interessant, sind jedoch auf der Basis vorliegender empirischer Befunde kaum zu treffen. Mit einiger Gewißheit kann man bestenfalls feststellen, daß in der ersten Hälfte des letzten Jahrhunderts der pädagogische Leistungsbezug der wichtigste gewesen ist, während gegenwärtig wohl dem medizinischen Leistungsbezug die höchste Relevanz zugesprochen wird. Interessanter als solche ohnehin immer nur sehr ungefähren Einschätzungen ist jedoch die Tatsache, daß im Zeitverlauf eine Auffächerung des Leistungsspektrums des Sports stattgefunden hat. Die gesellschaftliche Relevanz des Sports war damit sehr bald nicht mehr nur mit einem Leistungsbezug verknüpft, sondern mit einer Pluralität von Leistungsbezügen.

Betrachtet man die Art der Bezüge des Sports zu anderen gesellschaftlichen Teilsystemen, so lassen sich drei Arten unterscheiden. Vorherrschend sind solche Bezüge, bei denen ein anderes gesellschaftliches Teilsystem bestimmte *Funktionen*, die es sonst selbst erbringen müßte, an den Sport delegiert. Dies gilt für den politischen, den pädagogischen, den medizinischen, den militärischen und den auf die Sozialintegration der Unternehmen gerichteten wirtschaftlichen Leistungsbezug. Für das Wirtschaftssystem ist der Sport darüber hinaus ein *Absatzmarkt* für Güter und Dienstleistungen geworden. Eine weitere Art von Bezug des Sports zu anderen gesellschaftlichen Teilsystemen war schließlich der zum Religionssystem, für das er als *Rekrutierungsinstrument* fungierte.

Jede dieser verschiedenen Instrumentalisierungen des Sports durch andere gesellschaftliche Teilsysteme erforderte, daß der Sport institutionell ausgebaut wurde und entsprechende finanzielle Ressourcen erhielt. Dies führte bald zu einem sich selbst tragenden Wachstum, aus dem heraus die verschiedenen Orientierungs- und sozialstrukturellen Komponenten des Sportsystems entstanden. Das so sich herausbildende Sportsystem wurde zu einem Setting, in dem sich sportspezifische Interessen entwickeln konnten. Es gab Akteure - Sportler, Trainer, Funktionäre, Vereine und Verbände - und einen sportspezifischen Komplex von Orientierungen, die einen evaluativen, kognitiven und normativen Bezugsrahmen für die Definition jeweiliger Eigeninteressen abgaben. Wie bei der Ausdifferenzierung anderer gesellschaftlicher Teilsysteme auch fördert also gerade die Intensivierung von *Fremd*interessen an einer bestimmten Sphäre gesellschaftlichen Handelns in dieser die Genese von *Eigen*interessiertheit.

Das Wechselspiel zwischen externer Instrumentalisierung und interner Selbstorganisation des modernen Sports ging aber noch über die Konstitution von teilsystemspezifischen Eigeninteressen hinaus. Die Verfestigung der Leistungsbezüge des Sports zu den verschiedenen anderen gesellschaftlichen Teilsystemen verlagerte allmählich das Abhängigkeitsverhältnis.[12] Bedeutete die Instrumentalisierung des Sports durch die anderen gesellschaftlichen Teilsysteme ursprünglich dessen hohe Abhängigkeit von diesen, so kehrte sich dieses Verhältnis mit der Dauerhaftigkeit der Leistungsbezüge in sein Gegenteil um. Die Leistungsbezüge werden für die Empfänger immer weniger revidierbar, immer mehr zur Selbstbindung. Je länger und in je größerem Maßstab beispielsweise das Gesundheitssystem Präventionsleistungen durch den Sport erbringen läßt, desto mehr macht es sich selbst unfähig, diese Leistungen gegebenenfalls selbst zu erbringen - und desto anfälliger wird es für einen möglichen

---

12 Das folgende Argument greift eine analoge Überlegung von Stichweh (1987: 147) zum Verhältnis von Hochschulsystem und dessen gesellschaftlichen Umwelten auf.

Leistungsentzug von seiten des Sports.[13] Falls sich also heutzutage das Gesundheits-, das Militär-, das Erziehungs-und das politische System darauf eingestellt haben, daβ wichtige Teilfunktionen ihrer eigenen gesellschaftlichen Leistungsproduktion durch das Sportsystem erbracht werden, stärken sie dadurch insgesamt die gesellschaftliche Position dieses Systems.

Hierbei ist weiterhin wichtig, daβ der Sport nicht durch ein einziges anderes Teilsystem, sondern durch mehrere Teilsysteme instrumentalisiert wird. Dies verschafft dem Sportsystem Autonomiespielräume gegenüber den Leistungszumutungen jedes der anderen Teilsysteme. Salopp formuliert: Wer von vielen Herren abhängig ist, kann diese auch gegeneinander ausspielen und dadurch seine Abhängigkeit verringern. Eine multiple Instrumentalisierung eines gesellschaftlichen Teilsystems durch andere Teilsysteme schafft unweigerlich "cross-pressures", bietet sogar die Möglichkeit, solche "cross-pressures" gezielt zu provozieren, um so die Pressionen wechselseitig zu neutralisieren. Dies ist dann gewissermaβen eine divide-et-impera-Strategie "von unten".

Ohnehin verfügt das Sportsystem gegenüber jeglichem externen Leistungsbezug über eine harte Grenze, über die hinaus eine Instrumentalisierung sportlicher Aktivitäten durch andere gesellschaftliche Teilsysteme kontraproduktiv wird. Diese Grenze besteht darin, daβ sportliche Aktivitäten niemals den Charakter verlieren dürfen, der sie in der subjektiven Erfahrung der Sporttreibenden überhaupt erst attraktiv macht. Die spielerische Erzeugung von Spannung durch körperlichen Leistungswettbewerb: An diesem Kristallisationspunkt können externe Leistungsbezüge ansetzen, dürfen ihn jedoch niemals eliminieren. Die Leistungsbezüge anderer gesellschaftlicher Teilsysteme zum Sport sind also immer nur "... parasitäre Funktionen: Sie zehren davon, daβ der sportliche Spannungsbogen trägt ..." (Krockow 1980: 40). Beispielsweise ist hinsichtlich der gesundheitlichen Effekte des Sports festgestellt worden, daβ diejenigen Sporttreibenden, die etwa im Rahmen der Trimming- und Jogging-Welle Sport rein um ihrer Gesundheit willen

13 Dem liegt eine generelle austauschtheoretische Logik zugrunde: Wenn in einem Macht-Abhängigkeits-Verhältnis (vgl. Emerson 1962) der Machtüberlegene seine Macht dazu benutzt, zur eigenen Reproduktion erforderliche Aktivitäten an den Untergebenen zu delegieren, begibt er sich längerfristig in ein strategisches Abhängigkeitsverhältnis zu diesem.

betreiben, ihn also gerade nicht als spielerische körperliche Leistungsprobe erfahren, sondern sich lustlos quälen, keinerlei positive, sondern im Gegenteil sogar negative gesundheitliche Effekte erzielen (Rittner 1985: 149-151; Mrazek 1986). Ähnliches könnte auch an den anderen externen Leistungsbezügen des modernen Sports vorgeführt werden. Die verschiedenen Instrumentalisierungen, die die systemische Ausdifferenzierung des Sports getragen haben, können also nur dann effektiv im Sinne der Standards der jeweiligen anderen gesellschaftlichen Teilsysteme sein, wenn der Charakter sportlicher Aktivitäten auf der Ebene manifester subjektiver Erfahrung letztlich unberührt von pädagogischen, medizinischen, politischen, wirtschaftlichen, militärischen und religiösen Leistungsbezügen bleibt. Diese Leistungsbezüge müssen im sportlichen Handeln selbst latent bleiben, um realisiert werden zu können. Es handelt sich um "states that are essentially by-products" (Elster 1983).

Zu weitgehende Instrumentalisierungen durch andere gesellschaftliche Teilsysteme sind die eine Richtung, aus der die Autonomie des Sports als ausdifferenziertes gesellschaftliches Teilsystem wieder gefährdet werden könnte. Reale Anzeichen dafür gibt es allerdings nicht. Wenn überhaupt, so bestünden solche Gefahren gegenwärtig höchstens von seiten medizinischer Leistungsbezüge. Die Fitneß-Bewegung, die in der Bundesrepublik seit Anfang der siebziger Jahre in immer wieder anderen Varianten große Teilnehmerzahlen erreicht hat, war und ist eine zumindest partielle medizinische Überinstrumentalisierung des Sports. Trimmpfade, Lauftreffs oder Aerobic-Studios sind jedoch - möglicherweise auch temporär bleibende - Randerscheinungen des etablierten Sportsystems geblieben. Die Fitneß-Bewegung ist kaum in den Vereinssport integriert worden. Vor allem hat sich sehr schnell gezeigt, daß die Personengruppen, die der Vereinssport einerseits, die Fitneß-Bewegung andererseits mobilisieren, sehr unterschiedlich sind, so daß von keiner der beiden Seiten ein Interesse an einer stärkeren Integration der Fitneß-Bewegung in das etablierte Sportsystem besteht.

Die andere Richtung, aus der die Ausdifferenzierung des Sportsystems prinzipiell gefährdet werden könnte, ist die einer Entdifferenzierung des Breitensports in Richtung auf den diffusen und heterogenen Bereich der Freizeitaktivitäten. Gegenwärtig gibt es einige Anzeichen dafür, daß die sportspezifischen Handlungsorientierungen sich den für die sonstigen Freizeitaktivitäten charakteristischen Handlungsorientierungen annähern (Digel 1986; Heinemann 1986). Insbesondere die Leistungsorientierung des Sports, die sportliches Handeln letztlich auf Wettkämpfe hin ausrichtet, wird partiell zugunsten einer leistungsentlasteten Spaß- und Geselligkeitskultur zurückgenommen. Ein augenfälliges Beispiel dafür ist etwa die Propagierung der "new games", deren wesentliches Merkmal darin besteht, daß es keine Gewinner und Verlierer mehr gibt, der Siegescode des Sports also außer Kraft gesetzt wird (Bette 1987: 57). Auch diese Entdifferenzierungstendenzen zwischen Sport und Freizeit sind allerdings bislang noch immer marginal geblieben. Einschätzungen über die zukünftige Ausbreitung solcher Tendenzen im Sport differieren erheblich und haben bislang nur spekulativen Charakter. Gegenwärtig ist somit davon auszugehen, daß sich der Sport als ausdifferenziertes gesellschaftliches Teilsystem auch weiterhin stabilisieren kann.

4 Die Innendifferenzierung in Breiten- und Leistungssport

Die bisherige Darstellung der Ausdifferenzierung des Sportsystems in der modernen Gesellschaft hat sich auf den Breitensport konzentriert. In der Tat ist der Breitensport derjenige Bereich sportlicher Aktivitäten gewesen, der die geschilderten externen Leistungsbezüge auf sich zog und so zum Träger der systemischen Ausdifferenzierung des Sports wurde. Daneben existiert jedoch der Leistungssport. In der historischen Entwicklung des modernen Sports ist er mindestens ebenso früh anzutreffen wie der Breitensport. Man denke an die Berufsboxer im England des 18. Jahrhunderts, deren Kämpfe dem Adel Gelegenheit gaben, seiner Wettleidenschaft zu frönen (Krockow 1980: 19-28). Für die ersten Phasen der systemischen Ausdifferenzierung des Sports war der Leistungssport allerdings nicht relevant. Erst später setzte eine nun zu analysierende Entwicklung ein, in deren Verlauf die Ausdifferenzierung des Leistungssports *innerhalb* des schon etablierten Sportsystems zu einer weiteren Verstärkung der gesellschaftlichen Ausdifferenzierung dieses Teilsystems führte - entsprechend der allgemeinen Einsicht systemtheoretischer Analysen gesellschaftlicher Differenzierung, daß die Innendifferenzierung eines ausdifferenzierten gesellschaftlichen Teilsystems dessen Ausdifferenzierung weiter forciert.

Um dies nachvollziehen zu können, muß man sich als erstes die Unterscheidung von Breitensport auf der einen, Leistungssport auf der anderen Seite klarmachen.[14] Diese Unterscheidung darf nicht mit der zwischen Amateuren und Berufssportlern gleichgesetzt werden. Zwar sind alle Breitensportler Amateure - doch die meisten Leistungssportler sind dies ebenfalls zumindest in dem Sinne, daß die Sportlerrolle nicht ihre formelle Berufsrolle ist, selbst wenn die sportlichen Aktivitäten faktisch die Haupteinkommensquelle der betreffenden Person ist.[15] Die seit längerem heftig diskutierte Unterscheidung zwischen "echten" Amateuren, Pseudo-Amateuren und Berufssportlern innerhalb des Leistungssports bezieht sich vielmehr auf eine Folgewirkung der Entscheidung eines Sportlers, seine sportlichen Aktivitäten fortan im Rahmen des Leistungssports zu vollbringen. Leistungssportler ist "... any athlete specialized to the point where some single athletic excellence is for some extended period of time his main purpose in life." (Guttmann 1978: 39) Dieser biographische Primat der Sportlerrolle hat zur Folge, daß die betreffende Person Probleme dabei hat, eine lebensgeschichtlich normale Berufskarriere einzuhalten. Als Kompensation dafür kommen -

14 Sowohl in der sportwissenschaftlichen Forschung als auch in Selbstdarstellungen des Sportsystems wird das Dual von Breiten- und Leistungssport gelegentlich zu einer drei- oder sogar vierstelligen Unterscheidung erweitert. So wird beispielsweise innerhalb des Breitensports noch ein Bereich des "Freizeitsports" eingegrenzt - wobei das Unterscheidungskriterium hier zumeist so gewählt wird, daß der Freizeitsport,anders als der Breitensport im engeren Sinne, nicht vereinsförmig organisiert ist. Im Bereich des Leistungssports wird analog der sogenannte "Hochleistungssport" gesondert betrachtet - wobei hier das Abgrenzungskriterium zu sein scheint, ob ein Sportler prinzipiell in der Lage ist, zumindest in nationalem Rahmen Rekorde zu erringen. Für bestimmte analytische Fragestellungen bzw. teilsystemische Selbstdarstellungen mag eine solche vierstellige Unterscheidung durchaus sinnvoll sein. Die hier interessierenden Zusammenhänge der Aus- und Innendifferenzierung des Sportsystems lassen sich mit der dualen Unterscheidung von Breiten- und Leistungssport hingegen präziser fassen.

15 Die Betonung des Unterschieds zwischen Amateuren und Berufssportlern kam im übrigen im England des letzten Jahrhunderts deshalb auf, weil die wohlhabenden Sportler aus den Oberschichten sich verschiedene Sportarten exklusiv reservieren wollten, um die Peinlichkeiten zu vermeiden, die damit verbunden gewesen wären, daß ein Gentleman beispielsweise im Boxen gegen einen Berufssportler aus der Unterschicht antreten und vielleicht sogar eine Niederlage einstecken mußte. Siehe Guttmann (1978: 31), Bailey (1978: 131).

neben letztlich nur politisch und rechtlich kodifizierbaren Ausnahmeregelungen - vor allem finanzielle Gratifikationen für die betreffenden sportlichen Aktivitäten in Betracht: sei es, daß der Sport als regulärer Beruf ausgeübt wird, sei es, daß die Sportlerrolle formell den Amateurstatus beibehält, informell jedoch über Leistungsprämien, Werbeverträge, Startgelder u.ä. lukrativ ausgestattet wird.

Daß der in den meisten Sportarten lange Zeit aufrecht erhaltene Amateurstatus des Leistungssportlers mittlerweile immer mehr erodiert ist, liegt genau daran, daß der Zeitaufwand der Person für diese Rolle rapide gestiegen ist und damit insbesondere beruflichen Rollenverpflichtungen in immer geringerem Maße Genüge getan werden kann. Generell wird geschätzt, daß der zeitliche Trainingsaufwand eines Leistungssportlers im Jahr 1980 etwa viermal so hoch war wie 1950. Beispielsweise muß ein Schwimmer als Leistungssportler mittlerweile allein für sein Training etwa 20 Wochenstunden veranschlagen - hinzu kommt der Zeitaufwand für regelmäßige Lehrgänge sowie für die Wettkämpfe (Krockow 1980: 97).

Ein solches Involvement der Person, das zugleich, anders als übliche Berufskarrieren, keine Perspektive für das gesamte Erwerbsleben eröffnet, sondern je nach Sportart verschieden, fast immer jedoch spätestens im Alter von 35 Jahren zu seinem Ende kommt, bringt für die betreffenden Personen einen "Zwang zum Siegen" hervor (Kutsch & Bette 1981). Der Leistungssportler muß in einem vergleichsweise kurzen Zeitraum unter vergleichsweise hohen Risiken - jede Verletzung kann das Ende der Sportlerkarriere bedeuten - und im Bann eines vergleichsweise unbarmherzigen Leistungsprinzips erfolgreich sein. Hinzu kommt, daß die Fortschrittsgeschichte des Leistungssports Erfolge immer unwahrscheinlicher und aufwendiger macht: "Mit immer mehr Aufwand werden immer kleinere Leistungsverbesserungen erzielt." (Bette 1987: 225) Anders als beispielsweise im Wissenschaftssystem, wo die Anzahl bearbeitenswerter Probleme mit der Anzahl erarbeiteter Erkenntnisse exponential zunimmt, so daß eine permanente Überfülle der Chancen wissenschaftlichen Reputationserwerbs vorliegt, verknappen sich die Rekordchancen im Leistungssport immer mehr aufgrund der Annäherung sportlicher Höchstleistungen an physiologische Grenzen des menschlichen Körpers.[16] In mehreren Sportarten wird mittlerweile bereits vermutet, daß diese physiologische Grenze nahezu erreicht ist. Durch die Verfeinerung von Meßverfahren läßt sich diese Grenze zeitweise hinausschieben. Wenn beispielsweise bis auf eine Hundertstelanstatt nur bis auf eine Zehntelsekunde genau gemessen wird, kann eine neue Verbesserung des Rekords entsprechend minimaler ausfallen. In manchen Disziplinen wird allerdings bereits die Messung von Tausendstelsekunden debattiert. Je geringer freilich die so gemessenen sportlichen Leistungsdifferenzen sind, desto mehr spielen Zufälle herein, so daß letztlich nicht der bessere, sondern der situativ glücklichere Sportler siegt. Diese Zurechnung sportlicher Leistungen auf Glück bzw. Pech untergräbt jedoch die basale Legitimation sportlichen Erfolgs.

Die Situation des Leistungssportlers ist somit durch zwei immer stärker auseinanderstrebende Folgewirkungen derselben Ursache gekennzeichnet. Die quantitative Zunahme und damit verschärfte Konkurrenz der Leistungssportler hat einerseits dazu geführt, daß die Überbietung bestehender Rekorde sich zunächst immer mehr beschleunigte, bis die Annäherung an physiologische Leistungsgrenzen so groß geworden ist, daß nunmehr in den meisten sportlichen Disziplinen neue Rekorde immer schwieriger zu erringen sind. Um sich überhaupt noch eine Chance dazu wahren zu können, müssen die Leistungssportler dieser Rolle einen immer dominanteren biographischen Primat geben. Damit wächst jedoch andererseits parallel zu den sinkenden Rekordchancen der Rekordzwang. Diese Zerreißprobe ist es, die die Leistungssportler zunehmend zu einer in jeder Hinsicht rücksichtslosen Fixierung auf diese Rolle drängt.

Daraus ergeben sich dann die typischen Erscheinungsformen doppelter Moral im Leistungssport. Fairneß beispielsweise, eine etablierte normative Orientierung sportlichen Handelns, kann sich ein Leistungssportler kaum noch leisten, kollidiert Fairneß doch sehr schnell mit der verabsolutierten Leistungsorientierung. Auch die unmittelbar ihn selbst betreffenden Bezüge auf evaluative Kriterien aus anderen gesellschaftlichen Teilsystemen kann ein Leistungssportler nicht länger ernst nehmen. In dieser Hinsicht sind insbesondere die Phänomene des Doping und der vereinseitigten Ausbeutung des eigenen Körpers in bestimmten

16 In dieser Hinsicht befinden sich diejenigen Sportarten, in denen es keine Höchstleistungen gibt, in einer vorteilhafteren Situation.

Sportarten als zwangsläufige Indifferenz des Leistungssports gegenüber medizinischen Leistungsbezügen anzuführen (Kutsch & Bette 1981; Bette 1987: 268-275). In einigen Sportarten enden nahezu alle Leistungssportler als Sportinvaliden. Insbesondere der beispielsweise im Frauenturnen seit längerer Zeit etablierte Kinder-Leistungssport, der in seinen Folgen durchaus mit der Kinderarbeit im Frühkapitalismus verglichen werden kann, zeigt die zwangsläufige Rücksichtslosigkeit des Leistungssports gegenüber allen sonstigen Belangen der betreffenden Personen.

Der Rolle des Leistungssportlers als Perfektionierung der im Breitensport institutionalisierten Sportlerrolle korrespondiert die Herausbildung der *Zuschauerrolle*. Breitensport kann prinzipiell ohne Zuschauer auskommen - was nicht heißt, daß Breitensportaktivitäten kein Publikum hätten. Doch das - im Vergleich zum Leistungssport auch sehr viel geringere - Publikum rekrutiert sich hier eher über sportunspezifische Motive. Dies sind vor allem lokale Nähe zum betreffenden Sportverein sowie Verwandtschafts- und Bekanntschaftsbeziehungen zu den aktiven Sportlern. Der Besuch von Sportveranstaltungen ist so vorrangig eine Ausdrucksform der Solidarität lokaler und familialer Gemeinschaften, während genuin sportliche Gesichtspunkte erst an zweiter Stelle rangieren. Zwar kann auch für das Publikum von Veranstaltungen des Leistungssports Vereins- oder nationale Solidarität ein wichtiges Motiv sein. Im Vordergrund steht beim Publikum des Leistungssports jedoch überwiegend das Interesse daran, sportliche Leistungen auf hohem Niveau zu sehen. Erst der Leistungssport differenziert so die Rolle des Sportzuschauers als eine an den spezifischen Orientierungen des Sportsystems - insbesondere der in Rekorden und Meisterschaften kategorisierenden Leistungsorientierung - ausgerichtete Publikumsrolle aus.

Nur der Leistungssport bietet dem Sportzuschauer die Möglichkeit, eine sportspezifische Kennerschaft auszubilden und sich dadurch tatsächlich oder vermeintlich gegenüber der Masse des Publikums zu distinguieren. Die Transparenz der Regeln sportlicher Disziplinen ist hierfür eine wichtige Voraussetzung. So "... verfügt der 'Kenner' über Wahrnehmungs- und Bewertungsschemata, die ihn sehen lassen, was dem Laien verborgen bleibt ...". Der Kenner vermag "... dort zwingende Zusammenhänge zu bemerken, wo der 'Banause' nur Chaos und Gewalt erblickt, mithin an der Flinkheit einer Geste, am zunächst unwahrscheinlichen, dann sich durchaus als zwingend erweisenden Charakter einer gelungenen Kombination oder an der Harmonie aufeinander abgestimmter Bewegungen ein nicht weniger intensives und zugleich versiertes Vergnügen zu finden als der Melomane beim Anhören eines brilliant gespielten, vertrauten Musikstücks." (Bourdieu 1985: 582) Auch die normativen und kognitiven Orientierungen des Sports im allgemeinen und der jeweiligen Sportart im besonderen hat der Kenner demnach internalisiert. Er bildet so, wie auch der Kunstkenner, eine kritische Instanz, die die Akteure in den Leistungsrollen zur Maximierung ihres Leistungsvermögens anhält: "Far from destroying the value of sports, the attendance of spectators makes them complete." (Lasch 1979: 190). Allerdings: Die quantitativen Größenordnungen, die der Leistungssport mittlerweile erreicht hat, drängen die Kenner innerhalb des Publikums häufig in eine marginale Rolle. Dies kann man etwa am Beispiel des Tennis, das innerhalb kurzer Zeit zu einer Sportart mit Massenpublikum wurde, nachvollziehen. Nicht zuletzt der finanzielle Ressourcenbedarf des Leistungssports erzwingt dessen "Vermassung". So ergibt sich die paradoxe Situation, daß immer bessere Leistungen einem immer inkompetenteren Publikum vorgeführt werden.

Fragt man nun danach, wie es überhaupt zur *internen Ausdifferenzierung des Leistungssports im Sportsystem* gekommen ist, so muß das Wechselspiel zwischen *sportinternen Akteurinteressen* auf der einen und weiteren externen Leistungsbezügen auf der anderen Seite näher betrachtet werden. Die gesellschaftliche Ausdifferenzierung des Sportsystems hat, wie bereits angesprochen, dazu geführt, daß sich sportspezifische Rollen und Organisationen dauerhaft und in großer Anzahl etablieren konnten. Diese individuellen und kollektiven Akteure konnten dann im Schutze der relativen Autonomie des Sportsystems beginnen, sportspezifische Eigeninteressen zu kultivieren. Auf der Basis gesicherter Leistungsbezüge zu anderen gesellschaftlichen Teilsystemen wurde es möglich und naheliegend, sportliche Aktivitäten gesellschaftlich aufzuwerten und dadurch sowohl die teilsystemische Ausdifferenzierung weiter zu fördern, als auch die eigenen gesellschaftlichen Einflußdomänen auszubauen. Denn in dem Maße, wie die gesellschaftliche Thematisierung des Sports nicht länger nur unter pädagogischen, medizinischen, militärischen, politischen oder wirtschaftlichen Gesichtspunkten erfolgt, sondern die Selbstzweckhaftigkeit des Sports auch außerhalb des Sportsystems anerkannt wird, erringen die Akteure dieses Teilsystems ein legitimes gesellschaftsweites Definitionsmonopol hinsichtlich der teilsystemischen Zielsetzungen und Erfordernisse.

Hierin konvergieren die Interessen von Vereins- und Verbandsfunktionären, Trainern und Sportlern. Die Funktionäre sind daran interessiert, ihre Organisationen abzusichern und auszubauen und dadurch sich selbst Karrieremöglichkeiten und Sozialprestige zu verschaffen. Die Trainer streben danach, ihre Kenntnisse und Fähigkeiten effektiv einzusetzen und dadurch ebenfalls die Chancen, Karriere zu machen und sich Prestige zu erwerben, zu steigern. Diejenigen Sportler schließlich, die für sich Chancen sehen, zur sportartspezifischen Elite zu gehören, sind ebenfalls darauf aus, daß das Sportsystem die infrastrukturellen Möglichkeiten einer nicht länger nur sporadischen, sondern systematisierten Jagd nach Meisterschaften und Rekorden institutionalisiert.

Auf diese Art und Weise entsteht innerhalb des Sportsystems ein Interesse an der Etablierung von Leistungssport. Dieses Interesse kann sich nicht damit begnügen, daß die bestehenden Institutionen des Sportsystems ausgebaut und verstärkt auf die Erfordernisse des Leistungssports hin ausgerichtet werden. Der Leistungssport benötigt darüber hinaus vielerlei weitere Institutionen, die speziell auf ihn zugeschnitten sind. Dazu gehören etwa spezifische Trainingszentren für Leistungssportler - beispielsweise in der Bundesrepublik die Bundes- und Landesleistungszentren. Leistungssportspezifisch sind ferner all jene Gremien und Kontaktnetze, über die internationale sportliche Wettbewerbe als probate Stimulierung nationaler Leistungssportanstrengungen initiiert und organisiert werden. Mit der 1967 gegründeten Stiftung Deutsche Sporthilfe verfügt der Leistungssport in der Bundesrepublik ferner über eine Einrichtung zur Akquisition zusätzlicher finanzieller Ressourcen. Schließlich ist auch die Sportwissenschaft, insbesondere die Sportmedizin, in weiten Teilen bis heute vorrangig an der Optimierung leistungssportlicher Aktivitäten orientiert. Die verschiedenen Akteure, die in diesen Hinsichten den Leistungssport flankierend unterstützen, sind natürlich, einmal als solche konstituiert, an dessen stabiler Ausdifferenzierung und weiterem Wachstum interessiert. Hier wiederholt sich bei der Innendifferenzierung des Leistungssports innerhalb des Sportsystems das, was auch bei der Ausdifferenzierung des Sportsystems geschah: Es wurden bzw. werden individuelle und kollektive Akteure geschaffen, deren Domänenwahrung und -ausbau vom Erhalt der Ausdifferenzierung des Leistungssports innerhalb des Sportsystems abhängen.

Damit ist allerdings nur die eine Seite von Interessen benannt, die der Ausdifferenzierung des Leistungssports zugrunde liegen. Für sich genommen hätten diese sportinternen Interessen nicht ausgereicht. Erst durch das Hinzutreten spezifischer *sportexterner Interessen* wurde eine Interessenkombination geschaffen, die ausreichte, um die Ausdifferenzierung des Leistungssports herbeizuführen. Diesen externen Interessen liegen weitere Leistungsbezüge des Sportsystems - diesmal aber eben: des Leistungssports - zu anderen gesellschaftlichen Teilsystemen zugrunde. In zwei Fällen handelt es sich dabei um Leistungsbezüge, die den Leistungssport mit gesellschaftlichen Teilsystemen verknüpfen, mit denen das Sportsystem bereits über den Breitensport verknüpft ist. Diese Leistungsbezüge des Leistungssports richten sich auf das politische und das Wirtschaftssystem. Wie sich zeigen wird, ist die inhaltliche Ausprägung dieser Leistungsbezüge jedoch eine ganz andere als beim Breitensport. Ein dritter Leistungsbezug des Leistungssports hat demgegenüber beim Breitensport keine Parallele. Dies ist der Leistungsbezug zum System der *Massenmedien*.

Letzterer ist der historisch früheste. Bereits gegen Ende des letzten Jahrhunderts gab es in England kaum eine Sportart ohne mindestens eine eigene Zeitschrift (Walvin 1978: 90). In den Vereinigten Staaten wurde 1895 der erste eigenständige Sportteil in einer Tageszeitung eingerichtet (Greendorfer 1981: 163). Heutzutage gehören die Sportseiten der Tageszeitungen, wie Leserbefragungen ergeben, zu den meist gelesensten und stehen der überregionalen und regionalen politischen Berichterstattung an Publikumsinteresse nicht nach. Darüber hinaus gibt es zahlreiche mehr oder weniger spezialisierte Sportzeitungen, deren Leserkreis teilweise ähnlich groß wie der sonstiger Zeitungen ist (Guttmann 1986: 128-131). 1925 wurde zum erstenmal in den Vereinigten Staaten eine Radioreportage live von Baseball- und Footballspielen gesendet (Greendorfer 1981: 164). Daraus entwickelte sich sehr schnell eine regelmäßige Berichterstattung. Die erste Übertragung eines Sportereignisses im Fernsehen fand in den Vereinigten Staaten 1939 statt. Die Sportberichterstattung im Fernsehen wurde in den Vereinigten Staaten während der vierziger Jahre, in den westeuropäischen Ländern seit Mitte der fünfziger Jahre rapide ausgebaut. Mittlerweile gehören sowohl regelmäßige Sportsendungen als auch Live-Berichterstattungen von sportlichen Ereignissen im Fernsehen zu denjenigen Sendungen, die die höchsten Einschaltquoten erhalten.

Insbesondere die Fernsehberichterstattung findet im Sport ein ihren technischen Möglichkeiten und Präsentationsformen entgegenkommendes Thema. Während die Berichterstattung über wirtschaftliche oder politische Ereignisse oftmals geradezu krampfhaft nach visuellen Komplementen zu den sprachlich vermittelten Kommunikationsgehalten suchen muß, sind sportliche Aktivitäten als Körperbewegungen hochgradig "telegen". Die Dynamik der sportlichen Bewegungsabläufe bietet der Visualisierung im Fernsehen eine Vielfalt von Möglichkeiten - von der Totalen bis zur Naheinstellung. So können dramatische Augenblicke dem Fernsehzuschauer aus verschiedenen Perspektiven nahegebracht werden, wobei spezielle Verfahren wie die Zeitlupe die Dramatik gegenüber dem, was das Publikum im Stadion erlebt, noch zu steigern vermögen (Hopf 1979b; Greendorfer 1981: 172). Nicht alle Sportarten kommen freilich diesen Dramatisierungsmöglichkeiten des Fernsehens gleichermaßen entgegen. So kann der Selektionseffekt massenmedialer Vermittelbarkeit längerfristig die gesellschaftliche Popularität von Sportarten beeinflussen. Beispielsweise wird der Popularitätsverlust des Baseball im Vergleich zum American Football vor allem dadurch zu erklären versucht, daß Baseball von seinem Charakter her weniger "telegen" ist (Greendorfer 1981: 172). Rücksichten auf die Fernsehberichterstattung - und die damit verbundenen finanziellen Einnahmen - haben bereits einige Male dazu geführt, daß bei Sportarten sogar Regeländerungen vorgenommen wurden, um die visuelle Attraktivität der sportlichen Aktivitäten zu erhöhen (Bette 1987: 289/290).

Sportliche Wettkämpfe, Siege und Niederlagen erfüllen vielleicht mehr als alle anderen Arten gesellschaftlicher Ereignisse jenes Kriterium der "newsworthiness", das das System der Massenmedien dominiert. Insbesondere die sportlichen Wettkämpfen innewohnende Spannung macht sie attraktiv für die Massenmedien (Bette 1987: 282-292). Hinzu kommt, daß es sich bei sportlichen Aktivitäten um spielerische, gesellschaftlich harmlose Formen von Spannung handelt - anders als etwa bei politischen oder gar militärischen Auseinandersetzungen, die als "spannend", was sie ja durchaus sein können, zu apostrophieren als frivol eingestuft würde.

Letztlich konvergieren beim Sport das "newsworthiness"-Kriterium der Massenmedien und die Kriterien der Themenselektion geselliger Unterhaltungen. Sportliche Ereignisse eignen sich aus mehreren Gründen besonders für gesellige Kommunikation (Bette 1988). Sportereignisse weisen, wegen ihrer massenmedialen Verbreitung, einen hohen Bekanntheitsgrad auf, so daß man davon ausgehen kann, daß das jeweilige Gegenüber zumindest oberflächlich Bescheid weiß. Als Kommunikationsthema haben Sportereignisse darüber hinaus keinen zu persönlichen

Charakter - wie etwa individuelle psychische oder soziale Probleme - und eine geringere konflikterzeugende Brisanz als politische Themen.[17] Gerade weil Sportereignisse für niemanden wirklich wichtig im Sinne von folgenträchtig sind, sind sie zum "leichten" Thema von Geselligkeit als möglichst purer Sozialität prädestiniert (Kelly 1981: 187-189). Hinzu kommt, daβ es bei der Thematisierung von Sportereignissen nur in den seltensten Fällen formelle Kompetenzdifferenzen zwischen den Gesprächspartnern gibt, so daβ auch das Gleichheitsprinzip geselliger Kommunikation gewahrt bleibt. Jeder, der die Sportberichterstattung mehr oder weniger regelmäβig verfolgt, kann sich ohne jedes Zertifikat als Experte darstellen und darin Anerkennung finden (Spinrad 1981). So nimmt es nicht wunder, daβ der Sport zumindest unter Männern das häufigste Thema von Alltagsgesprächen ist (Scheuch 1977: 91). Dies gilt freilich erst seit der Expansion der Sportberichterstattung in den Massenmedien.

Zwischen den Massenmedien und der geselligen Kommunikation besteht im Hinblick auf den Sport somit eine intensive Wahlverwandtschaft. Der Leistungsbezug des Leistungssports zu den Massenmedien war, ähnlich wie die dargestellten Leistungsbezüge des Breitensports zu den verschiedenen gesellschaftlichen Teilsystemen, ursprünglich asymmetrisch. Insbesondere Radio und später Fernsehen befanden sich dem Leistungssport gegenüber zunächst in der Rolle von Förderern, die mit den ihnen zur Verfügung stehenden Mitteln diesen gesellschaftlich eher unscheinbaren und unbedeutenden Bereich allmählich aufpäppelten. Mehr noch: Sportfunktionäre traten diesen Medien nicht, wie heute, als Anbieter von Ereignissen, sondern als Nachfrager von Sendezeit entgegen. In den zwanziger Jahren bezahlten Sportvereine in den Vereinigten Staaten die Radiosender für die Übertragung von Spielen (Greendorfer 1981: 166) - aus heutiger Perspektive eine abstruse Vorstellung. Dieses anfängliche einseitige Abhängigkeitsverhältnis des Leistungssports von den Massenmedien hat sich sehr schnell zu einer hochgradigen wechselseitigen Abhängigkeit verändert. Bereits für den Anfang der

17 Die oft diskutierte Problematik derjenigen Fans, die für ihre Mannschaft sogar gewalttätig eintreten, widerspricht dem nicht. Denn für diese Personengruppe ist die Identifikation mit einem Sportverein nur ein - austauschbares - Mittel, um eine ohnehin gegebene Bereitschaft zur konflikthaften Frustrationsentladung auszuleben.

sechziger Jahre läßt sich beispielsweise bezüglich des Verhältnisses zwischen Fernsehen und American Football konstatieren: "Television was a source of revenue, while football was a source of high ratings." (Greendorfer 1981: 169) Diese Feststellung trifft seitdem noch in ungleich höherem Maße auch in vielen anderen Ländern und für viele andere Sportarten zu.

Das System der Massenmedien ist noch in einer weiteren Hinsicht sehr wichtig für die Ausdifferenzierung des Leistungssports innerhalb des Sportsystems geworden. Der Sportjournalismus fungiert nämlich auch als kollektives Gedächtnis des Leistungssports (Bette 1987: 253). Dadurch, daß die Sportberichterstattung aktuelle Ereignisse stets im Kontext vergangener Ereignisse referiert und kommentiert, bleibt allen Akteuren - nicht nur dem Publikum, sondern auch den Sportlern selbst - die Tradition gegenwärtig, in der sie sich bewegen und in der ihr Handeln einzig Sinn macht. Gerade weil der moderne Sport sich nicht nur dafür interessiert, wer einen bestimmten Wettkampf zu einer bestimmten Zeit und an einem bestimmten Ort gewonnen hat, sondern räumlich und zeitlich generalisierte Rekorde hervorbringt, ist ein solches kollektives Gedächtnis von großer Wichtigkeit für die Funktionsweise des Leistungssports.

Die Medienpräsenz des Leistungssports ist die Voraussetzung seiner anderen beiden Leistungsbezüge. Nur weil Ereignisse des Leistungssports durch die Massenmedien gesellschaftsweit verbreitet werden, wird dieser für politische und wirtschaftliche Akteure interessant. Der Leistungsbezug zu den Massenmedien ist gleichsam das Vehikel der beiden anderen Leistungsbezüge.

Dem *politischen System* kann der Leistungssport als Identifikationsmechanismus mit der jeweiligen politischen Gemeinschaft dienen. Dies beginnt bereits auf kommunaler Ebene. Für Klein- und Mittelstädte können insbesondere Vereinsmannschaften, die auf nationaler oder gar internationaler Ebene erfolgreich auftreten, identitätsstiftend wirken (Kelly 1981: 188; Snyder & Spreitzer 1981: 122/123; Spinrad 1981: 359). Man denke in der Bundesrepublik beispielsweise an die Handballmannschaften aus Gummersbach oder Dankersen. Seine eigentliche politische Instrumentalisierbarkeit erlangt der Leistungssport allerdings erst auf der nationalen Ebene. Siege von Sportlern aus der jeweils eigenen Nation in internationalen Wettkämpfen wirken immer wieder in einem solchen Maße gemeinschaftsstiftend, daß Kritiker den Leistungssport wiederholt als "Asyl nationaler Ressentiments" eingestuft haben (Gehlen

1957: 66). Am nachdrücklichsten ist diese politische Instrumentalisierung des Leistungssports wohl mit der nationalsozialistischen Inszenierung der Berliner Olympiade des Jahres 1936 vorgeführt worden.

Auch die sozialistischen Länder nutzen den Leistungssport gezielt politisch. In der UdSSR beispielsweise werden die einheitsstiftenden Rituale des Leistungssports u.a. eingesetzt, um die latenten Konflikte dieses Vielvölkerstaates zu überwinden (Riordan 1976; 1977). Darüber hinaus dienen internationale sportliche Erfolge auch als Surrogat für fehlende wirtschaftliche Erfolge in der propagierten "Systemkonkurrenz" zwischen Sozialismus und Kapitalismus. Der Leistungssport ist so ein Medium der "stellvertretenden Konfliktübernahme" für die Politik (Bette 1987: 238/239). In der DDR wird der Leistungssport ebenso eingesetzt, um insbesondere die jüngere Generation zur Identifikation mit der Nation - und damit immer auch: mit der sozialistischen Partei - zu bewegen. Hinzu kommt, daß die DDR, die noch lange Zeit von vielen anderen Nationen diplomatisch nicht anerkannt wurde, internationale sportliche Begegnungen gleichsam als Ersatzdiplomatie nutzte. Der strategische Einsatz des Leistungssports für politische Zielsetzungen ging sogar so weit, daß man gezielt vorrangig solche Sportarten förderte, bei denen möglichst zahlreiche Medaillenchancen bestanden - mit dem Effekt, daß die DDR heute zu den drei führenden Sportnationen der Welt zählt (Carr 1974).

In der Bundesrepublik führte erst die im eigenen Lande ausgetragene Olympiade von 1972 dazu, daß politische Akteure den Leistungssport verstärkt als Instrument "nationaler Identifikation" und "nationaler Repräsentanz" wahrnahmen und zu nutzen begannen (Winkler u.a. 1985: 121-134; Winkler 1986: 216). Auch hier war dann, ähnlich wie im Verhältnis des Leistungssports zu den Massenmedien, ein allmählicher Wandel der ursprünglich stark einseitigen Abhängigkeit des Leistungssports von politischen Instanzen zu beobachten. Zwar wurde gerade der Leistungssport immer stärker von staatlichen finanziellen Ressourcen abhängig; umgekehrt wurde er jedoch auch zu einer festen Größe im Reservoir nationaler symbolischer Politik. So bildeten sich zwischen dem Deutschen Sportbund und dem Bundesministerium des Inneren, das auf Bundesebene für die Förderung des Leistungssportes zuständig ist, enge wechselseitige symbiotische Beziehungen heraus, die an neokorporatistische Arrangements in anderen Politikbereichen erinnern (Meier 1987).

Daß die massenmediale Verbreitung von Sportereignissen eine Bedingung der Möglichkeit dieser politischen Leistungsbezüge des Leistungssports darstellt, liegt auf der Hand. Das gleiche läßt sich nun auch für die *wirtschaftlichen Bezüge* des Leistungssports feststellen. Hier muß man zunächst darauf eingehen, daß es in einer Reihe von Sportarten - insbesondere Mannschaftssportarten - mittlerweile Vereine bzw. Abteilungen von Vereinen gibt, die als Wirtschaftsunternehmen mit dem Ziel geführt werden, kommerziell erfolgreich zu sein. Dies trifft insbesondere in den Vereinigten Staaten für die Profimannschaften im Eishockey, American Football und Baseball zu. In der Bundesrepublik ist die Entwicklung noch nicht so weit gediehen. Auch im Profifußball der deutschen Bundesliga streben die Vereine letztlich nicht nach einer Maximierung ihrer Gewinne, sondern nach einer Maximierung ihres sportlichen Erfolgs - wofür bekanntlich oftmals enorme Verschuldungen in Kauf genommen werden. Tennis ist eine der Einzelsportarten, in denen die Leistungssportler gleichsam als selbständige Unternehmer gewinnorientiert arbeiten. Nicht nur erfolgreiche Mannschaften oder Einzelsportler, sondern auch publikumswirksame Sportveranstaltungen können ein lohnendes wirtschaftliches Investitionsobjekt sein. Dies hat sich insbesondere an den letzten beiden Olympiaden gezeigt. Die Olympiaden stellen mittlerweile wirtschaftliche Großprojekte dar, die durchaus mit den temporären joint ventures beim Eisenbahnbau im letzten Jahrhundert verglichen werden können.

Als Einnahmequellen für diese verschiedenen unternehmerischen Aktivitäten im Leistungssport kommen wohlgemerkt niemals nur die Eintrittsgeld zahlenden Zuschauer vor Ort in Betracht, sondern in steigendem Maße die Gelder, die von den Fernsehsendern aus aller Welt für die Übertragungsrechte gezahlt werden. Nur als Medienereignis wird der Leistungssport weiterhin auch zu einem wichtigen Werbeträger für Konsumgüter. Nicht nur, daß die Sichtbarkeit von Produkten durch deren Plakatierung in Sportstadien, an Sportausrüstungen - beispielsweise Rennwagen - und an den Sportlern selbst in Form der Trikotwerbung erhöht wird: Hinzu kommt der Appell an das zwar irrationale, nichtsdestoweniger aber vorhandene Vertrauen des Sportpublikums in die suggerierte Konsumentscheidung der Sportheroen (Greendorfer 1981: 175). Der Leistungssport wirbt im übrigen auf diese Weise nicht nur für die Produkte einzelner Unternehmen, sondern darüber hinaus immer auch für generelle Wertstandards des Wirtschaftssystems. Wie der Deutsche Sportbund und der Bundesverband der Deutschen Industrie Mitte der siebziger Jahre gemeinsam feststellten, stimmt das durch

Leistungssportler verkörperte Leistungsstreben durchaus mit zentralen Sozialtugenden der kapitalistischen Wirtschaft überein (Bette 1981: 105).

An diesen wirtschaftlichen Bezügen des Leistungssports läßt sich im übrigen exemplarisch verdeutlichen, daß die bereits beim Breitensport aufgezeigte Grenze der externen Instrumentalisierbarkeit sportlicher Aktivitäten ebenso gilt. Zwar wurden beispielsweise in den Vereinigten Staaten sogar die Regeln einiger Sportarten geändert, um die Fernsehwerbung in den Spielunterbrechungen besser unterbringen zu können (Greendorfer 1981: 172). Doch gerade die Aufmerksamkeit für Werbung hängt entscheidend davon ab, wie spannend und damit wie publikumswirksam die sportlichen Aktivitäten sind, die aus wirtschaftlicher Perspektive nur eine austauschbare Rahmenhandlung für die Werbespots darstellen. Ähnlich wie die medizinischen Effekte des Breitensports können also auch diese wirtschaftlichen Effekte des Leistungssports immer nur als Nebenprodukt erzeugt werden.

Entsprechendes läßt sich bei gewinnorientiertem Leistungssport beobachten. Das den Leistungssport als sportliche Aktivität charakterisierende Spannungsmoment kollidiert hier unübersehbar mit dem eher vorsichtig abwägenden Geschäftsgebaren von Kaufleuten. Am amerikanischen Profi-Football, aber auch an der deutschen Fußball-Bundesliga, wird gelegentlich kritisiert, daß das wirtschaftliche Kalkül der Vereinsmanager bereits die Oberhand gewonnen habe und damit Risikofreude und Spannung aus den Spielen genommen würden. Weil zu viele Vereinsmanager meinen, sich eine Niederlage ihrer Mannschaft ökonomisch nicht leisten zu können, wird kein Sieg mehr angestrebt, sondern nur noch die Vermeidung einer Niederlage - und wenn beide Seiten dies tun, ist das Resultat gewöhnlich ein langweiliges, spannungsloses Spiel. Kritiker befürchten bereits: "Prudence, caution, and calculation, so prominent in everyday life, but so inimical to the spirit of games, come to shape sports as they shape everything else." (Lasch 1979: 217) Zumindest ist mit solchen Beobachtungen markiert, wo die Grenze einer wirtschaftlichen Instrumentalisierung des Leistungssports liegt.

Die Grenzen einer massenmedialen, wirtschaftlichen oder politischen Instrumentalisierung des Leistungssports betreffen dessen Verhältnis zu diesen anderen drei gesellschaftlichen Teilsystemen. Werden diese Grenzen überschritten, wird der Leistungssport gleichsam aus dem Sportsystem heraus in das betreffende andere gesellschaftliche Teilsystem hineingesogen. Der Leistungssport muß also zum einen Teil des Sportsystems bleiben, soll seine Ausdifferenzierung stabilisierbar sein. Zum anderen muß der Leistungssport jedoch auch seine Ausdifferenzierung innerhalb des Sportsystems aufrecht erhalten. Denn in dem Maße, wie er seine Besonderheiten gegenüber dem Breitensport einbüßte, verlöre er auch seine Attraktivität für die geschilderten externen Leistungsbezüge. Daher soll nun noch das *Verhältnis zwischen Breiten- und Leistungssport* innerhalb des Sportsystems etwas genauer betrachtet werden. Man stellt dabei fest, daß der Leistungs- zum Breitensport ein parasitäres Verhältnis unterhält. Das bedeutet: Während der Breitensport, wie sich auch historisch zeigt, sich als gesellschaftliches Teilsystem durchaus ohne den Leistungssport zu reproduzieren vermag, bedarf der Leistungssport einer *systemischen Einbettung* in den Breitensport. Dies läßt sich in mehreren Hinsichten zeigen.

Erstens wird der Breitensport in personeller Hinsicht als unverzichtbares Rekrutierungs- und Sozialisationspotential für den Leistungssportler-Nachwuchs benötigt. Hierbei ist entscheidend, daß - anders als etwa im Verhältnis zwischen Familie und Erziehungssystem - in beiden Bereichen substantiell identische Handlungsorientierungen gelten. Der Siegescode und die übrigen evaluativen, kognitiven und normativen Orientierungen übergreifen Breiten- und Leistungssport. Bereits im Breitensport werden den Akteuren somit jene Orientierungen vermittelt, die für eine potentielle Karriere als Leistungssportler bedeutsam sind. Unterstützt wird dies dadurch, daß die jeweils erfolgreichen Leistungssportler in den einzelnen Sportarten auch für die Breitensportler in technischer und motivationaler Hinsicht zu Identifikationsfiguren werden.

Neben diesem für die Rekrutierung und antizipatorische Sozialisation von Leistungssportlern wichtigen *Orientierungskontinuum* zwischen Breiten- und Leistungssport besteht zweitens ein *Organisationskontinuum*. Daß es kaum irgendwo strikt voneinander separierte Breiten- und Leistungssport-Vereine gibt, ist kein bloßes historisches Relikt. Zwar existieren, wie bereits erwähnt, durchaus Organisationen, in denen Leistungssportler temporär isoliert von Breitensportlern auf die für sie geltenden höheren Leistungsanforderungen vorbereitet werden. Doch insgesamt nutzt der Leistungssport in hohem Maße die vorhandene organisatorische Infrastruktur des Breitensports: die Gebäude und Anlagen, den Verwaltungsapparat, das Führungspersonal und die interorganisatorischen Netzwerke und Verbände (Bette 1987: 301-306). Hier muß insbesondere auch das ehrenamtliche Funktionärspersonal des Sportsystems hervorgehoben werden.

Drittens existiert in erheblichem Maße auch ein *Finanzierungskontinuum* zwischen Breiten- und Leistungssport. Trotz verschiedener spezifischer finanzieller Fördermaßnahmen für den Leistungssport, wie sie in vielen Ländern seit einiger Zeit institutionalisiert worden sind, muß festgehalten werden, daß der Leistungssport zumindest immer dann, wenn er nicht regelmäßig und auf Dauer ein Massenpublikum zu aktivieren vermag, "... nach wie vor auf die finanzielle Mitunterstützung durch die Mehrheit der Breitensportler angewiesen ..." ist (Bette 1987: 302). Man könnte sogar vermuten, daß die Grenzen zwischen Breiten- und Leistungssport innerhalb der Vereine nicht zuletzt deshalb in gewissem Maße unscharf gehalten werden, um die Leistungssportler an den sowohl über Mitgliedsbeiträge als auch über staatliche Fördermaßnahmen erhaltenen finanziellen Ressourcen des Breitensports möglichst weitgehend partizipieren zu lassen. Angesichts der Tatsache, daß der Einsatz staatlicher Finanzmittel für die Förderung des Breitensports wohl geringere Legitimationsprobleme aufwirft als staatliche Fördermittel für den Leistungssport, könnte eine "Grauzone" letztlich dem Leistungssport dienen.

Viertens schließlich gibt es ein *Legitimationskontinuum* zwischen Leistungs- und Breitensport (Winkler 1986: 220/221). Der Leistungssport partizipiert an der hohen gesellschaftlichen Wertschätzung des Breitensports. Auch daraus erklärt sich, daß die Abgrenzung zwischen den beiden Bereichen durch die Sportfunktionäre bewußt verwischt wird. Dies zeigt sich immer wieder besonders deutlich dann, wenn die Leistungssportler in der Außendarstellung an denselben normativen Prinzipien von Fairneß gemessen werden, die im Breitensport in der Tat etabliert sind, im Leistungssport jedoch, wie dargestellt, stark relativiert werden müssen.

Die Ausdifferenzierung des Leistungssports innerhalb des Sportsystems stellt diesen also zwischen zwei für ihn relevante Umweltbezüge: den Bezug zum Breitensport als innerer Umwelt im Sportsystem und den Bezug zu anderen gesellschaftlichen Teilsystemen als äußerer Umwelt des Sportsystems. Nur wenn beide Bezüge stabilisierbar sind, bleibt die Innendifferenzierung des Sportsystems in Breiten- und Leistungssport erhalten.

5 Schluß

Die vorgelegte differenzierungstheoretische Analyse des Sports in der modernen Gesellschaft hat empirisches Neuland betreten. Insbesondere die Sportsoziologie und die Sportgeschichte haben zwar mittlerweile umfangreiche Forschungen hervorgebracht, aus denen sich zahlreiche empirische Befunde und theoretische Gesichtspunkte für eine Analyse der Ausdifferenzierung des modernen Sports gewinnen lassen. Eine solche Analyse ist jedoch bislang noch nicht durchgeführt worden. Der hier unternommene Versuch dazu ist zweifellos an vielen Stellen ergänzungs- und korrekturbedürftig. Wenn die vorgeschlagene differenzierungstheoretische Interpretation jedoch zumindest einigermaßen haltbar ist, ergeben sich daraus einige interessante Vergleichsgesichtspunkte mit anderen gesellschaftlichen Teilsystemen. Abschließend sollen nur beispielhaft und unsystematisch drei solche Gesichtspunkte herausgegriffen werden - wobei nicht auf die zahlreichen Gemeinsamkeiten zwischen der Aus- und Innendifferenzierung des Sports und anderer gesellschaftlicher Teilsysteme abgehoben wird, sondern auf Aspekte, die den Sport in dieser Hinsicht von allen oder den meisten anderen gesellschaftlichen Teilsystemen unterscheiden.

Ein erster Gesichtspunkt betrifft die nachgezeichnete Dynamik der gesellschaftlichen Ausdifferenzierung des Sportsystems. Diese Ausdifferenzierung ging über die Etablierung mehrerer externer Leistungsbezüge vor sich. Das Interessante daran ist, daß diese Instrumentalisierungen, von denen man auf den ersten Blick stets meinen würde, daß sie die Einheitlichkeit der sportlichen Handlungssphäre gerade zerstören würden, genau umgekehrt die systemische Vereinheitlichung dieser Handlungssphäre hervorgebracht haben. Diese Art der Emergenz von systemischer Einheit aus einer Vielfalt von Umweltbezügen unterscheidet sich deutlich von den Ausdifferenzierungsdynamiken der meisten anderen gesellschaftlichen Teilsysteme, die über eine sehr frühe Fixierung auf gesellschaftliche Funktionen bzw. Zentralwerte erfolgten. Die Ausdifferenzierung des Wissenschaftssystems beispielsweise orientierte sich an der Selbstzweckhaftigkeit des curiositas-Motivs, das es gegen externe Leistungsbezüge gerade abzuschotten galt. Eine Öffnung des Wissenschaftssystems für außerwissenschaftliche Leistungsbezüge erfolgte dann erst im zweiten Schritt. Während also beim Wissenschaftssystem wie bei einer Reihe anderer gesellschaftlicher Teilsysteme die Öffnung für externe Leistungsbezüge erst eine Folge der systemischen Ausdifferenzierung ist, verhält es sich beim Sportsystem umgekehrt.

Eine andere Eigentümlichkeit der gesellschaftlichen Ausdifferenzierung des Sports besteht darin, daß die dabei institutionalisierten Akteurrollen innerhalb des Systems in der großen Mehrzahl keine Berufsrollen sind. Für alle anderen gesellschaftlichen Teilsysteme gilt demgegenüber, daß die systemspezifischen Leistungsrollen typischerweise verberuflicht sind. Sportfunktionäre, Trainer und Sportler - sogar die meisten Leistungssportler - beziehen demgegenüber ihr reguläres Einkommen nicht über diese Rollen. Die Funktionärsrollen und auch viele Trainerrollen sind typischerweise als Ehrenämter institutionalisiert, womit individuelle Einkommensinteressen, die in anderen gesellschaftlichen Teilsystemen wie etwa dem Gesundheitssystem von großer Bedeutung sind, zurückgedrängt werden. Die Sportlerrolle ist insbesondere im Leistungssport zwar durchaus in unterschiedlichem, gelegentlich sehr hohem Maße durch finanzielle Interessen der betreffenden Personen geprägt. Auch hierbei handelt es sich jedoch, von der Minderheit der Berufssportler abgesehen, nicht um berufsförmig institutionalisierte Rollen.

Eine weitere auffällige Besonderheit des Sportsystems besteht in der dargestellten Art seiner Innendifferenzierung. Breiten- und Leistungssport unterscheiden sich letztlich im Niveau der typischerweise erreichten sportlichen Leistungen. Eine solche Innendifferenzierung, die die teilsystemischen Leistungseliten von den übrigen Akteuren des Teilsystems abgrenzt, findet sich in keinem anderen gesellschaftlichen Teilsystem. Nur die Innendifferenzierung des Erziehungssystems nach Schultypen weist hierzu gewisse Ähnlichkeiten auf. Diese Art der Innendifferenzierung des Sportsystems bringt spezifische Folgeprobleme mit sich, die anderswo nicht auftauchen. Der Leistungssport wird, trotz seiner dargestellten Abhängigkeiten vom Breitensport, stets dazu tendieren, sich, ähnlich wie die Oberschicht in einer stratifizierten Gesellschaft, als Teil, der das Ganze des Systems repräsentiert, aufzufassen. Diese elitäre Herablassung wird umgekehrt auf seiten des Breitensports immer wieder gleichsam "populistische" Ressentiments erzeugen, die für die Legitimität des Leistungssports problematisch werden können.

Mit diesen stichwortartigen Anmerkungen sind jedoch bereits weitere Forschungsfragen benannt, die an die hier vorgestellten Überlegungen anschließen könnten.

Literaturverzeichnis

Bailey, P. (1978) Leisure and Class in Victorian England. Rational recreation and the contest for control 1830-1885. London

Bette, K.-H. (1981) Sponsorenschaft als integrativer Mechanismus. In: Kutsch, T. & Wiswede, G. (ed.) (1981) Sport und Gesellschaft: Die Kehrseite der Medaille; Königstein/Ts.: 104-114

Bette, K.-H. (1984) Strukturelle Aspekte des Hochleistungssports in der Bundesrepublik. Ansatzpunkte für eine System-Umwelt-Theorie des Hochleistungssports. Sankt Augustin

Bette, K.-H. (1987) Körperlichkeit und Modernität. Zur gesellschaftlich erzeugten Paradoxie von Körperdistanzierung und Körperaufwertung. Habilitationsschrift, Deutsche Sporthochschule, Köln

Bette, K.-H. (1988) Sport als Thema geselliger Konversation. Zur Choreographie mikrosozialer Situationen. Ms., Köln

Bourdieu, P. (1985) Historische und soziale Voraussetzungen modernen Sports. Merkur 39: 575-590

Carr, G. (1974) The Use of Sport in the German Democratic Republic for the Promotion of National Consciousness and International Prestige. Journal of Sport History 1: 123-136

Cavan, S. (1966) Liquor License. Chicago

Csikszentmihalyi, M. (1977) Beyond Boredom and Anxiety. San Francisco

Datenreport 1985. Zahlen und Fakten über die Bundesrepublik Deutschland. Hrsg. vom Statistischen Bundesamt. Bonn

Digel, H. (1986) Über den Wandel der Werte in Gesellschaft, Freizeit und Sport. In: Deutscher Sportbund (ed.) (1986) Die Zukunft des Sports. Materialien zum Kongreß "Menschen im Sport 2000"; Schorndorf: 14-43

Eichberg, H. (1973) Der Weg des Sports in die industrielle Zivilisation. Baden-Baden

Eichberg, H. (1978) Leistung, Spannung, Geschwindigkeit. Sport und Tanz im gesellschaftlichen Wandel des 18./19. Jahrhunderts. Stuttgart

Elias, N. (1971) Die Genese des Sports als soziologisches Problem. In: Elias, N. & Dunning, E. (o.J.) Sport im Zivilisationsprozeß; Münster: 9-46

Elias, N. & Dunning, E. (1970) The Quest for Excitement in Unexciting Societies. In: Lüschen, G. (ed.) (1970) The Cross-Cultural Analysis of Sport and Games; Champaign/Ill.: 31-51

Elias, N. & Dunning, E. (1971) Volkstümliche Fuβballspiele im mittelalterlichen und frühneuzeitlichen England. In: Elias, N. & Dunning, E. (o.J.) Sport im Zivilisationsprozeβ; Münster: 85-104

Elster, J. (1983) Zustände, die wesentlich Nebenprodukt sind. In: Elster, J. (1987) Subversion der Rationalität; Frankfurt, New York: 141-209

Emerson, R.M. (1962) Power-Dependence Relations. American Sociological Review 27: 31-41

Franke, E. & Bisler, W. (1986) Patientendenken oder Akteurseuphorie - Über den Einfluβ von Gesundheitsvorstellungen auf die Sportmotivation. In: Franke, E. (ed.) (1986) Sport und Gesundheit; Reinbek: 16-40

Fuchs, W. (1985) Sport und Sportverein. In: Fischer, A. & Fuchs, W. & Zinnecker, J. (1985) Jugendliche und Erwachsene. Generationen im Vergleich. Bd. 2: Freizeit und Jugendkultur; Leverkusen: 107-126

Gehlen, A. (1957) Die Seele im technischen Zeitalter. Hamburg (1976)

Glaser, B. & Strauss, A. (1968) The Discovery of Grounded Theory. London

Goffman, E. (1967) Where the Action Is. In: Goffman, E. (1967) Interaction Ritual; Harmondsworth (1972) 149-270

Greendorfer, S.L. (1981) Sport and the Mass Media. In: Lüschen, G. & Sage, G.H. (ed.) (1981) Handbook of Social Science of Sport; Champaign/Ill.: 160-180

Guttmann, A. (1978) From Ritual to Record. The Nature of Modern Sports. New York

Guttmann, A. (1986) Sports Spectators. New York

Hardy, S.H. (1974) The Medieval Tournament: A Functional Sport of the Upper Class. Journal of Sport History 1: 91-105

Heinemann, K. (1974) Sozialisation und Sport. In: Kutsch, T. & Wiswede, G. (ed.) (1981) Sport und Gesellschaft: Die Kehrseite der Medaille; Königstein/Ts.: 215-234

Heinemann, K. (1986) Zum Problem der Einheit des Sports und des Verlusts seiner Autonomie. In: Deutscher Sportbund (ed.) (1986) Die Zukunft des Sports. Materialien zum Kongreβ "Menschen im Sport 2000"; Schorndorf: 112-128

Hempel, C.G. (1965) Aspects of Scientific Explanation. In: Hempel, C.G. (1965) Aspects of Scientific Explanation; New York, London: 331-496

Hopf, W. (1979a) "Wie konnte Fuβball ein deutsches Spiel werden?" In: Hopf, W. (ed.) (1979: Fuβball. Soziologie und Sozialgeschichte einer populären Sportart; Bensheim: 54-80
Hopf, W. (1979b) Fernsehsport: Fuβball und anderes. In: Hopf, W. (ed.) (1979) Fuβball. Soziologie und Sozialgeschichte einer populären Sportart; Bensheim: 227-240
Ilker, H.G. & Quanz, D.R. (1986) Zur Zukunft des Groβvereins im Sport. In: Deutscher Sportbund (ed.) (1986) Die Zukunft des Sports. Materialien zum Kongreβ "Menschen im Sport 2000"; Schorndorf: 129-146
Jebsen, H. (1979) The Public Acceptance of Sports in Dallas, 1880-1930. Journal of Sport History 6: 5-19
Kelly, J.R. (1981) Leisure and Sport. In: Lüschen, G. & Sage, G.H. (ed.) (1981) Handbook of Social Science of Sport; Champaign/Ill.: 181-194
Kops, M. & Gräff, C. (1986) Die ökonomische Bedeutung des Sports- ein Untersuchungsrahmen. Gutachten für das BISP; Köln
Krockow, C. Graf von (1980) Sport, Gesellschaft, Politik. München
Kutsch, T. & Bette, K.-H. (1981) Doping im Hochleistungssport. In: Kutsch, T. & Wiswede, G. (ed.) (1981) Sport und Gesellschaft: Die Kehrseite der Medaille; Königsstein: 71-87
Lasch, C. (1979) The Culture of Narcissism. New York
Levy, M.J. (1952) The Structure of Society. Princeton, 1971
Lindner, R. & Breuer, H.T. (1978) "Sind doch nicht alles Beckenbauers". Zur Sozialgeschichte des Fuβballs im Ruhrgebiet. Frankfurt
Luhmann, N. (1966) Reflexive Mechanismen. In: Luhmann, N. (1970) Soziologische Aufklärung, Bd. 1; Opladen, 1974: 92-112
Luhmann, N. (1968) Soziologie des politischen Systems. In: Luhmann, N. (1970) Soziologische Aufklärung, Bd. 1; Opladen, 1974: 154-177
Luhmann, N. (1969) Legitimation durch Verfahren. Darmstadt, Neuwied (1975)
Luhmann, N. (1977) Differentiation of Society. Canadian Journal of Sociology 2: 29-53
Luhmann, N. (1984) Soziale Systeme. Frankfurt
Luhmann, N. (1986) Ökologische Kommunikation. Kann die moderne Gesellschaft sich auf ökologische Gefährdungen einstellen? Opladen
Luhmann, N. (1987) Die Differenzierung von Politik und Wirtschaft und ihre gesellschaftlichen Grundlagen. In: Luhmann, N. (1987) Soziologische Aufklärung, Bd. 4; Opladen: 32-48

Lyman, S.M. & Scott, M.B. (1970) On the Time Track. In: Lyman, S.M. & Scott, M.B. (ed.) (1971) A Sociology of the Absurd; New York: 189-212

Mandell, R.D. (1976) The Invention of the Sports Record. Stadion II: 250-264

Marées, H. de & Weicker, H. (1986) Sport und Gesundheit. Chancen, Gefahren, Forderungen. In: Deutscher Sportbund (ed.) (1986) Die Zukunft des Sports. Materialien zum Kongreß "Menschen im Sport 2000"; Schorndorf: 207-221

Meier, R. (1987) Neokorporatistische Strukturen im Verhältnis von Sport und Staat. Referat anläßlich der Arbeitstagung "Analysen zum Sport und soziologische Theorien" der Sektion Soziologie des Sports der Deutschen Gesellschaft für Soziologie vom 2.-4. Juli 1987 in Köln

Mrazek, J. (1986) Psyche, Gesundheit und Sport. Zur subjektiven Wahrnehmung des Gesundheitsversprechens durch den Sport. In: Franke, E. (ed.) (1986) Sport und Gesundheit; Reinbek: 86-97

Riezler, K. (1941) Play and Seriousness. In: Lüschen, G. & Sage, G.H. (ed.) (1981) Handbook of Social Science of Sport; Champaign/Ill.: 439-451

Riordan, J. (1976) Sport in Soviet Society. Some Aspects of the Development of Sport in the USSR. Stadion II: 90-120

Riordan, J. (1977) Political Functions of Soviet Sport. With Reference to Ritual and Ceremony. Stadion III: 148-172

Rittner, V. (1985) Sport und Gesundheit. Zur Ausdifferenzierung des Gesundheitsmotivs im Sport. Sportwissenschaft 15: 136-154

Scheuch, E.K. (1977) Soziologie der Freizeit. In: Handbuch der empirischen Sozialforschung, Bd. 11: Freizeit/Konsum; Stuttgart: 1-192

Snyder, E.E. & Spreitzer, E. (1981) Sport, Education, and Schools. In: Lüschen, G. & Sage, G.H. (ed.) (1981) Handbook of Social Science of Sport; Champaign/Ill.: 119-146

Spinrad, W. (1981) The Function of Spectator Sports. In: Lüschen, G. & Sage, G.H. (ed.) (1981) Handbook of Social Science of Sport; Champaign/Ill.: 354-365

Stichweh, R. (1987) Der frühmoderne Staat und die europäische Universität: Zur Interaktion von Politik und Erziehungssystem im Prozeß ihrer Ausdifferenzierung. Rechtshistorisches Journal 6: 135-157

Walvin, J. (1978) Leisure and Society 1830-1950. London, New York

Winkler, J. (1986) Entwicklung und Stellenwert des Breitensports in der Sportpolitik der Sportselbstverwaltung. In: Binnewies, H. & Thieme, B. (ed.) (1986) Freizeit- und Breitensport '85. Ergebnisse des Symposiums vom 27. bis 29.11.1985 in Berlin. Teil II; Ahrensburg: 212-224

Winkler, J. (1988) Lebensstil und Sport. Der Sport als 'stilistische Möglichkeit' in der Symbolisierung von Lebensführung. Ms., Köln

Winkler, J. & Karhausen, R.R. & Meier, R. (1985) Verbände im Sport. Eine empirische Analyse des Deutschen Sportbundes und ausgewählter Mitgliedsorganisationen. Schorndorf

KAPITEL 5
ZUR
ENTWICKLUNG TECHNISCHER INFRASTRUKTURSYSTEME

Renate Mayntz

1 Der Gegenstand: ein besonderer Typus gesellschaftlicher Funktionssysteme?

Es gibt eine Kategorie von Funktionssystemen, die in soziologischen Systemtheorien und darauf fußenden Analysen sozialer Differenzierung in der Regel unerwähnt bleiben und jedenfalls nicht zu den funktionellen Teilsystemen gezählt werden, obwohl sie den auf die Erbringung spezifischer Leistungen bezogenen Teilsystemen (wie z.B. dem Gesundheitssystem) in vieler Hinsicht ähnlich sind. Gemeint sind die modernen Verkehrs-, Kommunikations- und Versorgungssysteme, die man summarisch als Infrastruktursysteme bezeichnen könnte, weil ihre hauptsächliche Funktion darin besteht, zahlreiche spezifische Aktivitäten *zu ermöglichen*: die physische oder die symbolisch-kommunikative Raumüberwindung zu bestimmten Zwecken, den Betrieb von Elektromotoren, das Kochen und das Waschen.[1] Die Versorgung mit Wasser und Energie, das Transportieren von Gegenständen, die räumliche Fortbewegung und die Kommunikation mit räumlich entfernten Personen gehören zu den grundsätzlichen menschlichen Bedürfnissen und sind deshalb schon immer wichtige Bereiche menschlichen Handelns gewesen. Schon frühzeitig sind auch sachliche Hilfsmittel und spezielle Verfahren zur Erleichterung und Leistungssteigerung entwickelt und benutzt worden - z.B. Ziehbrunnen und Aquädukte, Wassermühlen, befestigte Straßen, Pferdewagen und die optische Signalübermittlung. Vor allem mit dem Auftreten

---

1 Die Massenkommunikationssysteme Rundfunk und Fernsehen versorgen ihre "Abnehmer" demgegenüber mit einem "Konsumgut" und werden hier schon deshalb nicht zu den Infrastruktursystemen gerechnet.

moderner Verkehrs-, Kommunikations- und Energieversorgungstechniken und dem Entstehen großer Organisationen, die heute mit ihrer Hilfe die betreffenden Infrastrukturleistungen erbringen, haben sich die *Handlungsbereiche* zu abgrenzbaren und organisatorisch-institutionell ausdifferenzierten *Funktionssystemen* entwickelt.

Die modernen, technisierten Infrastruktursysteme haben eine ganze Reihe wichtiger Gemeinsamkeiten mit anderen Teilsystemen wie dem Gesundheits-, dem Erziehungs- oder dem Wissenschaftssystem. Sie basieren auf einer spezifischen Funktion, und die Akteure in ihnen sind ebenso ein-sinnig an einem bestimmten Bezugsproblem orientiert, wie das etwa im Gesundheitssystem zutrifft; ihr Bezugsproblem ist sogar eher noch klarer definiert und schärfer abgrenzbar. Weiterhin findet man bei modernen Infrastruktursystemen alle Elemente einer fortgeschrittenen Ausdifferenzierung: eine eigene Wissensbasis, spezielle Normen, spezialisierte Berufsgruppen, große formale Organisationen als Akteure und ein - oft sogar besonders hohes - Maß interner Integration bzw. Vernetzung. Schließlich sind technische Infrastruktursysteme gesellschaftsweit etabliert und durch eine hohe Inklusivität gekennzeichnet, d.h. sie sind praktisch allen Gesellschaftsmitgliedern zur Nutzung zugänglich. Auch größenordnungsmäßig (Zahl der Beschäftigten, Anteil am Bruttosozialprodukt) lassen sie sich mit gesellschaftlichen Teilsystemen wie dem Gesundheits- oder Erziehungssystem durchaus vergleichen.

Die technisierten Infrastruktursysteme der Neuzeit besitzen für die Entwicklung, die Funktionsweise und Dynamik hochentwickelter Gesellschaften eine überragende Bedeutung - in positiver wie auch in negativer Hinsicht. Ohne die modernen Systeme der Energieversorgung, des Transports und der Telekommunikation sind die "industrielle Revolution", das neuzeitliche Wirtschaftswachstum, die räumliche Mobilisierung *und* soziale Integration der letzten hundert Jahre nicht denkbar. Wie James Beniger zu zeigen versucht hat, führte - zumindest in den USA - nicht die Erfindung der Dampfmaschine unmittelbar zur industriellen Revolution; entscheidend waren vielmehr die durch diese Erfindung ermöglichten Verkehrssysteme, Dampfschiffahrt und Eisenbahnen, in denen die neue Technik früher Fuß faßte als in den Fabriken. Später waren es die modernen Telekommunikationssysteme, die die Steuerungsprobleme zu lösen erlaubten, welche durch das wachsende Volumen, die zeitliche Beschleunigung und die räumliche Expansion der Rohstoff-, Waren- und Kapitalflüsse entstanden waren, und die so das weitere Wirtschaftswachstum ermöglichten (Beniger 1986).

Die Kehrseite ihrer verstärkenden, leistungssteigernden Wirkung bildet das erhebliche "Störpotential" technischer Infrastruktursysteme. Im Vordergrund der öffentlichen Aufmerksamkeit steht ihr Schadenspotential bei Unfällen, von den Dampfkesselexplosionen auf den Schiffen des frühen 19. Jahrhunderts (Burke 1975) bis hin zum gefürchteten Super-GAU der Kernkraftwerke, die das Elektrizitätsnetz speisen. Dabei wächst das Unfallrisiko ceteris paribus mit der Komplexität technischer Sachsysteme und der engen Koppelung ihrer Elemente (Perrow 1984), das Schadenspotential variiert aber stark mit der Art der Technik. So sind die Gefahren für Leib und Leben bei der Kerntechnik besonders groß, bei der modernen Informations- und Kommunikationstechnik dagegen sehr gering; hier wiegt die Gefahr der mißbräuchlichen Nutzung schwerer (Computerkriminalität). Gravierende Konsequenzen kann auch ein vorübergehender Funktionsausfall haben, wie ein Fluglotsen- und Eisenbahnerstreik oder der berühmte totale Stromausfall der New Yorker Elektrizitätsversorgung im Jahre 1965 illustrieren mögen. Gewiß gibt es das Risiko von Schäden durch mißbräuchliche Nutzung und das Problem der Abhängigkeit von einer nicht oder nur schwer substituierbaren Leistung nicht nur bei Infrastruktursystemen. Ihr Störpotential ist jedoch objektiv oft besonders groß, zumal wenn zu dem technisch-naturwissenschaftlich begründeten Schadenspotential und der Tatsache einer *vielfältigen* Abhängigkeit von ihren Leistungen noch das Strukturmerkmal hochgradiger Vernetzung kommt. Außerdem manifestieren sich die Störungen häufig recht dramatisch, sind also auch besonders sichtbar. Weniger greifbar, aber gleichwohl oft Anlaß intensiven Unbehagens und diffuser Befürchtungen ist die durch technische Infrastruktursysteme zwar nicht erzeugte, aber doch verschärfte technische Rationalisierung im Denken und Verhalten der Menschen, die sich ihrer bedienen.

Die unbestreitbare Bedeutung technischer Infrastruktursysteme rechtfertigt gewiß die Forderung, sie in die sozialwissenschaftliche Analyse gesellschaftlichen Strukturwandels und gesellschaftlicher Dynamik einzubeziehen. Trotz der erwähnten Ähnlichkeiten mit den klassischen funktionellen Teilsystemen muß man allerdings nicht darauf bestehen, sie als solche zu behandeln und damit ihre grundsätzliche Gleichartigkeit mit anderen Teilsystemen zu behaupten. Solange man im herkömmlichen systemtheoretischen Rahmen argumentiert, sind gesellschaftliche Teilsysteme rein *soziale* Systeme, und ihre Elemente Kommunikationen, Handlungen oder sozial Handelnde. Die Technik spielt in diesem Zusammenhang, vor allem wenn man an sachliche Artefakte und nicht nur an Verfahren und Verfahrenswissen denkt, die Rolle eines externen Einflußfaktors bzw. einer Ressource; im übrigen würde man die Infrastruktursysteme dem Wirtschaftssystem bzw., wenn es sich um in staatlicher Regie erbrachte Dienstleistungen handelt, u.U. dem politisch-administrativen System zurechnen.

Obwohl aus der genannten analytischen Perspektive folgerichtig, läßt sich jedoch auf diese Weise das Spezifikum der modernen Infrastruktursysteme nicht adäquat erfassen, das in ihrer *technischen Fundierung* liegt. Nicht nur die Leistungsfähigkeit, sondern auch die sozialstrukturelle Beschaffenheit der modernen Infrastruktursysteme hängen aufs engste mit der Verwendung ganz bestimmter technischer Verfahren und Artefakte zusammen. Genau dieser Tatsache will die Bezeichnung "*technische* Infrastruktursysteme" Ausdruck geben, indem sie nicht nur die Art der systemkonstituierenden Leistung, sondern auch die auf moderner Technik fußende Art ihrer Erbringung anspricht. Um dem Realphänomen der heutigen Infrastruktursysteme gerecht zu werden, mag es deshalb fruchtbarer sein, einen anderen analytischen Schnitt durch die beobachtbare Wirklichkeit zu legen, als es ein ausschließlich auf *soziale* Elemente abstellender systemtheoretischer Ansatz tut, und vom Konzept *sozio-technischer Systeme* auszugehen - auch wenn man damit den Boden der klassischen Theorie sozialer Differenzierung verläßt.

Mit dem Begriff des sozio-technischen Systems wird nicht nur darauf hingewiesen, daß Technik typischerweise in sozialen Produktions- und vor allem Verwendungszusammenhängen steht (Ropohl 1979), Technik also sowohl sozial geprägt als auch in ihrer Anwendung sozial organisiert ist (La Porte 1984). Vielmehr betont dieser Begriff vor allem, daß technische Komponenten oft als integrale Bestandteile in soziale Handlungszusammenhänge eingebaut sind, die in ihrer Struktur und Dynamik davon entscheidend geprägt bzw. verändert werden. Wie Langdon Winner es einmal formuliert hat: "Social relationships are merely one sort of connection. Individuals and social groups are only one variety of component. The connections and groupings of inanimate parts are equally crucial to the functioning of the whole" (Winner 1977: 191). Der Begriff des sozio-technischen Systems lenkt die Aufmerksamkeit auf die (je besondere) Art der Verknüpfung sozialer und technischer Komponenten und auf ihre Auswirkungen z.B. auf die Handlungsspielräume der beteiligten Akteure, Koordinationsprobleme, Störungsanfälligkeit u.a.m. Obwohl sich grundsätzlich Handlungszusammenhänge von der Kleingruppe bis hin zu gesellschaftlichen Teilsystemen als sozio-technische Systeme analysieren lassen, ist der Begriff bisher vor allem im Zusammenhang von Untersuchungen der Einführung und Nutzung von (neuen) technischen Verfahren und Artefakten in produzierende Organisationen angewandt worden (Emery 1959; Herbst 1974) und ist insofern keineswegs speziell auf jene großen technischen Infrastruktursysteme gemünzt, von denen hier die Rede ist; er bezeichnet, anders gesagt, eher eine für die Analyse technischer Infrastruktursysteme fruchtbare Perspektive als diese besondere Art von Realphänomen selbst.

In der sozialwissenschaftlichen Technikforschung gibt es demgegenüber eine jüngere Forschungsrichtung, die sich speziell für die hier angesprochenen Systeme im Infrastrukturbereich interessiert. Lange Zeit hat zwar in der sozialwissenschaftlichen Technikforschung das Interesse an der Entwicklung, Diffusion und Nutzung bestimmter Techniken bzw. eines bestimmten technischen Artefakts durch einzelne oder eine größere Kategorie gleichartiger Anwender (Haushalte, Organisationen) im Vordergrund gestanden. Seit kurzem setzt sich jedoch mehr und mehr eine Meinung durch, die Rammert (1982: 34) so formuliert hat: "Moderne Technik läßt sich gegenwärtig nur unzureichend als Anhäufung typischer einzelner Artefakte, ... ‚sondern eher als *Systeme miteinander verzahnter und aufeinander funktional bezogener Ketten und Hierarchien von Artefakten* erfassen. ... Der Fokus der Betrachtung verschiebt sich entsprechend von der Maschinen- und Apparatetechnik zu umfassenden Komplexen technischer Systeme." So taucht denn auch in der sozialwissenschaftlichen Technikforschung neuerdings häufiger der Begriff des großen technischen (oder auch großtechnischen - z.B. Weingart 1982) Systems auf. Damit ist nicht einfach die vor allem im Zusammenhang mit (Kern-) Kraftwerken diskutierte "Big Technology" oder Großtechnik gemeint; auch geht es nicht um technische Großprojekte wie den Bau des Assuandamms oder die bemannte Raumfahrt. Der Begriff zielt eher auf das, was Ingenieure in Abgrenzung zu Apparaten, Maschinen und Verfahren als Systeme oder als technische Netzwerke (so der Titel einer VDI-Konferenz im Februar 1988) bezeichnen: z.B. Eisenbahn und Flugverkehr, Stromversorgung und Telefon. Allerdings wird, wenn Sozialwissenschaftler von großen technischen (bzw. großtechnischen) Systemen sprechen, nicht nur an das reine Sachsystem, sondern an eine bestimmte Art *sozio-technischer* Systeme gedacht. Auch der Technikhistoriker Thomas P. Hughes, der mit seiner Untersuchung über die Entwicklung der modernen Elektrizitätsnetze in Deutschland, England und den USA gerade bei Sozialwissenschaftlern auf großes

Interesse gestoßen ist, spricht zwar von großen *technischen* (bzw., nach englischem Sprachgebrauch, *technologischen*) Systemen, zählt jedoch soziale Akteure (speziell Organisationen), Wissen und Normen ausdrücklich zu den Systemkomponenten (Hughes 1983, 1987).

Wenn man ihn so versteht, dann eignet sich der Begriff des großen technischen Systems (GTS) zur Benennung jener extensiven soziotechnischen Systeme im Infrastrukturbereich, die sich auf der Grundlage einer jeweils spezifischen Technik gebildet haben: Elektrizitätsversorgungs-, Eisenbahn- oder Flugverkehrssysteme usw. Die durch den Bezug auf eine spezifische Technik gekennzeichneten GTS lassen sich dabei als konkrete historische Ausprägungen von Infrastruktursystemen verstehen, die durch eine bestimmte Funktion (z.B. Verkehr) definiert sind. Die Unterscheidung von zwei Betrachtungsebenen, der des (mit Bezug auf eine Leistungsart definierten) Infrastruktursystems und der des (mit Bezug auf eine bestimmte Technik definierten) GTS, lenkt die Aufmerksamkeit unmittelbar auf wichtige Struktureigenschaften. Erstens läßt sich sehen, daß die Infrastruktursysteme - allerdings in deutlich verschiedenem Maße - intern sektoral differenziert sind, wobei die einzelnen Sektoren nicht nur technisch, sondern auch organisatorisch-institutionell deutlich voneinander abgegrenzte GTS sein können. Besonders ausgeprägt ist das im Verkehrsbereich der Fall, wo die Binnenschiffahrt, der Eisenbahn-, Automobil- und Flugverkehr jeder für sich durch ein besonderes Regelwerk normiert sind, ihr eigenes Spezialwissen haben und besondere spezialisierte Berufe und korporative Akteure aufweisen. Zweitens wird deutlich, daß sich die demselben Infrastrukturbereich zuzurechnenden GTS ihrerseits strukturell erheblich voneinander unterscheiden. Ein gedanklicher Vergleich zwischen Eisenbahn-, Flug- und Autoverkehr kann das illustrieren. Bei der Eisenbahn sind die beiden Systemkomponenten "Wege" (Schienen) und "Transportmittel" (Waggons) viel enger gekoppelt als beim Autoverkehr und beim Flugverkehr, und zwar nicht nur in dem offensichtlichen, physischen Sinne, sondern auch in sozialer Hinsicht, denn im ersten Fall gibt es für beides nur einen Betreiber, während Netzbetreiber und Transportmittelbetreiber in den beiden anderen Fällen verschiedene Akteure sind. Beim Autoverkehrssystem ist die Koppelung der verschiedenen Komponenten - das Straßennetz mit den für Ausbau und Aufrechterhaltung verantwortlichen Institutionen, die Kraftfahrzeuge, das Netz von Tankstellen und Reparaturwerkstätten - sogar so locker, daß es dem flüchtigen Betrachter schwerfallen mag, hier überhaupt von einem *System* zu sprechen. Angesichts derart deutlicher Unterschiede zwischen teilweise nebeneinander bestehenden, sich teilweise aber auch in historischer Folge ablösenden GTS innerhalb der verschiedenen Infrastrukturbereiche ist es für viele Fragestellungen sinnvoll, die Analyse auf der Ebene einzelner GTS durchzuführen. Das gilt vor allem für die auf den Entwicklungsprozeß bezogenen Fragen, die in den nächsten Abschnitten angesprochen werden.

Das Interesse an einer sozialwissenschaftlichen Analyse der Entwicklung moderner Infrastruktursysteme ist, wie schon gesagt, neu und wurde insbesondere durch die vergleichende Untersuchung von Thomas P. Hughes (1983) angeregt. Die damit zunächst eher punktuell beginnende Zusammenarbeit von Historikern und Sozialwissenschaftlern wurde kürzlich durch eine Konferenz intensiviert, auf der Wissenschaftler beider Disziplinen über die Entwicklung verschiedener großtechnischer Systeme - Elektrizitätsversorgung, Telefon, Eisenbahn und Flugverkehr - in Deutschland, Frankreich und den USA referierten.[2] Eine solche vergleichende Betrachtung einiger der wichtigsten nationalen GTS erlaubt es, u.a. darüber zu diskutieren, ob auf der Basis *einer* Technik in verschiedenen Ländern entstehende Systeme gleichartig oder verschieden sind; ob sie gleiche oder verschiedene Entwicklungsprozesse durchlaufen; ob es Phasenmodelle der Entwicklung gibt, die für alle oder eine bestimmte Teilmenge der untersuchten technischen Systeme gleich sind; welche Triebkräfte generell oder unter welchen Bedingungen die Entwicklung bestimmen, und welche Rolle dabei speziell die technische Komponente spielt. Es sind solche Fragen, die im folgenden erörtert werden sollen. Dabei versteht es sich von selbst, daß kein systematischer zweidimensionaler Vergleich (mehrere Länder, mehrere technische Systeme) vorgeführt werden kann; dafür wäre nicht nur die Materialbasis zu lückenhaft, sondern es würde dadurch auch der Sinn dieses Kapitels im vorliegenden Kontext verfehlt. Auf den folgenden Seiten soll lediglich der Versuch gemacht werden, die sonst nur auf gesellschaftliche Teilsysteme wie Politik, Wissenschaft oder Erziehung angewandte Perspektive

---

2 Die Beiträge werden unter dem Titel "The Development of Large Technical Systems" (Hrsg. R. Mayntz und Th. P. Hughes) veröffentlicht werden; die Referate und Diskussionen dieser 1987 vom Max-Planck-Institut für Gesellschaftsforschung organisierten Konferenz fungieren immer dort als Materialgrundlage der folgenden Ausführungen, wo keine andere Literatur angegeben ist.

der Systembildung auf technische Infrastruktursysteme und die sie ausmachenden GTS anzuwenden und dabei grob abzustecken, welche Besonderheiten sie in dieser Hinsicht aufweisen.

2 Zum Entstehen großtechnischer Systeme

Obwohl scheinbar rein funktionsbestimmt, entsteigen großtechnische Systeme nicht voll ausgebildet dem Zeichenbrett von Ingenieuren wie Pallas Athene dem Haupt des Zeus. Selbst Thomas Hughes, für den GTS durch ihren unmittelbaren Bezug auf lösungsbedürftige Probleme gekennzeichnet sind (Hughes 1987), hat in seiner historischen Monographie deutlich gemacht, daß sich die heute flächendeckenden Systeme der Elektrizitätsversorgung in einem mehrstufigen Entwicklungsprozeß herausgebildet haben, ohne daß zu Beginn klar gewesen wäre, welche Gestalt sie einmal annehmen würden. Dasselbe läßt sich auch für Eisenbahn und Telefon zeigen.

Überblickt man die Entwicklung dieser drei GTS in verschiedenen Ländern, dann läßt sich ein grobes Phasenmodell konstruieren: Erfindung und Innovation (Initialphase), Wachstum und Konsolidierung, Stasis und eventuell Niedergang.[3] Dieses Modell verweist sofort auf die Eigenart derartiger technischer Systeme, denn es paßt nicht auf die Entwicklung gesellschaftlicher Teilsysteme wie Gesundheit oder Wissenschaft und auch nicht auf die Entwicklung der übergreifenden Infrastruktursysteme insgesamt, bei denen sich kaum sinnvoll von Stasis und Niedergang sprechen läßt und bei denen sich auch ein datierbarer Beginn weniger leicht finden läßt als bei GTS, die auf einer spezifischen technischen Innovation basieren. So kann man z.B. sagen, daß 1879 die "Geburtsstunde" der Elektrizitätsnetzwerke in den USA und 1845 diejenige des elektrischen Telegraphen in Frankreich war.

Am Anfang eines neuen GTS steht der erste Einsatz einer technischen Innovation. Die Erfindungen, die dem vorausgehen, sind eine notwendige, aber keine hinreichende Bedingung. In den meisten Fällen kamen die

3 Ein solches grobes Phasenmodell erlaubt es eher als das differenziertere Phasenmodell von Hughes, die beobachtbaren Unterschiede in der Entwicklung von technischen Infrastruktursystemen zu berücksichtigen.

neuen Artefakte und Verfahren, aufgrund deren sich ein konkretes GTS in einem Land entwickelte, durch Transfer, d.h. durch Übernahme aus anderen Ländern dorthin. Häufig ist auch nicht eine einzige Erfindung, sondern die Synthese mehrerer technischer Entwicklungen der Auslöser für das Entstehen eines neuen technischen Systems. Stromversorgungsnetze entstanden nicht schon mit der Entdeckung der Elektrizität und der Fähigkeit, sie zu erzeugen, sondern erst mit Edisons Glühfadenlampe. Für das Entstehen des Eisenbahnsystems brauchte es nicht nur die Dampfmaschine, sondern auch die Fähigkeit, Metallschienen herzustellen.

Nicht nur wegen der "Datierbarkeit" ihres Beginns, sondern auch weil eine *Technik* an ihrem Anfang steht, können GTS im Rückblick als bewußt geschaffen und konstruiert anstatt als in einem längeren Evolutionsprozeß gewachsen erscheinen. Tatsächlich waren die später gesellschaftsweit etablierten GTS das Resultat eines in vieler Hinsicht unvorhergesehenen Prozesses der schrittweisen technischen und organisatorischen Entwicklung. Selbst gezielte Problemlösungen waren die späteren GTS zumindest zum Zeitpunkt ihres Entstehens meist nur in einem technischen Sinn, d.h. es ging zuerst vor allem um den Nachweis, daß etwas Bestimmtes *machbar* ist. Vor ihrem Entstehen gab es weder für Telefon noch Eisenbahn, weder für elektrisches Licht in Haushalten noch für das Automobil einen artikulierten Bedarf. Der Grund dafür liegt nicht nur in der trivialen Tatsache, daß man sich eine noch nicht existente Technik selten genug vorstellen kann; vielmehr schienen die Bedürfnisse nach Kommunikation, Fortbewegung, Transportmöglichkeiten und Beleuchtung durch bereits existierende technische Mittel oder Systeme erfüllbar. So gab es etwa in der Initialphase der Eisenbahn in Deutschland infolge der vorausgehenden Verbesserung von Straßen und Schiffahrtswegen kein wahrgenommenes Defizit an Verkehrsmöglichkeiten (Heinze & Kill 1987). Die städtischen Versorgungssysteme mit Leuchtgas ließen ähnlich kein akutes Bedürfnis nach einer neuen Lichtquelle aufkommen (Schivelbusch 1983). Wo am Status quo der existierenden Infrastruktursysteme Kritik geübt wurde, ging es eher um *Verbesserungen* der schon bestehenden GTS als um die Einführung einer *neuen* Technik. Daß die Leistungsfähigkeit der existierenden technischen Systeme auch bei weiterer Verbesserung nicht über ein bestimmtes Niveau hinaus ausbaufähig sein könne, wurde dabei selten vorhergesehen.

Mit den Schwierigkeiten der Antizipation von etwas tatsächlich

Neuem hängt es zusammen, daß GTS in der Initialphase oft ältere Systeme kopierten. Für die Eisenbahn fungierten Schiffe und Kutschen als Modell, und das nicht nur bei der Waggongestaltung; ganz am Anfang meinte man sogar, daß die Schienen sich wie Kanal oder Straße für den freien Verkehr mit privaten Wagen nutzen ließen (Schivelbusch 1979). Edisons elektrisches Licht wurde nicht nur als verbessertes Gaslicht angepriesen, sondern auch das Netzkonzept war durch die städtische Gasversorgung bereits vorgeprägt, die sich ihrerseits am Muster der Wasserversorgung orientiert hatte (Schivelbusch 1983).

In der Initialphase sind die Entwicklungsmöglichkeiten einer neuen Technik schon wegen ihrer anfänglichen Unzulänglichkeiten schwer erkennbar. So erlaubte das Telefon zunächst nur die Überbrückung kurzer Distanzen, die Eisenbahn fuhr kaum schneller als eine gute Kutsche, und das elektrische Licht funktionierte zuerst nur stundenweise. Die Initialphase von GTS ist die Zeit der Kinderkrankheiten, in der nicht nur die Pionierbetreiber, sondern auch die ersten Anwender oft ein hohes Lehrgeld zahlen müssen. Die Initialphase ist auch die Zeit der erschreckenden Unfälle: Auf den frühen Dampfschiffen explodierten immer wieder die Kessel, in den ersten Kraftwerken gab es Brände, Eisenbahnzüge entgleisten und stießen zusammen. Daß die hier sichtbar werdenden Probleme sich lösen lassen, wird man gehofft haben; sicher war es nicht.

Unter diesen Umständen ist es verständlich, daß in vielen Fällen die spätere Bedeutung, ja selbst die wichtigste spätere Funktion der neuen Technik in der Initialphase verkannt wurden. So wurde das Telefon zuerst bestenfalls als nützliche Ergänzung des Telegrafensystems betrachtet, wenn man darin nicht überhaupt ein Luxusgut, nämlich ein Mittel zur Musikübertragung sah (Genth & Hoppe 1986). Die Eisenbahn wurde anfangs in manchen Ländern ähnlich als Ergänzung der existierenden Binnenschiffahrtswege, z.B. zur Verbindung von zwei Kanälen betrachtet. Auch wurde die Eisenbahn in Frankreich und Deutschland zuerst für ein Personenverkehrsmittel gehalten, obwohl ihre Bedeutung später vor allem im Frachtverkehr lag. Das heißt zugleich, daß sich diese neuen GTS zunächst in Nischen der bestehenden Systeme bzw. an Engpässen ansiedelten. Dabei wurden ihre Wachstumschancen anfangs oft gravierend unterschätzt, und auch die Vorstellung eines flächendeckenden nationalen Netzes war in der Initialphase eher die Ausnahme. Für ein Land von der Größe der USA ist das verständlich, aber auch in Deutschland folgte z.B. die Eisenbahnentwicklung zunächst der jeweiligen regionalen Nachfrage; erst langsam wurde Friedrich Lists frühe Vision eines umfassenden deutschen Eisenbahnnetzes zum handlungsleitenden Konzept.

Die durch Unsicherheiten gekennzeichnete Initialphase der Systementwicklung ist in vieler Hinsicht eine Experimentier- und Testphase, in der Nutzungsmöglichkeiten, aber auch Organisationsformen ausprobiert werden. Ob das System wächst und sich konsolidiert, vor allem aber wie seine spätere Struktur aussieht, hängt von zahlreichen Einflußfaktoren ab. Dabei darf die Konzentration auf die Beispiele Elektrizitätsversorgung, Eisenbahn und Telegraf/Telefon nicht dazu verführen, die für sie charakteristische territoriale Expansion, physische Vernetzung und zentralisierte Organisationsform sozusagen für das normale Reifestadium von GTS zu halten. Man mag den Begriff GTS definitorisch entsprechend beschränken (was hier nicht geschieht), muß dann aber sogleich hinzufügen, daß es in technisierten Infrastruktursystemen auch Sektoren gibt, die strukturell anders beschaffen sind.

Betrachten wir zunächst die ins Auge fallende Merkmalsdimension der Vernetzung. Bei bestimmten GTS ist die Vernetzung physischer Natur, besteht also etwa aus Kanälen, Schienen oder Leitungen. Bei Funk und Flugverkehr gibt es keine sichtbaren Netze, aber immerhin noch Sendefrequenzen oder Flugkorridore, die durch normierende Definition zustandekommen. *Völlig* "netzlos" würde z.B. eine dezentral installierte Solartechnik Energie erzeugen. Die Art der Vernetzung folgt nur teilweise einem "technischen Zwang". Die Eisenbahn ist tatsächlich ohne Schiene (oder ein Schienenäquivalent wie bei der Magnetschwebebahn) nicht denkbar. Das Telefon ist zwar auch weitgehend an Leitungen gebunden, doch ist in Grenzen bereits drahtlose Telefonie möglich; soweit sie (noch) besteht, ist die Netzabhängigkeit demnach auch beim Telefon eine physikalisch-technische. Die Binnenschiffahrt braucht Wasserwege, aber diese können auch natürlich gegeben sein wie der Nil in Ägypten; die Notwendigkeit eines *Kanal*netzes ist also geographisch bedingt. Bei der Elektrizität hängt die Netzabhängigkeit mit dem Modus zentraler Erzeugung und Verteilung zusammen; bekanntlich wird zur Zeit kontrovers darüber diskutiert, ob diese Organisationsform durch ökonomische Zwänge bedingt oder bereits Ausfluß einer Strategie starker *vested interests* ist. Für die Wasserversorgung durch ein Leitungsnetz gibt es Brunnen und Tankwagen als (weniger effektive) Alternative; ähnlich kann die Gasversorgung sowohl über einen Markt für Flüssiggas in Flaschen wie über ein Gasleitungsnetz laufen. Nicht nur physische Gegebenheiten und technische (Un-) Möglichkeiten, sondern auch Effizienz- und Effektivitätsgesichtspunkte und nicht zuletzt die Interessen mächtiger korporativer Akteure bestimmen den Vernetzungscharakter von GTS.

Große technische Systeme lassen sich weiter nach dem Grad ihrer territorialen Extension unterscheiden. Die Skala reicht vom weltweiten Telefon- und Flugverkehrssystem bis hinunter zum regionalen Wasserversorgungs- und lokalen Straßenbahnnetz. Obwohl vor allem in der Aufbauphase oft eine gewisse Tendenz zur Kongruenz von Netz und Betreiberorganisation besteht, ist Deckung hierbei nicht zwingend. Obwohl landesweit vernetzt, kennt z.B. das amerikanische Eisenbahnsystem eine Mehrzahl von Betreiberorganisationen; allerdings erhöhen sich in einem solchen Fall die interorganisatorischen Abstimmungserfordernisse. Der Flugverkehr kennt ähnliche Probleme, die nicht nur verschiedene Fluggesellschaften zur Zusammenarbeit bei Buchung und Beförderung von Fracht und vor allem von Passagieren veranlaßt haben, sondern auch zur Herausbildung eines von ihnen unabhängigen Flugsicherungssystems für die Verkehrsregelung auf Flughäfen und in Flugkorridoren geführt hat.

Die soziale Organisationsform großer technischer Systeme kann also sowohl hierarchisch-unitär, polyzentrisch oder dezentral sein. Wichtige GTS in den Infrastrukturbereichen Verkehr, Kommunikation und Energieversorgung haben sich von einer anfänglich dezentralen, ja fragmentierten über eine polyzentrische zu einer unitären Struktur entwickelt, was mit dem Aufbau territorial immer ausgedehnterer Netze einherging. Diese für die Eisenbahn, die Elektrizitätsversorgung und das Telefon charakteristische Entwicklung gilt nicht für den gesamten Infrastrukturbereich. Es sind jedoch genau diese extensiven, fest vernetzten und monopolartig organisierten GTS, die in ihrem Entstehen aufs engste mit dem wirtschaftlichen, sozialen und politischen Wandel im 19. und beginnenden 20. Jahrhundert verbunden sind, und sie sind es auch, die jene Art von "Momentum", von autonomer Schwungkraft und Eigenmacht entwickeln, die Hughes großen technischen Systemen generell zuschreibt (Hughes 1987). Diese Zusammenhänge werden deutlicher, sobald man die Promotoren und Triebkräfte des Wachstums dieser GTS etwas näher betrachtet.

3 Promotoren und Triebkräfte des Systemwachstums

Angesichts der vielen Schwierigkeiten in der Initialphase neuer GTS stellt sich die Frage, welche Kräfte schließlich doch zu ihrem Wachstum und ihrer gesellschaftsweiten Institutionalisierung führen. Auf eine wichtige Tatsache hat bereits Hughes hingewiesen, nämlich daß solche Systeme *aktiv entwickelt werden* (Hughes spricht von "system building"; Hughes 1987); im selben Sinne kann von aktiver Systementwicklung sonst höchstens noch beim politisch-administrativen System und, in einer späteren Phase, bei in staatlicher Regie aufgebauten Erziehungssystemen gesprochen werden. Der Übergang zum aktiven Systemaufbau markiert das Ende der Initialphase und den Beginn der Wachstumsperiode. Die wichtigsten Promotoren sind durchweg ökonomische und/oder politische Akteure. Technische Berufe scheinen dagegen zumindest als kollektive Akteure eine sekundäre und manchmal ambivalente Rolle zu spielen. Selbstverständlich sind einzelne Ingenieure - auch als Erfinder-Unternehmer wie Edison - zentrale Akteure in der Initialphase neuer GTS. Gerade die Neuheit einer Technik kann jedoch zur Folge haben, daß bestehende technische Berufsgruppen, deren Existenz fest mit einer anderen Art von Technik bzw. technischem System verbunden ist, sich nicht für sie engagieren. Die spezialisierten Berufsgruppen, deren Mitglieder später als Operateure des Systems fungieren, entstehen anscheinend oft erst mit ihm zusammen und werden entsprechend vor allem in einer späteren Phase aktiv, wenn es darum geht, die Domäneansprüche des eigenen GTS zu behaupten und sein Wachstum voranzutreiben. Eine genauere Analyse der Rolle technischer Berufsgruppen in der Entwicklung großer technischer Systeme steht allerdings noch aus.

Staatliche Akteure haben sich für ein neues GTS immer dann schon frühzeitig interessiert, wenn dieses für den Staat selbst unmittelbar nützlich war bzw. seine private Nutzung für politisch gefährlich gehalten wurde. Das gilt am deutlichsten für den (optischen) Telegrafen, der in Frankreich und Preußen sofort in staatliche Regie genommen und für administrative und militärische Zwecke reserviert wurde. Wenn später in Preußen auch das Telefonsystem von Anfang an in staatlicher Regie aufgebaut wurde, dann u.a., weil es sich als nützliche Erweiterungsmöglichkeit für das staatliche Telegrafensystem darstellte. Im Gegensatz zu den Kommunikationssystemen blieb die Entwicklung neuer Verkehrssysteme und Energieversorgungssysteme im wesentlichen ökonomischen Akteuren überlassen; bei letzteren wirkten außerdem örtliche

Verwaltungen mit. Das muß kein zentralstaatliches Desinteresse signalisieren, sobald Herrschaftsinteressen nicht unmittelbar berührt sind. Je nach der gerade vorherrschenden Interventionsphilosophie kann ein staatliches Engagement beim Aufbau von Infrastruktursystemen auch Teil einer ökonomischen Wachstumspolitik oder einer Politik der Versorgung der Bevölkerung mit bestimmten Infrastrukturleistungen sein. Die Existenz eines Zentralstaats, der motiviert ist und über die erforderlichen Zuständigkeiten verfügt, genügt jedoch nicht; der staatliche Akteur muß auch über technische Kompetenz und vor allem über die erforderlichen Finanzmittel verfügen, um ein GTS in eigener Regie aufbauen zu können. Das Fehlen *aller* dieser Voraussetzungen in den USA des 19. Jahrhunderts ist wesentlich dafür verantwortlich, daß dort *alle* der hier betrachteten GTS von privaten Unternehmen aufgebaut wurden.

Die große Bedeutung der Kapitalverfügung für die Systementwicklung ist ein Spezifikum von GTS. Vor allem wenn ein technisches System flächendeckend und zugleich als zusammenhängendes Netz gebaut werden muß, ist dazu sehr viel Geld nötig. Ein Markt zahlungswilliger potentieller Nutzer löst das Problem noch nicht, denn das Geld muß in der Hand der (wenigen) Systementwickler (und u.U. späteren Betreiber) konzentriert verfügbar sein. Die ökonomische Logik der Kapitalverfügung beeinflußt dementsprechend nicht nur, wann und durch wen, sondern auch, wie das System aufgebaut wird. In den USA hat z.B. der Patentinhaber Bell infolge knapper eigener Finanzmittel das Telefonsystem im wesentlichen mit Hilfe lokaler Tochterfirmen aufgebaut, was die spätere Struktur des zwar großen, aber intern stark dezentralisierten Unternehmens prägte. Dem französischen Staat fehlte sowohl beim Eisenbahnsystem wie später beim Telefonsystem das Kapital, um sie sogleich in eigener Regie aufzubauen, so daß zunächst private Unternehmen aktiv wurden; die Folge war eine starke Fragmentierung der Systeme, deren lokale und regionale Teile erst langsam zu einem Netz zusammenwuchsen.

Wo der Staat trotz eigenen Kapitalmangels ein Interesse an der Systementwicklung hatte, sind besondere Kooperationsformen zwischen Staat, Banken und Unternehmen entstanden, und der Staat hat außerdem regulierend eingegriffen, vor allem durch Lizensierung und Preiskontrolle; beides läßt sich besonders gut an der Geschichte der Eisenbahn in Frankreich und in Deutschland ablesen. Bei den ökonomischen Akteuren hat die Finanzierungsproblematik beim Aufbau von GTS das Entstehen neuer Unternehmensformen, vor allem der Aktien- und der Holdinggesellschaft, angeregt. Holdinggesellschaften stellten insbesondere bei der Entwicklung der Elektrizitätsversorgungssysteme eine "Problemlösung" von kaum zu überschätzender Bedeutung dar (Hughes 1983). Zumindest der europäische Territorialstaat betrachtete jedoch das Entstehen großer privatwirtschaftlicher Betreiberorganisationen in verschiedenen Infrastrukturbereichen mit offenbar gemischten Gefühlen, denn wenn er sie einerseits auch für die Erfüllung wirtschaftspolitischer und infrastrukturpolitischer Ziele brauchte (und sie teilweise auch als Einnahmequelle benutzte), mußte er andererseits ihre wachsende Eigenmacht beargwöhnen. Staatliche Förderung *und* gleichzeitige staatliche Regulierung von privatwirtschaftlich organisierten GTS in der Wachstumsphase spiegeln diese Ambivalenz wider.

Da in vielen Fällen sowohl staatliche wie ökonomische Akteure am Aufbau eines GTS interessiert waren, war die Systementwicklung oft durch Auseinandersetzungen um Rechte, vor allem Monopolrechte geprägt, sei es, daß ökonomische Akteure ihren Monopolanspruch rechtlich absichern wollten, oder daß der Staat seinerseits sein Monopol gegen wirtschaftliche Interessen behaupten mußte, wie es in der deutschen und französischen Telefongeschichte der Fall war. Eine Kooperation zwischen privaten und staatlichen Akteuren bei der Systementwicklung war unter diesen Umständen manchmal eher eine Kompromißlösung als eine von vornherein von beiden Seiten erstrebte Form der Zusammenarbeit. Das gilt vor allem für das Telekommunikationssystem, an dessen Beherrschung zumindest der deutsche und französische Staat ein starkes Eigeninteresse hatten; während dabei in Frankreich die Auseinandersetzungen um das staatliche Telefonmonopol immer wieder aufflammten, kommt diese Diskussion in Deutschland nach der gesetzlichen Entscheidung von 1892 erst heute wieder zögernd in Gang.

Wenn ein GTS in staatlicher Regie aufgebaut wird, tritt an die Stelle des Kapitalmarktes die staatliche Budgetwirtschaft, was sich je nachdem günstig, aber auch hinderlich für das Systemwachstum auswirken kann. Die Manager staatlicher Infrastruktursysteme sind oft daran gehindert worden, im erwünschten Umfang Kredite für Investitionen aufzunehmen, um etwa die Knappheit von Haushaltsmitteln oder die durch staatliche Gebührenkontrolle niedrig gehaltenen Einnahmen auszugleichen. Demgegenüber kann, wie die amerikanische Telefongeschichte zeigt, ein in der Fläche stattfindender Wettbewerb zwischen privaten Netzbetreibern zahlreiche dezentrale Initiativen und damit das Systemwachstum insgesamt begünstigen. Im amerikanischen Telefonsystem hat es später auch keine Entwicklungsengpässe gegeben, wie man sie noch nach dem 2. Weltkrieg beim deutschen und französischen Telefon beobachten konnte, etwa in Form langer Wartelisten prospektiver Telefonkunden und verbreiteter Kritik an der technischen Qualität des Systems. In den letztgenannten Ländern hat sich aber auch die administrative Zusammenlegung des neuen Telefonsystems mit der alten staatlichen Post- und Telegrafenverwaltung für ersteres negativ ausgewirkt. Falls aus der organisatorischen Integration verschiedener GTS keine synergetischen Effekte zu gewärtigen sind, genießen stärker spezialisierte technische Systeme möglicherweise Wachstumsvorteile.

Wo staatliche Akteure als Betreiber, Regulierer oder Förderer die Systementwicklung geprägt haben, hat sich nicht nur das jeweilige staatliche Selbstverständnis, sondern auch die gegebene politisch-administrative Struktur auf die Gestalt der entstehenden GTS ausgewirkt. So war in Deutschland vor 1870 die Kleinstaaterei für alle entstehenden technischen Netze prägend, die sich zunächst vorzugsweise innerhalb der oft engen Grenzen der Einzelstaaten entwickelten. Weil in den USA noch im 20. Jahrhundert lokale und regionale (bundesstaatliche) politische Instanzen über die entscheidenden Regulierungskompetenzen für die Telekommunikation verfügten, blieb der Konzern AT&T ökonomisch und unternehmensrechtlich dezentralisiert, als das Netz bereits auf nationaler Ebene integriert war. Im zentralistischen Frankreich dagegen planten die Ingenieure der Brücken- und Straßenverwaltung von Anfang an ein *nationales* Eisenbahnnetz, obwohl dem Staat dann das Geld für seinen Aufbau in eigener Regie fehlte.

Mit dem Hinweis auf die zunehmend aktive Rolle des Staates hat Weingart die Bedeutung der Nachfrage potentieller Nutzer für die Entwicklung von GTS in Frage gestellt (1982: 129). Das gilt aber eigentlich nur für die Anfangsphase und vor allem für solche Systeme, die der Staat entweder im eigenen Interesse oder doch ohne besondere Berücksichtigung ökonomischer Gesichtspunkte betreibt. Auch für den Staat sind Aufbau und Betrieb von GTS teuer; langfristig ist eine breite Nachfrage deshalb auch hier notwendig, wenn das Systemwachstum nicht vorzeitig zum Stillstand kommen soll. Eine breite zahlungsfähige Nachfrage hat denn auch zwar nicht in der Initialphase, aber doch beim späteren Wachstum aller hier betrachteten GTS entscheidend mitgewirkt. Im Gegensatz etwa zur privaten Nachfrage nach Gesundheitsleistungen dominierte dabei die kommerzielle Nutzung. Der Telegraf wurde, sobald er für den normalen Bürger zugänglich war, vor allem von Geschäftsleuten und der Finanzwelt intensiv genutzt. Für die Entwicklung der Eisenbahn war der Frachtverkehr sehr bald wichtiger als der Personenverkehr, und selbst beim Telefon werden noch heute wenigstens Ferngespräche vor allem beruflich geführt. Wie bei gesellschaftlichen Teilsystemen, die eine bestimmte Leistung für angebbare Abnehmer produzieren, mußte allerdings die Nachfrage oft erst geweckt werden, d.h. aktive Strategien der Nachfrageerzeugung sind auch bei GTS ein wichtiger Wachstumsfaktor. Die Senkung der Frachtraten in den Anfangsjahren der Eisenbahn, um dem Schiffsverkehr Kunden abzugewinnen, ist genauso ein Beispiel derartiger Strategien wie die Förderung des Baus elektrischer Straßenbahnen durch Stromversorgungsunternehmen.

Wenn die hier betrachteten, physisch vernetzten GTS nicht von vornherein vom Staat als landesweite Systeme geplant wurden, war ihr Wachstum in der Regel von der schrittweisen organisatorischen Integration zunächst lokal bzw. regional begrenzter Systeme zu einem großen Netz geprägt. Grundsätzlich handelt es sich dabei um Monopolbildungsprozesse, deren ökonomische Motive - abgesehen von möglichen Monopolgewinnen vor allem Skalenerträge - in den Wirtschaftswissenschaften oft untersucht worden sind.[4] Für Elektrizitätsversorgungssysteme ist so die großflächige Integration vor allem ein Mittel der Kostenreduktion, wobei das viele Kraftwerke verbindende integrierte Netz auch beim Ausgleich von regionalen Produktions- und Nachfrageunterschieden hilft. Bei Verkehrs- und Kommunikationssystemen wächst außerdem ihr Wert für die Nutzer unmittelbar mit ihrer räumlichen Expansion (Kaijser 1987: 21). Man könnte erwarten, daß der technische Netzcharakter sowohl ökonomische wie außerökonomische (vor allem politische) Monopolisierungsinteressen noch verstärkt, da der hohe Koordinationsbedarf im Netz dazu drängt, Netzgrenzen und Betreiberdomäne in Deckung zu bringen. Tatsächlich dürfte diese Wirkung aber nur eintreten, wenn potente korporative Akteure ein bereits existierendes großes Netz allein betreiben wollen und deshalb kleine Betreiber verdrängen bzw. absorbieren; wenn es jedoch keinen derart potenten Akteur und auch noch kein großes Netz gibt, werden kleine Betreiberorganisationen wegen dieses "Deckungsstrebens" dazu neigen, nur kleine Netze

4 Vgl. hierzu zusammenfassend Frey (1978) und die dort zitierte Literatur.

zu bauen, die sie selber kontrollieren können, statt sich für den Bau eines großen Netzes mit anderen zusammenzutun.

Mit technischen Gegebenheiten hängt auch der bei GTS besonders ausgeprägte Zwang zur Standardisierung als Voraussetzung der Systemintegration zusammen, der zu den üblichen Notwendigkeiten geregelter Abstimmung, die es in allen ausdifferenzierten gesellschaftlichen Funktionssystemen gibt, noch hinzukommt. Exemplarisch für einen solchen technischen Standardisierungszwang war das Problem der Spurbreiten im Eisenbahnverkehr. Während trotz anfangs privater und dezentralisierter Entwicklung in Frankreich und Deutschland gleich zu Beginn eine einheitliche Spurbreite vorgeschrieben wurde, gab es in den USA um 1860 nicht weniger als acht verschiedene Spurbreiten, und ehe ein funktionsfähiges nationales Eisenbahnnetz entstehen konnte, waren langwierige Auseinandersetzungen zwischen den verschiedenen Eisenbahngesellschaften nötig. Die Tatsache, daß technische Standards oft automatisch zwingend (self-enforcing) sind, weil ihre Verletzung sogleich Funktionsunfähigkeit zur Folge hätte, macht nicht nur Einigung über sie unabdingbar, sondern läßt sie auch zu einem bevorzugten Kampfplatz der Auseinandersetzung zwischen Konkurrenten werden.

In Hughes' Analyse des Wachstums großer technischer Systeme spielen auf einem bestimmten Entwicklungsniveau auftauchende Probleme ("reverse salients") eine große Rolle. Sie hemmen zwar zunächst das weitere Wachstum, induzieren aber gerade durch ihre Identifikation ein gezieltes Problemlösungsverhalten und wirken somit am Ende als Antriebsfaktor der Entwicklung. Die Existenz von Hemmfaktoren ist dabei natürlich keine Besonderheit von GTS; Ressourcenknappheit oder restriktive Rechtsnormen können das Wachstum von allen sozialen Systemen behindern. Bei großen technischen Systemen tauchen jedoch zusätzliche Hemmfaktoren auf, die mit der Beschaffenheit der technischen Systemkomponenten zusammenhängen. Solche technischen oder mit technischen Gegebenheiten zusammenhängenden Probleme sind relativ leicht identifizierbar. Genau das begünstigt eine aktive Suche nach Lösungen.

Unmittelbar technische Engpässe können etwa in der besonderen Störungsanfälligkeit oder geringen Leistungsfähigkeit einzelner Systemkomponenten bestehen, die dadurch eine mögliche Leistungssteigerung des Gesamtsystems verhindern. Solche technischen Engpässe waren z.B. die geringe Bruchsicherheit der frühen Eisenbahnschienen, der ständige Stromverlust der ersten elektrischen Erdkabel und die schnell abnehmende Tonstärke in frühen Telefonleitungen. Technisch bedingt, aber eher organisatorischer Art waren dagegen Probleme wie die Messung des individuellen Stromverbrauchs, die kollisionsfreie Regelung des Zugverkehrs auf eingleisigen Strecken oder die Gesprächsvermittlung beim Telefonieren. Auch hierfür waren die leistungsfähigsten Lösungen, die man später fand, technischer Art: Stromzähler, Signalanlagen und telegrafische Kommunikation zwischen Eisenbahnstationen und die elektromechanischen (später elektronischen) Telefonvermittlungsanlagen. Bei einer dritten Kategorie von technisch bedingten Problemen handelt es sich schließlich um die Erzeugung einer bestimmten Art von negativen Externalitäten: den Schaden an Hab und Gut, Leib und Leben, den die Nutzer eines technischen Systems oder sogar unbeteiligte Dritte durch Unfälle erleiden können. Im Gegensatz zu vielen anderen problematischen Folgewirkungen des Operierens spezialisierter Sozialsysteme sind Unfälle leicht als solche zu identifizieren. Sie lösen deshalb nicht nur sehr direkt "voice" oder sogar "exit"-Reaktionen aus, sondern auch Versuche, sie durch technische Verbesserungen oder organisatorische Vorkehrungen künftig zu verhindern.

Ein Problem besonderer Art, das sich am Ende ebenfalls als Wachstumsfaktor für GTS auswirkt, hängt mit der Tatsache einer oft technisch begrenzten Produktions- oder Nutzungskapazität zusammen. In besonders scharfer Form taucht dieses Problem dort auf, wo einerseits ein nicht speicherbares Gut in Fließproduktion erzeugt wird, gleichzeitig aber der Zugriff der Nutzer auf das System weder gleichmäßig ist noch hinreichend gesteuert werden kann. Bei plötzlich gehäufter Nutzung ist Überlastung die Folge, was zu Störungen, ja Systemzusammenbrüchen führen kann - so wie die Stromversorgung in Amerika gelegentlich bei Netzüberlastung in einer Hitzewelle zusammengebrochen ist. Systemzusammenbrüche oder doch gravierende Störungen durch Überschreiten von technisch bzw. physisch bedingten Kapazitätsgrenzen gibt es aber auch bei Verkehrssystemen und Kommunikationssystemen, wie jeder Telefonbenutzer und Autofahrer weiß. Derartige Überlastungsprobleme regen nun einerseits Versuche an, die ungleichmäßige Nachfrage zu steuern. Vorzugsweise geschieht das durch gestaffelte Preise bzw. Gebühren, also über positive bzw. negative Anreize. Abgesehen davon, daß ein direkteres, regulatives Auslastungsmanagement, das lediglich beim Nachfragefaktor ansetzt, praktisch oft kaum möglich wäre, würde die Entscheidungsfreiheit der Nutzer dadurch gravierend eingeschränkt werden; die Schnittstelle zwischen technischem System und Nutzern würde durch eine allzu enge Koppelung starr. Auch unabhängig von derartigen Überlegungen motivieren Überlastungsprobleme allein schon dadurch, daß außer der Nachfrage auch ein technisch manipulierbarer Faktor an ihrem Entstehen beteiligt ist, dazu, das technische System stattdessen auf die mögliche Spitzenbelastung auszulegen. Hinzu mögen fallweise politische Gesichtspunkte einer optimalen Versorgung kommen. Die hohe Kapitalintensität der in Frage stehenden Systeme zwingt dann jedoch aus ökonomischen Gründen oft zu einer Strategie der Kapazitäts*auslastung* und damit zu - wenn auch selektiven - Nutzungsanreizen. Damit wird eine Dynamik in Gang gesetzt, die man in der Geschichte vieler GTS beobachten kann, nämlich der Wechsel zwischen Phasen einer (tendenziellen) Überlastung, die zum Ausbau des Systems anregt, und Phasen der Unterausnutzung, wenn die erhöhte Kapazität zunächst noch den Bedarf übersteigt, was wiederum zur aktiven Nachfrageerhöhung motiviert. Aus dieser wechselseitigen Stimulierung ergibt sich am Ende ein charakteristisches Wachstumsmuster.

An diesem Punkt der Überlegungen läßt sich kurz zusammenfassen, welche Rolle die *technischen* Systemkomponenten in der Entwicklung von GTS spielen. Auf der einen Seite ist es die Technik, die eine bestimmte Art oder doch Qualität von Leistung überhaupt erst möglich macht. Die Technik stellt dabei ein - steigerbares - Leistungs*potential* dar, das von interessierten Akteuren aktiviert werden muß. Hierbei sind dann *auch technische* Restriktionen der Leistungsfähigkeit und des Systemwachstums zu überwinden, zu denen neben Funktionsschwächen auch technisch bedingte Unfallrisiken, technische Kooperations- und Standardisierungszwänge gehören. Die greifbare Natur vieler technisch bedingter Funktionsmängel und der Glaube, daß es für gegenwärtige technische Probleme auch technische Lösungen gibt, regt die gezielte Suche nach solchen Lösungen an. Gleichzeitig reflektiert aber auch die soziale Struktur des wachsenden Systems technische Funktionserfordernisse, vor allem technisch bedingte Standardisierungs- und Koordinationsnotwendigkeiten, deren Vernachlässigung das Systemwachstum beenden würde (Spurbreitenproblem und Signalproblem bei der Eisenbahn, Kompatibilitätsprobleme bei der Kommunikationstechnik usw.). Weder das gegebene technische Potential noch die technischen Restriktionen *determinieren* die Systementwicklung. Vielmehr hängt es von den Zielen und Werten der aktiv an der Systementwicklung beteiligten, meist korporativen Akteure und dem politischen, rechtlichen und ökonomischen Kontext, in dem sie operieren, ab, ob und in welcher technischen und sozialstrukturellen Form das jeweilige technische Potential realisiert wird.

4 Wandel und Niedergang: Die Transformation technischer Infrastruktursysteme

Im Laufe der technischen Entwicklung sind in allen Infrastruktursystemen immer wieder neue und in bestimmter Hinsicht jeweils leistungsfähigere Techniken zum Einsatz gekommen, die sich rückblickend als Sequenz darstellen lassen. Schiffsverkehr, Eisenbahnverkehr und Flugverkehr bilden eine solche Sequenz, aber auch der optische Telegraf, der elektrische Telegraf und das Telefon, oder die Gas-, Strom- und Ölversorgung. Die Nutzungsmöglichkeiten der Techniken innerhalb einer Sequenz überschneiden sich, d.h. daβ sie teilweise miteinander konkurrieren (und sich infolgedessen substituieren können) und teilweise komplementieren (und demzufolge nebeneinander bestehen können). Dabei war das Aufkommen einer neuen Technik immer dann auch Anlaβ zur Ausbildung eines neuen GTS, wenn sie sich aus *sachlichen* (physikalisch-technischen) Gründen schwer oder gar nicht in ein schon bestehendes GTS integrieren lieβ. Das gilt im Verkehrssystem für die Beziehung zwischen Schiffahrt, Eisenbahn und Luftfahrt, zwischen denen wohl Kooperation, aber kaum die Zusammenfassung in *einer* Organisation denkbar ist, ebenso wie im Energiebereich für Gas, Strom und Mineralöl, die ihre je speziellen Netze brauchen. Dementsprechend führte die technische Entwicklung in diesen Infrastruktursystemen zu besonders deutlichen Einschnitten beim Strukturwandel und zugleich zur Herausbildung einer sektoriell stark unterteilten Binnenstruktur; am Ende besitzen hier die einzelnen GTS als klar abgegrenzte sozio-technische Systeme einen viel einprägsameren Realitätscharakter als die Verkehrs- bzw. Energieversorgungssysteme als Ganze, die nur noch analytisch als Einheiten erscheinen. Im Telekommunikationssystem ist das insofern anders, als hier verschiedene Dienste heute im gleichen Netz laufen können. Die *technisch* mögliche Integration, die ISDN als Stichwort künftiger Entwicklung ausdrückt, erlaubt in diesem Bereich auch eine stärkere organisatorische Integration verschiedener Telekommunikationsdienste, was es wiederum den Betreiberorganisationen schon bestehender GTS erlaubt, die neuen Techniken und die auf ihnen basierenden Dienste selber zu entwickeln und anzubieten und damit dem Entstehen neuer organisatorisch selbständiger GTS vorzubeugen. Auch wenn diese *Möglichkeiten* unterschiedlich realisiert wurden, so daß die organisatorischen Lösungen zwischen verschiedenen Ländern variieren, wirkt das heutige Telekommunikationssystem deshalb doch insgesamt viel stärker integriert als die Infrastruktursysteme Verkehr und Energieversorgung.

Die skizzierten Unterschiede sind sowohl für die Wandlungsdynamik der übergeordneten Infrastruktursysteme wie auch für das Entwicklungsmuster einzelner GTS wichtig: Ein Ende des Systemwachstums, Stagnation und schließlich Niedergang kann es für sie als sozio-technische Systeme nur dann geben, wenn ihre *soziale* Existenz fest mit *einer* bestimmten Technik verbunden ist. Wie insbesondere Verkehrswissenschaftler gezeigt haben, läßt sich unter diesen Umständen das Wachstum des einzelnen GTS in einem Infrastrukturbereich durch eine S-Kurve beschreiben: Zu Beginn ist das (anhand quantitativer Indikatoren gemessene) Systemwachstum langsam; später beschleunigt es sich, bis ein Punkt erreicht ist, an dem die Wachstumsraten sinken; dann tritt Stagnation ein oder es erfolgt gar ein absoluter Rückgang - ob man das nun an Schienenkilometern, Frachtvolumen, Abonnentenzahl oder der Zahl von Telegrammen mißt. Jede derartige S-Kurve überlappt sich dabei mit den entsprechenden Kurven für die in der historischen Sequenz vorausgehenden und nachfolgenden Systeme, wobei die *insgesamt* erbrachte Leistung (z.B. Transportleistung, Energieproduktion) ständig wächst. Vor allem in der Anfangs- und in der Endphase der Wachstumskurve eines GTS konkurrieren ältere und neue Technik miteinander. Diese Konkurrenz hat einerseits inhibierende, andererseits aber auch stimulierende Wirkung. Das Ergebnis sind Prozeßmuster von erstaunlicher Regelmäßigkeit, die sich sogar in Form mathematischer Modelle beschreiben lassen (Grübler 1987).

In der Anfangsphase, in der eine neue Technik noch mängelbehaftet und ihr Potential noch nicht einmal richtig zu sehen ist, wirkt das bereits etablierte GTS oft wachstumshindernd. Dabei muß das von einer Innovation in seiner dominanten Position bedrohte System nicht einmal aktive Abwehrstrategien entwickeln; seine Leistungsüberlegenheit allein zwingt die neue Technik, sich zunächst in Nischen anzusiedeln, d.h. komplementär statt substitutiv zu sein. In Frankreich hat sich z.B. die Einführung des elektrischen Telegrafen dadurch verzögert, daß der optische Telegraf zu jener Zeit so gut ausgebaut war (Bertho 1981: 58). Ähnlich mußte sich das Telefon später gegen den Telegrafen und die Eisenbahn gegen die gut ausgebaute Binnenschiffahrt durchsetzen. Die Konkurrenzsituation hat dabei nicht nur die technische Weiterentwicklung des neuen, sondern auch die Verbesserung des etablierten Systems angeregt. So hat etwa die Einführung der elektrischen Beleuchtung zu einschneidenden Verbesserungen bei der ihr vorangehenden Gasbeleuchtung, u.a. zur Entwicklung des Gasglühstrumpfes geführt (Schivelbusch 1983). Dadurch ergibt sich in der Transitions- oder Überlappungsphase zweier GTS innerhalb der gleichen "Funktionsfamilie" ein doppelter Anreizeffekt, der, wie Heinze und Kill (1987) betonen, insgesamt wachstumssteigernd wirkt, denn die Verbesserungen im alten GTS und die gleichzeitig beginnende Nutzung der neuen Technik regen gemeinsam die Nachfrage an. Die so stimulierte Nachfrage erlaubt dann den Auf- und Ausbau des neuen GTS, das nun aufgrund seiner besseren Leistungsfähigkeit zunehmend Nachfrage vom alten System auf sich umlenkt und damit dessen Stagnation bzw. Niedergang auslöst.[5]

Stagnation und Substitution von GTS müssen nicht auf mangelnder Innovationsfähigkeit der etablierten Systeme beruhen, sondern hängen auch mit technischen Gegebenheiten zusammen. Auf die Inkompatibilität der Netze für bestimmte technisch vermittelte Leistungen wurde schon hingewiesen. Zugleich ist die Verbesserungsfähigkeit vieler einzelner Techniken begrenzt. Mit dem Telegrafen konnte man keine Stimmen übertragen, Frachtschiffe erreichen nicht die Geschwindigkeit eines Güterzugs und dieser nicht diejenige eines Flugzeugs, und beim Gaslicht ist der Verbrauch von Sauerstoff und die Erwärmung geschlossener

---

5 Auf die Beziehungen zwischen GTS, die verschiedenen Infrastrukturfunktionen dienen, wird hier nicht eingegangen. Die gegenwärtige Diskussion um Möglichkeiten der Substitution von Personenverkehr durch die neuen Formen der Telekommunikation zeigt, daß es auch hier Konkurrenzbeziehungen geben kann. Allerdings scheinen stimulierende Effekte häufiger zu sein. So ist z.B. die Ausbreitung des elektrischen Telegrafen ganz wesentlich dadurch beschleunigt worden, daß man frühzeitig seine Bedeutung für die Koordination der Zugbewegungen im Eisenbahnsystem erkannte. Die Bahntrassen konnten deshalb zunächst auch als Wege für das Leitungsnetz des Telegrafen dienen, womit das Problem des Wegerechts entschärft wurde, das beim Ausbau anderer Kommunikations- und Verkehrsnetze immer Schwierigkeiten bereitete.

Räume praktisch nicht auszuschließen.[6] Es kommt hinzu, daß die Leistung von Infrastruktursystemen bzw. von einzelnen GTS (anders als z.B. im Gesundheits-, Erziehungs- und Wissenschaftssystem) anhand einfacher quantitativer Indikatoren zweifelsfrei meßbar und für jeden Nutzer unmittelbar wahrzunehmen ist. Vor allem im *Vergleich* zweier technischer Angebote werden so Mängel und Leistungsüberlegenheit deutlich, was die Umlenkung der Nachfrage und damit die Stagnation bzw. den Rückgang "alter" GTS fördert. Es ist die Kombination dieser Gegebenheiten, die bei technisch erbrachten Infrastrukturleistungen anstelle eines fortlaufenden Wandels ein und desselben Systems eine Abfolge von Systembildungen und damit eine Vervielfältigung von GTS hervorruft.

Unbeschadet der Tatsache, daß aus den angeführten Gründen die Innovationsfähigkeit etablierter GTS allein oft nicht ausreicht, um ein Ende ihres Wachstums abzuwenden, sind wohl gerade die technisch vernetzten und organisatorisch zentralisierten Systeme Erstarrungstendenzen ausgesetzt, die ihre Innovationsfähigkeit mindern können. Derartige GTS haben offenbar im Laufe ihrer Entwicklung teils aus Gründen wachsender organisatorischer *und* technischer Komplexität, teils infolge intensivierter Nutzung[7] an "slack" verloren, jenen für die spontane Reaktion auf wechselnde Problemsituationen so wichtigen Spielräumen beim Zusammenwirken der verschiedenen Systemkomponenten. Auf das damit verbundene erhöhte Störungsrisiko wird gewöhnlich mit stärkerer Verhaltensnormierung reagiert. Es gibt Anzeichen dafür, daß sich unter solchen Umständen eine besondere Organisationskultur entwickelt: Wenn auch die sozialen Komponenten in einem soziotechnischen System als möglichst zuverlässige Rädchen funktionieren müssen, kann die Zuverlässigkeit und Sicherheit der technischen Abläufe zum dominierenden Bezugspunkt in der Orientierung des Personals werden. Die Gemeinsamkeit der Orientierung kann einen Korpsgeist erzeugen, der Beharrungstendenzen verstärkt; ihre inhaltliche Tendenz kann für das sichere Funktionieren im Rahmen des Bestehenden günstig

6 Die Entwicklung von technischen "Hybriden", wie dem Luftkissenboot, zeigt die Intensität des Bemühens, die Grenzen der Leistungsfähigkeit hinauszuschieben, invalidiert aber das Argument nicht grundsätzlich, zumal wenn zusätzlich Kostengesichtspunkte berücksichtigt werden.

7 Die Probleme, vor die sich der Luftverkehr in steigendem Maße gestellt sieht, können diesen Zusammenhang gut veranschaulichen.

sein, aber nicht für Innovationsbereitschaft und Umweltoffenheit. So kann sich eine Spannung zwischen Anpassungserfordernissen des permanenten technischen Wandels und der Stabilitätsneigung jener großen Organisationen ergeben, die zum Management technischer Netze entstanden sind. Für den Niedergang des amerikanischen Eisenbahnsystems etwa werden derartige Erstarrungstendenzen zumindest mitverantwortlich gemacht (Salsbury 1982). Ähnliche Tendenzen sind auch den staatlichen Telefonsystemen in Frankreich und heute in der Bundesrepublik vorgeworfen worden, obwohl ihre Innovationsfähigkeit immerhin ausreichte, um die technisch praktikable Inkorporierung neuer und potentiell konkurrierender Dienste anzugehen.

So tentativ manche der auf den vorangegangenen Seiten in einem groben Überblick formulierten Aussagen zur Entwicklung der modernen technisierten Infrastruktursysteme auch sein mögen, zeichnet sich doch ein interessanter Zusammenhang zwischen technischer Entwicklung und dem Strukturwandel in Politik und Wirtschaft ab, den die modernen Industriegesellschaften im 19. und der ersten Hälfte des 20. Jahrhunderts erlebt haben. Vor allem das Wachstum des Staatsapparats und die Unternehmensbildung, aber auch die Herausbildung neuer Formen der Finanzierung und der Kooperation privater und staatlicher Akteure in wirtschaftlichen Großvorhaben sind aufs engste mit der Herausbildung der hier im Vordergrund der Betrachtung stehenden GTS verknüpft. Die Eigentümlichkeit dieser Wechselwirkung läßt sich nicht ganz erfassen, wenn man nur in Termini eines "Faktors Technik" denkt, der als Ressource wirksam wird. In den USA sind die Eisenbahngesellschaften *auch* die Pioniere unter den Großunternehmen gewesen; sie haben für spätere Unternehmen nicht nur Managementverfahren ausprobiert und als Modell gedient, sondern sie selber sind *Teil* des organisatorischen Strukturwandels der Wirtschaft. Ähnlich haben in Deutschland und Frankreich Telegraf und Telefon die Expansion der Zentralverwaltung nicht nur begünstigt, sondern wurden - wie später auch die Eisenbahn - Teil des sich entfaltenden Staatsapparats. Dabei hat vermutlich wenigstens in den kontinentaleuropäischen Nationalstaaten die offenbare Affinität zwischen zentralstaatlichen (um nicht zu sagen obrigkeitsstaatlichen) Herrschaftsprinzipien und den organisatorischen Notwendigkeiten der netzgebundenen Kommunikations- und Verkehrstechniken eine wichtige Rolle gespielt: Sie hat sowohl das staatliche Engagement am Aufbau dieser GTS wie umgekehrt deren Entwicklung zu großen Monopolorganisationen begünstigt. Die historische Bedingtheit dieser Kongruenz läßt einen jedoch fragen, ob sich die Hoch-Zeit strikt netzgebundener und zentral organisierter GTS heute nicht ihrem Ende nähert - sowohl infolge einer technischen Entwicklung, die sich von der früheren Art strikter Netzabhängigkeit löst und deshalb dezentraler organisieren läßt, wie auch durch eine möglicherweise schwindende Dominanz hierarchischer Ordnungsformen in der Gesellschaft.

Literaturverzeichnis

Beniger, J. (1986) The Control Revolution. Cambridge/Mass.

Bertho, C. (1981) Télégraphes & Téléphones. De Valmy au micro-processeur. Paris

Burke, J. (1975) Kesselexplosionen und bundesstaatliche Gewalt in den USA. In: Hausen, K. & Rürup, R. (ed.) (1975) Moderne Technikgeschichte; Köln: 314-336

Caron, F. (1973) Histoire de l'exploitation d'un grand réseau: la Compagnie du Chemin de fer du Nord des origines à la nationalisation (1846-1937). Paris

Emery, F.E. (1959) Characteristics of Socio-Technical Systems, In: Davis, L.E. & Taylor, J.C. (1972) Design of Jobs; Middlesex: 177-198

Frey, R.L. (1978) Stichwort Infrastruktur. In: Handwörterbuch der Wirtschaftswissenschaften 4; Stuttgart

Genth, R. & Hoppe, J. (1986) Telephon! Der Draht, an dem wir hängen. Berlin

Grübler, A. (1987) Aufstieg und Fall von Infrastrukturen. Der öffentliche Sektor 13, H. 3/4: 52-83

Heinze, W. & Kill, H.H. (1987) Chancen und Grenzen der neuen Informations- und Kommunikationstechniken. Zur Übertragung verkehrsevolutorischer Erfahrungen auf die Telekommunikation. In: Räumliche Wirkungen der Telematik, Veröffentlichungen der Akademie für Raumforschung und Landesplanung Band 169; Hannover: 21-72

Herbst, P.G. (1974) Socio-Technical Design: Strategies in Multidisciplinary Research. London

Hughes, T.P. (1983) Networks of Power - Electrification in Western Society, 1880-1930. Baltimore, London
Hughes, T.P. (1987) The Evolution of Large Technological Systems. In: Bijker, W.E. & Hughes, T.P. & Pinch, T.J. (ed.) (1987) The Social Construction of Technological Systems; Cambridge/Mass.: 51-82
Kaijser, A. (1986) From Local Networks to National Systems. In: F. Cardot (ed.) 1880-1980. Un siècle d'électricité dans le monde; Paris: 7-22
La Porte, T.R. (1984) Technology as Social Organization. IGS Working Paper 84-1, University of California, Berkeley
Oberliesen, R. (1982) Information, Daten und Signale. Geschichte technischer Informationsverarbeitung. Reinbek
Perrow, C. (1984) Normal Accidents. Living with High-Risk Technologies. New York
Rammert, W. (1982) Soziotechnische Evolution: Sozialstruktureller Wandel und Strategien der Technisierung. In: Jokisch, R. (ed.) (1982) Techniksoziologie; Frankfurt: 32-81
Ropohl, G. (1979) Eine Systemtheorie der Technik. München, Wien
Salsbury, S. (1967) The State, the Investor, and the Railroad: The Boston & Albany 1825-1869. Cambridge/Mass.
Salsbury, S. (1982) No Way to Run a Railroad. The Untold Story of the Penn Central Crisis. New York
Schivelbusch, W. (1979) Geschichte der Eisenbahnreise. Frankfurt
Schivelbusch, W. (1983) Lichtblicke. Zur Geschichte der künstlichen Helligkeit im 19. Jahrhundert. München, Wien
Weingart, P. (1982) Strukturen technologischen Wandels. In: Jokisch, R. (ed.) (1982) Techniksoziologie; Frankfurt: 112-141
Winner, L. (1977) Autonomous Technology - Technics-out-of-Control as a Theme in Political Thought. Cambridge/Mass.

KAPITEL 6
INKLUSION IN FUNKTIONSSYSTEME DER MODERNEN GESELLSCHAFT

Rudolf Stichweh

1 Inklusion, Komplementärrollen und die Ausdifferenzierung von Funktionssystemen

Der Prozeß der Ausdifferenzierung eines Funktionssystems läßt sich als eine charakteristische Sequenz von Schritten beschreiben. Er beginnt mit vereinzelt anfallenden *Situationen* funktional spezialisierter Kommunikation, setzt sich fort mit der Entstehung und Institutionalisierung *spezialisierter Rollen*, deren Definition zugleich als Identifikation des funktionalen Problembezugs dient, und er findet einen eigentlich überraschenden Abschluß dadurch, daß zusätzlich zu den systemdefinierenden Leistungsrollen *Publikumsrollen* entstehen, die die *Inklusion* der Gesamtbevölkerung in das jeweilige Sozialsystem über *komplementär zu den Leistungsrollen definierte Formen der Partizipation* sichern.

Ich denke, daß es nicht übertrieben ist, wenn man sagt, daß diese von Niklas Luhmann - in Weiterentwicklung von Überlegungen bei Talcott Parsons und T.H. Marshall[1] - ausgearbeitete These von der Soziologie noch kaum rezipiert worden ist. Zwar nimmt das Interesse an der analytischen Erfassung von 'societal sectors' oder 'functional domains' zu (siehe Scott & Meyer 1983; Knoke & Laumann 1982), aber deren Entstehung wird immer beschrieben als kontinuierlicher Strukturausbau oder als Wachstum von der Rollenebene her (also gleichsam quantitativ als Zunahme in einer einmal gewählten Entwicklungsdimension), so daß von Verknüpfungen zwischen Rollen, von Organisationen

---

1 Siehe Luhmann (1977: 234-242); Luhmann & Schorr (1979: 29-34); Luhmann (1981: Kap. IV); Marshall (1964); Parsons (1965; 1971; 1971a); Parsons & Platt (1973: 381-383); Loubser (1968); Alexander (1980).

und interorganisatorischen Netzwerken die Rede ist. Die Inklusionsthese hingegen impliziert eine Diskontinuität, weil das System im Prozeß seiner weiteren Bestimmung die Seite wechselt, sich näher bestimmt von dem her, was es nicht ist, *vom Laien* oder, um es mit einem für uns drastischen, von der Antike bis in die Frühmoderne aber gebräuchlichen Begriff zuzuspitzen, *vom Idioten her*[2]. Neben die *Exklusivität* immer avancierterer Verwirklichungen der dem Funktionssystem eigenen Handlungsvollzüge tritt die *Universalität der Einbeziehung von jedermann* und deren die Systemidentität prägenden Effekte.

Dieser Prozeß impliziert drei Neukategorisierungen des *Laien* oder - wie es auch heißt - *des Volkes*: Der Laie wird erstens *generalisiert* aufgefaßt, d.h. man sieht ab von den konkreten, für das Funktionsproblem aber irrelevanten individuellen oder ständischen Attributen des einzelnen Laien. Er wird zweitens *universalistisch* behandelt, d.h. die gewählte Generalisierung hat zur Folge, daß jeder jetzt als Gegenüber des bisher allein funktionsdefinierenden Rollenträgers in Frage kommt und nur nach Gesichtspunkten funktionaler Betroffenheit (nur denjenigen, die bereits hinreichend lange erzogen worden sind, kann irgendwann weiterer Universitätsbesuch verweigert werden) diskriminiert werden darf. Drittens entstehen *Respezifikationen*, die einen Status wie den des Laien in eine Mehrzahl *funktionssystembezogener Komplementärrollen* transformieren. Beispiele für Komplementärrollen als Spezifikationen des Laienstatus sind der Konsument, der Patient, der Wähler oder der Laie im engeren kirchlich-religiösen Verständnis dieses Begriffs. Die verschiedenen Komplementärrollen kann jedes Gesellschaftsmitglied nacheinander oder manchmal auch gleichzeitig (beispielsweise der Wähler bei Verlesung eines Hirtenbriefs der Bischöfe) einnehmen.

Das empirisch nicht Selbstverständliche und theoretisch noch nicht hinreichend Begriffene ist nun, inwiefern diese Umstellungen *das System als Funktionssystem* erst konstituieren. Die Entstehung von Komplementärrollen (Publikumsrollen) spezifiziert auch deren jeweiliges Gegenüber zu einer *Leistungs*rolle, die jetzt in einem präziseren Sinne als je zuvor auf Leistungsabgabe als eine spezifische Form, sich systeminternes Handeln als Eingehen auf Bedarfe der Systemumwelt vorzustellen,

2 Terminologisch und systematisch interessant ist Kant (1798: insb. 280). Vgl. auch Gigon (1981) und Oexle (1985: 76-78).

verpflichtet ist. Das aber läßt im System die *Differenz zwischen Leistungsabgabe und Funktionsproblem* hervortreten und als reale Spannung erfahrbar werden. Der Arzt beispielsweise ist jetzt nicht mehr primär *personaler Repräsentant der Medizin* als Wissenssystem und zentraler Wertkomplex, als welcher er in der Vormoderne die Handlungsausführung auch an subordiniertes Hilfspersonal abtreten konnte[3]. Er ist in einem engeren Sinne ein auf *die Behandlung von Patienten* spezialisierter *Praktiker*, und *Medizin* entsteht als ein Gesamtkomplex von Wissen, Forschung, Ausbildung und Behandlung, für den Leistungsabgabe eine Form der Regelung von System/Umwelt-Beziehungen ist. Jeder System/Umwelt-Kontakt verweist im übrigen immer auch nach innen, weil die Behandlung von Patienten gleichzeitig Forschung sein kann, Ausbildungsgelegenheiten bietet und - weil sie zu Überweisungen Anlaß gibt - den innersystemischen Kommunikationsfluß strukturiert. Parsons' Analyse der modernen medizinischen Profession als mit der treuhänderischen Verwaltung eines Zentralwertes der Gesellschaft befaßt (siehe Parsons & Platt 1973), ist deshalb problematisch, weil sie gerade jenes Moment besonders hervorhebt, das in der modernen Medizin, wenn man sie als Profession - und d.h. von ihrer Art der Relationierung von Leistungs- und Komplementärrollen her - analysiert, im Vergleich zur Frühmoderne an Bedeutung verliert. Der gleiche Einwand gilt für alle Versuche, die Funktionssysteme der modernen Gesellschaft noch als *Wertsphären* zu beschreiben.

Die Bedeutung von Inklusion für die Entstehung der modernen Medizin kann man sich auf instruktive Weise auch an der Geschichte des Hospitals vergegenwärtigen. Es ist ja bemerkenswert, daß *die moderne Medizin* - im Sinne der Aufhebung einer ständischen und als solche unüberschreitbare Grenzen fixierenden Scheidung einer Mehrzahl von Ärztekategorien (insbesondere: 'physicus', Chirurg, Pharmazeut/Apotheker)[4] - *nicht am Hof entsteht*, also nicht dort, wo man am Körper des wichtigsten Patienten - des Königs oder Fürsten - Kooperation hätte praktizieren können und mit Bezug auf die Wichtigkeit aller Körperteile dieses Patienten unbegrenzt Spezialisierungen einführen konnte. Zu vermuten ist, daß dies außer aus Gründen der Quantität oder der Größenordnung deshalb nicht möglich war, weil die spezifische

---

3 Vgl. hierzu und zum folgenden Stichweh (1987). Siehe auch Kap. 3 dieses Buches.

4 Siehe Rosen (1944); Gelfand (1976).

ständische Qualität des einen Patienten (und auch aller anderen Patienten am Hof) jeden der Ärzte individuell auf diesen Patienten hin orientierte, *es also kein Moment gab, das die Ärzte hinreichend von diesem einzelnen Patienten distanzierte, um sie in der Distanz von jedem einzelnen Patienten zum Kollektiv zusammenzuschließen*[5].

Genau dies aber ist im *Hospital* möglich, wo sich die Ärzte einer relativ großen Population gegenübersehen, deren Mitglieder einfachster Herkunft sind, so daß ständische Rücksichten, die medizinisch-wissenschaftliche Problemwahrnehmungen zurückdrängen könnten, entfallen, zumal man sich außerdem im Hospital an einem funktional geprägten Arbeitsort aufhält, an dem familiär-ständische Kontexte des Patienten, die sonst unhintergehbar in die Wahrnehmung eingehen, ausgeblendet bleiben. Medizingeschichtlich gesehen scheint das Hospital eine interessante Kovariation von Transformationen aufzuweisen: Perzipierte Homogenität der zu behandelnden Population; korrelative Homogenisierung der ärztlichen Praktiker (Chirurgen; akademische bzw. gelehrte Ärzte) mit anschließend verstärkt einsetzender interner Spezialisierung der Medizin; Umstellung von individuellen Attributen des Patienten auf Komplexität des medizinischen Problems als Bewertungsgesichtspunkt der 'Fälle'; Aufstieg der Krankenhausärzte von Armenmedizinern zu einer professionellen Elite ('consultants'; Belegärzte)[6]. Dies alles kann man als Beleg der kausalen Relevanz von Inklusion im Prozeß der Entstehung eines Funktionssystems sehen. Dabei fungiert das *Hospital* als ein *strategischer Ort des Vollzugs von Inklusion* natürlich nicht schlicht als eine unabhängige Variable. In vielen Fällen organisiert oder reorganisiert man Hospitäler, weil man sie für die Art von Medizin benötigt, die man eingerichtet sehen möchte: Verfügbarkeit von Fallmaterial für wissenschaftliche Zwecke und Ausbildung; Abstellung der unhygienischen Bedingungen in den vorhandenen Hospitälern, weil sonst angesichts der Vielzahl iatrogener Tode keine Beobachtbarkeit eventuellen Handlungserfolgs und seiner Gründe mehr gegeben ist.

---

5 Vgl. zur analogen Klientenabhängigkeit frühmoderner Juristen, die dann beispielsweise in der Frage thematisch wird, wie man mit einem Mandat umgeht, wenn es sich bei diesem um eine 'causa iniusta' handelt, Ranieri (1985: insb. 99/100).

6 Vgl. am englischen Beispiel Peterson (1978).

2 Historische Voraussetzungen von Inklusion

Im Anschluß an diese einleitenden Bemerkungen, die zunächst nur den Sinn hatten, ein Konzept und seine potentielle Fruchtbarkeit vorzustellen, sollen Präzisierungen und vor allem auf die Verschiedenheit von Funktionssystemen zielende Differenzierungen in die Anwendung des Konzepts eingeführt werden. Es folgen zunächst einige Anmerkungen zu den historischen Voraussetzungen von Inklusion (2). Im Blick auf moderne Gesellschaften soll dann gefragt werden, ob und wie *Inklusion* in verschiedenen Funktionssystemen auf verschiedene Weise vollzogen wird und ob eine Typologie von Inklusionsformen sich gleichsam als eine Klassifikation von Funktionssystemen eignet (3). Weil die Diskussion in Abschnitt 3 auf zweistellige Relationen zwischen Leistungs- und Komplementärrollen zentriert ist, drängt sich im Anschluß die Frage auf, wie die moderne Gesellschaft auf die Asymmetrie reagiert, die in diesen zweistelligen Relationen liegt und ob es einen Bedarf für und auch institutionelle Verwirklichungen von Überbrückungsmechanismen - beispielsweise in der Form dritter oder intermediärer Rollen - gibt (4). Abschließend folgt wieder eine allgemeinere und tentative Überlegung, die sich für den Begriff der Nation als eine der wesentlichen Formeln interessiert, mit denen die Semantik der Selbstbeschreibung moderner Gesellschaften auf Inklusion reagiert oder Inklusion vorbereitet. Es mögen dabei Risiken, Kosten und bisher geltende Grenzen von Inklusion sichtbar werden (5).

Bereits im antiken Begriff des 'Idioten' liegt eine interessante Spannung von zwei Momenten: der Idiot ist einerseits derjenige, der in einem - vielleicht privativen - Sinne für sich ist, sich absondert, aus irgendeinem Kalkül heraus an den öffentlichen Geschäften nicht partizipiert. Er ist andererseits derjenige, der kein Spezialist ist, im Vergleich zu spezialisierten Rollen wie der des Arztes, des Rhapsoden oder des Rhetors der Generalität derjenigen zugehört, die die jeweilige Kompetenz nicht besitzen und deshalb in den einschlägigen Fragen oft fehlgehen, manchmal aber auch den Vorteil genießen, nicht den Sichtbeschränkungen des Spezialisten unterworfen zu sein (Gigon 1981). Offensichtlich werden hier aus den Besonderheiten einer früh Rollendifferenzierung und relative Egalität der Bürger aufweisenden antiken städtischen Kultur zwei später im Vollzug von Inklusion wichtige Probleme antizipiert: 1. Die Generalisierung in der Beschreibung derjenigen, die einer bestimmten Rolle gegenüber nicht Spezialisten sind, und die daraus folgenden Asymmetrien der Interaktion zwischen Spezialisten und Idioten (in einer wegen der Kombination von Rollendifferenzierung mit - geringgeschätzter - Arbeit noch spezialisierungsskeptischen Gesellschaft kann der Idiotenstatus wertmäßig präferiert werden). 2. Die Frage, ob Partizipationschancen eigentlich auch Partizipationspflichten implizieren oder alternativ der Komplementärrollenstatus des Idioten auch privativ als Recht des für sich Seins ausgelegt werden darf.

Bevor die Moderne diese Fragen erneut stellen konnte, mußte sie mindestens zwei fundamentale Exklusionen überwinden oder auflösen. Die eine dieser Exklusionen liegt in der vormodern selbstverständlichen Tendenz, Fragen des *Zugangs* oder der *Partizipation* zunächst immer in ständisch-hierarchischen Termini zu beantworten, so daß Zugriffsweisen, die von einer Rolle oder Funktion her ein Publikum generalisiert auffassen und derart homogenisieren, unwahrscheinlich sind. Das Zweite ist die Marginalisierung ganzer Bevölkerungsgruppen, die als marginalisierte auch den unteren Kategorien einer ständischen Ordnung nicht eigentlich zugehören, vielmehr in Sozialkategorien wie 'Armut'[7] eine karitative und zugleich als Kontrolle gemeinte Berücksichtigung erfahren. Diese zwei Probleme der *Einteilung der eigentlichen Bevölkerung* und der *Berücksichtigung/Betreuung derjenigen, die in vielem nicht dazugehören*, scheinen in der Frühmoderne als disjunkt empfunden worden zu sein[8]. In beiden Hinsichten verbindet man - oft weitreichende - Exklusionen mit gruppenspezifischen Teilnahmerechten oder Fürsorgechancen. Beide Typen von Exklusion werden von

---

7 'Armut' selbst war eine Generalisierung, die die zusammenfaßte, die keinen Platz in einer ständischen Ordnung und damit auch kein Bündel von Privilegien und Verpflichtungen aufwiesen. So meint der Terminus 'pauperes' für Studenten in manchen Fällen vielleicht einfach die Tatsache, daß sie aus der F r e m d e kamen und ihnen in diesem Sinne alle einheimischen Berechtigungen fehlten- siehe Oexle (1985: 37). Der Arme genießt dann, wie es die Wiener Universitätsstatuten sagen, immerhin das P r i v i l e g d e s g u t e n W i l l e n s (Zenz 1949: 97). Vgl. auch zum mittelalterlichen Begriff der Armut als Innehaben einer strukturell prekären sozialen Situation Rubin (1987: 6/7).

8 Ihre Verbindung ist nur mittels einer erzieherischen Absicht möglich, die einige Arme in die ständische Ordnung zurückzuführen versucht ('Reform of the Poor'). Vor seiner Umdefinition als strategischer Ort des Vollzugs von Inklusion in das Gesundheitssystem lag die Funktion des Hospitals wesentlich in diesem Bereich.

der zweiten Hälfte des 17. bis zum Ende des 19. Jahrhunderts zunehmend instabil. So treten an die Stelle einer ständisch gerechtfertigten Herrschaftsordnung, die als Herrschaftsordnung über Abstufungen im Untertanenstatus definiert wird, zunehmend Staatsvorstellungen, die unter Titeln wie 'gemeines Wohl' und 'Glückseligkeit' Staatszielbestimmungen favorisieren, die sich nicht mehr eignen, mit der Standeszugehörigkeit variierende Ansprüche zu legitimieren. Und andererseits versucht man den weitgehenden Exklusionen, die mit dem Absinken in Armut einhergehen, durch auf die gefährdeten Gruppen angewandte Sozialversicherungssysteme vorzubeugen.

Das sind zunächst noch zwei verschiedene Lösungen zweier verschiedener Probleme. Für die Durchsetzung von Inklusion in modernen Gesellschaften scheint nun charakteristisch zu sein, daß sie die Trennung zwischen diesen beiden Typen von Problemen aufhebt. Ähnlich wie man den modernen Wohlfahrtsstaat, der ja die Form angibt, die Inklusion im politischen System annimmt[9], als einen institutionell-normativen Apparat verstehen kann, der dieselben institutionellen Formen, die für die Behandlung von Ansprüchen aller Art gelten, auch zum Ausgleich von Benachteiligungen verwendet[10] - ähnlich gilt für Funktionssysteme überhaupt, daß die Generalisierungen und Respezifikationen, mit denen sie ihr Publikum erfassen und ihm Komplementärrollen zuschreiben, weder mit ständischen Differenzierungen noch mit expliziter Exklusion marginalisierter Gruppen kompatibel sind. Es gibt hier allerdings Ausnahmen oder besser Grenzen der Inklusion, die der abschließende Teil (5) am Begriff der Nation näher diskutieren wird. Schon aus diesen Überlegungen aber wird verständlich, daß der Ausnahmestatus, den die südafrikanische Gesellschaft in der Selbstperzeption der gegenwärtigen Weltgesellschaft einnimmt, seinen Grund darin hat, daß die Fusion zwischen den zwei Problemlösungen in dieser Gesellschaft wieder aufgelöst wird: einerseits eine in ihrer funktionalen Differenzierung und dem korrelativen Abbau ständisch-hierarchischer Strukturen radikal moderne Gesellschaft, andererseits eine weitgehende Exklusion der großen

9 Siehe dazu Luhmann (1981: insb. Kap. IV).

10 Eingeforderte Privilegien transformiert man dann semantisch sinnvollerweise in erfahrene Benachteiligungen.

Mehrheit der Bevölkerung aus den Komplementärrollen (stärker noch als aus den Leistungsrollen?) der ausdifferenzierten Funktionssysteme[11].

3 Formen der Inklusion in Funktionssysteme

Wenn man von der Ebene des Gesellschaftssystems auf die der Funktionssysteme wechselt, läßt eine nähere Betrachtung einzelner Funktionssysteme bald deutlich hervortreten, daß Inklusion in sehr verschiedenen Formen realisiert werden kann. Die folgende Diskussion wird zunächst vier dieser Formen vorstellen (3.1-3.4) und dann die Frage zu beantworten versuchen, warum es diese verschiedenen Formen gibt (3.5).

3.1 Inklusion als professionelle Betreuung

In einer Reihe von Systemen nimmt Inklusion die Form *professioneller Betreuung* des Publikums durch die Leistungsrollenträger an. Das Dual Leistungsrolle/Publikumsrolle wird in diesen Funktionssystemen als *Professioneller/Klient* spezifiziert. Prominente Beispiele dafür sind das Gesundheitssystem, das Erziehungssystem, Recht und Religion.

Eine Implikation dieses Typus von Inklusion ist, daß *Interaktionssystemen* für den Vollzug von Inklusion besondere Bedeutung zukommt. Der einzelne Leistungsrollenträger erledigt einen wesentlichen und den symbolisch wichtigsten Teil seiner Berufsarbeit in Interaktionssystemen, an denen eine möglichst kleine Zahl von Professionellen und eine möglichst kleine Zahl von Klienten teilnimmt. Diese quantitative Beschränkung gilt unabhängig davon, wie und ob diese Interaktionssysteme in eine größere Organisation eingegliedert werden. Natürlich gibt es in Kirchen und Erziehungssystemen auch Interaktionssysteme mit einer relativ großen Zahl von Klienten. Aber hier versucht man, über Mitgliedschaftsregeln eine 'Gemeinde' oder eine 'Schulklasse' in ihrem personellen Bestand relativ konstant zu halten, so daß der Gesichtspunkt wechselseitiger Kenntnis - und damit auch persönliches

11 Vgl. zum Verhältnis von Calvinismus, Egalität und Exklusion der nichtweißen Bevölkerung Loubser (1968).

Angesprochenwerden - gesichert werden kann. Die Anwesenheit der anderen Klienten ist unter diesen Umständen durchaus auch als Chance der Verstärkung und als Risiko der Abschwächung der Wirkungschance des Professionellen zu sehen und ist auch so gemeint.

Eine interessante Konsequenz des Zusammenführens von *Professionstheorie* und *Inklusionsidee* ist, daß sich ein Lösungsangebot für eines der zentralen Probleme der Professionstheorie abzeichnet. Die Professionstheorie hat bekanntlich immer die Schwierigkeit gehabt, daß sie intuitiv an die Sonderstellung einiger weniger Berufsgruppen glaubte. Immer dann, wenn sie sich auf Kataloge von Attributen einließ, die die Charakteristika einer jeden Profession zu benennen versuchten, führte dies zur Einbeziehung einer zunehmend großen Zahl von Berufen bei abnehmender interner Homogenität des als Professionssektor ausgegrenzten Bereichs[12].

Der hier skizzierte Gedankengang legt es alternativ nun nahe, von Professionen nur dort zu sprechen, wo eine *Berufsgruppe in Professionellen/Klienten-Interaktionen das Inklusionsproblem eines Funktionssystems* verwaltet. Das verschiebt das Abgrenzungsproblem für Professionen vom Vergleich der Berufe selbst auf die vermutlich leichter zu beantwortende Frage nach der *Identifizierbarkeit von Funktionssystemen eines bestimmten Typus*, und es bindet den Professionsbegriff an den spezifischen Universalismus der Funktionssysteme: Es muß jedes Gesellschaftsmitglied in mindestens einer von zwei Rollen (Professioneller/Klient) am Systemzusammenhang partizipieren können und diese Partizipation lebensgeschichtlich auch wahrscheinlich sein, und es muß vom System als systemeigenes Sachthema eine universalistische Perspektive verwaltet werden, für die gilt, daß nahezu alles, was in der Gesellschaft vorkommt, relativ ungezwungen aus ihrem Blickwinkel rekonstruiert werden kann. Ein Kriterium dieser Art würde durchaus Prognosen oder Erklärungen für die Stellung quasi-professioneller Gruppen erlauben: etwa für die bekannten Probleme der Sozialarbeit durch Hinweis auf die - jeweils subordinierte - Partizipation der Sozialarbeit an den Perspektiven *mehrerer* anderer Funktionssysteme. Eine solche Analyse würde die

---

12 Vgl. aber die exzellente Studie von Cullen (1978), die auch bei einer sehr großen Zahl berücksichtigter Berufe noch zu einem deutlich ausgegrenzten professionellen Kernsegment kommt.

Unwahrscheinlichkeit der Ausgrenzung eines eigenen funktionssystemkonstituierenden Problembezugs der Sozialarbeit plausibilisieren.

3.2 Inklusion über Exit/Voice-Optionen (Politik, Wirtschaft)

Eine zweite Gruppe von Funktionssystemen realisiert Inklusion, indem sie das Publikum über *'voice'* und *'exit'* als zwei und zugleich als die beiden einzigen vorkommenden Äußerungsformen in den Systemprozeß einbezieht (Hirschman 1970). Zu dieser Gruppe von Funktionssystemen gehören Politik, Wirtschaft, Kunst, die Massenmedien und der Sport. Bei 'voice' und 'exit' handelt es sich ja um Publikumsoptionen, die in den eben diskutierten Professionellen/Klienten-Interaktionen eher ausgeschlossen werden: 'voice' würde die Autonomie der professionellen Situationsdefinition tangieren und 'exit' fällt unter das klassische Verbot des 'shopping around' (Parsons), so daß Professionellen/Klienten-Interaktionen 'loyalty' als die dritte der Hirschman-Optionen präferieren. Dafür offerieren sie eine Art Mitgliedsstatus (in Gemeinde, Schulklasse oder als Klient eines bestimmten Anwalts oder Arztes), der in der jetzt näher zu betrachtenden Klasse von Funktionssystemen fehlt. Funktionssysteme wie Politik, Wirtschaft und Kunst begünstigen 'voice' und 'exit' als die dem Publikum vorgegebenen Formen, um kommunikative Äußerungen in das System hineingeben zu können. Kommunikationen des Publikums in einer dieser beiden verfügbaren Äußerungsdimensionen werden vom System nicht als *individuelle Äußerungsakte* registriert und gedeutet. Der 'Verstehensprozeß' läuft vielmehr über die quantitative Aggregation von Äußerungen, und diese sind nur in der Form großer Zahlen für das System und die Leistungsrollenträger interpretationsrelevant.

Der strukturellen Präferenz für große Zahlen entspricht, daß Interaktionssysteme in dieser Klasse von Funktionssystemen primär in der Form *großer Interaktionssysteme* vorkommen (ein oder mehrere Leistungsrollenträger/ein möglichst großes Publikum), sie als solche eventuell auch verzichtbar sind (Musikkarrieren unter Verzicht auf Auftritte vor Publikum) oder schließlich primär in der Form wirksam sind, in der in nicht an Interaktion gebundenen Kommunikationsmedien über sie berichtet wird (Berichterstattung über Wahlkampfreisen, Künstlertourneen etc.). Bezeichnend ist auch die jüngste Tendenz zur Einführung von elektronischen Bildtafeln in Musik- und Sportveranstaltungen.

Während bisher schon die für Interaktion geltende Wechselseitigkeit der Wahrnehmung (siehe Luhmann 1972) dadurch eingeschränkt war, daß nur das Publikum den individuellen Leistungsrollenträger, dieser aber bei Großveranstaltungen individuelle Publikumsmitglieder im Prinzip nicht mehr wahrnehmen konnte, interagiert jetzt auch das Publikum mit einem elektronischen Bild des Leistungsrollenträgers, der also eigentlich vor der Wiedergabeapparatur agiert.

Die quantitative Aggregation von Publikumsäußerungen übt auf diese einen *Formzwang* aus: die 'exit'-Option ist sowieso binär codiert in der Form einer einfachen ja/nein-Alternative; 'voice' besitzt für sich eine unbegrenzte Äußerungsvielfalt, muß vom System aber in wenigen standardisierten Kategorien wahrgenommen werden, damit quantitative Operationen anschließbar sind. Das Publikumswissen um den Sachverhalt, daß die einzelne Äußerung an sich gar nicht interessiert, führt zu Motivationsproblemen bei der 'voice'-Option, was vom System teilweise durch eine gesteigerte Sensibilität für Perzeption und Interpretation der - als einzelner Akt oft zufälligen - Exit-Option aufgefangen wird (Wahlbeteiligung, Käuferzurückhaltung). Überhaupt versucht man im System, wie man gerade an Wirtschaft und Politik sehen kann, die *qualitative Indifferenz* quantitativer Aggregationen durch eine hohe Sensibilität für *minimale quantitative Verschiebungen* auszugleichen. Leistungsrollenträger können sich deshalb ein von der Logik quantitativer Operationen her eigentlich angemessenes - auf die *Erklärung* zufälliger Fluktuationen verzichtendes - *statistisches Denken* und eine auf ein solches gestützte gelassene Selbstdarstellung nicht erlauben.

Die Funktionssysteme, um die es hier geht, sind für das Publikum in ihrer Interaktionsferne ziemlich abstrakt; daher wird das im ersten (professionellen) Bereich häufige - auf Interaktionserfahrungen gestützte - *oppositionelle Muster*, das Selbstversorgung und Selbsthilfe an die Stelle der Abnahme von Systemleistungen zu setzen versucht, vergleichsweise unwahrscheinlich. Eher behauptet man - *die Wahrnehmung der 'exit'-Option gewissermaßen auf Dauer stellend* - die Irrelevanz der großen Traditionen und großen Zusammenhänge der Funktionssysteme für den Vollzug des eigenen Lebens, und versucht im wesentlichen ohne aktiven Kontakt zu den Funktionssystemen auszukommen. Wir werden im folgenden sehen (4.3), wie die Funktionssysteme mittels *sekundärer Leistungsrollen* quasi *Reintegrationsangebote* formulieren.

Diese Überlegung gilt natürlich nicht für das *Wirtschaftssystem*. Prinzipieller Rückzug aus der Wirtschaft ist in modernen Gesellschaften sehr unwahrscheinlich (und sei es nur, weil das Stückchen Land, auf dem man Eremit sein möchte, einen Preis hat und dieser auch steigen kann). Im übrigen ist *Selbsthilfe* für die Wirtschaft ein alltägliches Phänomen: im Sinne der Selbstproduktion von Gütern und Leistungen, die künftig nicht mehr durch Zahlungen auf Märkten erworben werden. Aber auch mit Selbsthilfe kann man sich der Wirtschaft schwer entziehen, weil diese das Phänomen internalisiert und jeder Selbsthilfe schnell zunehmend umfangreiche Vorleistungen und Vorprodukte anbietet. Schließlich muß man für die Wirtschaft die These der Abstraktheit der von 'exit' und 'voice' bestimmten Funktionssysteme modifizieren. Diese Abstraktheit gilt natürlich für makroökonomische Zusammenhänge. Gleichzeitig macht jedes Gesellschaftsmitglied aber täglich Erfahrungen mit Wirtschaft in Interaktion und vielleicht auch Organisation. Insofern sollte man für die Wirtschaft von einer besonders ausgeprägten Differenzierung - und d.h. hier auch *Selbständigkeit der Ausbildung* - der drei Systemebenen Interaktion, Organisation und Gesellschaft sprechen.

3.3 Inklusion in Leistungs- und Publikumsrollen (Intimbeziehungen)

Eine dritte Inklusionsoption ist die, *Inklusion in Publikums- und Leistungsrollen* zu vollziehen, das heißt, von ein und derselben Person im Wechsel oder gleichzeitig die Übernahme beider Rollen zu verlangen. Das ist unter Fachleuten (i.e. im Innenkontakt des Systems unter Leistungsrollenträgern) ohnehin selbstverständlich, und es gibt im Jazz eine Form musikalischer Praxis, die wesentlich auf einer besonders schnellen und interaktionssensiblen Handhabung dieses Rollenwechsels aufruht. Auf Funktionssystemebene und über die Differenz von Leistungs- und Laienrollen hinweg hat die Religion als das einzige Funktionssystem, das einen personalisierten *externen* Leistungsrollenträger - der aber transzendent ist -, aufweist, in einigen protestantischen Denominationen mit dieser Form flexiblen Rollenwechsels experimentiert[13] -

13 Parsons hat wiederholt darauf verwiesen, daß erst die D e n o m i n a t i o n amerikanischen Typs - und nicht die Kirche oder Sekte - die im Selbstverständnis einer religiösen Gemeinschaft verankerte Möglichkeit bietet, eine interne Differenzierung des Religionssystems in Glaubensgemeinschaften und die fortdauernde

und vermutlich existiert eine Korrelation dieser Enthierarchisierung kirchlicher Praxis mit dem Jazz und anderen amerikanischen Formen der Musikausübung.

Im wesentlichen aber ist diese Inklusionsoption in der Moderne nur einmal gewählt worden: im Bereich der *Intimbeziehungen*. Um dies zu verstehen, muß man sehen, daß symmetrische Beziehungen romantischer Liebe und auch Freundschaftsbeziehungen nicht so gedacht werden können, als ob auf beiden Seiten der Beziehung gleichzeitig immer das Gleiche vorliege. Man braucht sich nur die für Niklas Luhmanns Liebestheorie konstitutive Vorstellung zu vergegenwärtigen, daß Liebe ein am Erleben des anderen orientiertes Handeln ist, das vom anderen als Bestätigung des eigenen Erlebens erfahren werden kann (Luhmann 1982), um an dieser augenblickshaft variierenden Verteilung von Handelns- und Erlebensanteilen zu sehen, daß es in Intimbeziehungen um einen bei Gelingen unauffälligen und nahezu auf der Ereignisebene elementarisierten Rollenwechsel zwischen Leistungs- und Publikumsrolle geht[14]. Weil auch Sexualität diese augenblickshaften Rollenwechsel kennt und für ihr Gelingen darauf angewiesen ist, tendiert die Moderne

---

Inklusion der ausdifferenzierten Einheiten in die abstraktere Gemeinsamkeit christlicher Glaubensüberzeugungen miteinander zu vereinbaren (Parsons 1961: 250/251). Vgl. zu diesem Parsons' eigenen Begriff von Inklusion, der außer der Teilnahme aller Personen an allen Funktionssystemen auch die fortdauernde Zugehörigkeit differenzierter Einheiten zu einer übergreifenden Gesamtheit meinte, Parsons (1970: 204/205). Vermutlich gibt es einen Zusammenhang zwischen der flexiblen Handhabung der Differenz von Leistungs- und Komplementärrollen in einer Glaubensgemeinschaft und diesem 'inklusiven' Modus interner Differenzierung der Religion. Vgl. zur Inklusivität hinsichtlich anderer großer Glaubenssysteme: für die japanische Religion Robertson (1987); für den Islam Folkers (1987: 79, n. 17).

14 Familiale Beziehungen (Eltern/Kind-Beziehungen) sind von anderer Art, weil sie - für die Kinder - 'zugeschrieben' sind und weil es im übrigen in ihnen auch um Erziehung geht. Darin sind sie asymmetrisch und professionsanalog; nur daß Liebe (der Eltern) dort als normatives Codeelement fungiert, wo man bei den Professionen etwa von 'detached concern' (Renée Fox) spricht. Liebe der Kinder kann wegen dieser Asymmetrie - im Unterschied zu der der Eltern - nicht verlangt werden und ist doch strukturell fast alternativenlos; vielleicht hofft man, daß sie am Ende des Erziehungsprozesses als autonom gebildete vorliegt.

dazu, Sexualität als einen symbiotisch-interaktionellen Test der Intimbeziehung zu verstehen.

Vielleicht sollte man betonen, daß diese Bestimmung von Intimbeziehungen über Inklusion in Leistungs- und Publikumsrollen nicht etwa eine historische Invariante von Intimbeziehungen beschreibt. Es gilt ja nicht nur, daß vormoderne Gesellschaften vielen ihrer Mitglieder den Zugang zu Intimbeziehungen - vor allem zu Eheschließung als einer institutionalisierten Form - verweigerten und erst die Moderne Intimbeziehungen für alle Personen zuläßt, was zugleich voraussetzt, daß man nicht mehr gegen Typen von Intimbeziehungen diskriminiert, also beispielsweise homosexuelle Beziehungen toleriert; wichtig ist an dieser Stelle auch, daß lange die Geschlechtsrollendifferenz gleichzeitig als eine Art Leistungs-/Publikumsrollendifferenz fungierte, also Initiativen und Handlungsanteile in Intimbeziehungen und Sexualität regelte. Es ist deshalb nicht zufällig, daß überall, wo in der Moderne ernsthaft über romantische Liebe nachgedacht wird - man denke nur an Schlegels 'Lucinde' -, auch *Androgynie* ein mögliches Leitthema wird: als der Versuch, auch die Geschlechtsrollendifferenz als die letzte irreduzible Asymmetrie in Liebesbeziehungen in die Form des Rollenwechsels zu überführen.

Das gern zitierte Freudsche Theorem, psychische Gesundheit sei die Fähigkeit, lieben *und* arbeiten zu können, ist, wenn man nicht dessen Forderungscharakter für ein psychisches System betont, eine interessante strukturelle Beschreibung der Partizipationsbedingungen moderner Gesellschaften. Moderne Gesellschaften muten jeder Person nicht nur, wie es uns manchmal scheint, die Bewältigung einer Leistungsrolle (im Beruf), sondern, weil der Universalismus von Intimbeziehungen für niemanden als ein reiner Publikumsstatus gedacht werden kann, mindestens die Bewältigung zweier Leistungsrollen zu. Dabei ist nicht nur die *Dualität* von Leistungsrollen wichtig, sondern wesentlich auch, daß es *Leistungsrollen* sind, also Inklusion nicht ausschließlich über Publikumsrollen laufen kann. *Intimbeziehungen* und *Arbeit* teilen die Gemeinsamkeit, daß sie Bedingungen des Zugangs zu vielem anderem sind, und daß Personen, denen das eine oder gar beides fehlt, auch über die an sich auch für sie vorgesehenen komplementären Rollenstrukturen der Funktionssysteme nicht mehr ohne weiteres in gesellschaftliches Geschehen zu inkludieren sind.

3.4 Indirekte Inklusion (Wissenschaft)

Schließlich gibt es die Möglichkeit *indirekter Inklusion* - das heißt die eines Funktionssystems, das vor allem aus Leistungsrollen besteht, nur beschränkte Formen der Rücksichtnahme auf einen Publikumsstatus kennt und das die für alle Gesellschaftsmitglieder als Faktizität gegebene Relevanz des im System Erarbeiteten primär über den *Anschluß an Strukturen und Prozesse eines anderen Funktionssystems* erreicht. Für den Primat dieser Inklusionsoption scheint mir das Wissenschaftssystem[15] der einzige ernsthafte Kandidat.

Natürlich benutzt die moderne Wissenschaft einen Wahrheitsbegriff, der niemanden vom Zugang zur Wahrheit ausschließt. Aber dieser Wahrheitsbegriff ist in der Hinsicht von geringer operativer Relevanz, daß er in der Moderne nie zur Ausformulierung einer Publikumsrolle geführt hat. Zwar gibt es eine *Populärinklusion* in das Wissenschaftssystem in der Form vor allem massenmedialer Verbreitung wissenschaftlicher Erkenntnis, aber diese weist - anders als es beispielsweise in Politik und Wirtschaft der Fall ist - keine institutionalisierten Formen der *Rückäußerung* des Publikums oder der Beobachtung der Publikumsreaktionen durch die Wissenschaft auf, die das Wissenschaftssystem beeinflussen könnten. Man kann zweitens eine Art *sekundärer Professionalisierung* der Wissenschaft beobachten, die wissenschaftliche Berufe entstehen läßt, die in außerakademischen Beschäftigungsbereichen - Organisationen des Wirtschaftssystems und technischen Bereichen des Staatsdienstes - einigermaßen berechenbare Berufswege eröffnen, die mit Transfer und anwendungsnaher Entwicklung wissenschaftlichen Wissens befaßt sind (Stichweh 1987: 254-260). Aber dieser Typus eines wissenschaftlichen Professionalismus führt anders als bei den klassischen Professionen nicht zur Entstehung eines *Klientenstatus* des Wissensnachfragers *in der Wissenschaft selbst* und schon gar nicht zu irgendeiner Form universalistischen Ausbaus eines solchen Klientenstatus. Unter diesen Umständen vollzieht die Wissenschaft ihre gesamtgesellschaftliche Inklusion primär indirekt: über *Verwissenschaftlichung*

---

15 Das Wissenschaftssystem wird hier nur insoweit diskutiert, als es einen e i g e n e n T y p u s von Inklusion exemplifiziert. Ausführlicher zur Inklusion ins Wissenschaftssystem siehe Stichweh (1984: 84-88), und in diesem Band Kap. 2, die Abschnitte 5 und 3.1.

der Themen des Erziehungssystems und in diesem wiederum primär über Hochschulerziehung.

Das führt für die Mehrheit der Wissenschaftler, die in Hochschuleinrichtungen arbeiten, zu der bekannten dualen Rollenverpflichtung von Forschung und Lehre, als deren Folge *Leistungsabgabe* und *Funktionsbezug* nicht nur als voneinander verschiedene Referenzen im Rollenset des einzelnen Wissenschaftlers vorkommen, sondern sogar die eine der beiden Referenzen als Rolle in einem anderen Funktionssystem des Gesellschaftssystems institutionalisiert ist. Die *Einheit von Forschung und Lehre* ist eine beschwörende - deshalb noch nicht ineffektive - Thematisierung der Unwahrscheinlichkeit eines solchen Arrangements.

3.5 Zur Erklärung der Verschiedenheit von Inklusionsformen

Warum gibt es diese verschiedenen Inklusionsformen und was sind die Gründe dafür, daß ein konkretes Funktionssystem diese und nicht eine andere der Formen gewählt hat? Für den Versuch einer Antwort kann man eine Überlegung von Niklas Luhmann aufgreifen[16]. Im Prinzip lassen sich Funktionssysteme mit zwei Typen von Bezugsproblemen unterscheiden: sie haben entweder ihr *Bezugsproblem in gesellschaftlichen Kommunikationen selbst*, d.h. sie behandeln Spezialprobleme desselben gesellschaftlichen Kommunikationsprozesses, dem sie zugehören und aus dem sie durch Ausdifferenzierung hervorgehen, oder alternativ grenzen sie zwar rein innergesellschaftliche Kommunikationsprozesse aus, die aber als Kommunikationsprozesse in erheblichem Maße auf *Probleme der personalen Umwelt des Gesellschaftssystems* fokussiert sind. Es dürfte unmittelbar auffallen, daß die Funktionssysteme, die Inklusion über exit/voice-Optionen für Publikumsrollen vollziehen, ausschließlich mit Spezialproblemen gesellschaftlicher Kommunikation befaßt sind, während die professionsbestimmten Funktionssysteme relativ nah an für Personen als Individuen relevanten Problemlagen operieren. Das wird für das Gesundheitssystem (Körper, Psyche), die Religion (Seelenheil) und das Erziehungssystem (Arbeit an der Aneignung gesellschaftlichen Wissens und gesellschaftlicher Normen durch die Person) unmittelbar einleuchten. Die Professionalisierung des Rechts mag überra-

16 Vgl. zum folgenden Luhmann (1983: Abschn. V).

schen, weil Recht eigentlich rein innergesellschaftliche Konfliktlagen behandelt. Offensichtlich ist die lebensgeschichtliche *Riskiertheit der Konflikte*, die als Rechtskonflikte thematisch werden, der Grund, daß sich auch im Recht mit der *Anwaltschaft* eine spezielle - interaktions- und publikumsnah operierende - Profession herausgebildet hat, die mit Vermittlungsleistungen zwischen rein innerrechtlichen Kommunikations- und Entscheidungsprozessen und der Relevanz dieser Prozesse für Personen als Klienten befaßt ist.

Warum aber gibt es zwei weitere Typen von Inklusion und d.h., warum ordnen sich nicht alle Funktionssysteme zwanglos den durch diese Typik der Bezugsprobleme vorgegebenen Inklusionsformen zu? Für *Intimbeziehungen* liegt die Antwort auf der Hand. Intimbeziehungen sind kommunikative Zusammenhänge, in denen es nicht um *spezifische* Aspekte oder Probleme der Person geht, vielmehr ist in ihnen - und an keinem anderen Ort in der Gesellschaft - *die Person als Person* das Thema von Kommunikation, und d.h., daß prinzipiell keine Nachfrage und kein Thema, das die Person betrifft, als illegitim abgewiesen werden kann (siehe Luhmann 1988). Eine solche Intensität interindividueller Verflechtung aber schließt die Form professioneller Betreuung dieses Problems aus, wenn auch die Vormoderne vor der radikalen Individualisierung des 19. und 20. Jahrhunderts eine solche Professionalisierung in den Sozialfiguren der Maîtresse und der Prostituierten versucht hat. Zugleich wird Asymmetrie in Intimbeziehungen undenkbar: 'ego' kann nur als Bezugspunkt für alle 'alter' als Person involvierenden Fragen fungieren, wenn 'alter' dieselbe Position in Hinsicht auf 'ego' als Person einnimmt (vgl. Tyrell 1987). Diese Reziprozität in der Rollenübernahme ist die Bedingung der Schließung der Intimbeziehung als Sozialsystem.

Die Besonderheit der Wissenschaft schließlich - der indirekte Vollzug von Inklusion über ein anderes System - erlaubt es, eine weitere sehr allgemeine Eigenschaft von Prozessen der Inklusion herauszuarbeiten. Man kann bei der Analyse der Durchsetzung von Inklusion in der Moderne generell zwischen *Prinzipformeln* und *pragmatischen Institutionalisierungen* unterscheiden. Prinzipformeln wie beispielsweise die protestantische Idee eines *allgemeinen Priestertums* verzichten darauf, zwischen Leistungs- und Publikumsrollen zu diskriminieren, sie behaupten vielmehr eine im Prinzip gegebene gleiche Relevanz jeder Person für das Geschehen im Funktionssystem. Parallel dazu laufen im Prozeß der Ausdifferenzierung immer Pragmatisierungen dieser radikalen Ansprüche und erst diese erlauben es, komplementäre Rollenverteilungen zwischen dem Publikum und den Funktionssystemspezialisten zu formulieren. Das Wissenschaftssystem kennt seit dem 17. Jahrhundert - wie die anderen Systeme auch - überzeugende Prinzipformeln, die es sorgfältig vermeiden, gegen die Verstandesausstattung irgendeiner Person zu diskriminieren[17]. Insofern gibt es natürlich eine Inklusion der Gesamtbevölkerung in das Wissenschaftssystem. Aber es existieren nach dem 18. Jahrhundert keine Formulierungsvorschläge und keine erfolgreichen Institutionalisierungsversuche für rein in Termini des Wissenschaftssystems gedachte Pragmatisierungen dieser Prinzipinklusion in Richtung auf eine Komplementärrollenstruktur. Diese Funktionsstelle vertritt das Erziehungssystem.

4 Asymmetrie in komplementären Rollenstrukturen: Ausgleichs- und Überbrückungsmechanismen

Ein Moment an inklusionsgeprägten Funktionssystemen, das die bisherigen Überlegungen noch nicht betont haben, ist, daß es sich in allen Fällen um *Großsysteme* handelt, die außer der nur durch die Zahl der Gesellschaftsmitglieder begrenzten Zahl der Publikumsrollen auch eine extrem große Zahl von Leistungsrollen aufweisen. Das erfordert außer jener eben diskutierten Pragmatisierung, die in der Umformung einer Prinzipinklusion in eine Komplementärrollenstruktur liegt, eine zweite pragmatische Konzession: eine soziohistorische *Pragmatisierung der Kriterien des Zugangs zu Publikums- und auch zu Leistungsrollen*. Um dies an einem einfachen Beispiel zu erläutern: Amerikanische Akademien und Hochschulen entlassen heute alle zwei Jahre eine Zahl von 30.000 examinierten und insofern professionellen Künstlern - eine Zahl, die der Gesamtbevölkerung von Florenz im Quattrocento entspricht. Mit einer solchen Entwicklung geht vermutlich eine soziokulturelle Evolution von Werten einher, die von *Perfektionsvorstellungen* zur *Optimalitäts-*

17 Vgl. oben Kap. 2, Abschn. 5.

idee[18] und von dieser durch weitere Pragmatisierung zu einer bis heute nicht definitiv durchgesetzten Akzeptation von - oder vielleicht sogar Präferenz für - *Suboptimalitäten* führt[19]. Der Prozeß des soziohistorischen Vollzugs von Inklusion geht einher mit einer dialektischen Bewegung der historischen Semantik, die beispielsweise für den *Erziehungsbereich* umdenkt von restriktiven ständischen Klassifikationen auf eine *Semantik der Talente*, welche eine potentielle Vielzahl von Talenten und Steigerungsmöglichkeiten unterstellt und gleichzeitig eine gewisse *Mittellage der Talente* konzediert, so daß öffentliche Erziehung als die Erziehung der 'großen Zahl' als bewußt auf *'les talens médiocres'* spezialisiert erscheint (Rolland d'Erceville 1768: 25, 129).

Wie stabil ist eigentlich unter diesen Umständen die *zweistellige* und als solche eine forcierte Asymmetrie definierende Relation von Leistungs- und Publikumsrolle? Solange der Gesellschaftsaufbau primär über - in der Regel *dreistellige* - Hierarchien gedacht wurde, mußte dies kein Problem sein, weil über jeder Leistungsrolle immer noch eine superiore Autorität stand, so daß jede zweistellige Relation leicht als mindestens dreistellig beschrieben werden konnte, die Leistungsrolle insofern in eine Vermittlungsposition rückte. Eine charakteristische frühmoderne Beschreibung der Professionen sieht diese in einer Vermittlungsposition zwischen Regierung und Volk. Die Regierung, die über keinen direkten Kontakt zum Volk verfügt, gewinnt das Volk mit Hilfe der Geistlichen und Gelehrten, die Herz und Gewissen bzw. den Verstand des Volkes in ihren Händen halten[20]. Ein anderes Beispiel für die frühmoderne Identifizierung von Vermittlungspositionen *innerhalb* zweistelliger Relationen bietet das Konzept der *'historischen Kenntnis'*, dem für eine pragmatische Inklusion in das Wissenschaftssystem temporär große Bedeutung zukam[21]. Historische Kenntnis meint das Wissen, das

18 Siehe bei Klein (1977: 190) den Hinweis auf ein interessantes Beispiel politischer Semantik: Hermann Kirchners Werk über den 'Gesandten' (zuerst 1604), das unter dem Motto 'non ex perfectis sed ex optimis' dem 'Uomo universalis' einen zwar vielseitigen, aber pragmatisch limitierten Ausbildungsgang gegenüberstellt.

19 Man findet heute in der Selbstbeschreibung des Wissenschaftssystems eine Reihe von Termini realistisch-pragmatischer Selbstbegrenzung in Richtung auf Suboptimalität: man denke an 'normal science' oder 'middle range theories'.

20 So Boterus (1596: 160a) und siehe noch Kant (1798).

21 Siehe Kap. 2, Abschn. 5.

man ohne Einsicht in Gründe und Ursachen von glaubwürdigen Anderen übernommen hat. Sie ist weder eigentlich wissenschaftliches Wissen noch ist sie die Unwissenheit des Laien. So formuliert es Stephan Guazzo: "... under der Wissenheit und Unwissenheit ein Mittel ist / welches in einer guten Meynung bestehet / als nemlich / wann man der Warheit / ohn einen gewissen Grundt theilhafftig ist / welches kein Wissenschafft kan genant werden / dann die Wissenschafft ist mit Grundt: es kan auch kein Unwissenheit genant werden / dann der Warheit theilhafftig seyn / ist kein Unwissenheit" (Guazzo 1599: 202).

Wie geht die Moderne mit Asymmetrien dieses Typs um? Sie werden ja nicht nur deshalb zunehmend problematisch, weil hierarchische Gesichtspunkte, die zweistellige Relationen umstandslos in dreistellige Relationen transformieren könnten, entfallen. Sie kollidieren auch mit dem kontemplationsskeptischen, *aktivistischen Wertmuster der Moderne*, das im Prinzip die *Partizipation* an Handlungszusammenhängen gegenüber der *Beobachtung* von Handlungszusammenhängen favorisiert. Publikumsrollen aber tendieren dazu, Beobachterrollen zu sein.

Auf diese Problemsituation reagieren in der Moderne eine Reihe von Neubildungen, die alle Überbrückungsfunktionen haben, also die Schärfe der Gegenüberstellung von Leistungs- und Publikumsrollen oder die Exklusivität der Zuordnung zu nur einer Seite abmildern. Sechs solcher ausgleichender oder überbrückender Mechanismen sollen im folgenden diskutiert werden: Der Publikumsstatus von Leistungsrollenträgern im eigenen System (4.1); die Kooptation einzelner Publikumsmitglieder in Leistungsrollen (4.2); die Entstehung sekundärer Leistungsrollen (4.3); Versuche der Organisation oder Reorganisation ganzer Systeme auf der Basis sekundärer Leistungsrollen (4.4); Kritiker als intermediäre Rollen (4.5); die Frage der Organisierbarkeit des Publikumsstatus (4.6).

4.1 Leistungsrollenträger als Publikum

In allen Funktionssystemen gibt es das Phänomen, daβ alle Leistungsrollenträger sich auch im 'eigenen' System im Publikumsstatus erleben: Lehrer durchlaufen das öffentliche Schulwesen, Landwirte treten als Konsumenten auf Nahrungsmittelmärkten auf, der Wissenschaftler unterscheidet sich in seinem Verständnis fremder Disziplinen nicht prinzipiell von der übrigen Bevölkerung, Geistliche benötigen Beichtväter, straftätigen Juristen weist man Pflichtverteidiger zu, etc. Wie man an Beispielen dieser Art unproblematisch sieht, kommen hier mindestens drei Auslösebedingungen zusammen: a) gibt es Funktionssystemnormen, die Unterbrechungen des Selbstbezugs vorschreiben (man kann sich nicht selbst die Beichte abnehmen)[22]; b) geht es um Folgen interner Differenzierung der Funktionssysteme (Leistungsrollen implizieren keine Handlungsfähigkeit für jede Aufgabe, die im Funktionssystem vorkommt); c) ist das Innehaben einer Leistungsrolle heute ein reversibler Status. Gerade dieses letzte Phänomen, daß der Anteil der Lebenszeit, der durch die Leistungsrolle besetzt wird, zunehmend limitiert ist, verstärkt die Trennbarkeit von Leistungsrolle und Person, so daß für eine Person auch die extrem sichtbare Leistungsrolle (der Olympiasieg, das Ministeramt) schließlich doch ein ephemeres Ereignis gewesen sein mag wie auch für das System der hinterlassene Eindruck der Person.

4.2 Kooptation in Leistungsrollen

Die Kooptation einzelner Publikumsmitglieder in Leistungsrollen ist sehr selten und wird eigentlich nur im Rechtswesen in der Form des Schöffen- oder Geschworenenstatus praktiziert. Die analog gedachte Kontrolle von Wählern über Wahlvorgang und -auszählung verliert in stabilen Demokratien an Bedeutung, weil man in diesen tatsächlich einen Zählmechanismus die Regierung stürzen läßt, ohne rechtzeitig mit Mitteln politischer Macht einzugreifen.

4.3 Sekundäre Leistungsrollen

Weit bedeutsamer als die beiden bisherigen Kategorien ist die Entstehung *sekundärer Leistungsrollen*. Sekundäre Leistungsrollen sind eine Art aktivistischer Alternative zu einem reinen Publikumsstatus. Sie sind sehr selten obligatorisch (Sonderfall: allgemeine Wehrpflicht), stehen im Prinzip allen Gesellschaftsmitgliedern offen, werden aber im Unterschied zu Publikumsrollen bei weitem nicht von allen Gesellschaftsmitgliedern in ihrem Leben irgendwann einmal gewählt. Man geht mit

22 Das wirft die Frage auf, warum Politiker sich selbst wählen dürfen. Erweist das die Befähigung zur Machtausübung?

sekundären Leistungsrollen eher wie mit Leistungsrollen um, optiert für zwei oder drei von ihnen im Lauf eines Lebens, an möglicherweise verschiedenen Punkten im Lebenslauf. Beispiele aus der in sich sehr heterogenen Klasse sekundärer Leistungsrollen sind: Lokalpolitik, Amateurwissenschaft, Breitensport, Chor- und Hausmusik, allgemeine Wehrpflicht, freiwillige Hilfs- und Ordnungsdienste (Sanitäter, Feuerwehr etc.).

Was an dieser Auflistung unmittelbar auffällt, ist, daβ sich als der Kernbereich der Entstehung sekundärer Leistungsrollen der oben unter 3.2 behandelte Bereich jener Funktionssysteme abzeichnet, die Inklusion über Exit/Voice-Optionen realisieren. Offensichtlich sind sekundäre Leistungsrollen hier eine genuine Alternative zu der Indirektheit der über Exit/Voice kanalisierten Eingriffsmöglichkeiten und ein Korrektiv zur Abstraktheit der Funktionssysteme. Im Komplex professionsbestimmter Funktionssysteme (3.1) sind sekundäre Leistungsrollen als dauerhaft stabilisierter Zusammenhang deshalb unwahrscheinlicher, weil sie ebenfalls eine Klientel benötigen, also in Beziehungen direkter Konkurrenz zu den primären Leistungsrollen geraten. Sie kommen dann als *Selbsthilfeinitiativen* zwar vor, sind aber als solche vermutlich relativ instabil, weil sie nicht dauerhaft Bereiche überlegener Kompetenz ausgrenzen können[23]; und ihre Klientel droht bei den kleinsten Schwierigkeiten wieder zu den primären Leistungsrollenträgern abzuwandern. Im Bereich 3.3 gibt es aus evidenten Gründen keinen Bedarf für sekundäre Leistungsrollen. Die Wissenschaft schlieβlich (3.4) erweist ihre extreme kommunikative Schlieβung erneut dadurch, daβ sie für Amateurwissenschaftler, die sie im 19. Jahrhundert noch mit Beobachtungshandbüchern versorgte (vgl. Cannon 1978: 151-153), heute kaum eine Verwendung hat. Man kann nicht ausschlieβen, daβ die Prozesse fortschreitender wissenschaftlicher Spezialisierung und die Problem- und Methodenabhängigkeit der Forschung den Amateur auch noch aus den letzten

23 Selbsthilfeinitiativen zwingen die Profession allerdings, sich die Kompetenz anzueignen, die sie ihr temporär voraushaben. So bei der Entwicklung der 'Elektrotherapie' im 18. Jahrhundert, in welchem gestufte Übergänge zwischen Patienten- und Arztstatus noch sehr viel selbstverständlicher waren. Vgl. dazu die interessante Fallstudie über einen Buchhalter in Bristol mit eigener - primär elektrotherapeutisch versorgter - Klientel, der seinerseits Apotheker und im Ernstfall Ärzte konsultiert, Barry (1985).

Reservaten speziell ihm zugänglicher 'historischer Kenntnis' (Lokalgeschichte, Beschreibung lokaler Fauna und Flora) verdrängen.

In den Funktionssystemen des Bereichs 3.2 aber finden wir typischerweise sekundäre Leistungsrollen, ohne daß sich hier ein Konkurrenzverhältnis zu den primären Leistungsrollen ausbildete. Sekundäre Leistungsrollen kennen im Prinzip zwei alternative Ausprägungen, die wir den *Amateur* und den *Connaisseur* nennen wollen. Diese alternativen Ausprägungen sind relativ scharf diskrepant und für beide kommen Elargierungen in Richtung auf Systembildung vor (dazu 4.4 und 4.5).

Für den Status des *Amateurs* gilt die oben schon genannte Bestimmung, daß dieser Status die *aktivistische Alternative zu einer reinen Publikumsrolle* verkörpert. Die sekundären Leistungsrollen *simulieren* in kleinerem Maßstab, aber größerer Zahl, das Verhalten der primären Leistungsrollenträger. Wie man an Beispielen aus dem Bereich von Kunst und Sport sehen kann, wird die Ausgrenzung der eigentlichen Leistungsrollenebene oft damit legitimiert, daß sie standardsetzend, motivierend und integrativ auf die sekundären Leistungsrollen wirke, also gewissermaßen ihre eigene Simulation inspiriere. Konkurrenzverhältnisse zu den Leistungsrollen kommen hier deshalb kaum vor, weil der Amateur entweder kein Publikum braucht oder es nach Gesichtspunkten persönlicher Bekanntschaft, familialer Zugehörigkeit und organisatorischer Mitgliedschaft rekrutiert - also nicht durch Leistungen um ein Publikum wirbt, was nicht heißt, daß er nicht *für sich* immens leistungsbewußt ist. Selbsthilfe im professionellen Bereich dagegen konkurriert mit den professionellen Rollen, weil sie eine in irgendeiner Hinsicht - und sei es dank der Vermeidung von Nebenwirkungen oder Iatrogenität - überlegene Leistungsfähigkeit unterstellt.

Während der Amateur prinzipiell für Eigentätigkeit optiert, scheut der *Connaisseur* das Risiko des Dilettantismus und den Hauch des Provinziellen, die mit dem Handeln des Amateurs einhergehen. Der Connaisseur zeichnet nicht selbst, weiß aber mehr über Ikonographie, als vielleicht ein Maler wissen wollen wird. Er verabscheut Lokalpolitik, beherrscht jedoch jedes Detail politischer Konstellationen in entlegensten Weltregionen. Bewußt kultiviert er die Passivität, das zum Beobachten verurteilt sein, das jeder Publikumsrolle eigen ist. Problematisch ist für ihn an seiner Rolle, daß, während dem Amateur der Unterschied Handeln/Nichthandeln ein scharfes Kriterium der Abgrenzung an die Hand gibt, ihn eigentlich nur ein quantitativer Unterschied, ein Ausbau in derselben Dimension, vom großen Publikum trennt.

Eine interessanter Sonderfall für eine sekundäre Leistungsrolle ist *Arbeit* oder *Berufsarbeit*. Die konkret vollzogene Arbeit von Personen kann eine Leistungsrolle in vielen verschiedenen Funktionssystemen sein. Gleichzeitig impliziert Arbeit immer eine sekundäre Leistungsrolle im *Wirtschaftssystem*, weil man im Wirtschaftssystem jetzt als Anbieter genau einer Ware auftritt: der eigenen Arbeitskraft. Da dies nur ein *Amateurstatus* ist, eine wirtschaftlich kompetente Ausnutzung der wirtschaftlichen Chancen, die sich mit der eigenen Arbeitskraft verbinden, nicht selbstverständlicher Teil des erlernten *Berufs* ist, liegt es in vielem nahe, die Vertretung der wirtschaftlichen Interessen der Arbeitskraft in die Form der Organisation zu bringen, zumal Organisation die im Wirtschaftssystem vorherrschende Form ist und insofern vielfach die Bedingung der Verhandlungsfähigkeit. Gleichzeitig distanziert *berufliche Karriere* wiederum von dieser Interessenorganisation, weil Karriere, sofern sie wirtschaftliche Implikationen hat, das Ausnutzen von Chancen meint, die sich nur individuell bieten.

4.4 Systembildung über sekundäre Leistungsrollen

Es gibt gelegentlich Versuche - oder zumindest normative Vorstellungen -, die ein ganzes System auf der Basis sekundärer Leistungsrollen organisieren oder reorganisieren wollen. In der Politik manifestiert sich dies als der Wunsch, den Berufspolitiker möglichst nicht zuzulassen, im übrigen den Anfang einer jeden politischen Karriere an die Bedingung der Arbeit für eine lokale Parteiorganisation zu knüpfen. Erfolgreicher noch war im Sport die über Jahrzehnte relativ stabile Synthese aus olympischer Bewegung, festgehaltenem Amateurstatus des Sportlers und auf die Nation bezogener Motivation sportlichen Handelns. Die einzigen professionellen Rollenträger, die der Sport unter diesen Umständen kannte - Trainer -, mußten auf die Teilnahme am eigentlichen Leistungsgeschehen des Sports verzichten. In gewisser Hinsicht war dies ein Versuch, dem Zusammenhang von Leistungssteigerung und Spezialisierung (im Sinne von Exklusivität der Beanspruchung einer Person durch eine Leistungsrolle), der für die Moderne charakteristisch ist, in einem System noch einmal ein kontrastierendes Prinzip entgegenzusetzen.

4.5 Kritik als intermediäre Position

Während der Status des Amateurs bei dem Versuch, von ihm her den Prozeß der Systembildung zu organisieren, schnell durch Amateurfiktionen ersetzt wird, ist die Entstehung expliziter *Kritikerrollen*[24] wohl als das eigentliche Telos des in seinem Status unsicheren *Connaisseurs*[25] zu sehen. Der Kritiker nimmt dann in gewisser Hinsicht eine intermediäre Rolle ein, weil er einerseits Partner (oder Gegner) des Leistungsrollenträgers ist, dem er eine geschärfte Beobachtungsfähigkeit bieten kann, die dieser - auf Handlungen verpflichtet - nicht gleichzeitig mitzuentwickeln imstande ist, für den er im übrigen vielleicht das abstrakt gewordene Publikum vertritt; andererseits gibt es eine Dienstleistungsfunktion des Kritikers für das Publikum, dem der Kritiker die Hervorbringungen des Leistungsrollenträgers erläutert und das er vielleicht auf Urteilsbildung hinführt[26].

Kritik als Institution gibt es natürlich vor allem dort, wo einzelne Leistungsrollenträger und ihre Akte/Werke für ein großes Publikum sichtbar sind. Erneut fällt die Sonderstellung der Wissenschaft auf. Diese hat nie spezialisierte Rollen für Wissenschaftskritik ausdifferenziert und erledigt auch dieses Geschäft intern auf dem Wege des 'peer review' mit ihrem normalen Personal. Man mag dies durchaus als Kreativitätsverlust sehen, weil die Beobachtungsfähigkeit forschungsentlasteter Kritiker vielleicht auch in der Wissenschaft inkongruente Perspektiven fördern oder dem Autor kaum bewußte Implikationen durch hermeneutische Lektüren offenlegen könnte[27].

---

24 Alois Hahn hat mich besonders auf die Bedeutung von Kritikerrollen hingewiesen.

25 Die Institutionalisierung öffentlicher Kritik tritt an die Stelle eines älteren Zusammenhangs von Kennerschaft, Patronage und kompetenter Beratung des Patrons durch den Connaisseur.

26 Vgl. zu diesem Zusammenhang am Beispiel der Kunst Rothblatt (1976: 55): zunehmende Abstraktheit des Publikums für den Künstler, intermediäre Stellung der Kritik, abnehmende Lehrhaftigkeit der Kunst selbst, eventuelle Geschmacksbildung des Publikums.

27 Vgl. Weick (1985: 25), der ebenfalls Analoga zur Literaturkritik - i.e. affirmativ-kritisch den Bedeutungsgehalt der Werke erweiternde Interpretationen - in der Wissenschaft vermißt.

4.6 Organisierbarkeit des Publikums

Eine letzte Form der Reaktion auf Asymmetrien im Verhältnis von Leistungs- und Publikumsrollen ist der Versuch, den Publikumsstatus als Anknüpfungspunkt für die Bildung einer Organisation zu nutzen. Publikumsstatus wird hier also zur Mitgliedschaftsbedingung, und was diese Option prinzipiell von den vorherigen unterscheidet, ist, daβ es überhaupt nicht um Modifikation oder Aufstufung des Publikumsstatus geht, viel eher um Asymmetrieabbau - im Extremfall Asymmetrieumkehr[28] - bei erhaltener Rollendifferenz. Versicherungsvereine auf Gegenseitigkeit, Konsumgenossenschaften, Wählergemeinschaften und religiöse Laienorganisationen sind naheliegende Beispiele für organisatorische Zusammenfassungen des Publikums.

Natürlich entsteht mit jeder Organisation eine neue Leistungs-/Publikumsrollen-Differenz. Das Publikum, das in einer Hinsicht in der Organisation zusammengefaβt wird und der Leistungsrollenebene gegenüber in die Form der Verhandlungs- oder Konfliktfähigkeit gebracht wird, wird in einer anderen Hinsicht jetzt auch das Publikum dieser Organisation. Vielleicht kann man an Konsumgenossenschaften sehen, wie schnell Publikumsorganisationen von anderen leistungserbringenden Organisationen des Funktionssystems ununterscheidbar werden mögen. Dennoch ist das Resultat in jedem Fall eine Diversifikation des Sozialstruktur des Funktionssystems, so daβ der Asymmetrieabbau sich aus sich überschneidenden Abhängigkeiten ergibt und das Publikum seine multiplen Abhängigkeiten gegeneinander ausspielen kann.

5 Nation als Inklusionsbegriff und das Moment der Obligation

Der Prozeβ der Inklusion kennt - wie jeder der groβen gesellschaftlichen Entwicklungstrends - eine eigene Begleitsemantik, die man sowohl in ihrer symptomatischen Bedeutung studieren kann, wie man auch

---

28 Siehe ein interessantes Beispiel bei Peterson (1978): Versicherungsvereine von Patienten im England der zweiten Hälfte des 19. Jahrhunderts, die Ärzte völlig auf den Status des abhängig Beschäftigten reduzieren, was mit Autonomieverlust bei der Wahl von Therapien und mit Einkommensminima einhergeht.

nach ihrer kausalen Relevanz in historischen Prozessen fragen sollte. Der vermutlich weitreichendste dieser Begleitbegriffe ist der des *Menschen* - als Kontrastbegriff zu beispielsweise *Untertan*[29] - mit Komposita wie Menschheit oder Menschenrechte. Auch *Bürger/Citoyen*, *Talent*, ja sogar *Genie*, natürlich *Volk* und erneut *Idiot*[30] fungieren als Inklusionsbegriffe. Vielleicht der interessanteste Begriff aber ist der der *Nation*. Ehedem selbst eine ständisch exklusive Formel - wie beispielsweise in 'Heiliges Römisches Reich Deutscher Nation', wo nur Reichsstände gemeint waren - wird Nation der vielleicht erfolgreichste Inklusionsbegriff der Moderne. Das hat mit seiner Zweiseitigkeit zu tun, die ihn gleichzeitig Exklusionen organisieren läßt.

Die Politik der Frühmoderne, die noch von Herrschaft über ihre Untertanen ausgehen konnte, kannte natürlich auch *Einwohner* - und versuchte vielfach, sie aus je verschiedenen Motiven zu werben -, die zunächst nicht ihrer Herrschaft unterworfen waren. Jesuiten und andere Orden, Händlerkolonien, teilweise auch Juden, Studenten, die Ritterorden und auch Hugenotten sind Beispiele aus der heterogenen Klasse solcher eingeworbener Populationen. Um diese zu gewinnen, mußte man sie in verschiedenen Hinsichten *privilegieren*. Man tauschte also konkrete Privilegien für diese Gruppen, die als Privilegien *Herrschaftsverzichte* implizierten, gegen die erhofften Leistungen und Vorteile und die Bereitschaft dieser Gruppen, sich in allem, was nicht ihre Privilegien betraf, den Gesetzen des Staates zu unterwerfen[31].

---

29 Siehe etwa Voß (1799, Bd. I: 15): "Die unauslöschliche, längst über die Grenzen aller Staaten eingedrungene Wirksamkeit der Französischen Revolution ist: daß der Unterthan in sich den Menschen hat kennen und schätzen gelernt."

30 Siehe den affirmativen, selbstidentifizierenden Gebrauch bei Herder, der vom Sprachforscher fordert, er müsse fremde Nationen und Sprachen kennen, "um über die seinige klug zu reden - der aber zugleich als ein wahrer Idiot, alles auf seine Sprache zurückführte, um ein Mann seines Volks zu sein ..." (Herder 1768: 14).

31 Siehe Bielfeld (1764, Bd. I: 93ff., insb. 101/102), der vier Dimensionen von Standesbildung unterscheidet und für die vierte Dimension - die der Verpflichtungen "in Ansehung auf die Verbindungen der Gesellschaft" - folgende Reihe vorschlägt: Fürsten/Obrigkeiten/Untertanen/Einwohner. Den Begriff Einwohner gibt es in dieser Klassifikation nur, um den Sonderstatus der eingeworbenen Populationen kennzeichnen zu können.

In dem Augenblick, wo die Untertanen des Herrschers zur *Nation* werden, werden alle Privilegierungen für Fremde problematisch, weil sie jetzt nicht mehr Herrschaftsverzichte des Fürsten, sondern Disprivilegierungen der Nation, also inklusionswidrig sind. Man kann dies in der zweiten Hälfte des 18. Jahrhunderts im Erziehungsbereich studieren, wo die Polemik gegen Jesuiten und an Ausländern orientierte Studienpläne unter dem Titel *Nationalerziehung* läuft[32]. *Nationalstaat*, *Nationalökonomie*, *Nationalerziehung*, *Nationalkirche* und *nationale Sicherheit* motivieren und organisieren jetzt immer beides: weitreichende Ansprüche jedes einzelnen an die sich autonomisierenden Funktionssysteme und den Widerspruch gegen die Berücksichtigung, ja gar Privilegierung, Fremder. Die Wissenschaft kann sich hier noch am besten entziehen, weil sie keine direkten Formen der Inklusion der Gesamtbevölkerung kennt. Man kann vermuten, daß die Zuspitzung der Situation des Judentums im 19. und 20. Jahrhundert mit dieser Form der Durchsetzung von Inklusion zu tun hatte. Die Frühmoderne kannte noch relativ stabile Muster des Umgangs mit jüdischen Einwohnern: man konnte sie disprivilegieren - i.e. zu Zahlungen verpflichten -, wenn sie schon da waren, und man konnte sie privilegieren, wenn es sie nicht gab und man sie - beispielsweise für Finanzzwecke - brauchte[33]. Im 19. und 20. Jahrhundert dagegen mußte sich alles an der Frage entscheiden, ob Juden Mitglieder der Nation waren, und es konnte für den Ausgang unwichtig sein, wie sie selbst in dieser Frage zu optieren versuchten.

Es ist hier schon deutlich geworden, daß das aktivistisch-verpflichtende Moment, das überhaupt im Wertmuster der Moderne und spezifischer in den über Inklusion organisierten Publikumsrollen liegt, insbesondere auch dem Inklusionsbegriff Nation eigen ist. Nation hat als Begriff einen Aufforderungs- und Verpflichtungscharakter für diejenigen, die ihr angehören - und das heißt seit den napoleonischen Kriegen auch, daß man sich selbst verteidigt und dies nicht mehr fremden Söldnern

32 Siehe Chalotais (1763: 13, 17); Guyton de Morveau (1764: 83); Rolland d'Erceville (1768: 8; eine in der Druckfassung 1783 hinzugefügte Anmerkung, die retrospektiv den Motivzusammenhang von Nationalerziehung und Auflösung des Jesuitenordens als gesamteuropäisch sieht); Wahlberg (1865: 48).

33 Auch das schloß natürlich das jederzeitige Risiko von spontanen Pogromen ein, was im übrigen für andere eingeworbene Populationen ähnlich gilt.

überlassen kann[34]. Ähnliches galt lange Zeit für alle Publikumsrollen, die mit dem Vollzug von Inklusion entstehen. Zugang jedes Gesellschaftsmitglieds zu allen Funktionssystemen räumte nicht nur eine Option ein, meinte vielmehr zugleich eine *Teilnahmepflicht*. Um dies von einem Extremfall her zu erläutern: Wenn man Ludwig Jahns 'Deutsches Volkstum' liest (Jahn 1810), hat man den Eindruck, daß es vor allem um eine Polemik gegen 'Hagestolze' geht, die sich der als reproduktive Verpflichtung interpretierten Inklusion in Intimbeziehungen entziehen. Die fünfziger und frühen sechziger Jahre dieses Jahrhunderts haben dann noch einmal eine Vollinklusion in eine - als Folge eines strukturellen Effekts - beinahe obligatorische Ehe gebracht (vgl. Cherlin 1983). Ähnliche Formen obligatorischer Vollinklusion kannten fast alle Funktionssysteme: die Unmöglichkeit, keiner Religionsgemeinschaft anzugehören; Wahlpflicht; die Unzulässigkeit von Faulheit; Wehr- und Schulpflicht; Pflichtuntersuchungen; Bundesjugendwettspiele. Erst die letzten Jahrzehnte bringen hier eine Auflockerung, und es liegt nahe, dies mit der Internationalisierung der Weltgesellschaft in Verbindung zu bringen. Funktionssysteme, die nicht mehr in nationalen Kategorien zu begreifen sind, können auch nicht mehr das Mittel des Zwangs mobilisieren, das nur der Politik zur Verfügung steht, vor allem aber können sie von der Politik nicht mehr gezwungen werden. Selbst dort, wo Zwangsmomente noch unverzichtbar scheinen, wie bei Wehr- und Schulpflicht, lockern Wahlalternativen die obligatorische Form der Inklusion.

Diese Überlegungen machen deutlich, daß zunehmende Scheidungsraten und abnehmende Ehequoten, Kirchenaustritte, geringe Wahlbeteiligung und postmaterialistische Werte nicht ohne weiteres als Funktionssystemkrisen verstanden werden sollten. Es scheint eher darum zu gehen, daß, nachdem in einer ersten langen Phase Inklusion die Entstehung von *Möglichkeiten der Partizipation* bedeutete, sich jetzt eine Schwerpunktverlagerung andeutet, die zusätzlich *Freiheiten der Nichtpartizipation* einräumt. Gleichzeitig verliert der problematische Begriff der Nation an Bedeutung, obwohl er jederzeit wieder Krisen initiieren mag, weil er sich in einer von zunehmender personaler Mobilität

34 Es ist dann nur konsequent, daß im Krieg Ausländer künftig prinzipiell verdächtig sind.

gekennzeichneten Weltgesellschaft eignet, entstehende Partizipationsansprüche von Migranten abzuweisen[35].

Literatur

Alexander, J.C. (1980) Core Solidarity, Ethnic Outgroup, and Social Differentiation: A Multidimensional Model of Inclusion in Modern Societies. In: Dofny, J. & Akiwowo, A. (ed.) (1980) National and Ethnic Movements; Beverly Hills: 5-28

Barry, J. (1985) Piety and the Patient: Medicine and Religion in Eighteenth Century Bristol. In: Porter, R. (ed.) (1985) Patients and Practitioners. Lay Perceptions of Medicine in Pre-industrial Society; Cambridge: 145-175

Bielfeld, J.F. (1764²) Des Freyherrn von Bielefeld Lehrbegriff der Staatskunst. 2 Bde. Breslau, Leipzig

Boterus, J. (1596) Gründlicher Bericht von Anordnung guter Policeyen und Regiments: auch Fürsten und Herren Stands. Sampt Gründlicher Erklärung der Ursachen/ wadurch Stätt/ zu Auffnemmen und Hochheiten kommen mögen. Straßburg

Cannon, S.F. (1978) Science in Culture - The Early Victorian Period. New York

Chalotais, L.-R. de Caraduc de La (1763) Essai d'éducation nationale, ou Plan d'études pour la jeunesse. o.O.

Cherlin, A.I. (1983) Changing Family and Household: Contemporary Lessons for Historical Research. Annual Review of Sociology 9: 51-66

Cullen, J.B. (1978) The Structure of Professionalism: A Quantitative Examination. New York

---

35 Es ist bezeichnend, daß in einem Land wie Frankreich ein geplanter 'code de la nationalité', der differente Typen von Teilnahmerechten präzise abgrenzen soll, heute das eigentlich prekäre, weil extrem polarisierende, politische Thema werden kann.

Folkers, H. (1987) Verabschiedete Vergangenheit. Ein Beitrag zur unaufhörlichen Selbstdeutung der Moderne. In: Baecker, D. et al. (ed.) (1987) Theorie als Passion - Niklas Luhmann zum 60. Geburtstag; Frankfurt: 46-83

Gelfand, T. (1976) The Origins of a Modern Concept of Medical Specialization: John Morgan's Discourse of 1765. Bulletin of the History of Medicine 50: 511-535

Gigon, O. (1981) Idiotes. In: Welskopf, E.C. (ed.) (1981) Untersuchungen ausgewählter altgriechischer Typenbegriffe; Berlin-DDR: 385-391

Guazzo, S. (1599) De Civili Conversatione, Das ist, Von dem Bürgerlichen Wandel und zierlichen Sitten. Frankfurt

Guyton de Morveau, L.B. (1764) Memoire sur l'éducation publique. o.O.

Herder, J.G. (1768) Ueber die neuere deutsche Literatur. Fragmente. In: Herder, J.G. (1877) Sämmtliche Werke (B. Suphan, ed.). Bd. 2; Berlin

Hirschman, A.O. (1970) Exit, Voice and Loyalty. Cambridge/Mass.

Jahn, F.L. (1810) Das deutsche Volksthum. Neudruck Dresden (1928)

Kant, I. (1798) Der Streit der Fakultäten. In: Kant, I. (1975) Werke. Weischedel, W. (ed.), Bd. 9; Darmstadt: 261-393

Klein, T. (1977) Conservatio Reipublicae per bonam educationem. Leben und Werk Hermann Kirchners. In: Heinemeyer, W. et al. (ed.) (1977) Academia Marburgensis. Beiträge zur Geschichte der Philipps-Universität Marburg; Marburg: 180-230

Knoke, D. & Laumann, E.O. (1982) The Social Organization of National Policy Domains: An Exploration of Some Structural Hypotheses. In: Marsden, P.V. & Lin, N. (ed.) (1982) Social Structure and Network Analysis; Beverly Hills: 255-270

Loubser, J.J. (1968) Calvinism, Equality, and Inclusion: The Case of Afrikaner Calvinism. In: Eisenstadt, S.N. (ed.) (1968) The Protestant Ethic and Modernization - A Comparative View; New York: 367-383

Luhmann, N. (1972) Einfache Sozialsysteme. In: Luhmann, N. (1975) Soziologische Aufklärung 2; Opladen: 21-38

Luhmann, N. (1977) Funktion der Religion. Frankfurt

Luhmann, N. (1981) Politische Theorie im Wohlfahrtsstaat. München

Luhmann, N. (1982) Liebe als Passion: Zur Codierung von Intimität. Frankfurt

Luhmann, N. (1983) Anspruchsinflation im Krankheitssystem: Eine Stellungnahme aus gesellschaftstheoretischer Sicht. In: Herder-

Dorneich, Ph. & Schuller, A. (ed.) (1983) Die Anspruchsspirale; Stuttgart: 28-49

Luhmann, N. (1988) Sozialsystem Familie. Ms. Bielefeld

Luhmann, N. & Schorr, K.-E. (1979) Reflexionsprobleme im Erziehungssystem. Stuttgart

Marshall, T.H. (1964) Class, Citizenship, and Social Development. Garden City/N.Y.

Oexle, O.G. (1985) Alteuropäische Voraussetzungen des Bildungsbürgertums - Universitäten, Gelehrte und Studierte. In: Conze, W. & Kocka, J. (ed.) (1985) Bildungsbürgertum im 19. Jahrhundert; Stuttgart: 29-78

Parsons, T. (1961) Introduction to Part Two. In: Parsons, T. et al. (ed.) (1965²) Theories of Society. New York: 239-264

Parsons, T. (1965) Full Citizenship for the Negro American? In: Parsons, T. (1967) Sociological Theory and Modern Society; New York: 422-465

Parsons, T. (1970) Some Considerations on the Comparative Sociology. In: Fischer, J. (ed.) (1970) The Social Sciences and the Comparative Study of Educational Systems; Scranton/Pa.: 201-220

Parsons, T. (1971) Belief, Unbelief, and Disbelief. In: Parsons, T. (1978) Action Theory and the Human Condition; New York: 233-263

Parsons, T. (1971a) Comparative Studies and Evolutionary Change. In: Parsons, T. (1977) Social Systems and the Evolution of Action Theory; New York: 279-320

Parsons, T. & Platt, G.M. (1973) The American University. Cambridge/Mass.

Peterson, M.J. (1978) The Medical Profession in Mid-Victorian London. Berkeley, Los Angeles

Ranieri, F. (1985) Vom Stand zum Beruf - Die Professionalisierung des Juristenstandes als Forschungsaufgabe der europäischen Rechtsgeschichte der Neuzeit. Jus Commune 13: 83-105

Robertson, R. (1987) Globalization and Societal Modernization: A Note on Japan and Japanese Modernization. Sociological Analysis 47, 35-42

Rolland d'Erceville, B.G. (1768) Plan d'Éducation et de Correspondance des Universités et des Colleges. In: Rolland d'Erceville, B.G. (1783) Recueil des plusieurs des ouvrages; Paris: 3-152

Rosen, G. (1944) The Specialization of Medicine with Special Reference to Ophthalmology. New York

Rothblatt, S. (1976) Tradition and Change in English Liberal Education. London

Rubin, M. (1987) Charity and Community in Medieval Cambridge. Cambridge

Scott, W.R. & Meyer, J.W. (1983) The Organization of Societal Sectors. In: J.W. Meyer & W.R. Scott (1983) Organizational Environments: Ritual and Rationality; Beverly Hills: 129-153

Stichweh, R. (1984) Zur Entstehung des modernen Systems wissenschaftlicher Disziplinen. Physik in Deutschland 1740-1890. Frankfurt

Stichweh, R. (1987) Professionen und Disziplinen: Formen der Differenzierung zweier Systeme beruflichen Handelns in modernen Gesellschaften. In: Harney, K. & Jütting, D. & Koring, B. (ed.) (1987) Professionalisierung der Erwachsenenbildung. Fallstudien - Materialien - Forschungsstrategien; Frankfurt, Bern: 210-275

Tyrell, H. (1987) Romantische Liebe - Überlegungen zu ihrer 'quantitativen Bestimmtheit'. In: Baecker, D. et al. (ed.) (1987) Theorie als Passion - Niklas Luhmann zum 60. Geburtstag; Frankfurt: 570-599

Voß, C.D. (1799) Versuch über die Erziehung für den Staat als Bedürfniß unsrer Zeit, zur Beförderung des Bürgerwohls und der Regenten-Sicherheit. 2 Bde. Halle

Wahlberg, W.E. (1865) Die Reform der Rechtslehre an der Wiener Hochschule seit deren Umwandlung zu einer Staatsanstalt. In: Wahlberg, W.E. (1877) Gesammelte kleinere Schriften und Bruchstücke. Bd. 2; Wien: 1-54

Weick, K.E. (1985) Der Prozeß des Organisierens. Frankfurt

Zenz, E. (1949) Die Trierer Universität 1473-1798. Ein Beitrag zur abendländischen Universitätsgeschichte. Trier

KAPITEL 7
VERSELBSTÄNDIGUNG UND POLITISCHE STEUERBARKEIT GESELLSCHAFTLICHER TEILSYSTEME

Bernd Rosewitz und Uwe Schimank

1 Einleitung

Spätestens seit dem Anfang des letzten Jahrhunderts ist die Verselbständigung von Teilsystemen der modernen Gesellschaft ein wichtiges Thema gesellschaftlicher Selbstbeobachtung. Das Hauptaugenmerk gesellschaftlicher Akteure galt dabei lange Zeit fast ausschließlich dem kapitalistischen Wirtschaftssystem, dessen Ausdifferenzierung durch die industrielle Revolution seine entscheidende Schubkraft erhielt. Die zahlreichen Negativerfahrungen mit den Auswirkungen einer kapitalistischen Wirtschaftsordnung in nahezu allen Bereichen der Gesellschaft zeigten den Zeitgenossen die Indifferenz der spezifisch wirtschaftlichen Handlungslogik gegenüber außerwirtschaftlichen Beurteilungsmaßstäben. Zugleich verdeutlichten die immensen Schwierigkeiten, mit denen jeder Versuch konfrontiert wurde, von außen in das kapitalistische Wirtschaftssystem zu intervenieren, um die unerwünschten Folgeerscheinungen wirtschaftlichen Handelns abzustellen, daß sich hier ein gesellschaftlicher Teilbereich in hohem Maße immunisiert hatte. Indifferenz und Immunisierung: Dieses wurden die Leitmotive einer Kapitalismuskritik, die von den Romantikern über die Frühsozialisten bis zum daraus hervorgehenden Marxismus reicht (Schaff 1977). Polanyi bringt diese Verselbständigungsdiagnose auf den Begriff, wenn er schreibt, daß alle sonstigen Bereiche gesellschaftlichen Handelns, in die wirtschaftliches Handeln einst eingebettet gewesen war, nunmehr "... zu einem Beiwerk des Wirtschaftssystems herabgesunken" seien (Polanyi 1944: 111).

In der Folgezeit wurde diese zunächst auf das Wirtschaftssystem fixierte Beobachtung von Verselbständigungstendenzen auch bei anderen gesellschaftlichen Teilsystemen gemacht. Dort fallen die Verselbständigungsdiagnosen jedoch zumeist weniger dramatisch aus. Nichtsdestoweniger handelt es sich in allen Fällen um Einschätzungen, die auf als problematisch wahrgenommene Sachverhalte hinweisen. So wird beispielsweise für das Wissenschaftssystem immer wieder als Verselbständigungstendenz apostrophiert, daß wissenschaftliche Forschung sich zu wenig an außerwissenschaftlichen Nutzenkriterien orientiere. Auch die Tatsache, daß die technische Umsetzung wissenschaftlicher Forschungsergebnisse - etwa der Atomforschung oder der Genetik - immer größere gesellschaftliche Gefährdungspotentiale hervorbringt, wird als Verselbständigungstendenz eingestuft. Beim Gesundheitssystem ist es der steigende Verbrauch finanzieller Ressourcen, die sogenannte "Kostenexplosion", worin sich nach Einschätzung vieler Beobachter die Verselbständigung dieses gesellschaftlichen Teilsystems manifestiert. Hingewiesen wird beim Gesundheitssystem aber auch immer wieder auf Tendenzen, die eine zunehmende Diskrepanz zwischen den Behandlungsmöglichkeiten, die der medizinisch-technische Fortschritt eröffnet, und den Vorstellungen und Bedürfnissen der Patienten erzeugen. Das Militär ist ein weiteres gesellschaftliches Teilsystem, von dem mit wachsender Komplexität und Vernetzung von Technologien und Strategien immer häufiger befürchtet wird, daß es zu einem von außen unkontrollierbaren und damit gesellschaftlich höchst riskanten Gefährdungspotential geworden ist.

Man könnte mühelos weitere Beispiele solcher Verselbständigungsdiagnosen für diese oder andere Teilsysteme der modernen Gesellschaft finden. Die angeführten Beispiele machen jedoch bereits hinreichend deutlich, daß es verschiedene Arten von Problemen gibt, bei denen es naheliegt, sie als Indikatoren der Verselbständigung eines gesellschaftlichen Teilsystems anzusehen. Systematisch lassen sich mindestens drei Arten unterscheiden:

- Von der Verselbständigung eines gesellschaftlichen Teilsystems wird erstens dann gesprochen, wenn *Leistungserwartungen*, die Akteure in der gesellschaftlichen Umwelt an das Teilsystem adressieren, nicht oder nur ungenügend befriedigt werden. Diese Art der Verselbständigung läßt sich etwa anhand des Wissenschaftssystems, dessen Akteure sich nicht um die Bearbeitung der an sie herangetragenen technologischen Probleme des Wirtschaftssystems kümmern, illustrieren.
- Zweitens wird von der Verselbständigung eines gesellschaftlichen Teilsystems gesprochen, wenn seine Leistungsproduktion Nebenfolgen mit sich bringt, die als gesellschaftliche *Risiken* eingestuft werden. Die Kriegsgefahren, die von einer immer weiter voranschreitenden Perfektionierung der Militärtechnologien und -strategien heraufbeschworen werden, illustrieren diese Art der Verselbständigung.

- Schließlich wird drittens von der Verselbständigung eines gesellschaftlichen Teilsystems gesprochen, wenn es für seine Leistungsproduktion zu extensiv gesellschaftliche *Ressourcen*, vor allem finanzieller Art, verbraucht. Die sogenannte "Kostenexplosion" im deutschen Gesundheitssystem seit Mitte der 70er Jahre ist ein illustratives Beispiel für diese Art der Verselbständigung.

Aus den bisherigen Ausführungen geht bereits hervor, daß es sich bei der Verselbständigung eines gesellschaftlichen Teilsystems niemals um einen "objektiv" festmachbaren Sachverhalt handelt, sondern immer um entsprechende *Zuschreibungen* durch gesellschaftliche Akteure in der Umwelt des betreffenden Teilsystems. Diese interpretieren dessen Operationsweise, d.h. die Handlungslogiken, denen die Akteure des jeweiligen Teilsystems folgen, und die daraus hervorgehenden gesellschaftsweiten Effekte, in mindestens einer der drei genannten Hinsichten als inadäquat. Dieser Problemwahrnehmung liegen die kognitiven, normativen und evaluativen Orientierungen zugrunde, an denen sich die das betreffende Teilsystem beobachtenden Akteure in ihren jeweiligen Teilsystemen ausrichten.

Die Wahrnehmung, daß ein gesellschaftliches Teilsystem umweltinadäquat operiert, führt allerdings für sich genommen noch nicht dazu, diesem Verselbständigung zuzuschreiben. Erst *interventionsresistente Umweltinadäquanz* konstituiert Verselbständigung. Bevor sie attestiert wird, müssen also ernsthafte Versuche insbesondere politischer Akteure, die wahrgenommene Umweltinadäquanz des betreffenden Teilsystems durch entsprechende Steuerungsmaßnahmen zu beheben, fehlgeschlagen sein. Verselbständigung liegt somit in dem Maße vor, wie zwischen den Steuerungsansprüchen und -kapazitäten politischer Akteure und den Steuerungserfordernissen, die ein gesellschaftliches Teilsystem aufgrund der Umweltinadäquanz seiner Operationen aufwirft, ein Mißverhältnis besteht. Je größer dieses Mißverhältnis ist, desto höher kann der Grad teilsystemischer Verselbständigung angenommen werden.

Das Ziel des vorliegenden Beitrags besteht darin, diese Thematik differenzierungstheoretisch zu beleuchten. Dabei sollen insbesondere Korrekturen an der gängigen systemtheoretischen Betrachtungsweise von Verselbständigungstendenzen gesellschaftlicher Teilsysteme angebracht werden, die daher im nächsten Abschnitt zunächst in ihren Grundlinien dargestellt wird. In den beiden darauf folgenden Abschnitten werden dann Gesichtspunkte zusammengetragen, die in der systemtheoretischen Betrachtungsweise nicht oder nur unzureichend in den Blick geraten. Insgesamt handelt es sich dabei um eine für weitere Ergänzungen offene Sammlung und lockere Verknüpfung von Bedingungsfaktoren teilsystemischer Verselbständigung. Zur Illustration werden vor allem Beispiele aus dem deutschen Gesundheits- und dem deutschen Forschungssystem, z.T. aber auch aus anderen gesellschaftlichen Teilsystemen herangezogen.

2 Die Verselbständigung gesellschaftlicher Teilsysteme in systemtheoretischer Perspektive

Die systemtheoretische Perspektive in bezug auf Verselbständigungstendenzen gesellschaftlicher Teilsysteme, wie sie vor allem von Luhmann und Willke entwickelt worden ist,[1] läßt sich in drei Schritten darstellen. Auf der Grundlage eines Modells moderner Gesellschaften gelangen systemtheoretische Analysen gesellschaftlicher Differenzierung zu einer Diagnose von Verselbständigungstendenzen gesellschaftlicher Teilsysteme, auf deren Grundlage dann Vorschläge zur Therapie gewonnen werden.

Systemtheoretische Analysen gehen in ihrem *Gesellschaftsmodell* davon aus, daß die moderne Gesellschaft funktional differenziert ist (Luhmann 1977). Das bedeutet: Sie gliedert sich primär in ungleichartige, aber gleichrangige Teilsysteme. Jedes Teilsystem ist auf eine bestimmte Funktion gesellschaftlicher Reproduktion spezialisiert. Entsprechend dieser Funktion bildet es eine spezifische Semantik, einen eigenen binären Code, der in einigen Fällen auch zu einem symbolisch generalisierten Kommunikationsmedium ausgebaut ist, sowie den Code spezifizierende Handlungsprogramme aus. Bei den meisten funktionalen Teilsystemen der modernen Gesellschaft ist die Ausdifferenzierung soweit vorangeschritten, daß Semantik und Code selbstreferentiellen Charakter gewonnen haben.

Selbstreferentialität ist eine besondere Form der Geschlossenheit sinnhafter Verweisungshorizonte des Erlebens und Handelns (Luhmann 1980). Alle gesellschaftlichen Ereignisse werden durch ein selbstreferentiell operierendes Teilsystem einzig und allein in dem begrenzten Sinnhorizont, der durch die Kontrastfigur seines binären Codes aufgespannt

1 Siehe hierzu Luhmann (1981a; 1983; 1986); Willke (1983; 1984).

wird, interpretiert. So deutet beispielsweise das Wissenschaftssystem alles gemäß dem Code "wahr/unwahr". Sämtliche teilsysteminternen Operationen werden rigoros diesem Code unterworfen. Aber auch Ereignisse und Zustände in der gesellschaftlichen Umwelt des Wissenschaftssystems gewinnen für dieses lediglich insoweit Relevanz, wie sie diesen codegesteuerten internen Operationsmodus negativ oder positiv tangieren können. So produzieren selbstreferentielle gesellschaftliche Teilsysteme eine Zirkularität sinnhaft vereinheitlichter Teilsystemoperationen. Wissenschaftliche Wahrheitskommunikationen - insbesondere in Form von Publikationen - schließen an andere Wahrheitskommunikationen an und bringen ihrerseits weitere Wahrheitskommunikationen hervor (Stichweh 1987a).

Wenn die verschiedenen Teilsysteme der modernen Gesellschaft auf diese Weise jeweils als selbstreferentiell geschlossene Systeme operieren, gibt es keine übergreifende substantielle Identität dieser Gesellschaft mehr, sondern nur noch einen Relativismus teilsystemspezifischer Gesellschaftsbeschreibungen. So kann die Gesellschaft aus der Perspektive des Wirtschaftssystems als "Kapitalismus", aus der Perspektive des Rechtssystems als "Rechtsstaat", aus der Perspektive des Wissenschaftssystems als "Wissenschaftsgesellschaft" (z.B. Kreibich 1986) oder aus der Perspektive des politischen Systems als "Wohlfahrtsstaat" betrachtet werden. Jede dieser Perspektiven ist universalistisch und partikularistisch zugleich angelegt, vermag also sämtliche gesellschaftlichen Sachverhalte im Sinnhorizont eines spezifischen Teilsystems zu interpretieren. Jede dieser teilsystemspezifischen Gesellschaftsbeschreibungen hat eine gleichermaßen eingeschränkte Gültigkeit. Innerhalb eines Teilsystems genießt seine Gesellschaftsbeschreibung eine unangefochtene Hegemonie, wofür sie sich dann außerhalb - da dies für alle Teilsysteme gilt - den Gesellschaftsbeschreibungen der jeweils anderen Teilsysteme unterwerfen muß. In diesem Sinne ist die moderne Gesellschaft eine polyzentrische Gesellschaft.

Dieses - hier nur äußerst verkürzt skizzierte - Gesellschaftsmodell systemtheoretischer Analysen führt geradewegs zu einer *Diagnose* von Verselbständigungstendenzen der einzelnen gesellschaftlichen Teilsysteme. Solche Tendenzen sind, folgt man der systemtheoretischen Argumentation, im Formprinzip moderner Gesellschaften, also im Prinzip funktionaler Differenzierung, angelegt. Denn die Differenzierung der modernen Gesellschaft in funktionale Teilsysteme, die jeweils in selbstreferentieller Geschlossenheit ausschließlich ihren spezialisierten Funktionsorientierungen folgen, setzt zentrifugale Kräfte frei, die die moderne Gesellschaft vor immer größere Zerreißproben stellen. Die Autozentriertheit der Teilsysteme hat zur Folge, daß gesellschaftliche Systemintegration immer prekärer wird (Willke 1978).

Die funktionale Spezialisierung eines gesellschaftlichen Teilsystems bedeutet zunächst einmal, daß dieses gegenüber allen sonstigen gesellschaftlichen Funktionserfordernissen "Schwellen der legitimen Indifferenz" (Tyrell 1978: 183/184) etabliert. Dem Wissenschaftssystem beispielsweise, das sich an der Produktion von Wahrheiten orientiert, kann gleichgültig sein, ob sein selbstreferentieller, durch Theorieprogramme gesteuerter Erkenntnisfortschritt religiös anstößig, politisch inopportun oder wirtschaftlich nicht nutzbar ist. Diese Indifferenz gegenüber Kriterien aus der gesellschaftlichen Umwelt ist für das Wissenschaftssystem, wie die Geschichte der neuzeitlichen Wissenschaft nachdrücklich demonstriert, äußerst funktional, weil sie es von Limitationen freisetzt, die den Erkenntnisfortschritt jahrhundertelang oftmals geradezu stranguliert hatten. Für die gesellschaftliche Umwelt des Wissenschaftssystems ist derselbe Sachverhalt allerdings funktional ambivalent. Die Indifferenz der Wissenschaft gegenüber außerwissenschaftlichen Kriterien ermöglicht ihr einerseits, auf Probleme, die sich auch in anderen gesellschaftlichen Teilsystemen stellen, eine zu deren Problemperzeption inkongruente Perspektive zu kultivieren, aus der sich die spezifischen Rationalitätsgewinne einer Verwissenschaftlichung gesellschaftlicher Probleme überhaupt erst ergeben. Andererseits führt die Indifferenz des Wissenschaftssystems gegenüber Belangen seiner gesellschaftlichen Umwelt aber eben auch dazu, daß dieses für andere Teilsysteme Probleme schafft - sei es durch Vernachlässigung von gesellschaftlichen Anwendungsbezügen, sei es durch Risiken der technologischen Umsetzung wissenschaftlicher Erkenntnisse. Eine mit zunehmender Ausdifferenzierung funktionaler Teilsysteme immer stärker verabsolutierte Indifferenz gegenüber den Umwelteffekten der eigenen selbstreferentiell geschlossenen Operationsweise bringt so immer auch eine zunehmende Umweltinadäquanz der Teilsysteme hervor.

Der selbstreferentielle Operationsmodus funktionaler Teilsysteme enthält also zum einen eine Tendenz zur *Verabsolutierung von Umweltindifferenz*. Zum anderen errichtet die Selbstreferentialität eines Teilsystems aber auch für Außeneinwirkungen jeglicher Art, also unter anderem politische Steuerungsversuche, "... die Barriere einer eigengesetzlichen Kausalstruktur ..." (Willke 1984: 47). An dieser Barriere muß jede externe

Steuerung, sobald sie Vorgänge innerhalb des betreffenden Teilsystems deterministisch festlegen will, scheitern. Die Teilsysteme stehen in einem Verhältnis "wechselseitiger Intransparenz" zueinander (Luhmann 1981b: 50-56). Der selbstreferentielle Operationsmodus eines bestimmten Teilsystems, dessen Innenwelt, kann aus der Perspektive der Außenwelt, also anderer gesellschaftlicher Teilsysteme, nicht so detailliert nachvollzogen werden, daß eine gezielte Einwirkung auf Zustände und Vorgänge im betreffenden Teilsystem möglich wäre. Beispielsweise ist der Stand der Forschung in einer bestimmten Subdisziplin des Wissenschaftssystems für die Akteure im politischen System, die bestimmte Maßnahmen der Forschungssteuerung vollziehen wollen, letztlich undurchschaubar. Welche Forschungsergebnisse mit welchem Grad an Genauigkeit und Zuverlässigkeit vorliegen, welche mittelfristig projektierbaren Erkenntnisfortschritte realistisch sind und welche außerwissenschaftlichen Anwendungsbezüge sich daran anknüpfen lassen - diese für jede Forschungssteuerung entscheidenden Sachverhalte können letztlich von keiner Instanz außerhalb der betreffenden Subdisziplin kompetent beurteilt werden. Eine politische Forschungssteuerung, die diese Intransparenz ihres Steuerungsgegenstandes ignoriert, muß zwangsläufig nicht intendierte und nicht prognostizierte Effekte zeitigen - und sei es, daß der Steuerungsgegenstand in seiner immanenten Dynamik überhaupt nicht beeinflußt wird. Mit dieser *Immunität gegenüber externer Steuerung* tritt dann der Tatbestand der Verselbständigung eines funktionalen Teilsystems zutage.

Ein und dieselbe Ursache - nämlich der selbstreferentiell geschlossene Operationsmodus funktional spezialisierter Teilsysteme - bringt in der systemtheoretischen Betrachtung also die teilsystemische Indifferenz gegenüber ihrer Umweltinadäquanz und eine Immunität gegenüber darauf reagierenden politischen Steuerungsmaßnahmen hervor. Diese Diagnose des Verselbständigungsproblems im Rahmen systemtheoretischer Analysen gesellschaftlicher Differenzierung führt unmittelbar zu bestimmten Vorstellungen darüber, welche Arten von *Therapien* es überhaupt geben könnte. Betrachtet man zunächst die Tendenz funktionaler Teilsysteme, ihre Umweltindifferenz zu verabsolutieren, so wird von Luhmann darauf hingewiesen, daß die Knappheit verfügbarer finanzieller Ressourcen "... zum systemnotwendigen Korrektiv der ... Funktionssysteme ..." wird (Luhmann 1983: 37-39, 46/47). Die Tatsache, daß der selbstreferentielle Operationsmodus aller gesellschaftlichen Teilsysteme darauf angewiesen ist, Geld gleichsam als "Energie" zu verbrauchen, führt dazu, daß alle

Teilsysteme um diese knappe Ressource konkurrieren. Zwar handelt es sich dabei, solange das Wirtschaftswachstum anhält, um kein Nullsummenspiel. Dennoch übersteigen die Maximierungs- und Perfektionierungsansprüche der verschiedenen funktionalen Teilsysteme in ihrer Gesamtheit die dafür verfügbare Menge finanzieller Ressourcen, die damit als nicht-intentionaler, "naturwüchsiger" Stopmechanismus wirkt:

> "'Mehr Geld' ist der kategorische Optativ dieser Gesellschaft, gerade weil alle Erhaltungs- und Steigerungsansprüche damit in Gang gehalten werden können; und 'weniger Geld' ist zugleich das einzige Regulativ, das auf der Ebene symbolischer Kommunikation die Grenzen des Erreichbaren ... repräsentiert" (Luhmann 1983: 39).

Ressourcenknappheit ist als Korrektiv teilsystemischer Verselbständigungstendenzen freilich nur in sehr begrenztem Maße adäquat. Zum einen wird dadurch bestenfalls das quantitative Ausmaß der Umweltinadäquanz eines Teilsystems beschränkt, während auf deren qualitative Ausprägungen höchstens vermittelt eingewirkt wird. Zum anderen diskriminiert Ressourcenknappheit per se in keiner Weise zwischen umweltadäquaten und umweltinadäquaten Wirkungen des selbstreferentiellen Operationsmodus eines gesellschaftlichen Teilsystems. Im ungünstigsten Fall könnte Ressourcenknappheit gerade bei den umweltadäquaten und nicht bei den umweltinadäquaten Wirkungen zu Buche schlagen.

Ressourcenknappheit ist somit als Stopmechanismus teilsystemischer Tendenzen einer Verabsolutierung von Umweltindifferenz hochgradig blind. Nicht zuletzt deshalb finden sich bei Luhmann neuerdings häufiger Überlegungen dazu, daß funktionale Teilsysteme über sich selbst in verstärktem Maße hinsichtlich ihrer Umweltwirkungen reflektieren müssen. Nur in dem Maße, wie dieses gelingt, ist die teilsystemische Selbstreferentialität gesellschaftlich rational: "Selbstreferenz allein ... ist noch nicht rational. Rationalität ist erst gegeben ..., wenn auf die Einheit der Differenz reflektiert wird." Damit ist gemeint, "... daß das System seine Einwirkungen auf die Umwelt an den Rückwirkungen auf es selbst kontrollieren muß, wenn es sich rational verhalten will" (Luhmann 1984: 640, 642). Wenn auf diese Weise beispielsweise innerhalb des Wissenschaftssystems deutlich wird, daß die Funktionsfähigkeit anderer gesellschaftlicher Teilsysteme - etwa des Wirtschaftssystems - davon abhängt, daß wissenschaftliche Forschung sich stärker auf außerwissenschaftliche Nutzenkriterien einlassen muß, wäre die

Umweltindifferenz und damit auch die Verselbständigung dieses Teilsystems zumindest partiell zurückgenommen. Trotz funktionaler Spezialisierung wäre eine solche verstärkte Rücksichtnahme auf außerwissenschaftliche Kriterien für das Wissenschaftssystem rational, weil dessen Funktionsfähigkeit schließlich von der Funktionsfähigkeit seiner gesellschaftlichen Umwelt und damit der relevanten anderen Teilsysteme abhängig ist. Damit formuliert Luhmann allerdings zunächst einmal lediglich eine Anforderung an funktional spezialisierte gesellschaftliche Teilsysteme, wobei völlig offen bleibt, wie sie umgesetzt werden soll: welche strukturellen Vorkehrungen für eine solche Reflexionskapazität funktionaler Teilsysteme getroffen werden müssen und wie diese durchgesetzt werden können.

Eine dritte Art von Korrektiv gegen teilsystemische Verselbständigungstendenzen wird von Willke und Teubner als "Kontextsteuerung" diskutiert und empfohlen. Während Ressourcenknappheit und Reflexion mögliche Mechanismen zur Korrektur der Umweltindifferenz funktionaler Teilsysteme sind, zielt Kontextsteuerung auf die Immunität von Teilsystemen gegen Außeneinwirkungen ab (Willke 1983; 1984; 1987; Teubner & Willke 1984). Kontextsteuerung respektiert die sich nach außen als Intransparenz darstellende Autonomie des selbstreferentiellen Operationsmodus funktionaler Teilsysteme und beschränkt sich auf eine "Formung der Intersystembeziehungen" (Willke 1987a: 6). Hierfür ist insbesondere "reflexives Recht" ein Instrument. Die staatliche Rechtssetzung verzichtet darauf, substantielle Entscheidungskriterien für die Regulierung gesellschaftlicher Konflikte bereitzustellen, und schafft statt dessen Verhandlungssysteme und -verfahren, in deren Rahmen dann die betreffenden gesellschaftlichen Teilsysteme ihre Konflikte autonom regulieren. Die Tarifautonomie im Wirtschaftssystem oder der Wissenschaftsrat, in dem sich Repräsentanten von Wissenschaft, Wirtschaft und Politik begegnen, werden dafür als funktionstüchtige Beispiele angeführt. Politische und rechtliche Steuerung soll so als "Konditionierung der Selbststeuerung" funktionaler Teilsysteme (Willke 1987: 6) funktionieren - wobei die Konditionierung eben dergestalt sein soll, daß Verselbständigungstendenzen der Teilsysteme restringiert werden sollen. Kritisch ist zu diesen Überlegungen anzumerken, daß vor allem zwei Aspekten nicht hinreichend Rechnung getragen wird. Zum ersten werden die Voraussetzungen der Selbststeuerungsfähigkeit - u.a. kollektive Handlungsfähigkeit - gesellschaftlicher Teilsysteme nicht berücksichtigt;

zum zweiten werden Machtasymmetrien innerhalb von und zwischen Teilsystemen ausgeblendet (vgl. Mayntz 1987; Jansen 1988).

Diese geraffte Darstellung systemtheoretischer Analysen gesellschaftlicher Differenzierung im Hinblick auf Diagnose und Therapie teilsystemischer Verselbständigungstendenzen soll hier genügen. Im folgenden soll nun nicht die Diskussion über mögliche Therapien teilsystemischer Verselbständigung fortgeführt werden. Denn das hieße, den zweiten Schritt vor dem ersten zu tun. Zunächst einmal gibt es eine Reihe von Aspekten, die in der systemtheoretischen Diagnose nicht berücksichtigt sind. Die systemtheoretische Betrachtungsweise konzentriert sich letztlich, wie deutlich hervortritt, auf einen einlinigen Kausalzusammenhang zwischen funktionaler Spezialisierung, Ausdifferenzierung, Selbstreferentialität und Verselbständigung gesellschaftlicher Teilsysteme. Dieser Kausalzusammenhang wird als universell gültig, also als auf alle funktionalen Teilsysteme in gleicher Weise zutreffend, deklariert. Zugleich wird behauptet, daß der Kausalzusammenhang die primäre Erklärung teilsystemischer Verselbständigung bietet, dem gegenüber alle weiteren Erklärungsfaktoren nur von untergeordneter Bedeutung sind. Hingegen sollen im folgenden Verselbständigungstendenzen gesellschaftlicher Teilsysteme als Phänomene betrachtet werden, die durch eine *Mehrzahl* von Bedingungsfaktoren hervorgebracht werden, wobei es von Teilsystem zu Teilsystem *unterschiedlich* und auch im Zeitverlauf *veränderlich* sein kann, welche Bedingungsfaktoren faktisch gegeben sind.

3 Teilsystemische Bedingungsfaktoren von Verselbständigung

Die generelle These, die den nun folgenden Überlegungen zugrunde liegt, lautet: Ob und in welchem Maße ein bestimmtes gesellschaftliches Teilsystem verselbständigt ist, hängt vom Zusammenwirken mehrerer Faktoren ab, die unabhängig voneinander variieren können. Da Verselbständigung ein Verhältnis zwischen dem betreffenden Teilsystem und dem politischen System als derjenigen gesellschaftlichen Instanz, die der Umweltinadäquanz gesellschaftlicher Teilsysteme entgegenzusteuern versucht, darstellt, müssen die Bedingungsfaktoren teilsystemischer Verselbständigung auf beiden Seiten identifiziert werden: beim betreffenden gesellschaftlichen Teilsystem auf der einen und beim politischen System auf der anderen Seite. In diesem Abschnitt sollen zunächst

Bedingungsfaktoren teilsystemischer Verselbständigungstendenzen, die im betreffenden Teilsystem selbst anzusiedeln sind, betrachtet werden.

Ein erster Faktor ist das Ausmaß der *gesellschaftlichen Folgenträchtigkeit von Teilsystemoperationen.* Je bedeutsamer und je weniger substituierbar die Leistungen eines gesellschaftlichen Teilsystems für dessen Umwelt sind, desto stärker ist diese Folgenträchtigkeit gegeben. Folgenträchtig für die gesellschaftliche Umwelt eines Teilsystems kann zum einen sein, daß dieses die von ihm erwarteten Leistungen nur unzureichend produziert. Zum anderen kann die Folgenträchtigkeit darin bestehen, daß die Leistungsproduktion als Nebenfolgen bestimmte Risiken für die Gesellschaft mit sich bringt.

Die verschiedenen Teilsysteme der modernen Gesellschaft unterscheiden sich deutlich danach, welche dieser beiden Ausprägungen von gesellschaftlicher Folgenträchtigkeit teilsystemischer Operationen bei ihnen vorliegen bzw. überhaupt in Frage kommen. Wirft man zunächst einen kurzen Blick auf das kapitalistische Wirtschaftssystem, so ist dessen gesellschaftliche Folgenträchtigkeit vor allem an den gesellschaftlichen Risiken der Effekte wirtschaftlichen Handelns festgemacht worden. Ein Beispiel dafür wäre etwa Arbeitslosigkeit als Folge kurzfristiger konjunktureller Krisen oder einer langfristigen technologischen Modernisierung. Ein anderes Beispiel sind die mannigfaltigen ökologischen Probleme, die zumindest teilweise darauf zurückzuführen sind, daß Natur für wirtschaftliches Handeln ein kostenloses Gut darstellt, mit dem demzufolge trotz seiner faktischen Verknappung weiterhin verschwenderisch umgegangen wird. Die lange Zeit vorherrschende Beschäftigung mit dem kapitalistischen Wirtschaftssystem als Paradigma teilsystemischer Verselbständigung hat dazu geführt, daß man sich auf solche Arten von Externalitäten konzentriert und die andere Ausprägung gesellschaftlicher Folgenträchtigkeit teilsystemischer Operationen eher vernachlässigt hat. Wendet man sich hingegen dem heutigen Forschungssystem zu, entdeckt man ein gesellschaftliches Teilsystem, dessen gesellschaftliche Folgenträchtigkeit eher in Defiziten seiner Leistungsproduktion liegt.

Wissenschaftliche Forschung war jahrhundertelang in keiner der beiden genannten Hinsichten gesellschaftlich folgenträchtig. Die Ausdifferenzierung wissenschaftlicher Forschung in der modernen Gesellschaft vollzog sich gerade darüber, daß die Selbstzweckhaftigkeit der Wahrheitssuche postuliert und institutionell verankert wurde. Insbesondere in der grundlagenorientierten Forschung sind die Produzenten wissenschaftlicher Erkenntnisse auch deren primäre Konsumenten, so daß Wahrheiten zunächst ausschließlich dafür produziert werden, weitere Wahrheiten produzieren zu können. Genau diese Selbstreferentialität der Grundlagenforschung legitimiert bis heute die auch verfassungsrechtlich fixierte "Freiheit der Forschung". Die so verstandene wissenschaftliche Forschung, die zunächst von sich selbst finanzierenden oder mäzenatisch geförderten Amateuren und im Rahmen wissenschaftlicher Gesellschaften vor sich ging und seit Beginn des 19. Jahrhunderts an den Universitäten institutionalisiert wurde, war für die gesellschaftliche Umwelt lange Zeit kaum folgenträchtig.

Erst der Aufstieg der anwendungsorientierten Forschung seit Mitte des letzten Jahrhunderts ließ allmählich die heute beobachteten Arten gesellschaftlicher Folgenträchtigkeit wissenschaftlichen Handelns zutage treten. Anwendungsbezogene Forschung als immer umfassendere und tiefenschärfere Verwissenschaftlichung von Technologien zur Bearbeitung außerwissenschaftlicher Probleme weckt Erwartungen hinsichtlich des Einbezugs außerwissenschaftlicher Nutzenkriterien in wissenschaftliche Forschungsentscheidungen. Die Enttäuschung solcher Erwartungen signalisiert dann den gesellschaftlichen Akteuren eine inadäquate Leistungsproduktion des Wissenschaftssystems. Dies geschah beispielsweise in vielen westeuropäischen Ländern seit Mitte der siebziger Jahre, wie die Debatten über Mängel des "Technologietransfers" insbesondere zwischen staatlichen Forschungseinrichtungen und Unternehmen dokumentieren (Stankiewicz 1985; Kreibich 1986; Wissenschaftsrat 1986). Das Beispiel zeigt im übrigen auch, daß die externen Leistungserwartungen an ein gesellschaftliches Teilsystem weder konstant sein müssen noch kontinuierlich mit der Erwartungsbefriedigung steigen, sondern durch situative Faktoren diskontinuierlich gesteigert werden können. Hinter der Unzufriedenheit bestimmter Akteure des Wirtschaftssystems mit dem Technologietransfer aus staatlichen Forschungseinrichtungen steht nämlich vor allem der sprunghaft gewachsene Bedarf verschiedener Wirtschaftsbranchen nach neuen technologischen Basisinnovationen.

Die andere Art gesellschaftlicher Folgenträchtigkeit einer immer stärker anwendungsbezogenen Forschung besteht in der wissenschaftlich-technischen Erzeugung gesellschaftlicher Risiken (Beck 1986: 254-299; Schimank 1988). Wie die Beispiele der Kernenergie, der Biotechnologie und der Großchemie zeigen, bringen wissenschaftlich fundierte Großtechnologien offenbar nahezu zwangsläufig unbeabsichtigte Nebenfolgen insbesondere in ökologischer Hinsicht mit sich, die im Extremfall sogar den gesellschaftlichen Nutzen dieser Technologien übersteigen können. Beachtet werden muβ freilich, daβ das Forschungssystem diese Art von gesellschaftlichen Risiken nicht allein hervorzubringen vermag, sondern nur in Kombination mit einer im groβen Maβstab erfolgten auβerwissenschaftlichen Nutzung seiner Erkenntnisse. Diese Art der gesellschaftlichen Folgenträchtigkeit wissenschaftlicher Forschung ergibt sich also erst daraus, daβ andere Teilsysteme zum Träger der technologischen Umsetzung der betreffenden Forschungsergebnisse werden. Bis vor kurzem konnte die wissenschaftliche Forschung als solche als gesellschaftlich risikolos erscheinen. Die Spekulationen darüber, ob der Aids-Virus möglicherweise in einem biotechnologischen Forschungslabor freigesetzt worden sein könnte, machen jedoch deutlich, daβ insbesondere diese Disziplin mittlerweile bereits im Forschungsprozeβ und nicht erst in der technologischen Umsetzung gesellschaftliche Risiken produzieren kann.

Ein gesellschaftliches Teilsystem, dessen Operationen bis heute für seine gesellschaftliche Umwelt in keiner Weise folgenträchtig sind, ist die Kunst. Künstlerisches Handeln ist Selbstzweck, vollbringt also keine spezifischen Leistungen für die gesellschaftliche Umwelt. Dem stünde schon die Tatsache im Wege, daβ das Publikum des Kunstsystems nur eine kleine Minderheit der Gesellschaftsmitglieder ausmacht. Entsprechend können die gesellschaftlichen Wirkungen künstlerischen Handelns keine ins Gewicht fallenden Risiken - etwa für die öffentliche Moral - darstellen.

Ein zweiter Bedingungsfaktor teilsystemischer Verselbständigungstendenzen ist das Ausmaβ der *Esoterik teilsystemischer Handlungsorientierungen*. Prinzipiell gilt ja, daβ die spezifischen normativen, kognitiven und evaluativen Handlungsorientierungen, die innerhalb eines bestimmten gesellschaftlichen Teilsystems in Form von Codes, Semantiken und Handlungsprogrammen etabliert sind, in dessen gesellschaftlicher Umwelt durchaus nicht dieselbe selbstverständliche Geltung beanspruchen können. Jedes gesellschaftliche Teilsystem ist, wie Theorien gesellschaftlicher Differenzierung immer wieder betont haben, eine spezialisierte Sinnprovinz, dessen Deutungsmuster gerade in Differenz zu den Deutungsmustern anderer Teilsysteme konstituiert sind. Die Gröβe der Differenz kann allerdings variieren. Insbesondere kann ein gesellschaftliches Teilsystem in seinem "Eigen-Sinn" von den Akteuren in der gesellschaftlichen Umwelt mehr oder weniger akzeptiert werden.

Ein Vergleich zwischen dem Forschungs- und dem Gesundheitssystem kann die Varianz dieses Bedingungsfaktors deutlich machen. Die Differenz zwischen der auf die Produktion von Wahrheiten ausgerichteten Handlungslogik wissenschaftlichen Handelns und außerwissenschaftlichen Nutzenkriterien ist vergleichsweise groß. Dieses zeigt sich insbesondere immer dann, wenn grundlagenorientierte Forschungsaktivitäten auf bestimmte Anwendungsbezüge hin ausgerichtet werden sollen. Beispielsweise unterscheiden sich bis heute die Problemperzeptionen und Möglichkeitshorizonte der Kernphysiker stark von denen der am Reaktorbau und -betrieb interessierten Unternehmen. Noch wichtiger als solche fallspezifischen substantiellen Differenzen sind jedoch die Differenzen der generalisierten Leitorientierungen von Forschern einerseits und gesellschaftlichen Nutzern andererseits. Während letztere daran interessiert sind, funktionsfähige Technologien zu implementieren, kultivieren erstere einen generalisierten Skeptizismus, für den alle Wahrheiten immer nur vorläufigen Charakter tragen und eine Widerlegung einer Wahrheit im Prinzip ebenso wertvoll ist wie die Entdeckung einer neuen Wahrheit. Hinzu kommt, daß jede Beantwortung einer Forschungsfrage kaskadenförmig neue Fragen hervorbringt, ohne daß diesem Überschuß an Folgefragen gegenstands- oder theorieimmanente Begrenzungen entgegenstünden. Dieser Stil des Umgangs von Wissenschaftlern mit ihrem Wahrheitscode ist für außerwissenschaftliche Interessenten an der technologischen Umsetzung wissenschaftlicher Wahrheiten immer wieder befremdlich und wird, sobald ein konkreter Problembearbeitungsbedarf vorliegt, schnell unakzeptabel - wofür die Aids-Forschung ein Beispiel abgeben kann.[2]

Die Differenz zwischen den professionellen Gesundheitsstandards der Ärzte und den außermedizinischen Kriterien der Patienten ist demgegenüber sehr viel geringer. Dieses ist zunächst darin begründet, daß die vom Gesundheitssystem zu bearbeitenden gesellschaftlichen Probleme im Unterschied zu den analytischen, selbstbezüglich aus eigenen Theorien heraus konstituierten Problemstellungen der Grundlagenforschung, konkreter Natur und in dem Sinne fremddefiniert sind, daß als Ausgangspunkt jeder medizinischen Behandlung Symptomschilderungen des Patien-

2 Eine Form des Ausgleichs dieses Spannungsverhältnisses sind die Ingenieurwissenschaften, die vielleicht als "Interpenetration" - im Sinne Münchs (1980) - zwischen innerwissenschaftlichen Wahrheits- und außerwissenschaftlichen Nutzenkriterien begriffen werden können.

ten fungieren. Diese stärkere Vorgegebenheit der zu bearbeitenden Probleme, die der Esoterik medizinischer Handlungsorientierungen Grenzen setzt, spiegelt sich auch in der fachlichen Spezialisierung der Ärzte wider. Diese Spezialisierung erfolgt vorrangig gemäß praktisch sich ergebender Problemausprägungen: vor allem Körperorganen und -funktionen, die isolierbare Krankheitsbilder aufweisen.[3] Auch die Theorien der medizinischen Wissenschaft schließen an diese konkreten Problemvorgaben an.

Weiterhin erstreckt sich die professionelle Definitionssouveränität der Ärzte in diagnostischer und therapeutischer Hinsicht gerade auf diese konkreten Probleme der Patienten - im Unterschied zur wissenschaftlichen Definitionssouveränität der Forscher, die sich auf die analytisch konstruierten Theorieprobleme beschränkt. Die diagnostische Rückführung der Körpersymptome auf Ursachen, die Spezifizierung von Gesundheitsstandards bezüglich der einzelnen Körperorgane und -funktionen sowie die Festlegung therapeutischer Strategien der Erreichung dieser Standards sind ausschließlich der ärztlichen Profession vorbehalten. Dieses professionelle Monopol ist das Ergebnis eines langen Interessenkampfes der sich daraus allmählich konstituierenden Ärzteschaft, in dem diese sowohl die dann als solche apostrophierten "Laien" und deren lebensweltliches Gesundheitsverständnis als auch die anderen medizinischen Berufe als inkompetent und damit illegitim verdrängt hat (siehe Kapitel 3: 123). Damit wurden aber die professionellen Kriterien des Gesundheitssystems auch für die Akteure in dessen gesellschaftlicher Umwelt verbindlich. Der Unterschied zwischen Forschungs- und Gesundheitssystem hinsichtlich der gesellschaftlichen Akzeptanz der jeweiligen teilsystemischen Handlungsorientierungen kann also pointiert so formuliert werden: Während Forscher - zumindest dann, wenn dieses mit erheblichen Ressourcenforderungen einhergeht - einen zusätzlichen Begründungsaufwand leisten müssen, sobald sie Themen bearbeiten wollen, deren außerwissenschaftlicher Nutzen nicht unmittelbar einsichtig ist, spezifiziert die medizinische Profession als zentraler Akteur des Gesundheitssystems selbst den gesellschaftlichen Nutzen ihrer Tätigkeit.

---

3 Eben aufgrund dieser Art des Praxisbezugs sind Mediziner, obwohl wissenschaftlich ausgebildet, keine Wissenschaftler, sondern Professionelle - vgl. Stichweh (1987b: 243/244).

Hochgradige Esoterik teilsystemischer Handlungsorientierungen kann allerdings nur in Verbindung mit gesellschaftlicher Folgenträchtigkeit der teilsystemischen Operationen Verselbständigungstendenzen einleiten. Das zeigt sich am Beispiel der Kunst, die zweifellos in ihren Handlungsorientierungen seit dem Ende des letzten Jahrhunderts ähnlich esoterisch ist wie die wissenschaftliche Grundlagenforschung. Doch selbst künstlerische "Revolutionen" bleiben ohne gewichtige Auswirkungen auf andere gesellschaftliche Teilsysteme und werden meistens auch nur von einem sehr kleinen Publikum überhaupt bemerkt.

Ein dritter Bedingungsfaktor teilsystemischer Verselbständigung ist der Möglichkeitsspielraum von Akteuren des betreffenden Teilsystems zu einer individuellen oder organisatorischen *ökonomischen Interessenverfolgung.*[4] Je größer der Spielraum ökonomischer Interessenverfolgung innerhalb eines gesellschaftlichen Teilsystems ist, desto stärker können sich Verselbständigungstendenzen insbesondere im Hinblick auf die Akquisition finanzieller Ressourcen aus der gesellschaftlichen Umwelt ausprägen.

Betrachtet man zunächst individuelle Akteure, so ist davon auszugehen, daß die Leistungsrollen in fast allen gesellschaftlichen Teilsystemen - eine weitgehende Ausnahme stellt das Sportsystem dar - verberuflicht sind. Das bedeutet: Obwohl Forscher, Mediziner, Lehrer, Richter oder Verwaltungsbeamte nicht im Wirtschaftssystem agieren, also auch nicht primär wirtschaftlichen Handlungsorientierungen folgen, werden sie durch den Berufscharakter ihrer Leistungsrollen immer auch zu wirtschaftlichen Begleitreflexionen ihres Rollenhandelns angehalten. Die Art und Weise der Rollenausübung wird stets auch daraufhin betrachtet, wie sie sich mehr oder weniger vermittelt auf das individuelle Einkommen auswirkt. Dadurch kann es zu einer "Zielverschiebung" des Handelns der einzelnen Rollenträger eines gesellschaftlichen Teilsystems kommen. Die normativen, evaluativen und kognitiven Orientierungen, die die spezifische Handlungslogik des betreffenden Teilsystems ausmachen, können gegenüber den individuellen Interessen der teilsystemischen Akteure an Einkommenssicherung und -steigerung in den Hintergrund treten - ein Sachverhalt, der von bisherigen Theorien gesellschaftlicher Differenzierung noch nicht reflektiert worden ist.

---

4 Dies schließt an die Überlegungen zur "Kommerzialisierung" gesellschaftlicher Teilsysteme in Kapitel 1: 30-32 an.

Ein Spielraum für eine solche individuell-ökonomische Interessenverfolgung ist erst bei Vorliegen zweier Voraussetzungen gegeben. Das individuelle Einkommen eines Leistungsrollenträgers in einem gesellschaftlichen Teilsystem muß durch die individuelle Produktivität, am besten durch die quantitative Vermehrung erbrachter Leistungen, zumindest mitbestimmt werden können; und die individuelle Produktivität eines Leistungsrollenträgers muß dessen individueller Angebotsoption unterliegen. Beide Voraussetzungen sind im deutschen Gesundheitssystem insbesondere bei den niedergelassenen Ärzten in hohem Maße gegeben.[5] Deren Einkommen hängt wesentlich davon ab, wieviele Patienten sie mit welchen Leistungen behandeln. Der Leistungskatalog der Krankenkassen, gemäß dem der niedergelassene Arzt - sofern es sich nicht um Privatpatienten handelt - sein Honorar erhält, enthält keine Bestimmungen darüber, daß ein Arzt in einem bestimmten Zeitraum nur eine bestimmte Anzahl von Patienten behandeln darf. Auch die Entscheidung darüber, welche Art der medizinischen Behandlung an einem Patienten vorgenommen wird, bleibt in den durch den Leistungskatalog abgesteckten Grenzen allein dem Arzt überlassen. Er hat also die Möglichkeit, sowohl über die Anzahl der behandelten Patienten als auch über die Art der Behandlung - nämlich durch zahlreiche und/oder hochvergütete Leistungen - sein individuelles Einkommen zu steigern.[6] Dieses kann, worauf Kritiker immer wieder hingewiesen haben, in erheblichem Maße den - oftmals als Deckmantel dienenden - "medizinischen Notwendigkeiten" zuwiderlaufen (Sichrovsky 1984). Eine Maximierung der Patientenanzahl kann dazu führen, daß dem Arzt zu wenig Zeit für den einzelnen Patienten bleibt; und eine Orientierung der medizinischen Behandlung an finanziell hoch honorierten Leistungen kann zur Folge haben, daß

---

5 Vgl. hierzu Herder-Dorneich (1983: 16/17) und vor allem das Jahresgutachten von 1988 des Sachverständigenrates für die Konzertierte Aktion im Gesundheitswesen (1988: 37-50; 78 ff.).

6 Eine derartige Einkommenssteigerungsmöglichkeit durch Leistungsmaximierung ist in den letzten Jahren jedoch insoweit begrenzt worden, als für alle an der kassenärztlichen Versorgung beteiligten Ärzte ein fester Betrag als Gesamtvergütung zur Verfügung steht, der entsprechend den erbrachten Leistungen auf die Ärzte verteilt wird. Diese im Vorhinein festgelegte Gesamtvergütung führt im Endeffekt zu einem Nullsummenspiel unter den Ärzten, da bei erheblichen Leistungsausweitungen die einzelne Leistung niedriger honoriert wird.

Patienten überflüssigen, suboptimalen oder sogar schädlichen Behandlungen unterworfen werden.

Im deutschen Gesundheitssystem ist also der Spielraum für eine individuell-ökonomische Interessenverfolgung der ärztlichen Leistungsrollenträger hoch.[7] Im Vergleich dazu ist dieser Spielraum beispielsweise für die Leistungsrollenträger des Forschungssystems nur gering zu veranschlagen. Eine vergleichbare Position zu der der niedergelassenen Ärzte im Gesundheitssystem haben im Forschungssystem höchstens diejenigen Forscher, die sich mit einem Forschungsunternehmen selbständig gemacht haben - falls sie sich auf diesem hart umkämpften Markt durchzusetzen vermögen. Die große Mehrzahl der Forscher sind jedoch Angestellte, deren Einkommen durch organisatorische Regelungen - bei staatlichen Forschungseinrichtungen das öffentliche Dienstrecht - in hohem Maße vorgegeben wird. Individuelle Einkommensinteressen können dann fast nur noch durch längerfristige intra- oder interorganisatorische Karrieren verfolgt werden, wobei hierfür die Einschätzungen durch Kollegen und Vorgesetzte von entscheidender Bedeutung sind - im Unterschied zum niedergelassenen Arzt, der sein Einkommen über sein Leistungsangebot in gewisser Weise zu steuern vermag. Die fehlenden institutionellen Möglichkeiten der individuellen Einkommensmaximierung im Forschungssystem führen zudem dazu, daß entsprechende Ansprüche auf seiten der Akteure kaum aufgebaut werden. Forscher beurteilen Arbeitsplätze hauptsächlich gemäß den gebotenen Forschungsmöglichkeiten und kaum unter Einkommensgesichtspunkten.

Rechtsanwälte und Künstler sind weitere Leistungsrollenträger in anderen gesellschaftlichen Teilsystemen, deren Spielraum für die Verfolgung individuell-ökonomischer Interessen ebenfalls unter Umständen recht hoch sein kann. Dabei sind Künstler allerdings in erheblichem Maße von unbeeinflußbaren und oftmals unvorhersehbaren Wandlungen

7 Dies gilt im übrigen nicht nur für die niedergelassenen, sondern auch für die Krankenhausärzte (vgl. Bundesminister für Arbeit und Sozialordnung 1980). Zwar unterliegen sie als Angestellte eines Krankenhauses einer festen Besoldungsordnung. Den Chefärzten ist jedoch das Recht zur Privatliquidation zuerkannt, wodurch sie sich ein individuell bestimmbares Zusatzeinkommen verschaffen können, das nach empirischen Untersuchungen bis zum doppelten des organisatorischen Festgehaltes anwachsen kann. Auch die Assistenzärzte erhalten hiervon einen festgelegten Anteil.

des Publikumsinteresses abhängig. Insgesamt läßt sich konstatieren, daß in den meisten gesellschaftlichen Teilsystemen der Spielraum für eine individuell-ökonomische Interessenverfolgung durch die Leistungsrollenträger ähnlich gering wie im Forschungssystem ist. Dieses gilt für das Erziehungs- und das Militärsystem ebenso wie für die staatliche Verwaltung und den größten Teil der Leistungsrollen im Wirtschaftssystem.

Prinzipiell in allen gesellschaftlichen Teilsystemen können allerdings Organisationen unter bestimmten Bedingungen dazu neigen und in der Lage sein, ihre jeweiligen ökonomischen Wachstumsinteressen gegenüber den Kriterien teilsystemischer Leistungsproduktion in den Vordergrund zu schieben. Wenn dies nicht nur sporadisch und bei einzelnen Organisationen geschieht, sondern über längere Zeit bei vielen oder bei den besonders wichtigen Organisationen des Teilsystems, können hiervon teilsystemische Verselbständigungstendenzen ausgehen, die vermutlich, da sich organisatorische Akteure zumeist schwerer beeinflussen lassen als individuelle Akteure, noch stärker sind als bei der Verfolgung individueller Einkommensinteressen.

Der eklatanteste Fall einer solchen "Zielverschiebung" auf organisatorischer Ebene ist die von Marx analysierte "Tauschwertorientierung" von Unternehmen im kapitalischen Wirtschaftssystem. Daß gesellschaftliche "Gebrauchswerte", also Güter und Dienstleistungen zur Bedürfnisbefriedigung, im Wirtschaftssystem nur dann produziert werden, wenn sich das für Unternehmen als profitabel erweist, wird weithin fraglos als selbstverständliches Strukturprinzip dieses Teilsystems hingenommen. Allerdings verfügt das Wirtschaftssystem mit dem Marktmechanismus auch über eine Struktur, die - soweit sie funktioniert - die Profitorientierungen von Unternehmen dann doch wieder auf gesellschaftlich nachgefragte Leistungen fokussiert. Erst bei Marktversagen kann aus der Dominanz von organisatorischen Gewinninteressen teilsystemische Verselbständigung resultieren.

In anderen gesellschaftlichen Teilsystemen ist eine ökonomische Orientierung von Organisationen oftmals strukturell ausgeschlossen. Dies gilt beispielsweise für staatliche Schulen im Bildungssystem oder Gerichte im Rechtssystem. Eine Reihe von Organisationen in verschiedenen Teilsystemen verfügen jedoch über mehr oder weniger große Spielräume für die Verfolgung ökonomischer Eigeninteressen. So können beispielsweise staatlich finanzierte Forschungseinrichtungen zum einen Drittmittel von Forschungsförderungseinrichtungen oder über Forschungsaufträge für Unternehmen oder Verwaltungen einwerben. Zum anderen können staatliche Forschungseinrichtungen auch ihre institutionelle Grundfinanzierung durch staatliche Stellen in erheblichem Maße dadurch selbst beeinflussen, daß bestimmte eigene Forschungsvorhaben werbewirksam so dargestellt werden, daß sie den jeweiligen Entscheidungskriterien der Geldgeber - z.B. Befriedigung eines politischen Informationsbedarfs - möglichst gerecht werden. Angesichts der noch näher zu betrachtenden Tatsache, daß das Steuerungswissen politischer Akteure nicht ausreicht, um die relative Nützlichkeit eines Forschungsvorhabens kompetent beurteilen zu können, eröffnet sich hier ein beträchtlicher Spielraum für eine offensive Angebotsstrategie der Forscher, wobei dann eben auch organisatorische Wachstumsinteressen in den Vordergrund treten können.

Die drei bisher dargestellten Bedingungsfaktoren teilsystemischer Verselbständigung - Ausmaß der gesellschaftlichen Folgenträchtigkeit teilsystemischer Operationen, Grad der Esoterik teilsystemischer Handlungslogiken und Größe des Spielraums für individuell-ökonomische Interessenverfolgung - beziehen sich alle auf den Grad der Indifferenz eines gesellschaftlichen Teilsystems gegenüber den Wirkungen seines Handelns in der Umwelt. Der nun thematisierte Bedingungsfaktor teilsystemischer Verselbständigung wirkt sich demgegenüber auf den Grad an Immunität, den ein gesellschaftliches Teilsystem gegenüber steuernden Einwirkungen aus seiner Umwelt - insbesondere aus dem politischen System - aufweist, aus. Dieser Faktor ist das Ausmaß an *teilsystemischen Selbststeuerungskapazitäten*. Die Selbststeuerungskapazität eines gesellschaftlichen Teilsystems bemißt sich daran, inwieweit spezialisierte Organisationen und Verhandlungsgremien vorhanden sind, die die mehr oder weniger ausgeprägte Pluralität von Interessen innerhalb des Teilsystems so synthetisieren können, daß Potentiale kollektiver Handlungsfähigkeit gebildet werden (siehe Kapitel 1: 24/25). Eine solche Selbststeuerungskapazität des Teilsystems hat für dessen politische Steuerbarkeit prinzipiell ambivalente Konsequenzen. Einerseits ist die auf diese Weise erfolgende Bündelung von Interessen und die Kanalisierung von potentiellen Widerstandspotentialen der Akteure des betreffenden Teilsystems eine wichtige Bedingung der Möglichkeit für dessen politische Steuerbarkeit (Mayntz 1987). Andererseits ist jedoch die Selbststeuerungskapazität eines Teilsystems zugleich immer auch eine mögliche Barriere gegen Steuerungseinwirkungen aus der gesellschaftlichen Umwelt. Generell scheint es somit keine eindeutige Korrelation zwischen teilsystemischer Selbststeuerungskapazität und Verselbständigung zu geben.

Auch im Hinblick auf diesen Bedingungsfaktor ist ein Vergleich zwischen dem deutschen Gesundheitssystem und dem deutschen Forschungssystem instruktiv. Im Gesundheitssystem existieren zahlreiche Organisationen, die die verschiedenen Arten teilsystemischer Akteure repräsentieren: die Interessenverbände der Ärzte, der Krankenhäuser, der pharmazeutischen Industrie und der paramedizinischen Berufe; die Ärztekammern und Kassenärztlichen Vereinigungen als öffentlich-rechtliche Zwangsverbände, an die vom Staat bestimmte Regulierungsaufgaben delegiert worden sind; und die Verbände der Krankenkassen als Repräsentanten der Nachfrage- und Finanzierungsseite. Diese verschiedenen Organisationen sind in wechselnder Zusammensetzung in Verhandlungsgremien eingebunden, in denen über die Leistungsproduktion und die Ressourcenbeschaffung des Gesundheitssystems entschieden wird. Dieses hohe Maß an Selbststeuerungskapazität des deutschen Gesundheitssystems ist im übrigen nicht nur das Resultat systeminterner Entwicklungen, die intendiert oder nicht-intendiert ein solches Potential an kollektiver Handlungsfähigkeit hervorgebracht haben. Maßgeblich sind vielmehr gestaltende Eingriffe und, im Anschluß an die Delegation von Selbstverwaltungsaufgaben, Steuerungsverzichte auf seiten politischer Akteure gewesen.

Vergleichbare Interessenverbände und Verhandlungsgremien finden sich im deutschen Forschungssystem kaum. Die im Hochschulsektor bestehende Westdeutsche Rektorenkonferenz befaßt sich hauptsächlich mit Problemen der Lehre und weniger mit der Hochschulforschung. Bedeutsamer für deren Selbststeuerung ist die Deutsche Forschungsgemeinschaft, die zugewiesene staatliche Finanzmittel an Hochschulforschung verteilt, wobei die dabei zugrunde gelegten Kriterien von gewählten Repräsentanten der verschiedenen Disziplinen operationalisiert werden (Neidhardt 1986). Die Interessen der Industrieforschung werden durch den Bundesverband der Deutschen Industrie repräsentiert, spielen im Spektrum dieses Verbandes allerdings nur eine marginale Rolle. Die Institute der industriellen Gemeinschaftsforschung und die Großforschungseinrichtungen haben zwar jeweils eine Arbeitsgemeinschaft gegründet, um gemeinsame Interessen gegenüber forschungspolitischen Akteuren besser durchsetzen zu können. Die industrielle Gemeinschaftsforschung ist jedoch mittlerweile fast bedeutungslos geworden, während die Arbeitsgemeinschaft der Großforschungseinrichtungen als Dachverband kaum handlungsfähig ist, weil sie gegenüber ihren einzelnen Mitgliedern keine hinreichende Verpflichtungsfähigkeit aufbringen kann. Lediglich mit der Max-Planck-Gesellschaft und der Fraunhofer-Gesellschaft gibt es in der außeruniversitären staatlichen Forschung zwei Institutsverbände, die sich in hohem Maße selbst steuern, was sich vor allem in der Befugnis zur Gründung und Schließung neuer Institute und zur Verteilung der zugewiesenen Finanzmittel auf die einzelnen Institute dokumentiert.

Auffällig im Vergleich zum Gesundheitssystem ist beim Forschungssystem vor allem die hochgradige Segmentierung von untereinander nicht verknüpften teilsektoralen Selbststeuerungsinstanzen. Dieser Unterschied zwischen den beiden Teilsystemen kann in einem erheblichen Maße auf die unterschiedliche Interdependenzdichte in beiden Teilsystemen zurückgeführt werden. Im Forschungssystem führt der analytische Problemzuschnitt der Grundlagenforschung zu einer Parzellierung von Wissensdomänen, von denen jede weitgehend autark bearbeitet werden kann. Dieses entspricht dem Interesse der Forscher, von Vorleistungen anderer möglichst unabhängig zu bleiben und damit eine wesentliche Quelle von Unsicherheit für die eigene Arbeit zu reduzieren. Bei der anwendungsbezogenen Forschung herrscht eine bilaterale Nutzerfixierung der Forscher und Forschungseinrichtungen vor, wie am deutlichsten bei der Industrieforschung und der Auftragsforschung für Unternehmen sichtbar wird. Da Forschung dort eine Konkurrenzstrategie darstellt, werden Forschungsergebnisse zunächst eher geheim gehalten. Forschungskooperationen sind unter diesen Umständen sehr schwierig und finden nur unter besonderen Bedingungen statt. Auch staatliche Auftraggeber anwendungsbezogener Forschung sind oft an einer exklusiven Nutzung der Forschungsergebnisse interessiert. Diese weitgehende Interdependenzunterbrechung zwischen den verschiedenen Forschern, Forschungseinrichtungen und Forschungsgebieten sowohl in der grundlagentheoretisch ausgerichteten als auch in der anwendungsbezogenen Forschung minimiert Koordinierungs- und Regulierungsprobleme zwischen den Akteuren des Forschungssystems und bietet so keinen systeminternen Anlaß für den Aufbau von Selbststeuerungskapazitäten.

Die Dienstleistungsproduktion des Gesundheitssystems ist demgegenüber durch ein hohes Maß an funktionaler Arbeitsteilung zwischen den spezialisierten Akteuren gekennzeichnet. Die Abwicklung medizinischer Behandlungen spannt ein weitreichendes Netzwerk zwischen Arztpraxen, Krankenhäusern, Apotheken, Rettungsdiensten, Krankenkassen und weiteren Akteuren auf, über das Anweisungen, Informationen und finanzielle Ressourcen transportiert werden. Jeder der beteiligten Akteure hängt in einem unterschiedlichen Ausmaß von jeweils anderen Akteuren ab. Diese Abhängigkeiten rufen einen Koordinierungs- und Regulierungsbedarf hervor, der zur Bildung entsprechender Organisationen und Gremien teilsystemischer Selbststeuerung geführt hat (siehe Kapitel 3: Abschnitt 4). So bestand gerade im Gesundheitssystem die Notwendigkeit, die konfliktive bilaterale Abhängigkeitsbeziehung zwischen Krankenkassen und Ärzten in einem von Zwangsverbänden dieser Akteure getragenen Verhandlungsgremium zu kanalisieren. Während das Hauptinteresse der Akteure des politischen Systems anfangs vor allem auf dieses Beziehungsgefüge fokussiert war, weitete es sich mit zunehmender Relevanz weiterer Akteure auch auf diese aus - die Konzertierte Aktion im Gesundheitswesen steht hierfür beispielhaft.

Die vergleichsweise geringe Selbststeuerungskapazität des Forschungssystems bedeutet allerdings noch nicht, daß dessen Immunität gegen externe Steuerungseinwirkungen ebenfalls nur gering wäre. Das Fehlen von Potentialen kollektiver Handlungsfähigkeit innerhalb dieses Teilsystems hat vielmehr zur Folge, daß politische Steuerungsakteure zur Erlangung steuerungsrelevanter Informationen ebenso wie zur Durchsetzung von Steuerungsmaßnahmen selbst bis zu den unmittelbaren Adressaten durchgreifen müssen und sich nicht auf die Aggregations- und Verpflichtungsfähigkeit intermediärer Verbände verlassen können. Daraus resultiert sehr schnell eine Überlastung der politischen Steuerungsakteure, die sich in ineffektiven und nicht implementierbaren Steuerungsmaßnahmen manifestiert.

Möglicherweise kann man behaupten, daß sowohl eine zu hohe als auch eine zu geringe Selbststeuerungskapazität eines gesellschaftlichen Teilsystems dessen Immunität gegen politische Steuerungsmaßnahmen und damit dessen Verselbständigungstendenz begünstigt, während ein mittleres Maß an teilsystemischer Selbststeuerungskapazität Verselbständigungstendenzen eher entgegenwirkt. Die Selbststeuerungskapazität eines gesellschaftlichen Teilsystems muß einerseits so hoch sein, daß die betreffenden Organisationen und Verhandlungsgremien in der Lage sind, politische Steuerungsmaßnahmen informationell zu unterfüttern und im Rahmen der teilsystemischen Handlungslogik konstruktiv zu implementieren. Doch die teilsystemische Selbststeuerungskapazität darf andererseits nicht so hoch sein, daß politische Steuerungsmaßnahmen abgeblockt und neutralisiert werden können. Für diese beiden Schwellenwerte lassen sich sicherlich keine generellen Werte festlegen. Eine genauere Spezifizierung von Indikatoren der beiden Schwellenwerte kann jedoch sowohl über Vergleiche zwischen verschiedenen gesellschaftlichen Teilsystemen als auch über die Betrachtung desselben Teilsystems in unterschiedlichen Stadien seiner Entwicklung erfolgen.

Ein hohes Maß an Selbststeuerungskapazitäten kann insbesondere auch dann zu Verselbständigungstendenzen des betreffenden gesellschaftlichen Teilsystems beitragen, wenn die entsprechenden Organisationen und Verhandlungsgremien mit individuell-ökonomischen Akteurinteressen durchsetzt werden. Dieses zeigt sich im deutschen Gesundheitssystem, wo die dominante Stellung der Ärzteverbände in den Verhandlungsgremien dazu führt, daß die Einkommensinteressen der Ärzte zu einem bedeutsamen Entscheidungskriterium geworden sind. Die sogenannte "Kostenexplosion" im heutigen deutschen Gesundheitssystem, also die Tatsache, daß die Steigerungsraten der Gesundheitsausgaben bereits seit längerem notorisch höher als die Steigerungsraten des Wirtschaftswachstums sind, führt dazu, daß dieses Teilsystem immer mehr finanzielle Ressourcen auf Kosten anderer Teilsysteme - u.a. des Wirtschafts-, des Bildungs- und des Forschungssystems - beansprucht und damit deren Leistungsfähigkeit mehr oder weniger beeinträchtigt. Eine genauere Betrachtung dieser seit Mitte der siebziger Jahre zu beobachtenden Entwicklung zeigt, daß diese keineswegs - wie es systemtheoretische Analysen nahelegen (Luhmann 1983) - eine zwingende Konsequenz des selbstreferentiellen Operationsmodus des Gesundheitssystems ist. Ausschlaggebend für die "Anspruchsinflation" und "Kostenexplosion" des deutschen Gesundheitssystems sind vielmehr spezifische institutionelle Arrangements, die einen großen Spielraum für individuell-ökonomische Interessenverfolgung der Ärzte mit hohen teilsystemischen Selbststeuerungskapazitäten kombinieren. Diese beiden Bedingungsfaktoren verbinden sich im deutschen Gesundheitssystem mit dem Finanzierungsmodus der Zwangsversicherung, der auf seiten der Versicherten eine Indifferenz gegenüber Kostengesichtspunkten und eine individuell rationale, aber kollektiv irrationale Tendenz zur maximalen Ausnutzung des Leistungsangebots hervorruft, sowie die weitgehende Unabhängigkeit des Teilsystems von staatlichen Finanzen etabliert, wodurch Gesundheitsausgaben nicht mit anderen staatlichen Ausgaben konkurrieren müssen (siehe Kapitel 3: 165).

Am Beispiel der "Kostenexplosion" des deutschen Gesundheitssystems kann man weiterhin zeigen, daß es teilsystemische Verselbständigungstendenzen gibt, zu denen politische Steuerungsmaßnahmen erheblich beigetragen haben. Seit Mitte der sechziger Jahre waren politische Maßnahmen auf eine Verbesserung der defizitären Leistungsproduktion des Gesundheitssystems ausgerichtet. So bestand am Ende der sechziger Jahre insbesondere im Krankenhausbereich eine Unterversorgung (Elsholz 1969: 16/17). Dieses Defizit an Krankenhausbetten, medizinischem Personal und medizintechnischer Infrastruktur wurde in den Folgejahren durch staatliche Maßnahmen ausgeglichen (Schnabel 1980; Altenstetter 1985). Zugleich wurde der Inklusionsgrad der gesetzlichen Krankenversicherung erhöht, indem weitere Bevölkerungsgruppen wie Selbständige und Landwirte einbezogen wurden. Ferner wurden auch die qualitativen Leistungsansprüche der Versicherten durch gesetzliche Maßnahmen gesteigert. All das führte dazu, daß die Leistungsproduktion des deutschen Gesundheitssystems erheblich ausgedehnt und das ursprünglich bestehende Leistungsdefizit ausgeglichen wurde - jedoch auf Kosten einer rapiden Ausweitung des finanziellen Ressourcenbedarfs, die dann unter Bedingungen eines verlangsamten wirtschaftlichen Wachstums von der gesellschaftlichen Umwelt nicht länger hingenommen wurde.

Damit sind vier wesentliche Bedingungsfaktoren teilsystemischer Verselbständigung, die im betreffenden Teilsystem selbst zu verorten sind, kurz dargestellt worden. Die Betrachtung kann sich nun Bedingungsfaktoren zuwenden, die bei den politischen Steuerungsakteuren liegen.

4 Politische Bedingungsfaktoren teilsystemischer Verselbständigung

Ein erster notwendiger politischer Bedingungsfaktor für Verselbständigungstendenzen eines gesellschaftlichen Teilsystems besteht darin, daß überhaupt *politische Steuerungsansprüche* gegenüber diesem Teilsystem erhoben werden. Politische Akteure werden solche Steuerungsansprüche nur dann artikulieren, wenn sie ein "Interesse des Staates an sich selbst" (Offe 1975) unmittelbar oder mittelbar tangiert sehen. Ein unmittelbares Selbstinteresse liegt beispielsweise gegenüber dem Forschungssystem dann vor, wenn staatliche Entscheidungsinstanzen einen Bedarf an wissenschaftlicher Politikberatung entwickeln und sich daraufhin bemühen, Forschungshandeln so steuern zu können, daß dieser Bedarf, auf den hin wissenschaftliche Forschung von sich aus bestenfalls zufällig ausgerichtet ist, gedeckt wird. Ein Beispiel für politische Steuerungsansprüche, die auf einem mittelbaren Selbstinteresse beruhen, stellen die Bemühungen dar, die "Kostenexplosion" im gegenwärtigen deutschen Gesundheitswesen kalkulierbar zu machen. Hier wird indirekt eine Schmälerung des staatlichen Steueraufkommens und eine Erhöhung der Lohnnebenkosten befürchtet, sofern die Akquisition finanzieller Ressourcen durch das Gesundheitssystem so weit geht, daß die Kaufkraft der Konsumenten und die Investitionsneigung der Unternehmen zurückgehen und dadurch das besteuerbare Wirtschaftswachstum gebremst würde.

Ein staatliches Interesse an sich selbst kann auch durch Legitimationsgefährdungen geweckt werden. In der modernen Gesellschaft wird das politische als dasjenige Teilsystem angesehen, das solche gesellschaftlich relevanten Probleme zu bearbeiten hat, die in den betreffenden gesellschaftlichen Sektoren nicht selbst bearbeitet werden können. Diese "wohlfahrtsstaatliche" Kompensationsfunktion des politischen Systems (Luhmann 1981b) wird insbesondere da deutlich, wo gesellschaftliche Teilsysteme nicht dem Marktmechanismus überlassen werden können. Ein Beispiel hierfür stellt der schulische Bereich des Bildungssystems dar, der seit der Einführung der Schulpflicht in staatlicher Regie geführt wird.

Die Tiefenschärfe sowie der Detaillierungsgrad politischer Steuerungsansprüche gegenüber gesellschaftlichen Teilsystemen können stark variieren. Der schulische Bereich des Bildungssystems wird beispielsweise durch Festlegung von Schulformen, staatliche Ausbildungsrichtlinien für Lehrer und staatliche Lehrpläne vergleichsweise detailliert zu steuern versucht. Politische Steuerungsansprüche können sich aber auch auf einige generelle Strukturprinzipien eines Teilsystems beschränken und die weitere Strukturierung dann in hohem Maße der "Selbstverwaltung" der teilsystemischen Akteure überantworten. Im ambulanten Sektor des Gesundheitssystems sind derartige Strukturentscheidungen durch die Akteure des politischen Systems getroffen worden, wodurch dessen grundlegende Finanzierungs- und Verhandlungsmodi geschaffen wurden (siehe Kapitel 3: 164/165). Durch die Delegation von Steuerungsaufgaben an Selbstverwaltungskörperschaften nimmt sich das politische System im Gesundheitssystem im Gegensatz zum Bildungssystem insoweit zurück, als es kein unmittelbares staatliches Interesse an einer Feinsteuerung der Erbringung individuell bezogener Leistungen bekundet (Neubauer & Rebscher 1981:4 ff.). Dieser Fall ist gleichzeitig ein interessantes

Beispiel für die Modifikation intentionaler Steuerungsansprüche. Denn die ursprüngliche Steuerungsintervention war auf die Verfolgung gänzlich anderer Ziele hin ausgerichtet, als ihr später attribuiert wurden. Die Etablierung der Gesetzlichen Krankenversicherung, die im Laufe der weiteren Entwicklung zum Finanzier des Gesundheitssystems avancierte, sollte zunächst dazu dienen, das revolutionäre Potential der Arbeiterschaft zu befrieden und die Kommunen von der Armenunterstützung zu entlasten.

Staatliche Steuerungsansprüche können sich auch darauf beschränken, innerhalb eines gesellschaftlichen Teilsystems neben den bereits bestehenden zusätzliche Institutionen zu etablieren, die dann direkten Steuerungsmaßnahmen unterliegen. Ein Beispiel hierfür stellen die Ressortforschungseinrichtungen im Forschungssystem dar, die den staatlichen Bedarf an Forschungsleistungen, der durch andere Maßnahmen nicht befriedigt werden kann, decken sollen.

Steuerungsansprüche der Akteure des politischen Systems können weiterhin kontinuierlich bestehen, wie z.B. in Form der Kompetenzen der Bundesländer zur Krankenhausbedarfsplanung oder gegenüber dem Öffentlichen Gesundheitsdienst, oder sie können zyklisch auftreten, wie an Reformversuchen des Gesundheitswesens aufgezeigt werden kann. Hieran wird deutlich, daß das Niveau politischer Steuerungsansprüche hinsichtlich eines gesellschaftlichen Teilsystems im Zeitverlauf variieren kann. Keineswegs sollte, wie manchmal behauptet wird, von einer unaufhaltsam zunehmenden "Politisierung" aller gesellschaftlichen Teilbereiche ausgegangen werden.

Politische Steuerungsansprüche gegenüber einem gesellschaftlichen Teilsystem sind eine notwendige Bedingung, um diesem überhaupt Verselbständigungstendenzen zusprechen zu können - denn diese Tendenzen manifestieren sich ja letztlich immer als Widerstände gegen politische Steuerungsbemühungen. Wenn die Akteure des politischen Systems Steuerungsansprüche gegenüber gesellschaftlichen Teilsystemen und deren Verselbständigungstendenzen realisieren wollen, sind sie - dieses ist der zweite politische Bedingungsfaktor teilsystemischer Verselbständigung - auf das Vorhandensein effektiver *politischer Steuerungsinstrumente* angewiesen. In der steuerungstheoretischen Diskussion wird eine

Anzahl von Steuerungsinstrumenten unterschieden,[8] denen ein unterschiedliches Steuerungspotential inhärent ist und deren Anwendung teilsystemspezifisch variiert:

- Gebote und Verbote, also Anweisungen, die einerseits unmittelbaren Zugriff auf Akteurhandeln gestatten, aber andererseits nur eine äußerliche Verhaltenskonformität erzeugen können;
- Überzeugungsmaßnahmen, die vor allem den Zweck verfolgen, Akteure zu einem Handeln aus Selbsteinsicht zu veranlassen, was besonders effektiv, aber schwer erreichbar ist;
- Anreize und Infrastrukturvorgaben, die dazu dienen, Akteure über eine Manipulation ihrer Präferenz- und Opportunitätsstrukturen in bestimmte Richtungen zu lenken;
- prozedurale Steuerungsmaßnahmen, die zumeist die Schaffung von Kontexten vorsehen, in denen die teilsystemischen Akteure dann eigenverantwortlich Problemregelungen untereinander aushandeln können;
- Delegation als "verordnete Selbststeuerung" (Glagow 1984a), der man im Nachhinein oftmals nicht mehr die ursprüngliche Steuerungsvorgabe ansieht, obwohl eben auch das Unterlassen von künftigem Steuerungshandeln auf Seiten politischer Akteure mit dem Ziel geschehen kann, keine Beliebigkeit teilsystemischer Selbststeuerung zuzulassen, sondern bestimmte Zielvorgaben anzustreben.[9]

Da die Instrumente politischer Gesellschaftssteuerung gegenwärtig viel diskutiert werden (vgl. Glagow 1984b; Glagow & Willke 1987; Kaufmann et al. 1985), sollen an dieser Stelle kurze Andeutungen genügen, aus denen wiederum hervorgeht, wie unterschiedlich das verfügbare Instrumentarium gegenüber verschiedenen gesellschaftlichen Teilsystemen gestaltet ist.

In diesem Zusammenhang stellt sich vor allem die Frage, welche Steuerungsinstrumente aufgrund welcher auch historischen Kontextbedingungen den Akteuren des politischen Systems überhaupt teilsystemspezi-

---

8 Siehe statt vieler anderer Typologisierungsversuche Kaufmann & Rosewitz (1983); Gotsch (1987).

9 Siehe auch allgemein Geser (1986) dazu, unter welchen Bedingungen Nichthandeln, also das Unterlassen bestimmter erwarteter Handlungen, als Handeln gewertet wird.

fisch zur Verfügung stehen. Im Hinblick auf das Gesundheitssystem ist eine Delegation von Steuerungsaufgaben an institutionalisierte Verhandlungsgremien des Teilsystems selbst erfolgt, die nicht ohne weiteres rückgängig gemacht werden kann. Daher erscheinen zur Zeit Verhandlungssysteme und Überzeugungsmaßnahmen fast als einzige Möglichkeiten verfügbar zu sein. Verhandlungspartner im ambulanten Sektor sind die Krankenkassen und die Kassenärztlichen Vereinigungen; Krankenkassen und Krankenhausträger treten als Verhandlungspartner für die Pflegesatzgestaltung im stationären Sektor auf. Der sogenannten "Kostenexplosion" wird vor allem mit Überzeugungsmaßnahmen entgegenzuwirken versucht, wie sie halbjährlich im Verhandlungsgremium der "Konzertierten Aktion zur Kostendämpfung im deutschen Gesundheitswesen" zum Ausdruck kommen (Wiesenthal 1981).

Das Forschungssystem wird demgegenüber politisch hauptsächlich über Anreize und über die Erstellung von Forschungsinfrastrukturen gesteuert. Die verfassungsrechtlich verankerte "Freiheit der Forschung" setzt einer Steuerung über Anweisungen enge Grenzen - daher der Rückgriff auf Belohnungsmechanismen. Eine Steuerung des Forschungssystems durch finanzielle Anreize erfolgt vor allem über die Ausschreibung und Finanzierung spezifischer Projekte und Projektschwerpunkte durch verschiedene Ressorts auf Bundes- und Landesebene. Demgegenüber sind alle Maßnahmen der institutionellen Förderung von Forschungseinrichtungen, wie deren Errichtung und Grundfinanzierung unter Festlegung genereller Forschungsaufgaben, als Infrastrukturmaßnahmen anzusehen, mittels derer ein bestimmter Rahmen von Forschungsaktivitäten abgesteckt wird. Flankierend zu diesen Steuerungsmechanismen werden auch immer wieder Überzeugungsmaßnahmen eingesetzt, um bestimmte Forschungsaktivitäten als im Eigeninteresse der jeweiligen Institutionen liegend darzustellen. Für die Delegation von Steuerungsleistungen an Selbststeuerungsinstanzen stellt die bereits erwähnte Deutsche Forschungsgemeinschaft das wichtigste Beispiel dar. Hier werden die grundlegenden Kriterien für Projektförderungsentscheidungen intern durch gewählte Repräsentanten der verschiedenen Fachdisziplinen erarbeitet und umgesetzt, wodurch sich die mit Steuerungsaufgaben befaßten Akteure des politischen Systems des Problems entledigt haben, die kognitive Intransparenz dieses Teilsystems durchschauen zu müssen. Als Verhandlungsgremium, in dem wissenschaftliche Akteure mit wirtschaftlichen und politischen Akteuren zusammentreffen, wo also insbesondere auch außerwissenschaftliche Nutzenkriterien eingebracht werden können, fungiert der Wissenschaftsrat (Foemer 1981).

Ein Teilsystem, das in hohem Maße durch Anweisungen gesteuert wird, stellt das staatliche deutsche Bildungssystem dar. Wie oben bereits angesprochen, kommt dies von der Festlegung der Ausbildungsverordnungen für Lehrer und der Lehrpläne bis zu Prüfungsvorgaben beim Abitur immer wieder zum Ausdruck. Die aus solchen Vergleichen sich aufdrängende Frage, der sich weitere Forschungen widmen müßten, besteht darin, welche Arten von politischen Steuerungsansprüchen welche politischen Steuerungsinstrumente voraussetzen - was also beispielsweise nur dann, wenn man wie im Bildungssystem ein weitgefächertes Spektrum von Anweisungsbefugnissen besitzt, erreicht werden kann.

Weiterhin bliebe, jenseits der Untersuchung spezifischer Steuerungsinstrumente, die Annahme zu prüfen, ob die Durchsetzungsfähigkeit von politischen Steuerungsansprüchen mit der Abhängigkeit des zu steuernden gesellschaftlichen Teilsystems von staatlichen Budgets variiert. Ist beispielsweise das Forschungssystem, zumindest hinsichtlich der staatlichen Forschungseinrichtungen, politisch deshalb besser steuerbar als etwa das Gesundheitssystem, weil letzteres in Form der Zwangsversicherung über ein Sonderbudget verfügt und somit nicht auf die Bereitwilligkeit staatlicher Akteure angewiesen ist, mehr oder weniger großzügig finanzielle Ressourcen zuzuteilen?

Wenn die Akteure des politischen Systems Steuerungsansprüche geltend machen und auch über entsprechende Steuerungsinstrumente verfügen, so bleibt immer noch die Frage, wie stark das *politische Steuerungswissen* ausgeprägt ist, um Steuerungsziele effektiv erreichen zu können. Das Ausmaß an diesbezüglichen Informationsdefiziten stellt eine kaum überwindbare Restriktion für politische Steuerungsversuche dar. Dieser Bedingungsfaktor teilsystemischer Verselbständigung ist derjenige, der in systemtheoretischen Analysen gesellschaftlicher Differenzierung besonders hervorgehoben wird und daher bereits oben etwas eingehender angesprochen worden ist. Was in systemtheoretischen Analysen, wie erwähnt, nicht genug betont wird, ist die Tatsache, daß die politischen Akteure gegenüber den verschiedenen gesellschaftlichen Teilsystemen unterschiedlich ausgeprägte Wissens- und Beurteilungsdefizite hinsichtlich der Durchführung von Steuerungsmaßnahmen haben. Generell dürften bei gesellschaftlichen Teilsystemen, die in einem hohem Maße über Selbststeuerungskapazitäten verfügen und vergleichsweise stark esoterische Handlungslogiken ausgeprägt haben, die Wissensdefizite der Akteure des politischen Systems größer sein als bei anderen gesellschaftlichen Teilsystemen.

Betrachtet man beispielsweise die politische Forschungssteuerung unter diesem Informationsgesichtspunkt, so fehlen politischen Akteuren vor allem Informationen darüber, welche außerwissenschaftlichen Nutzenkriterien durch welche wissenschaftlichen Forschungsaktivitäten befriedigt werden können. Aus diesem Grund ist die Steuerung der finanziellen Ressourcen im Hinblick auf bestimmte Leistungserwartungen schwierig. Daher bleibt selbst bei der über Anweisungen steuerbaren Ressortforschung eine nicht unerhebliche Abhängigkeit von den Steuerungsobjekten - also den einzelnen Forschungseinrichtungen - bestehen, da nur sie den aktuellen Forschungsstand beurteilen können. Politische Akteure mögen zwar hinsichtlich bestimmter gesellschaftlicher Anwendungsprobleme bestrebt sein, die dafür relevanten Forschungsbereiche stärker zu fördern, jedoch ist oftmals nicht einmal deutlich, welche Disziplinen und Subdisziplinen überhaupt etwas zur Bearbeitung der jeweiligen Problematik beitragen könnten. Bereits in diesem frühen Stadium sind Akteure des politischen Systems zumeist auf Beratungsleistungen durch Akteure des Forschungssystems angewiesen. Fast zwingend erforderlich wird dieses bei der Beurteilung der Frage, welche Forschungslinien innerhalb der relevanten Disziplinen und Subdisziplinen am erfolgversprechendsten sind. Daher sind die Akteure des politischen Systems darauf angewiesen, sich bei den zu Steuernden kompetent dahingehend beraten zu lassen, wohin diese sinnvollerweise gesteuert werden sollten. Diese Form der "Steuerungsberatung" innerhalb einer Akteurkonstellation läuft letztendlich darauf hinaus, daß die wissenschaftliche Forschung sich in hohem Maße vermittels der Politik selbst steuert (Daele et al. 1979).

Im Gesundheitssystem hat man es mit einer ähnlichen Intransparenzproblematik zu tun. Aufgrund einer nicht vorhandenen Gesundheitsberichterstattung fehlen den Akteuren des politischen Systems im Hinblick auf dieses gesellschaftliche Teilsystem in einem hohen Maße eigene Kriterien, so daß sie bei der Beurteilung inhaltlicher Aspekte hauptsächlich auf die individuelle professionelle Definitionskompetenz der Ärzte angewiesen sind. Wegen dieses mangelnden Steuerungswissens konzentrieren sich politische Diskussionen über das Gesundheitssystem denn auch kaum auf inhaltliche Aspekte der Leistungsproduktion, sondern fast ausschließlich auf Ressourcenfragen finanzieller Art.

Mit diesen drei politischen Bedingungsfaktoren - politische Steuerungsansprüche, verfügbare politische Steuerungsinstrumente und verfügbares politisches Steuerungswissen - soll die Darstellung von Bedingungsfaktoren teilsystemischer Verselbständigung abgeschlossen werden. Insgesamt gilt hinsichtlich dieser Variablen: Sofern politische Steuerungsansprüche vorliegen, kann die Verselbständigung eines gesellschaftlichen Teilsystems um so weiter voranschreiten, je geringer das politische Steuerungswissen und je inadäquater die politischen Steuerungsinstrumente sind.

5 Schluß

Das Hauptergebnis der vorgestellten Überlegungen besteht darin, plausibilisiert zu haben, daß teilsystemische Verselbständigungstendenzen von einer Mehrzahl von Bedingungsfaktoren abhängig sind und es von daher wenig aussichtsreich erscheint, nach generalisierenden Aussagen über universelle Tendenzen zu suchen. Eher ist von einer Kontingenz teilsysteminterner und -externer Bedingungsfaktoren auszugehen, die für die Aktualisierung von Verselbständigungstendenzen zusammentreffen müssen. Möglicherweise kann man allerdings aus systematischen Vergleichen der längerfristigen Entwicklungen verschiedener gesellschaftlicher Teilsysteme ein idealtypisches Verlaufsmodell von Verselbständigungsprozessen, das hinreichend offen für die empirische Varianz der Fälle ist, analytisch rekonstruieren. In dieser Richtung sollen die hier präsentierten Überlegungen fortgeführt werden.

Literaturverzeichnis

Altenstetter, C. (1985) Krankenhausbedarfsplanung. Was brachte sie wirklich? München

Beck, U. (1986) Risikogesellschaft. Auf dem Weg in eine andere Moderne. Frankfurt

Bundesminister für Arbeit und Sozialordnung (ed.) (1980) Feststellung von Auswirkungen der Einführung von Festgehältern für leitende Krankenhausärzte. Forschungsbericht 29. Bonn

Daele, W. van den & Krohn, W. & Weingart, P. (ed.) (1979) Geplante Forschung - Vergleichende Studien über den Einfluβ politischer Programme auf die Wissenschaftsentwicklung. Frankfurt

Elsholz, K. (1969) Krankenhäuser - Stiefkinder der Wohlstandsgesellschaft. Zur Problematik der Krankenhausfinanzierung. Baden-Baden

Foemer, U. (1981) Zum Problem der Integration komplexer Sozialsysteme am Beispiel des Wissenschaftsrats. Berlin

Geser, H. (1986) Elemente zu einer soziologischen Theorie des Unterlassens. Kölner Zeitschrift für Soziologie und Sozialpsychologie 38: 643-669

Glagow, M. (1984a) Zur Delegation staatlicher Aufgaben im Umweltschutz an Selbstverwaltungskörperschaften. Die verordnete Selbststeuerung. In: Glagow, M. (ed.) (1984) Gesellschaftssteuerung zwischen Korporatismus und Subsidiarität; Bielefeld: 115-139

Glagow, M. (ed.) (1984b) Gesellschaftssteuerung zwischen Korporatismus und Subsidiarität. Bielefeld

Glagow, M. & Willke, H. (ed.) (1987) Dezentrale Gesellschaftssteuerung - Probleme der Integration polyzentrischer Gesellschaft. Pfaffenweiler

Gotsch, W. (1987) "Soziale Steuerung" - Zum fehlenden Konzept einer Debatte. In: Glagow, M. & Willke, H. (ed.) (1987) Dezentrale Gesellschaftssteuerung - Probleme der Integration polyzentrischer Gesellschaft; Pfaffenweiler: 27-44

Herder-Dorneich, P. (1983) Sich selbst verstärkende Anspruchsdynamik und ihre Einordnung in sich selbst steuernde Regelkreissysteme. In: Herder-Dorneich, P. & Schuller, A. (ed.) Die Anspruchsspirale; Stuttgart: 10-27

Jansen, D. (1988) Parallelen in der Sozial- und Rechtspolitik: Ein Vergleich der Diskussion zur Selbsthilfe und zu Alternativen zum Recht. Zeitschrift für Rechtssoziologie 9 (im Erscheinen)

Kaufmann, F.-X. & Rosewitz, B. (1983) Typisierung und Klassifikation politischer Maβnahmen. In: Mayntz, R. (ed.) (1983) Implementation politischer Programme II; Opladen: 25-49

Kaufmann, F.-X. & Majone, G. & Ostrom, V. (ed.) (1986) Guidance, Control, and Evaluation in the Public Sector. Berlin, New York

Kreibich, H. (1986) Die Wissenschaftsgesellschaft. Frankfurt

Luhmann, N. (1980): Selbstreferenz und Teleologie in gesellschaftstheoretischer Perspektive. In: Luhmann, N. (1980) Gesellschaftsstruktur und Semantik, Bd. 2; Frankfurt: 9-44

Luhmann, N. (1981a) Gesellschaftsstrukturelle Bedingungen und Folgeprobleme des naturwissenschaftlich-technischen Fortschritts. In: Löw, R. & Koslowski, R. & Kreuzer, P. (ed.) (1981) Fortschritt ohne Maß? München: 113-131

Luhmann, N. (1981b) Politische Theorie im Wohlfahrtsstaat. München

Luhmann, N. (1983) Anspruchsinflation im Krankheitssystem. In: Herder-Dorneich, P. & Schuller, A. (ed.) (1983) Die Anspruchsspirale-Schicksal oder Systemdefekt? Stuttgart: 28-49

Luhmann, N. (1984) Soziale Systeme. Frankfurt

Luhmann, N. (1986) Ökologische Kommunikation. Kann die moderne Gesellschaft sich auf ökologische Gefährdungen einstellen? Opladen

Mayntz, R. (1987) Politische Steuerung und gesellschaftliche Steuerungsprobleme - Anmerkungen zu einem theoretischen Paradigma. In: Jahrbuch zur Staats- und Verwaltungswissenschaft 1: 89-110

Münch, R. (1980) Über Parsons zu Weber: Von der Theorie der Rationalisierung zur Theorie der Interpenetration. Zeitschrift für Soziologie 9: 18-53

Neidhardt, F. (1986) Selbststeuerungsprozesse in der Forschungsförderung. Das Gutachterwesen im "Normalverfahren" der Deutschen Forschungsgemeinschaft (DFG). Ms., Forschungsinstitut für Soziologie der Universität zu Köln

Neubauer, G. & Rebscher, H. (1984) Gemeinsame Selbstverwaltung. Eine ordnungspolitische Alternative für die Gesundheitsversorgung. Spardorf

Offe, C. (1975) Berufsbildungsreform. Eine Fallstudie über Reformpolitik. Frankfurt

Polanyi, K. (1944) The Great Transformation. Dt. Ausg.: Frankfurt, 1978

Sachverständigenrat für die Konzertierte Aktion im Gesundheitswesen (1988) Medizinische und ökonomische Orientierung. Vorschläge für die Konzertierte Aktion im Gesundheitswesen. Jahresgutachten 1988. Baden-Baden

Schaff, A. (1977) Entfremdung als soziales Phänomen. Wien

Schimank, U. (1988) Dynamiken wissenschaftlich-technischer Innovation und Risikoproduktion. In: Halfmann, J. & Japp, K.-P. (ed.) (1988) Riskante Entscheidungen und Katastrophenpotentiale - Elemente einer soziologischen Risikoforschung; Frankfurt (im Erscheinen)

Schnabel, F. (1980) Politischer und administrativer Vollzug des Krankenhausfinanzierungsgesetzes. Vergleichend dargestellt an den Bundesländern Bayern und Baden-Württemberg. Diss. Konstanz

Sichrovsky, P. (1984) Krankheit auf Rezept. Die Praktiken der Praxisärzte. Köln

Stankiewicz, R. (1985) A New Role for Universities in Technological Innovation. In: Sweeney, G. (ed.) (1985) Innovation Policies; London: 114-151

Stichweh, R. (1987a) Die Autopoiesis der Wissenschaft. In: Baecker, D. et al. (ed.) (1987) Theorie als Passion: Niklas Luhmann zum sechzigsten Geburtstag; Frankfurt: 447-481

Stichweh, R. (1987b) Professionen und Disziplinen - Formen der Differenzierung zweier Systeme beruflichen Handelns in modernen Gesellschaften. In: Harney, K. & Jütting, D. & Koring, B. (ed.) (1987) Professionalisierung der Erwachsenenbildung; Frankfurt/M.: 210-277

Teubner, G. & Willke, H. (1984) Kontext und Autonomie. Gesellschaftliche Selbststeuerung durch reflexives Recht. Zeitschrift für Rechtssoziologie 5: 4-35

Tyrell, H. (1978) Anfragen an die Theorie der gesellschaftlichen Differenzierung. Zeitschrift für Soziologie 7: 175-193

Wiesenthal, H. (1981) Die Konzertierte Aktion im Gesundheitswesen. Ein Beispiel für Theorie und Politik des modernen Korporatismus. Frankfurt/M., New York

Willke, H. (1978) Zum Problem der Integration komplexer Sozialsysteme: Ein theoretisches Konzept. Kölner Zeitschrift für Soziologie und Sozialpsychologie 30: 228-252

Willke, H. (1983) Entzauberung des Staates. Überlegungen zu einer sozietalen Steuerungstheorie. Königstein/Ts.

Willke, H. (1984) Gesellschaftssteuerung. In: Glagow, M. (ed.) (1984) Gesellschaftssteuerung zwischen Korporatismus und Subsidiarität; Bielefeld: 29-53

Willke, H. (1987) Kontextsteuerung durch Recht? Zur Steuerungsfunktion des Rechts in polyzentrischer Gesellschaft. In: Glagow, M. & Willke, H. (ed.) (1987) Dezentrale Gesellschaftssteuerung - Probleme der Integration polyzentrischer Gesellschaft; Pfaffenweiler: 3-26

Wissenschaftsrat (1986) Stellungnahme zur Zusammenarbeit zwischen Hochschule und Wirtschaft. Köln

Schriften des Max-Planck-Instituts
für Gesellschaftsforschung Köln

Band 1

Renate Mayntz, Bernd Rosewitz, Uwe Schimank, Rudolf Stichweh
Differenzierung und Verselbständigung
Zur Entwicklung gesellschaftlicher Teilsysteme

Das neue Max-Planck-Institut für Gesellschaftsforschung legt hier eine erste systematische Darstellung von Forschungsergebnissen zur strukturellen Dynamik moderner Gesellschaftsentwicklung vor.

Band 2

Renate Mayntz, Thomas P. Hughes (Editors)
The Development of Large Technical Systems

Die Infrastrukturbedeutung großer technischer Systeme schafft vielfältige Abhängigkeiten. Versagen sie, kann das u.U. weitreichende und katastrophale Folgen haben. Damit entstehen wichtige Fragen für die politische Steuerung.

Band 3

Clemens Schumacher-Wolf
Informationstechnik, Innovation und Verwaltung
Soziale Bedingungen der Einführung moderner Informationstechniken

Der Umfang und das Niveau der Automatisierung von drei unterschiedlichen Behörden werden in längsschnittorientierten Fallstudien eingehend verfolgt und erörtert.

Campus Verlag · Frankfurt am Main